Forum Zukunft
hrsg. von Joachim Jens Hesse/Christoph Zöpel

Band 3

Joachim Jens Hesse/Hans-Günter Rolff/
Christoph Zöpel (Hrsg.)

Zukunftswissen und Bildungsperspektiven

Nomos Verlagsgesellschaft
Baden-Baden

CIP-Titelaufnahme der Deutschen Bibliothek

Zukunftswissen und Bildungsperspektiven / Joachim Jens Hesse . . . (Hrsg.). –
1. Aufl. – Baden-Baden: Nomos Verl.-Ges., 1988
(Forum Zukunft; Bd. 3)
ISBN 3-7890-1627-6
NE: Hesse, Joachim Jens [Hrsg.]; GT

1. Auflage 1988

Satz: Institut für Landes- und Stadtentwicklungsforschung des Landes Nordrhein-Westfalen (ILS), Dortmund
Druck und buchbinderische Verarbeitung: Nomos Verlagsgesellschaft, Druckhaus Sinzheim

Inhaltsverzeichnis

Vorbemerkung

Die Veranstaltungs- und Publikationsreihe 'Forum Zukunft' sieht ihre Aufgabe in der systematischen Beschäftigung mit Zukunftsfragen und in der Diskussion der Rolle des Staates bei der Zukunftsgestaltung. Im Rahmen der Ressortforschung des Ministeriums für Stadtentwicklung, Wohnen und Verkehr des Landes Nordrhein-Westfalen laden die Herausgeber hierzu Persönlichkeiten, die in Staat, Wissenschaft und Verbänden Verantwortung tragen, zu einer regelmäßig stattfindenden Aussprache ein. Das Forum versteht sich dabei als Aufforderung zum Dialog über die Möglichkeiten der ökonomischen, ökologischen und sozialen Erneuerung westlicher Industriestaaten und soll den Prozeß der gesellschaftlichen Verständigung darüber verstärken, welche Qualität des Lebens, Arbeitens, Wirtschaftens und Wohnens in Zukunft erforderlich, wünschenswert und erreichbar ist.

Der vorliegende Band dokumentiert die Ergebnisse des III. Zukunftsforums, das am 22. Januar 1988 in Düsseldorf dem Thema 'Zukunftswissen und Bildungsperspektiven' gewidmet war. Diese Themenstellung entwickelte sich aus einer Reihe bildungsrelevanter Überlegungen im Rahmen der ersten Forumsveranstaltungen, die unter den Titeln 'Zukunft und staatliche Verantwortung' sowie 'Neuorganisation der Zeit' (Hesse/Zöpel, Hrsg., Baden-Baden 1987) durchgeführt wurden und deren Dokumentation diese Schriftenreihe eröffnete. Die Verbindung von 'Zukunftswissen' und 'Bildungsperspektiven' verweist dabei auf folgende Leitfragen:

- *Über welches Zukunftswissen verfügen wir, in welche Zeit reicht es hinein, und welche Perspektiven einer gesellschaftlichen Qualifikation für die Zukunft ergeben sich daraus?*
- *Welche Bedürfnisse und Lebensentwürfe können sich entwickeln und welche objektiven Bedingungen findet die heute heranwachsende Generation vor?*
- *Wie werden sich die künftigen Lebens- und Beziehungsformen in und neben den Familien entwickeln und was bedeutet dies für die Entwicklungsbedingungen von Kindern und Jugendlichen?*
- *Welche Qualifikationen brauchen wir dafür, welche können wir erzeugen?*
- *In welche Richtung werden sich die Bildungsbereiche Schule, Hochschule, Berufsausbildung und Weiterbildung entwickeln und in welche Richtung werden sie sich angesichts zukünftiger Herausforderungen verändern müssen?*

Der bisherigen Praxis folgend, wurden die Düsseldorfer Verhandlungen und die hier vorgelegte Dokumentation in drei Bereiche unterteilt. Nach einer materiellen Einführung, die die staatliche Verpflichtung zur Zukunftsberücksichtigung umreißt sowie einer Präsentation von Umfrageergebnissen zum Thema 'Zukunftserwartungen', folgen unter 'Bestandsaufnahme und erkennbaren Entwicklungen' zunächst Übersichten und Analysen zum Qualifikationsbedarf sowie zur 'Zukunft der Lebensformen' und zu den 'Bedingungen des Aufwachsens'. Unter 'Perspektiven und Handlungsmöglichkeiten' werden schließlich künftige Anforderungen an die Bereiche Schule, Hochschule, berufliche Bildung und Weiterbildung diskutiert. Eine Zusammenfassung, die Folgerungen für das staatliche Handeln zu benennen sucht, beschließt den Band.

Die vorgelegten Beiträge wurden für diese Veröffentlichung überarbeitet. Der thesenartige, in Teilen gewiß strittige Charakter vieler Ausführungen blieb jedoch erhalten. Unsere Herausgeberfunktion, die wir in diesem dritten Band mit Hans-Günter Rolff teilen, beschränkte sich auf wenige Hinweise zur thematischen Verbindung der Beiträge. Dem Institut für Landes- und Stadtentwicklungsforschung in Dortmund (ILS) danken wir für organisatorisch-technische Hilfestellungen.

Im Mai 1988 *Joachim Jens Hesse und Christoph Zöpel*

I. Einführung

Christoph Zöpel

Wie weit kann und muß der Staat in die Zukunft sehen?

1. Wissen und Handeln

Jedes Handeln, das private wie das politische, ist auf Zukunft gerichtet. Handeln aber braucht Wissen und braucht Wollen. Diese lebensweltlichen Grunderfahrungen begründen Rainer Mackensens Definition von Zukunftsforschung als 'im strengen und im umfassenden Sinne Handlungsforschung' (Mackensen, in: Hesse/Zöpel 1987a, S. 46).

Für den Zugang zur in diesem Sinne handlungsorientierten Zukunftsforschung, zur gesellschaftlich wirksamen Diskussion um Zukunft generell, ist die Voraussetzung des Wollens zunächst relevanter: Denn es ist notwendig, den fehllaufenden Arten der Annäherung an Zukunft, nämlich der linearen Verlängerung von Entwicklungsmodellen unter Berufung auf Sachzwänge, vor allem aber auch dem unhistorischen Malen neuer Zukünfte unter Verdrängung von Entscheidungssituationen von heute, die Orientierung am Wollen und damit die Möglichkeit der Wahl entgegenzusetzen. 'Zukunft ist Folge von Entscheidungen der Gegenwart und damit Wahlmöglichkeit in einer historischen Situation' (Zöpel, in: Hesse/Zöpel 1987a, S. 24).

Diese notwendige Orientierung von Wollen und Wahl in historischen Situationen aber steht nicht im Gegensatz zum Wissen als Handlungsvoraussetzung - im Gegenteil: 'Handeln wäre unmöglich, wenn wir nichts über die Zukunft wissen könnten' (Mackensen, a. a. O.). Der Zusammenhang zwischen Handeln und Wissen als Voraussetzung für Zukunftsforschung als Handlungsforschung ist daher Gegenstand dieses dritten 'Forum Zukunft' mit dem Thema 'Zukunftswissen und Bildungsperspektiven'.

Die Begriffe 'Zukunftswissen' und 'Bildungsperspektiven' umgreifen dabei die Fragen nach dem Stand von zukunftsrelevantem Wissen, nach den historischen und damit auch zukünftigen Bedingungen der Wissensentstehung, nach der politisch, d. h. gesellschaftlich und staatlich relevanten Wissensverwendung und schließlich nach der Wissensvermittlung im gesellschaftlichen Bildungsprozeß.

Das Projekt dieses 'Forums Zukunft' läßt sich von der Annahme leiten, daß eine systematische Annäherung an das alte Begriffspaar von Wissen und Handeln auf dem Anspruchsniveau einer handlungsorientierten Zukunftsforschung nicht nur erforderlich ist, sondern auch Erfolg verspricht. Diese Hoffnung gründet auf steigenden Reflexionsleistungen innerhalb der Funktionssysteme Wissenschaft, Technik, Bildung und Politik im Hinblick auf beunruhigende, jedenfalls ganz neuartige Verschiebungen im Verhältnis von Wissen und gesellschaftsbeeinflussender Wissensverwendung durch politisches Handeln, bzw. auch von Wissen und Macht. Diese Hoffnung findet sich bestätigt in drängender werdenden Fragen an die jeweils anderen Funktionssysteme nach einer Neuabgrenzung von Verantwortung, ohne daß sich dieses Fragen allein auf wechselseitige Verantwortungsentlastung beschränken würde.

Hans-Peter Dürr macht auf die Verschränkung von Wissen und Handeln aufmerksam: 'Wissen und Machen sind als menschliche Qualitäten grundverschieden. Aber sie bedingen eben einander in gewisser Weise: Wissen wird durch Machen gefördert und die Machbarkeit durch Wissen erweitert' (1988, S. 169). Aus dieser Verschränkung entsteht für den Wissen produzierenden Naturwissenschaftler Dürr die Frage nach wissenschaftlicher Verantwortung, sowohl im Verhältnis zwischen erkenntnisorientierter und anwendungsorientierter Forschung wie auch in der Beziehung des Wissenschaftssystems insgesamt zur politischen bzw. staatlichen Verantwortung.

Dürr's Fragen nach einem veränderten Zusammenwirken von Wissen und Handeln sind das jüngste Beispiel aus einem größeren Diskussionszusammenhang, den Naturwissenschaftler in dem Interesse begründet haben, Wissen und Handeln in ein neues, institutionelle Verantwortung berücksichtigendes Verhältnis zueinander zu bringen. In diesen Zusammenhang gehört sicher die Mahnung Carl Friedrich von Weizsäckers 'Die Zeit drängt' (1986) sowie der von ihm ausgelöste interdisziplinäre Dialog: 'Das Ende der Geduld - Carl Friedrich von Weizsäckers 'Die Zeit drängt' in der Diskussion' (Altner, u. a. 1987).

Ein unter anderen, nämlich geisteswissenschaftlichen Ansätzen entstandener, aber ebenfalls auf das Verhältnis von Handeln und Wissen gerichteter Diskurs hat sich aus philosophischen und sozialwissenschaftlichen Fragestellungen nach der Verantwortung für technologische Innovationen entfaltet, wofür vor allem der Versuch von Hans Jonas (1984) steht, eine Ethik für die technologische Zivilisation zu entwickeln.

Die Vitalität dieser und anderer Diskussionen macht Mut. Staat und Politik müssen sich diesen unterschiedlichen Bemühungen, Wissen und Handeln neu zu verstehen, stärker als bisher öffnen. Sie müssen dabei darauf achten, daß sie sich weder auf moralische Mahnungen noch auf symbolische Handlungen reduzieren lassen, sondern Handlungsfähigkeit beweisen, indem sie lernfähig werden. Die Lernbereitschaft muß sich darauf konzentrieren, die Veränderungen im Verhältnis von Wissen und Wissensverwendung durch politisches Handeln nachzuvollziehen und Begriffe zu formulieren, die tauglich sind, künftige Entwicklungslinien zu erfassen.

Lernen impliziert die Unterscheidung konstanter Elemente von veränderlichen bzw. veränderbaren Entwicklungen. Konfrontiert mit dem öffentlich vermittelten Eindruck, daß alles möglich sei und nichts mehr gehe, unter der Erfahrung, daß wir heute, wie Kurt Biedenkopf (in: Altner u. a. 1987, S. 60) feststellt, in weiten Bereichen unserer Existenz der Möglichkeit beraubt sind, Erfahrungen zu machen und aus ihnen zu lernen, daß wir vielmehr gezwungen sind, ohne die Unterstützung gültiger Erfahrungen aus Einsicht zu handeln, mögen Staat und Politik dazu neigen, die dauerhaften Elemente der menschlichen Geschichte zu vernachlässigen. Ein solches Herangehen an Zukunftsrelationen von Wissen und Handeln wird sicherlich in einer Situation begünstigt, die bestimmt ist durch schier unübersehbare technologische Innovationen, Bevölkerungsexplosion, weit verbreitete Arbeitslosigkeit, Veränderung des Wesens der Arbeit und Wandel traditioneller Werte. Jürgen Habermas hat diese Situation auf den Begriff der 'neuen Unübersichtlichkeit' (1985) gebracht.

Daher scheint es wichtig, als Ausgangspunkt der Erörterung des Zusammenhangs zwischen Wissen und Handeln zunächst Verständigungen über anthropologische Grunderkenntnisse zu wählen.

2. Anthropologische Grunderkenntnisse

Die Anthropologie erfüllt in bemerkenswerter Weise die Aufgabe der Integration empirischer und philosophischer, wissenschaftlicher und wissenschaftstheoretischer, naturwissenschaftlicher und kulturwissenschaftlicher Fragestellungen. Lexikalische Darstellungen von Odo Marquard (1971) und Jürgen Habermas (1958) oder Arbeiten von Michael Landmann (1955) und Arnold Gehlen (1961) machen exemplarisch diese integrative Breite der Anthropologie deutlich. Marquard arbeitet begriffsgeschichtlich heraus, wie die Anthropologie sich in einem erkenntnistheoretischen Emanzipationsprozeß entwickelte, je in Abgrenzung zur Theologie, zur Metaphysik, zur mathematischen Naturwissenschaft, zur teleologischen Geschichtsphilosophie. Sie gewann dabei ihre Stellung als Lebensweltphilosophie und ist damit weder nur erkenntnistheoretisches Instrument der mathematischen Naturwissenschaften, noch nur Gestalt der traditionellen Schulmetaphysik; im Bezug auf Geschichte ist sie nicht Geschichtsphilosophie, sondern ihr Gegenstand ist auch die Geschichte des Menschen.

Diese knappen Explikationen sollen helfen, die Verständigung über handlungsorientierte Zukunftswissenschaft, über Zukunftswissen, über Wissen und Handeln zu vertiefen. Ist Zukunft Wahlmöglichkeit in einer historischen Situation, so heißt 'ein kritisch-bewußter historischer Zugang zur Zukunft auch, die konstanten, die dauerhaften Elemente der menschlichen Geschichte herauszuarbeiten und sie dann mit historischen Situationen zu konfrontieren, die rückblickend veränderlich, vorausblickend veränderbar sind' (Zöpel 1987a, S. 24). Dauerhafte Elemente der menschlichen Geschichte - das sind die empirischen wie philosophischen Grunderkenntnisse der Anthropologie. Verdrängte anthropologische Grunderkenntnisse stellen den Umgang mit der Zukunft ebenso auf eine Grundlage, die nicht hält, wie verdrängte oder linear fortgeschriebene Geschichte.

Exemplarisch wird diese Einsicht an den gescheiterten Zukunftsutopien der in den 40er Jahren konzipierten und in den 60er Jahren realisierten Stadtplanung. Die vielfältige Sozial- und Architekturkritik an dieser historischen Phase des Städtebaus gewinnt ihre festesten Bezüge aus der Anthropologie. Exemplarisch zeigt das Bernd Lötsch (1984, S. 34): 'Die Evolution braucht rd. 800 Generationen, um ein einziges Verhaltensmerkmal erbfest herauszuselektieren - mindestens also 16 000 Jahre. Nach Auffassung der Verhaltensforschung wird auch heute noch jedes Baby mit der Instinktausstattung des Cromagnonmenschen geboren. In seinem biologischen Kern ist das Menschenwesen demnach furchtbar altmodisch - die selbstgeschaffene Verfremdung seiner Umwelt läuft seiner Natur, seinen in Millionen Jahren entstandenen Anpassungsmustern davon und erzeugt eine zunehmende Neurotisierung. Um so wichtiger wird die Frage nach der Lebensumwelt, an die er angepaßt wäre'. Lötsch beantwortet diese Frage, indem er die Verhältnisse des Urhabitat - reiche Vegetation, reich strukturiertes Gelände, Liebe der Tiere in reich strukturierten Lebensräumen zur Geborgenheit von Nischen und Winkeln, Lage am Waldrand und möglichst am Wasser, Charakter des Menschen als typisches Kleingruppenwesen, Hang zur Territorialbehauptung - mit gegenwärtigen Wohnbedürfnissen vergleicht. Die Verbindung hoher Wohndichten mit reizvoller

Urbanität einerseits und die Intimität privaten Grüns andererseits, beides ausgeprägt vor allem in der seit der Antike bekannten städtischen Hofkultur, sowie das reich strukturierte, stark naturkonditionierte Wohnumfeld sind die heute so breit optierten und akzeptierten Entsprechungen.

Dabei macht Lötsch deutlich, daß wer sich für die stammesgeschichtlichen Wurzeln des Menschen interessiert, keineswegs das Lernen leugnet. Dieses Wesensmerkmal des Menschen hat exemplarisch gültig Gehlen herausgearbeitet. Gehlen - Anthropologie zwar als Philosophie, aber Philosophie als empirische Wissenschaft ansehend - faßt den Menschen als ein primär handelndes Wesen auf, 'wobei Handeln in erster Annäherung die auf Veränderung der Natur zum Zwecke des Menschen gerichtete Tätigkeit heißen soll' (Gehlen 1961, S. 17). Voraussetzung für dieses menschliche Handeln aber ist seine Lernfähigkeit, seine Sonderstellung als Lernwesen. Die Lernfähigkeit hängt dabei zusammen mit der biologischen Besonderheit des menschlichen ersten Lebensjahres: In bezug auf die Ausreifung der Organe, der Bewegungsleistungen, der Sinnesleistungen muß das neugeborene Kind geradezu als eine normalisierte, typisierte Frühgeburt aufgefaßt werden. Die Lernfähigkeit des Menschen ist daher sozusagen in die rein biologische Entwicklung eingeplant. Diese Gelehrigkeit der Sinnesleistungen, Bewegungen und Ausdrucksmittel aber behält der Mensch bis in das höhere Alter bei. Einzigartige biologische Bedingungen also machen den handelnden und lernfähigen Menschen zu einem Kulturwesen.

Diese anthropologischen Erkenntnisse sind für das Verhältnis von Handeln und Wissen generell konstitutiv. Sie sind weiterhin die dauerhaften Elemente der menschlichen Geschichte, die bei der kritisch-bewußten Analyse der Historizität der Wissensentstehung im ausgehenden 20. Jahrhundert, gekennzeichnet durch ihre explosionshafte Quantitätssteigerung, herausgearbeitet sein müssen. Sie sind Grundlage für das Verständnis von Wissensvermittlung - für das ein weiterer Aspekt der Anthropologie Bedeutung gewinnt, nämlich ihre Stellung als Lebensweltphilosophie. Die explosionshafte Quantitätssteigerung wissenschaftlichen Wissens macht das Verhältnis von unmittelbarer vorwissenschaftlicher Erfahrung zur Rezeption wissenschaftlichen Wissens immer wichtiger (siehe dazu W. E. Mühlmanns Beitrag 'Lebenswelt' im Historischen Wörterbuch der Philosophie (1971)).

Der weiteren Analyse der gesellschaftlichen Relevanz von Wissen sollte allerdings noch eine begriffliche Verständigung vorhergehen:

Die Begriffswahl Wissensentstehung, Wissensverwendung und Wissensvermittlung lehnt sich bewußt an die Begrifflichkeit von Jürgen Habermas (1970 und 1971) an. Er spricht vom Entstehungs-, Begründungs- und Verwendungszusammenhang von Theorien, also wissenschaftlich erklärendem Wissen. Die Anwendung dieser Begriffe nicht nur auf dieses theoretische Wissen, sondern auf Wissen generell bedeutet nicht den Verzicht auf die Unterscheidung von vorwissenschaftlich - also lebensweltlichen - Erfahrungen und Wissenschaft, die für Habermas wichtig ist; auf sie wird bei der Analyse der Wissensvermittlung zurückzukommen sein. Allerdings liegt dieser Begriffsanwendung die Auffassung zugrunde, daß Wissen generell gesellschaftlich bedingt ist, so wie es Habermas für die Theorie herausgearbeitet hat. Und eine weitere Differenz zu Habermas mag in dieser begrifflichen Ausweitung angedeutet sein. Die methodologischen Unterschiede naturwissenschaftlicher und sozialwissenschaftlicher Erkenntnisse und Theorien hinsichtlich ihrer gesellschaftlichen Verflechtungen dürften fließender sein als Habermas es in den 70er Jahren herausgearbeitet hat, gerade wenn die gesellschaftlichen Zusammenhänge zwischen der Entstehung und der Verwendung von Wissen so eng sind, wie er es zu recht sieht.

3. Wissenschaftsgesellschaft - Risikogesellschaft

Das herausgearbeitete Spannungsverhältnis zwischen anthropologischen Konstanten und historischen Neuartigkeiten entspricht einer lebensweltlichen Argumentationserfahrung: Bei der Erörterung gravierender existentieller Probleme der Jetztzeit begegnet uns die zunächst entwaffnende Plausibilität des Hinweises, entsprechende menschliche Konfliktlagen hätten schon die griechischen Philosophen oder Dramatiker beschrieben.

Bevor dann die zum Handeln erforderlichen Waffen des Wissens liegenbleiben, ist eine historische Analyse der Wissensentstehung angezeigt. Das Wissen der Antike bestand in handwerklichen Fähigkeiten und anderen lebensweltlichen Erfahrungen. Sie fanden ihre Überhöhung in literarischer Darstellung, philosophisch-begrifflicher Aufarbeitung und metaphysischer Spekulation. Im Prinzip blieb diese Stufe des Wissens, das eben aus lebensweltlicher Erfahrung entstand und Erklärungsdefizite durch philosophische und theologische Spekulation ausglich, bis ins 16. Jahrhundert beherrschend. Das Aufkommen einer neuen Handlungsweise, die eine systematische Strukturierung empirischer Daten mit der gezielten Durchführung kontrollierter Experimente verband, war der entscheidende innovatorische Vorgang, der diese historische Phase des Wissens ablöste. Er ist mit Namen wie Galilei, Kepler und Bacon verbunden. Diese neue Art der Wissensentstehung führte zum Aufkommen der modernen Technik, in der nächsten Stufe zur Anwendung dieser modernen Technik in der modernen industriellen Ökonomie. Dieser dritte Schritt, nach der systematischen Wissensentstehung und der Entwicklung der modernen Technik, ihre industrielle ökonomische Anwendung wird aphoristisch vielleicht am besten beschrieben durch Carl Friedrich von Weizsäcker. In 'Wahrnehmung der Neuzeit' schreibt er, der Übergang, den Deutschland von der ersten Hälfte des 19. Jahrhunderts zur zweiten Hälfte dieses Jahrhunderts vollzogen habe, sei der Übergang von Schelling und Hegel zu Siemens und Halske gewesen (v. Weizsäcker 1983). Dieser Aphorismus bringt etwas historisch Neues auf den Punkt. Die weitere Entwicklung, die von diesem historisch Neuen bestimmt ist, hat am eingehendsten Rolf Kreibich in seinem Buch 'Die Wissenschaftsgesellschaft' (1986) analysiert. Kreibich stellt dar, wie das Wissenschafts-Technologie-Industrialismus-Fortschrittsparadigma beherrschend für alle individuellen und gesellschaftlichen Lebensbereiche geworden ist. Die Entwicklungsschritte hin zu diesem Paradigma im jetzt auslaufenden Jahrhundert sind:

- 'die Einbeziehung der Wissenschaft in den großindustriellen Produktionsprozeß und den militärischen Bereich an der Wende vom 19. zum 20. Jahrhundert;
- die Herausbildung des wissenschaftlich-technischen Prinzips Organisation im ersten Viertel dieses Jahrhunderts;
- die strategische Planung und Organisation der Wissens- und Technologieproduktion und ihre Verwertung vor und während des Zweiten Weltkriegs und die totale Verschmelzung von Wissenschaft und Technologieentwicklung im industriell-militärischen Komplex' (S. 12).

Ergebnis dieser Entwicklung für die historische Situation der Wissensentstehung ist, 'daß 80 % aller bisherigen wissenschaftlichen und technologischen Erkenntnisse, und über 90 % der gesamten wissenschaftlichen und technischen Informationen in dieser Welt im 20. Jahrhundert produziert wurden, davon zwei Drittel nach dem Zweiten Weltkrieg, und daß die heute lebende Generation 80 % aller Wissenschaftler umfaßt, die bislang auf der Erde gelebt haben' (S. 26).

Angesichts dieser Daten ist es für die zukünftige Entwicklung fast atemberaubend, wenn Kreibich zeigt, daß derzeit jedenfalls noch keine Grenzen der Wissensproduktion und Wissensverwertung erkennbar sind. Man könne sich nicht vorstellen, daß die Produktion von Ausbildung und Bildung, von

Forschung und technologischen Innovationen außerhalb finanzieller Beschränkungen Grenzen unterliegen sollte. Produktion wissenschaftlichen Wissens und technischer Innovationen ist zur zentralen Antriebskraft der Industriegesellschaft geworden, die wir damit aber nicht mehr als solche bezeichnen könnten. Sie ist nach Kreibich zweifellos eine postindustrielle Gesellschaft, aber auch keine reine Wissens-, Technologie- oder Informationsgesellschaft, sondern eine auf den methodischen und organisatorischen Mustern der modernen Wissenschaft aufbauende Gesellschaft. Kreibich bezeichnet sie als 'Wissenschaftsgesellschaft'.

Wissensentstehung wird in dieser Wissenschaftsgesellschaft geplant und organisiert. Das ist das historisch Neue. Dieses Faktum und die Inhalte - Atomphysik, Molekularbiologie, Virologie, Informationstheorie - des entstandenen und verwendbaren Wissens haben zu Fragen nach den sozialen, ökologischen und dann auch moralischen Konsequenzen geführt, zu historisch neuen Fragen aufgrund historisch neuer sozialer und ökologischer Gegebenheiten als Grundlage von politischen Entscheidungen über die zukünftige Entwicklung. Von diesen Fragen und den möglichen Konsequenzen ausgehend wird für Ulrich Beck die Wissenschaftsgesellschaft zur 'Risikogesellschaft' (1986): Die Folge von Kreibichs Wissenschafts-Technologie-Industrialismus-Fortschrittsparadigma ist die Risikoproduktion. Beck sieht den Machtgewinn des technisch-ökonomischen Fortschritts immer mehr überschattet durch die Produktion von Risiken. Wissenschaft ist eine Ursache, das Definitionsmedium und die Lösungsquelle von Risiken geworden; die Quellen der Gefahren sind nicht länger nur Nichtwissen, sondern eben auch Wissen.

Das zukunftsgerichtete gesellschaftliche Handeln, das Risiken beherrschen oder gar vermeiden will, ist somit in historisch neuer Unauflöslichkeit mit einer neuen Quantität und Qualität von Wissen und Wissensentstehung vermengt.

4. Der Staat in der Wissenschaftsgesellschaft

Die Zukunftsprobleme der Wissenschaftsgesellschaft sind ihre Risiken und die Zukunftsprobleme der Risikogesellschaft beruhen auf ihrem Wissen. Der Staat, der die Risiken durch sein Handeln beherrschen will, muß also wissen. Diese Forderung schließt an die These des ersten 'Forum Zukunft' an, daß der Staat fragen muß (Zöpel 1987a, S. 19 ff.). Er muß sich als fragender Dialogpartner der Wissenschaft in die Prozesse der Wissensentstehung und Wissensverwendung einschalten; mehr noch, er muß hierfür eine qualitativ neue Kommunikation mit der Wissenschaft suchen, um adäquate Formen des Wissens- und Informationstransfers zu finden.

Das Postulat, daß der an Zukunftsbewältigung handlungsorientierte Staat 'wissen' muß, hat sich zu vergewissern, daß es nicht ins Leere läuft. Anlaß für die Befürchtung, dieser Anspruch an den Staat überfordere ihn und drohe zu moralischen Appellen der Politik zu verkümmern, sind von der Staatswissenschaft beschriebene Funktionsveränderungen des Staates mit einer Reihe von Funktions-, Effizienz- und Legitimationsdefiziten, die sich in Begriffen wie 'Krise der Staatlichkeit', 'Entzauberung des Staates', 'Wege am Staat vorbei' oder 'Staatsversagen' ausdrücken.

Dieser Befund zwingt zur Präzision in der Unterscheidung der im Funktionssystem Politik Handelnden. Die weithin verbreitete unreflektierte Inanspruchnahme 'der Politik' oder 'des Staates' für eine qualitative Verbesserung der Kommunikation mit Wissenschaft und Technik führt im Ergebnis, wenn das Zutrauen in den Staatsapparat zu gering ist, zu Überforderungen der 'Politiker', was diese ihrerseits zum Schauspielertum verleitet.

Handlungsorientierte Zukunftswissenschaft, die auf den Akteur Staat nicht verzichten will, muß daher den Zusammenhang von Wissen und staatlicher Handlungskompetenz grundlegend neu thematisieren. Mehr Rationalität in der Zukunftsgestaltung ist nicht durch weiterwachsende Ansprüche an 'die Politik' zu erreichen, sondern nur durch den Ausbau der Kommunikations- und Lernfähigkeit des Staates entsprechend den Ansprüchen der Wissenschafts- und Risikogesellschaft.

K. W. Deutsch versteht Macht in seiner 'Politischen Kybernetik' als die Fähigkeit, 'nicht lernen zu müssen' (1970, S. 329). Ist diese Art der Ausübung von Macht das, was dem Staat den Vorwurf 'Staatsversagen' eingetragen hat? Ein Staat, der systematischer in die Prozesse der Entstehung und Verwendung von Zukunftswissen integriert und in dieser Weise lernfähig wäre, würde in einer Gesellschaft, die von neuem Wissen bewegt wird, nicht ohnmächtiger werden, sondern an Handlungsfähigkeit gewinnen. Wenn Wissenschaft heute die zentrale Entwicklungsressource ist und dem Staat zugleich die Last der Gefahrenabwehr, der Wahrnehmung, Selektion und Gewichtung von Risiken und Gefährdungen überantwortet wird, muß sich staatliche Handlungskompetenz in der Fähigkeit zu lernen und in der Effektivität des Einschaltens in die Prozesse der Wissensentstehung und Wissensverwendung beweisen.

Manches spricht dafür, an das Staatsverständnis Max Webers anzuknüpfen, der moderne politische Herrschaft als 'Herrschaft kraft Wissen' definiert hat (1922, S. 129). Das damit formulierte Konzept rationaler

Herrschaft ist gewiß ein voraussetzungsreiches und anspruchsvolles Projekt, das den modernen Staat von der charismatischen Herrschaft eines einzelnen Führers oder der traditionalen Herrschaft vormoderner Gesellschaften unterscheidet.

Diesen Rationalitätsanspruch zu verfolgen ist durchgängiges Anliegen dieser Forums-Reihe. Gibt es bei aller Staatskritik eine Alternative? Der Gegenbegriff zur 'Herrschaft kraft Wissen' wäre die 'Macht der Dummheit' (André Glucksmann 1986), oder bestenfalls, wie Max Weber formulierte, die 'Dilettanz' (S. 128).

5. Zeitliche Perspektiven staatlichen Zukunftswissens

Der lebensweltliche Argumentationszugang zu den Möglichkeiten und Notwendigkeiten, in die Zukunft zu sehen, führt zu gleichermaßen plausiblem Nein und Ja. Exemplarisch für eine skeptische Haltung im politischen Bereich wird gern Winston Churchill zitiert - so Helmut Schmidt: 'Ich vermeide es immer, im voraus zu prophezeien. Es ist viel besser zu prophezeien, wenn das Ereignis eingetreten ist.' Seine eigene Position verdeutlicht Schmidt in einer Diskussion über den 'Staat als Pionier', die das Prognos-Forum im Jahre 1987 organisiert hat (in: H. Afheldt u. a. 1987, S. 27 f.). Schmidt mißtraut den Möglichkeiten, zu den zentralen Zukunftsfragen allgemein gültige und zugleich eindeutige Antworten zu geben. Allgemein gültige Antworten ließen sich natürlich definieren, dann müßten sie aber einen sehr hohen Grad der Abstraktion aufweisen und seien dann nicht mehr zu gebrauchen (Schmidt 1987, S. 27 u. 28).

Diese vielfach populäre Position entspricht nicht den lebensweltlichen Erwartungen von Bürgern und Unternehmen an die Zuverlässigkeit staatlichen Handelns. Wesentliche Entscheidungen des einzelnen wie wesentliche Entscheidungen der Unternehmen sind auf Zukunft gerichtet oder für einzelne oder Unternehmer überhaupt nur tragbar, wenn bestimmte Erwartungen an die Zukunft gesichert erscheinen.

Das beginnt mit der Entscheidung der privaten Haushalte über langlebige Konsumgüter. Der Kauf eines Eisschranks beruht auf der Zukunftserwartung, daß die Stromversorgung garantiert bleibt, und beim Kauf eines Autos geht man implizit davon aus, daß die Versorgung mit Mineralölprodukten gesichert ist und die Straßen befahrbar bleiben.

Dies wird in einem viel bedeutsameren Umfang relevant bei den Entscheidungen von Unternehmen. Großvorhaben werden in einem Zeitraum von bis zu

30 Jahren abgeschrieben. Die Nutzungsmöglichkeiten von Gebäuden umfassen Zeiträume, die weit darüber liegen.

Raumwirksame, ökologische und soziale Folgen von Standortentscheidungen großer Unternehmen überschreiten diesen betriebswirtschaftlichen Handlungshorizont noch erheblich. Der Staat hat sie daher in die Dimensionierung seines Zeitkonzepts mit einzustellen. Das Extrembeispiel der Entlagerung von radioaktiven Abfällen zeigt, daß der Zeithorizont der avisierten Risikovorsorge die staatlichen Gewährleistungsperspektiven sogar weit übersteigt: eine Garantiepflicht für mehrere Jahrtausende ist weder sozial- noch politikverträglich.

Anforderungen an zuverlässiges Wissen über zukünftige Entwicklungen ergeben sich realitätsbezogen aus den Planungs- und Wirkungsdimensionen staatlicher Infrastrukturpolitik. Der moderne Staat ist verantwortlich für die Produktion von nicht marktgängigen Gütern und Leistungen, deren Planungsvorlauf, Nutzungsdauer und Folgewirkungen über den Zeithorizont von Legislaturperioden entscheidend hinausgehen.

Um nur zwei Beispiele zu nehmen: Der Planungsprozeß zur Errichtung eines modernen Verkehrsweges dauert bis zu 20 Jahren, die Produktionszeit weitere fünf Jahre. Die Folgen dieser gebauten Infrastruktur präjudizieren raumwirksame Folgen für Jahrzehnte. Sie ziehen in der Regel weitere Erhaltungs- und Ausbaumaßnahmen nach sich. Diesen faktischen Zukunftswirkungen werden allerdings die bescheidenen Zeithorizonte, die das Planungsrecht formalisiert hat, nicht gerecht:

- Raumordnungsbericht: vier Jahre - § 10 ROG
- Landesentwicklungsbericht: zwei Jahre - § 38 LEPRO
- Gebietsentwicklungsplan: zehn Jahre - § 15 LPlG
- Finanzplanung: fünf Jahre - § 9 StabilG.

Das andere Beispiel ist das der Bildung: Hier werden Entscheidungen getroffen, die die gesamte Lebensperspektive des einzelnen in zunehmend wichtigen Bereichen abstecken.

Lebensweltliche Erfahrungen begründen offensichtlich die Notwendigkeit staatlichen Zukunftswissens und geben Hinweise auf die notwendigen oder zumindest wünschenswerten zeitlichen Perspektiven. Nach diesen Erfahrungen bleibt nun die Wissenschaft zu befragen. Dabei sollen die Zeithorizonte der Zukunftsforschung, die wir kennen, geprüft werden. Die Zeithorizonte der verfügbaren Modelle und Szenarien sind sehr unterschiedlich, scheinen überwiegend zufällig fixiert zu sein und weisen zum Teil auch innerhalb ihrer Aussagen unterschiedliche Zeitgrößen auf (vgl. im einzelnen Christian Lutz 1983).

Auffälligerweise ist der Zukunftshorizont wissenschaftlicher Aussagen von lebensweltlichen Erfahrungen, historischen Zufälligkeiten des Ausgangsdatums oder spektakulären Jahreszahlen bestimmt. Heik Afheldt (1986) argumentiert mit der Lebenserwartung seiner jüngsten Tochter, was ins Jahr 2051 führt. Für Rainer Mackensen, Eberhard Umbach und Ronald Jung (1984) sind die privaten Zukunftsentscheidungen über Ausbildung und Beruf, Dauerwohnsitz, Kinderwunsch, Einstellung zu Straßen, Kraftwerken oder Naturschutzgebieten bestimmend und lassen insofern Einblicke bis in das Jahr 2040 zu.

Beispiele für historische Zufälligkeiten des Ausgangsdatums sind die Prognos-Veröffentlichung 'Bilder einer Welt von morgen - Modell bis 2009' oder die Arbeit von Bruno Tietz 'Optionen bis 2030' (1987): Die Wahl des Jahres 2030 soll gegenüber heute (1986) die Periode vorausgreifen, die rückwärts mit dem Beginn des Zweiten Weltkrieges (1939) im wesentlichen zu den Bedingungen geführt hat, wie sie heute bestehen (S. 12).

Schließlich bestimmt die spektakuläre Jahreszahl 2000 eine Vielzahl von Veröffentlichungen zu Zukunftsfragen, beispielsweise 'Global 2000. Der Bericht an den Präsidenten' (1980), oder Gerd E. Hoffmann (Hg.): 'Schaffen wir das Jahr 2000?'(1984). Alvin Toffler hat das 'Kursbuch ins dritte Jahrtausend' (1972) herausgegeben. Daß diese Perspektive mindestens seit Beginn der 80er Jahre irrelevant kurz geworden ist, stellen auch Autoren fest, die an der 2000-Symbolik noch festhalten, so Mackensen u. a. (1984). Sie beziehen deshalb auch ihre Kenntnisse und Daten auf das Jahr 2040 (S. 17). Dieser Zeithorizont ergibt sich auch zwingend aus den Fakten der Bevölkerungsprognosen.

Den wohl systematischsten und fundiertesten Zugang auch zu den zeitlichen Dimensionen möglichen Zukunftswissens bietet die Auseinandersetzung mit den Weltmodellen und Weltszenarien, die seit Beginn der 70er Jahre entwickelt wurden. Sie stehen in einem engen Zusammenhang mit den Fragen nach den Grenzen des Wachstums. Als Ausgangsmodell läßt sich das an der Sloane School of Management am MIT in Cambridge, Massachussetts, USA, unter der Leitung von Jay W. Forrester und Dennis W. Meadows entstandene 'World III - limits to growth' bezeichnen. Es liefert Simulationsergebnisse für den mathematisch begründeten Zeithorizont bis 2100. Das Nachfolgeprojekt von Eduard Pestel und N. D. Mesarovec ('World Integrated Model', veröffentlicht als 'Mankind at the turning point', 1974) beschränkte sich auf sehr viel kürzere Zeiträume ebenso wie Pestels 'Deutschland-Modell - Herausforderungen auf dem Weg ins 21. Jahrhundert'. Das aus lateinamerikanischer Kritik an der Szenarienarbeit am MIT entstandene Bariloche-Modell stellte 1974 Fragen der Dritten Welt in den Mittelpunkt und griff dabei mit seinen Simulationen bis in das Jahr 2060.

Bis ins Jahr 2075 reicht auch die Perspektive der Studie des OECD-Ministerrats über die Möglichkeit einer weiteren Entwicklung der fortgeschrittenen Industriegesellschaften in Harmonie mit der Entwicklungswelt. Das Ergebnis der Studie wurde 1979 unter dem Titel 'Interfutures - facing the future' veröffentlicht.

Ein auch potentielles politisches und staatliches Handeln berücksichtigendes Weltmodell-Projekt ist das sogenannte GLOBUS-Modell, das unter der Leitung von K. W. Deutsch am Internationalen Institut für vergleichende Sozialforschung des Wissenschaftszentrums Berlin Anfang der 80er Jahre erarbeitet worden ist. Dieses Projekt hatte sich zum Ziel gesetzt, Probleme aufzuzeigen, mit denen Regierungen im kommenden Vierteljahrhundert zu kämpfen haben werden. (Einen guten Überblick über die Weltmodelle gibt Christian Lutz (1983)).

Mit den auf die Anwendung der Computertechnik gestützten Weltmodellen wird eine Verknüpfung vielfältiger variabler Daten für langfristige Perspektiven möglich. Sie bieten erheblich verbesserte Wissensgrundlagen für zukunftsrelevante Entscheidungen - auf globaler wie auf rationaler Ebene. Ihre prinzipielle und kontinuierliche Berücksichtigung bei langfristig wirkenden politischen Entscheidungen wäre sicher zweckmäßig.

6. Zur Bewertung von Zukunftsprognosen

Jedes Zukunftsmodell bedarf und unterliegt allerdings sozialer Bewertung. Heik Afheldt formuliert dieses Erfordernis als Kritik, die damit die erforderliche solide Bewertung impliziert: 'Was ist die generelle Lehre aus den Modellen? Den meisten mir bekannten Weltmodellen ist eines gemeinsam: Sie projizieren meßbare Tatbestände in die Zukunft, wie physische Ressourcen, Temperaturen der Atmosphäre, Bruttosozialproduktsziffern je Kopf, Wohlstandsgefälle zwischen und innerhalb von Staaten. Nur wenige Modelle befassen sich mit den Befindlichkeiten der Akteure, den Menschen und ihren Reaktionen oder, wie vorher gesagt, mit den Wertvorstellungen und den daraus entstehenden Kräften. So bleiben die funktionalen Zusammenhänge in den meisten Modellen konstant. So lassen Modelle die Polkappen schmelzen, aber es entsteht in ihren Bildern keine neue Religion, kein neues ordnungspolitisches Bild, in dem Sozialismus und Liberalismus zusammenschmelzen, in dem neue Kombinationen von Wettbewerb und Kooperation entstehen. Und das, obwohl ein Schlüssel zu allen künftigen Entwicklungen zweifellos in der sozialen Entwicklung, in den Werthaltungen, in der Bereitschaft zu arbeiten oder nicht zu arbeiten, in der Lust zu leben oder in der Bereitschaft zu sterben, liegt.

Die Modelle haben alle dieselben Fehler, die lange Jahre unsere gebräuchlichen Verkehrsmodelle hatten. Sie verhalfen nicht zu neuen Einfällen, sondern sie sind strukturell sklerotisch. Rückbau von Straßen, Verkehrsberuhigung, Änderung der Einstellung zu Verkehrsmitteln und Mobilität, Fortschritte am Motor und die Idee von 'Umweltabonnements' kommen in ihnen nicht vor. Sie verfehlen damit ihren didaktischen Zweck. So fehlen in den Weltmodellen die entscheidenden Innovationen' (Afheldt 1986, S. 21).

Die Erwartung einer sich linear nach Grundparametern entwickelnden gesellschaftlichen Zukunft wird immer wieder enttäuscht werden. Für die Irrtümer solcher 'wertfreien' Zukunftsmodelle der Computer-fixierten Trendextrapolationen stehen die Energiebedarfsprognosen der 70er Jahre.

Langfristige Politik und die darauf verpflichteten staatlichen Maßnahmen müssen gerade um des Rationalitätsanspruches willen soziale Wertungen, gesellschaftliches Lernen und damit gesellschaftliche Innovationen mit einkalkulieren. Sie dürfen sich nicht durch abgeschlossene Prognosemodelle von der realen gesellschaftlichen Entwicklung entfernen.

Lernfähigkeit bedeutet zunächst zu realisieren, daß das bewährte und erfolgreiche Wissen nicht von Dauer ist. Damit ist jedoch auch offenkundig, daß Zukunftswissenschaft Annahmen immer wieder in Frage stellen und überprüfen muß. Nur durch die Verpflichtung zur Lernfähigkeit besteht eine Chance, den Circulus vitiosus der mechanischen Planungseuphorie und der ignoranten Planungsfeindlichkeit zu durchbrechen.

Entsprechend steht der Staat in der Verpflichtung, sich sowohl verwertbares Zukunftswissen mit einem weiten Zeithorizont anzueignen, gleichzeitig aber offen zu sein für flexible, situationsangemessene Entscheidungen, d. h. lernfähig zu sein. Beides wird nur erreichbar sein, wenn die Zukunftsorientierung des Staates die beiden genannten Voraussetzungen erfüllt, nämlich Zeithorizonte bedarfsorientiert definiert und sich nicht nur mit meßbaren Tatbeständen zufrieden gibt, sondern mögliche gesellschaftliche Innovationen mit einbezieht.

7. Wissensvermittlung - Lernen in der Wissenschaftsgesellschaft

Die notwendige Lernfähigkeit von Gesellschaft und Staat führt hin zu den Möglichkeiten und Bedingungen von Lernen und Wissensvermittlung. Theoretische und praktische Bildungsziele wurden in der Vergangenheit selbstverständlich immer mit dem Anspruch formuliert, daß sie auch und gerade in der Zukunft ihre Bedeutung haben würden. Thomas Ellwein hat in seinem Beitrag 'Bildungstradition und zukunftsorientierte Ausbildung' (1987) den Wandel bildungspolitischer Ziele daran deutlich gemacht, daß keine allgemeine Bildung vermittelt werden konnte, wenn man nicht daran glaubte, daß sie auch in Zukunft noch allgemein sein würde. In diesem Sinne gewann das Bildungssystem seine Stabilität aus der tatsächlichen oder unterstellten Stabilität der Gesellschaft. Eine Gesellschaft, die Veränderungsprozessen unterliegt, welche wir wahrnehmen, aber vielfach nicht absehen können und die uns nur das eine lehren, daß nämlich in Zukunft vieles anders sein wird, eine solche Gesellschaft bedarf einer anderen Bildungspolitik. Diese beruht weniger auf den Notwendigkeiten der gegenwärtigen Gesellschaft, sondern auf Annahmen über die zukünftige Gesellschaft.

In einer solchen Gesellschaft ist die Garantie der Wissensvermittlung von jedem und vor allem für jeden von entscheidender Bedeutung. Die Garantie dieses Rechts auf Bildung sichert den Zugang zum Wissenschaftsbetrieb und ermöglicht zugleich eine Übersetzung des technisch verwertbaren Wissens in das praktische Bewußtsein einer sozialen Lebenswelt. Diese Garantie des Rechts auf Bildung läßt natürlich offen, welches Wissen vermittelt wird.

Wissenschaftsgesellschaft und Risikogesellschaft scheinen ein neues Bildungsverständnis zu evozieren. Ein erneuertes Bildungsverständnis muß sich auf das reale Leben der Gegenwart beziehen und über dieses noch deutlich hinausweisen.

Dies heißt, den sozialen Implikationszusammenhang von Bildung zu berücksichtigen und eine Neufassung des Bildungsbegriffs vor dem Hintergrund einer Analyse der gesellschaftlichen Wirklichkeit und der gewünschten Zukunft zu versuchen.

Wird die soziale Wirklichkeit des Wissens - lebensweltlich und wissenschaftlich - richtig erfaßt, muß Wissensvermittlung von drei historischen Gegebenheiten ausgehen:

- der Organisation der Wissensentstehung
- den Risiken aufgrund produzierten Wissens
- der Situation des Zeithabens (vgl. Zöpel 1987b, S. 11).

Diese historischen Bedingungen sind zu verbinden mit den Anforderungen, die Hans-Günter Rolff (in: Hesse/Zöpel 1987a, S. 200 ff.) an das Bildungssystem der Zukunft stellt, daß es nämlich inhaltlich orientiert sein muß an den Grundsätzen

- der Gestaltbarkeit, was meint, daß historisch-politische Zusammenhänge aufzuzeigen sind,
- der Durchschaubarkeit, nämlich daß Wissenschaftsorientierung und Erkenntniskritik gefördert werden müssen,
- der Sinnlichkeit, nämlich daß zu Eigentätigkeit anzuregen ist und Erfahrung mit Erleben verbunden werden muß,
- der Ganzheitlichkeit, was meint, daß der Zusammenhang der Lebenspraxis verständlich gemacht werden muß,
- und schließlich der Solidarität, nämlich Beschränkungen abzubauen und die Erfahrungen der Schüler für das Miteinander zu stärken.

8. Der Staat als Garant der Wissensvermittlung

Der Prozeß der Entstehung von Wissen ist in Hochschulen, Labors, wissenschaftlichen Instituten und Unternehmen organisiert. Die industriell-ökonomische Wissensverwendung regelt sich über die Mechanismen des Marktes, nicht immer in den Grenzen staatlich gesetzten Rechts. Die Wissensvermittlung dagegen hat, jedenfalls in ihrer ganzen Breite, keine verläßlichen Promotoren. Hier entsteht eine neue Aufgabe des Staates der Wissenschaftsgesellschaft, wenn er sich weiterhin als demokratischer Rechtsstaat und Sozialstaat verstehen will. In Analogie zum Rechts- und Sozialstaat muß der Staat auch ein Wissensvermittlungsgarantiestaat sein. Was heißt dies?

In sozialer Hinsicht muß er garantieren, daß am Wissensentstehungsprozeß jeder teilnehmen kann. Durch die Beschränkung der Möglichkeit zur Wissenschaftsorganisation dürfen nicht neue Machtstrukturen, neue soziale Schichtungen und unüberwindliche Differenzierungen entstehen. Dies ist verbunden mit einem Nachdenken über das Gebot der Transparenz in einer Gesellschaft, besonders auch der Transparenz von Unternehmen.

In räumlicher Hinsicht heißt die Garantie der Wissensvermittlung, daß Friktionen zwischen Regionen vermieden werden müssen, daß sich die 'Gleichwertigkeit der Lebensverhältnisse' in einer Wissenschaftsgesellschaft eben auch auf die Teilhabe von Regionen an verfügbaren Wissenspotentialen erstrecken muß. Dies macht die flächendeckende Einrichtung von Transferstellen so notwendig.

Garantie der Wissensvermittlung heißt in zeitlicher Hinsicht, daß Weiterbildungs- und Weiterqualifikationsangebote ausgebaut werden müssen. Hier kann sich die Kommunikation zwischen Staat, Wissenschaft und Unternehmen zu allererst beweisen.

Schließlich bedeutet Garantie der Wissensvermittlung unter inhaltlichen Aspekten, daß kritisches, alternatives Wissen, das Bedenken gegenüber technologischen Entwicklungen anmeldet, nicht unterdrückt wird. Kritisches Wissen muß die Chance der Darstellung und Artikulation bekommen, um den Staat, dessen regulierende Schrankensetzung nachgefragt wird, erst in die Situation der Wahlmöglichkeit zu versetzen.

Dies postulieren heißt wiederum die Frage stellen, ob sich der Staat damit nicht übernimmt. Dies ist die zentrale Frage, die Ulrich Beck (1986) aufwirft: Die Fülle des Wissens reduziere die Handlungsmöglichkeiten des Staates, auch seine Verantwortung. Deshalb müsse die Politik diese Selbstbegrenzung, die historisch vollzogen sei, nachvollziehen. An die Stelle der Verantwortung des Staates trete die Übernahme von Verantwortung für Wissen durch die Wissenschaft selbst, nämlich durch Selbstkritik.

Die skeptische Frage eines staatliche Verantwortung tragenden Politikers ist, ob diese Selbstkontrolle tatsächlich reicht, ob nicht eine breite Öffentlichkeit, ob nicht soziale Gruppen, ob nicht Regionen, ob nicht bestimmte Wissenschaftsprodukte ausgeschaltet werden.

Die sozial- und rechtsstaatlichen Garantien des Staates scheinen in der Wissenschafts- und Risikogesellschaft eine Qualität zu gewinnen, die sich auch auf die Vermeidung sozialer, zeitlicher und räumlicher Friktionen bei der Produktion und Verwertung von Innovationen und auf die Sicherung von Wissenschafts- und Forschungspluralität erstreckt. Dies muß nicht Ausweitung staatlicher Verantwortung bedeuten, sondern kann auch deren qualitative Veränderung heißen.

Für die Richtung dieser Veränderung gibt die neuere Staatswissenschaft einige Hinweise: Die nahezu durchgängige Diagnose ist, daß der Staat in immer weiteren Bereichen nicht mehr Steuerungsstelle, sondern Mitakteur in einem Netzwerk von Handelnden, in einem Netz laufender Prozesse ist (Fürst 1987, S. 261 ff.). Der Übergang auf eine stärker prozedural bestimmte Rationalität staatlichen Handelns kann schon zurückgreifen auf Max Weber (1922). Für ihn verkörpern sich Identität und Einheit einer Gesellschaft in der streng formalen Rationalität ihrer Verfassung und Gesetzgebung. Neuerdings hat dies besonders Habermas herausgearbeitet (1985). In modernen demokratischen Gesellschaften erzwingen hohe Grade an Innovation, Komplexität und Variabilität, aber auch an Intransparenz eine vorrangig prozedurale Art der Rationalität. Für staatliches Entscheiden werden Verfahren der wechselseitigen Information, der Mit-Wissen garantierenden Beteiligung, eine prozedurale Rationalität der Problemlösung immer wichtiger (vgl. dazu auch Helmut Willke, in: Ellwein/Hesse/Mayntz/Scharpf (Hg.) 1987, S. 285 ff.).

Nicht mehr so sehr die Definition von Wissensinhalten, nicht Produktsteuerung, nicht die Lenkung technologischer Innovationen und deren Verwertung sind demnach die vorrangigen Aufgaben des Staates in der Wissenschaftsgesellschaft, sondern die Kombination dreier Funktionen:

- Rahmensetzung für technologische Entwicklungen aus Gründen der Erhaltung der natürlichen Lebensgrundlagen oder der sozialen Verträglichkeit; dies verlangt einen handlungsfähigen, nämlich durchsetzungsfähigen Staat;

- die Schaffung und Erhaltung einer intelligenten Infrastruktur als Grundlage für Wissensproduktion und -verwertung; dies verlangt einen handlungsfähigen, nämlich mit angemessenen Ressourcen ausgestatteten Staat;

- die Vermittlung zwischen Wissensentstehung und Öffentlichkeit, d. h. die friktionslose Vermittlung von Wissen in sozialer, zeitlicher, räumlicher und inhaltlicher Hinsicht; dies verlangt einen handlungsfähigen, nämlich fragenden und wissenden Staat.

Literatur

Afheldt, H.: Bilder einer Welt von morgen - Modelle bis 2009, 2. Aufl., Stuttgart 1986.

Afheldt, H. u. a.: Der Staat als Pionier? Initiativen. Impulse. Innovationen. Stuttgart 1987.

Altner, G. u. a.: Das Ende der Geduld. Carl Friedrich von Weizsäckers 'Die Zeit drängt' in der Diskussion. München u. Wien 1987.

Beck, U.: Risikogesellschaft. Auf dem Weg in eine andere Moderne. Frankfurt 1986.

Biedenkopf, K. H.: Das Recht der Utopie, in: Altner u. a., 1987, S. 55ff.

Deutsch, K. W.: Politische Kybernetik. Modelle und Perspektiven. 3. Aufl., Freiburg 1973.

Diemer, A./Frenzel, I. (Hrsg.): Das Fischer Lexikon Philosophie, Frankfurt 1958.

Dürr, H.-P.: Das Netz des Physikers. Naturwissenschaftliche Erkenntnis in der Verantwortung. München u. Wien 1988.

Ellwein, Th.: Politische Praxis. Beiträge zur Gestaltung des politischen und sozialen Wandels. Opladen 1987.

Ellwein, Th./Hesse, J. J./Mayntz, R./Scharpf, F. W. (Hrsg.): Jahrbuch zur Staats- und Verwaltungswissenschaft, Bd. 1, Baden-Baden 1987.

Fürst, D.: Die Neubelebung der Staatsdiskussion: Veränderte Anforderungen an Regierung und Verwaltung in westlichen Industriegesellschaften, in: Ellwein/Hesse/Mayntz/Scharpf, 1987, S. 261ff.

Gehlen, A.: Anthropologische Forschung. Zur Selbstbegegnung und Selbstentdeckung des Menschen. Reinbek 1961.

Global 2000. Der Bericht an den Präsidenten. Frankfurt 1980.

Glucksmann, A.: Die Macht der Dummheit, Stuttgart 1986.

Habermas, J.: Artikel Anthropologie, in: Diemer/Frenzel, 1958, S. 18ff.

Habermas, J.: Technik und Wissenschaft als 'Ideologie', 4. Aufl., Frankfurt 1970.

Habermas, J.: Theorie und Praxis, 4. Aufl., Frankfurt 1971.

Habermas, J.: Der philosophische Diskurs der Moderne, Frankfurt 1985.

Hesse, J. J./Zöpel, Chr. (Hrsg.): Zukunft und staatliche Verantwortung, Baden-Baden 1987a.

Hesse, J. J./Zöpel, Chr. (Hrsg.): Neuorganisation der Zeit, Baden-Baden 1987b.

Hoffmann, G. E.: Schaffen wir das Jahr 2000? Düsseldorf u. Wien 1984.

Jonas, H.: Das Prinzip Verantwortung. Entwurf einer Ethik für die technische Zivilisation. Frankfurt 1984.

Kreibich, R.: Die Wissenschaftsgesellschaft. Von Galilei zur High-Tech-Revolution. 2. Aufl., Frankfurt 1986.

Landmann, M.: Philosophische Anthropologie. Menschliche Selbstdeutung in Geschichte und Gegenwart. Berlin 1955.

Lötsch, B.: Auf der Suche nach dem menschlichen Maß, in: 'Garten + Landschaft', München, 94. Jg. (1984), H. 1, S. 34ff.

Lutz, Chr.: Was sagen uns die Weltmodelle und -szenarien der letzten 15 Jahre? Suche nach Handlungsspielraum in einer interdependenten Welt. GDI-Schriften Wirtschafts- und Unternehmenspolitik Nr. 24, Rüschlikon 1983.

Mackensen, R.: Zum Stand der Zukunftsforschung, in: Hesse/Zöpel 1987a, S. 45ff.

Mackensen, R./Umbach, E./Jung, R. (Hrsg.): Leben im Jahr 2000 und danach. Perspektiven für die nächsten Generationen. Berlin 1984.

Marquard, O.: Artikel Anthropologie, in: Ritter 1971, Sp. 362ff.

Mühlmann, W. E.: Artikel Lebenswelt, in: Ritter 1980.

Ritter, J. (Hrsg.): Historisches Wörterbuch der Philosophie, Darmstadt, Bd. 1 (1971) u. Bd. 5 (1980).

Schmidt, H.: Pionierfunktionen des Staates? Die skeptische Sicht des Realpolitikers, in: Afheldt u. a. 1987, S. 25ff.

Tietz, B.: Optionen bis 2030. Szenarien und Handlungsalternativen für Wirtschaft und Gesellschaft in der Bundesrepublik Deutschland. Ein Handbuch für Entscheidungsträger. 2. Aufl., Stuttgart 1987.

Toffler, A. (Hrsg.): Kursbuch ins dritte Jahrtausend. Weltprognosen und Lebensplanung. Ein Kompendium der Zukunftsforschung. Bern, München u. Wien 1972.

Weber, M.: Wirtschaft und Gesellschaft. Grundriß der verstehenden Soziologie, 5. Aufl., Tübingen 1980, zuerst 1922.

Weizsäcker, C. F. von: Wahrnehmung der Neuzeit, München u. Wien 1983.

Weizsäcker, C. F. von: Die Zeit drängt. Eine Weltversammlung der Christen für Gerechtigkeit, Frieden und die Bewahrung der Schöpfung. München u. Wien 1986.

Willke, H.: Entzauberung des Staates. Grundlinien einer systemtheoretischen Argumentation, in: Ellwein/Hesse/Mayntz/Scharpf, 1987, S. 285ff.

Zöpel, Chr.: Fragen des Staates an die Zukunftsforschung, in: Hesse/Zöpel, 1987a, S. 13ff.

Zöpel, Chr.: Die Zeit - ein Politikfeld der Zukunft, in: Hesse/Zöpel. 1987b, S. 11ff.

Hans-Günter Rolff

Zukunftsverantwortung des Staates und Zukunftserwartungen der Bevölkerung - Ergebnisse einer Meinungsumfrage

Wenn es um Zukunftswissen, Bildungsperspektiven und die Verantwortung des Staates geht, gilt es in erster Linie herauszufinden, was wir in Zukunft zu erwarten haben. Die üblichen Antworten bemühen sich um Objektivität, um Analysen absehbarer Entwicklungen in Teilbereichen der Gesellschaft, um den Entwurf und die Bewertung alternativer Szenarien und - am anspruchsvollsten - um Theorien gesamtgesellschaftlicher Entwicklungen, aus denen die Entwicklungsperspektiven von Teilbereichen hergeleitet werden.

Man kann sich dem Thema aber auch anders nähern, indem man die Subjekte nach ihren Zukunftserwartungen befragt. So gegensätzlich diesen beiden 'Zugänge' zur Zukunft auch sein mögen, sie schließen sich jedenfalls nicht aus, sondern ergänzen sich eher. Die Dynamik von Entwicklungen resultiert vermutlich aus einer komplizierten Dialektik, die von objektiven wie von subjektiven Momenten bewegt wird.

Vor diesem Hintergrund ist die Meinungsumfrage über die 'Zukunftserwartungen der Bevölkerung' zu sehen, die das Ministerium für Stadtentwicklung, Wohnen und Verkehr in Zusammenarbeit mit dem Institut für Schulentwicklungsforschung der Universität Dortmund konzipierte. Die Feldphase führte im September/Oktober 1987 das Meinungsforschungsinstitut Infratest durch. Der Fragenkatalog wurde einer repräsentativen Stichprobe der bundesdeutschen Bevölkerung ab 14 Jahren vorgelegt. Repräsentationsmerkmale waren Alter, Geschlecht und Wohnort (Gemeindeformen nach Boustedt). Insgesamt haben ca. 2 000 Personen den Fragebogen beantwortet.

Im folgenden werden die Ergebnisse wiedergegeben und kurz kommentiert. Wie sie einzuschätzen sind, ist eine andere Frage, die jenseits der Demoskopie zu beantworten wäre: durch Interpretation im Angesicht bewährter Theorien, durch Transformation in Prognosen, deren Treffsicherheit sich überprüfen läßt, und auch durch weitere Forschung. Wir sind an dieser Stelle weniger ambitioniert und beschränken uns auf Deskription. Wir geben die Ergebnisse wieder, in erster Linie, um politische Diskussionen anzustoßen, in zweiter Linie, um der Forschung einige Fragen zur weiteren Klärung aufzugeben. Die Ergebnisdarstellung gliedert sich in drei Themenbereiche:

- Zukunftsoptimismus/Zukunftspessimismus,
- Zukunftsverantwortung des Staates und
- Bildungsperspektiven

Die Tabellen, auf die im Text verwiesen wird, befinden sich am Ende dieses Beitrages.

1. Zukunftsoptimismus/Zukunftspessimismus

Wir beginnen mit der Wiedergabe relativ allgemeiner, 'breitbandiger' Erwartungen.
Wie schätzt die bundesdeutsche Bevölkerung die zukünftige Entwicklung ein hinsichtlich folgender Bereiche:

- Umwelt,
- Kriegsgefahr bzw. Abrüstung,
- Wirtschaft,
- Arbeitsmarkt?

Die Ergebnisse (vgl. Tab. 1) sprechen eine deutliche Sprache: Nur bei zwei von acht der Aussagen, um deren Bewertung wir gebeten haben, gibt es eine Mehrheit in der Bevölkerung mit einer eher optimistischen Erwartungshaltung: 73 % meinen, daß die Welt wahrscheinlich nicht bzw. bestimmt nicht in einem Atomkrieg untergehen wird; 54 % denken, daß es gelingen wird, die Umweltprobleme zu lösen. Relativiert werden die zuversichtlichen Erwartungen in diesen Bereichen allerdings, wenn man die Einschätzung weiterer Aspekte dieses Themas betrachtet: 59 % der Befragten äußern nämlich, daß Technik und Chemie die Umwelt zerstören werden, und 63 % sind pessimistisch bezüglich der beidseitigen Atomwaffenabrüstung in Europa.

Besonders deutlich sind die pessimistischen Erwartungen bezüglich der Entwicklung der Wirtschaft und des Arbeitsmarktes: Nur 33 % halten einen wirtschaftlichen Aufschwung für sicher bzw. wahrscheinlich. 59 % aller Befragten erwarten eine Verschärfung der wirtschaftlichen Krise. Während 73 % der Bevölkerung mit einer Zunahme der Arbeitslosigkeit rechnen, gibt es kaum Hoffnung auf ihr Verschwinden: Gerade 11 % halten es für wahrscheinlich oder sicher, daß es in Zukunft einen angemessenen Arbeitsplatz für alle geben wird.

Genau dieselben acht Aussagen wurden bereits bei der Shell-Jugendstudie 1985 (vgl. Jugendwerk der Deutschen Shell 1985) zur Einschätzung des Zukunftspessimismus verwendet. Erhebungszeitraum waren die Monate April und Mai 1984. Begründet durch die Konzeption der Studie ('Generationen im Vergleich') befanden sich in der Stichprobe allerdings nur 15- bis 24jährige einerseits sowie 45- bis 54jährige andererseits. Um eine Vergleichbarkeit der Ergebnisse der beiden Erhebungen zu ermöglichen, also Veränderungen in einem Zeitraum von 3 1/2 Jahren darstellen zu können, sind in Tab. 1 diese beiden Altersklassen besonders ausgewiesen (zum Problem der Vergleichbarkeit von Ergebnissen aus verschiedenen Meinungsbefragungen vgl. Neidhardt 1987).

Bei sämtlichen acht Aussagen äußern sich die jüngeren Befragten z. T. deutlich pessimistischer als die älteren: Am auffälligsten ist dieses beim Themenbereich der Umweltprobleme. In der Struktur wiederholen sich hier also die Ergebnisse der Shell-Studie: Gravierende Unterschiede sind allerdings festzustellen, wenn man die optimistischen bzw. pessimistischen Antwortquoten bei den einzelnen Aussagen von 1984 mit denen von 1987 vergleicht. Herausragend ist hierbei sicherlich die Veränderung der Meinung zu den Chancen einer Abrüstung: 'In Europa werden die Atomwaffen auf beiden Seiten abgeschafft', hielten 1984 nur 6 % der Jüngeren und 11 % der Älteren für wahrscheinlich oder sicher. Diese Zahlen sind im Herbst 1987 auf 30 % bzw. auf 40 % hochgeschnellt. Dies geht vermutlich auf die konkreten Ergebnisse der Abrüstungsbemühungen vor allem im Jahre 1987 zurück und zeigt, daß eine Politik, die dezidiert die Zukunft zu sichern versucht, auch Erfolge im Abbau von Zukunftspessimismus zeitigt.

Neben einigen relativ stabilen Ergebnissen fällt allerdings auch eine Veränderung zur pessimistischen Sichtweite auf: Der Glaube an einen wirtschaftlichen Aufschwung ist größeren Teilen der Bevölkerung in den 3 1/2 Jahren abhanden gekommen.

Ein weiteres Ergebnis der Shell-Studie 1985 war: Frauen sind deutlich pessimistischer als Männer (zumindest bei den beiden o. a. Altersklassen). Die Werte in Tab. 1 belegen das auch für die hier vorgestellte Meinungsumfrage: Außer bei der Aussage '. . . die Arbeitslosigkeit wird verschwinden' äußern sich die weiblichen Befragten durchgängig pessimistischer als die Männer. Bei der Zusammenfassung der acht Aussagen zu einer Skala und einer Gruppierung der Befragten in Gruppen mit niedrigem Zukunftspessimismuswert (im folgenden 'Optimisten' genannt), mit mittlerem Wert sowie mit einem hohen Punktwert auf der Skala (im folgenden als 'Pessimisten' bezeichnet) finden sich dann auch signifikant mehr Frauen als Männer bei den Pessimisten (vgl. Tab. 2).

Weiter zeigt Tab. 2, daß die Befragtengruppe der Unter-35jährigen bei den Pessimisten überrepräsentiert ist, während die mittleren Jahrgänge (36 bis 55 Jahre) häufig bei den Optimisten zu finden sind. Auch die Differenzierung nach Schulabschlüssen der Befragten bringt auffällige Unterschiede in der Gruppierung: Befragte mit höchstens Hauptschulabschluß sowie Befragte mit Abitur sind überzufällig häufig den Pessimisten zugeordnet; Befragte mit Hochschulabschluß den Optimisten.

Wenn man die unterschiedlichen Berufsgruppen betrachtet[1],fällt auf, daß Arbeiter signifikant öfter pessimistisch eingestellt sind als andere Berufsgruppen, Beamte dagegen einen Spitzenanteilswert bei den Optimisten erreichen.

2. Zukunftsverantwortung des Staates

Im folgenden geht es zum einen um die Meinung der Bevölkerung zum Engagement des Staates bzw. der Politiker für die Zukunft dieser Gesellschaft, zum anderen um die Einschätzung, welche Rolle der Staat bei der Gestaltung dieser Zukunft einnehmen sollte.

Zum ersten Bereich wurden den Befragten die folgenden drei Aussagen vorgelegt, wobei sie sich für diejenige entscheiden sollten, die ihrer persönlichen Meinung am nächsten kam:

- Was der Staat zur Zeit für die Sicherung unserer Zukunft tut, reicht für eine verantwortliche Politik aus.
- Wir brauchen mehr Politiker, die sich entschieden um die Zukunft kümmern.
- Bislang hat der Staat in entscheidenden Zukunftsfragen allzu oft versagt.

Tab. 3 zeigt, daß nur 14 % der ersten Aussage zustimmen, d. h., nur jeder siebte Bundesbürger hält das, was der Staat momentan für die Zukunftssicherung tut, für ausreichend. Stark vertreten in dieser Gruppe sind die Über-65jährigen, Beamte und Selbständige sowie die Zukunftsoptimisten.

Für die zweite, gemäßigt kritische Aussage entschieden sich 48 % der Befragten. Hier dominieren die 36- bis 65jährigen, wiederum die Beamten sowie Optimisten. Auch Personen mit Mittlerer Reife bzw. Hochschulabschluß wählten auffallend häufig diese Antwortalternative. Die kritischste der drei Aussagen machen sich 38 % der Bevölkerung zu eigen, nämlich Versagen des Staates in entscheidenden Zukunftsfragen. Dies konstatieren überdurchschnittlich oft die Bis-35jährigen, Befragte mit Abitur, Gewerkschaftsmitglieder, sowie die Zukunftspessimisten, von denen sich 59 % für diese Antwortvorgabe entschieden. Weiterhin auffällig ist die Unterrepräsentanz der Beamten, von denen nur 26 % mit dieser Meinung übereinstimmten. Kann man nun aus diesen hohen Prozentwerten für die o. a. kritischen Positionen schließen, daß die Bevölkerung nicht willens ist, dem Staat die Zukunftsfürsorge anzuvertrauen?

Eine Antwort kann man aus der folgenden Frage herauslesen. Auch hier wurden den Befragten drei Aussagen vorgelegt: 'Es gibt unterschiedliche Meinungen darüber, inwieweit der Staat die Sicherung und Gestaltung unserer Zukunft übernehmen soll. Welche Aussage trifft Ihre Meinung am besten?

- Der Staat und die führenden gesellschaftlichen Kräfte sind am ehesten in der Lage, die Gestaltung unserer Zukunft vollständig in die Hand zu nehmen.
- Um die Zukunft zu sichern und gestalten zu können, soll sich der Staat darauf konzentrieren, die grundlegenden Rahmenbedingungen zu schaffen.
- Vorsorge um unsere Zukunft ist weniger gut beim Staat, sondern bei uns Bürgern selbst aufgehoben.'

Nur 20 % entscheiden sich für die dritte Antwortalternative, vergleichsweise wenig im Vergleich zu den immerhin 38 %, die doch ein Versagen des Staates in Zukunftsfragen konstatiert hatten. Häufig in dieser Gruppe zu finden sind - nach den bisher dargestellten Ergebnissen durchaus erwartungsgemäß - die 26- bis 35jährigen, Selbständige sowie Zukunftspessimisten. Auffällig ist, daß Befragte mit Hochschulabschluß nur zu 12 % diese Antwort wählen.

Die andere Extremposition, die Zukunftsgestaltung vollständig dem Staat zu überlassen, ziehen lediglich 13 % der Befragten vor. Dabei sind stark vertreten die Über-65jährigen, die Beamten sowie die Optimisten. Eine große Mehrheit von zwei Drittel der Befragten (67 %) setzt auf den Staat, billigt ihm aber lediglich zu, die 'grundlegenden Rahmenbedingungen' schaffen zu sollen.

Insgesamt 80 % der Befragten vertrauen also dem Staat die Fürsorge um die Zukunft der Gesellschaft an, ein erstaunlich hoher Prozentsatz angesichts der vielen Befragten, die meinten, daß derselbe Staat gerade bei diesen Zukunftsfragen oft versagt. Dabei ist aber zu berücksichtigen, daß diese Gruppe durchaus aus unterschiedlichen, ja diametral entgegengesetzten Einschätzungen zu diesem Urteil kommen kann, wahrscheinlich auch wird. Als Beispiel für eine Zukunftsaufgabe sei die Energieversorgung angeführt und als umstrittener Teil dabei der Ausbau bzw. die Abschaltung der Atomkraftwerke. Sowohl energische Verfechter des Atomprogramms, denen dessen Durchsetzung viel zu langsam voran geht, als auch Atomkraftgegner, die ihre Vorstellung einer atomkraftfreien Energieversorgung im staatlichen Handeln nicht verwirklicht sehen, können überzeugt sein, daß der Staat in dieser Zukunftsfrage bislang versagt hat. Es ist aber wohl nicht falsch, davon auszugehen, daß die Meinung darüber, inwieweit sich der Staat um die Zukunft dieser Gesellschaft zu kümmern hat respektive wie weit man dieses dem Staat überlassen sollte, bei den beiden Beispielgruppen deutlich differiert.

Eines der wichtigsten Mittel des Staates, auf die Rahmenbedingungen der Zukunftsgestaltung einzuwirken, ist sicherlich die Verteilung der Finanzen auf die verschiedenen Politikbereiche. Deshalb konfrontierten wir die Befragten mit der Möglichkeit, die staatlichen Finanzen neu zu verteilen: 'Für welche Bereiche der Politik würden Sie mehr Geld zur Verfügung stellen?'

Aus Abb. 1 geht hervor, daß eine Zweidrittelmehrheit der Bevölkerung mehr staatliche Mittel für die Schaffung von Arbeitsplätzen ausgegeben haben möchte und über die Hälfte mehr Geld für Umweltschutz. Es folgen die soziale Sicherung und das Gesundheitswesen und dann schon Bildung und Forschung. Straßenbau und Bundeswehr stehen am Ende der Tabelle. Verschwindende Minderheiten von 2 % wollen, daß der Staat stärker in diese Politikbereiche investiert.

Im Zusammenhang mit der Gestaltung der Zukunft ist auch die individuelle Perspektive von Interesse. Erfragt wurden - unter Vorlage eines Themenkatalogs - die Bereiche, in denen die Befragten in Zukunft persönlich aktiver sein wollen, in denen sie selbst stärkeres Engagement zeigen wollen (vgl. Tab. 5).

Deutlich am häufigsten genannt wird hier - im Zuge eines wachsenden Gesundheitsbewußtseins nicht überraschend - der Bereich 'gesünder leben' mit 55 %. Ebenfalls einen hohen Wert mit 43 % erreicht die Verbesserung der persönlichen Allgemeinbildung, es folgen zwei eher hedonistische Bereiche, nämlich 'mehr das tun, wozu man gerade Lust hat' (41 %) und 'mehr Wert auf die Pflege persönlicher Beziehungen legen' (38 %).

Auffallend ist der verhältnismäßig niedrige Stellenwert, der der beruflichen Weiterbildung zugestanden wird (26 %), wird doch in der allgemeinen öffentlichen Diskussion über den Boom der beruflichen Weiterbildung oft der Eindruck vermittelt, als wollten sich weit über die Hälfte oder noch mehr der Bevölkerung beruflich weiterbilden. Man könnte begründet vermuten, daß ein Großteil der Erwerbstätigen berufliche Weiterbildung jedoch gar nicht will, aber wegen betriebsbezogener Notwendigkeiten gar nicht darum herumkommt. Denn eine gesonderte Auswertung der Erwerbspersonen läßt die Zahl der Nennungen für 'berufliche Weiterbildung' nicht etwa steigen, sondern sogar auf 24 % sinken.

Am unteren Ende der Häufigkeit der Nennungen finden sich 'mich mehr in Vereinen engagieren' (7 %) sowie 'mich mehr politisch oder gewerkschaftlich engagieren' (9 %). Vor allem der zweite Bereich muß allerdings zurückhaltend interpretiert werden, da die Formulierung der Antwortvorgabe zwei - etwas versteckte - Randbedingungen impliziert:

- Die Aussage 'mich mehr . . . engagieren' läßt keine Rückschlüsse auf das gegenwärtige Engagement zu, d. h., Personen, die sich momentan bereits in den genannten Bereichen intensiv betätigen, wählen u. U. diese Antwortalternative nicht.
- Die Formulierung '. . . politisch oder gewerkschaftlich . . .' intendiert ein eher traditionelles, an Parteien und Verbände gebundenes Politikengagement, vernachlässigt aber den Komplex der politischen Einflußnahme in den sog. 'neuen sozialen Bewegungen' (vgl.hierzu von Alemann in diesem Band).

Verschiedene sozialdemographische Gruppen zeigen ein signifikant unterschiedliches Antwortverhalten, wenn es darum geht, die Bereiche anzugeben, in denen zukünftig erhöhte Aktivität erfolgen soll. Ohne sämtliche in Tab. 5 dargestellten Zahlen kommentieren zu wollen, seien hier einige der auffallendsten Unterschiede bzw. Gemeinsamkeiten genannt:

Der gesamte Komplex 'Bildung und Beruf' (inclusive der Weiterbildung im Bereich moderner Technik) wird deutlich häufiger von jüngeren Befragten gewählt (bis 35 Jahre), ebenso die Absicht, zukünftig mehr Sport treiben zu wollen sowie sich mehr politisch und gewerkschaftlich zu engagieren (mit den oben gemachten Einschränkungen). Die oben als eher hedonistisch bezeichneten Bereiche dagegen sind altersunabhängig.

Sämtliche zu dem o. a. Komplex 'Bildung und Beruf' gehörenden Aussagen werden mit Ausnahme der Allgemeinbildung deutlich häufiger von Männern als von Frauen angegeben, am krassesten ist der Unterschied beim Erwerb von Kenntnissen im Bereich moderner Technik bzw. neuer Technologien: Während 38 % der Männer dies als einen wichtigen Punkt zukünftigen Engagements angeben, liegt die Quote bei den Frauen nur bei 15 %. (Auch wenn man nur die Erwerbspersonen betrachtet, bleibt dieser Unterschied mit 37 % vs. 14 % stabil).

Zum Abschluß dieses Abschnitts sei noch ein Ergebnis dargestellt, das mit der Präferierung bestimmter Arbeitsformen bzw. dem Zusammenhang zwischen 'freier Zeit' und 'Arbeitsintensität und -entgelt' zu tun hat und das einen erstaunlichen Meinungswandel innerhalb der letzten 3 1/2 Jahre dokumentiert. (Auch hier konnten wir dankenswerterweise eine Frageform vorangegangener Shell-Studien (1974, 1980, 1985) replizieren, was eine Erfassung von Veränderungen ermöglichte.)

Folgende drei Aussagen wurden den Befragten vorgelegt mit der Bitte, die individuell präferierte auszuwählen (vgl. Tab. 6):

- Ich möchte am liebsten viel Zeit zu meiner freien Verfügung haben und nur so viel arbeiten und verdienen, daß es zum Lebensunterhalt reicht.
- Ich möchte am liebsten so viel arbeiten und verdienen, daß es neben dem Lebensunterhalt auch für Anschaffungen und Rücklagen reicht.
- Ich möchte am liebsten so viel arbeiten und verdienen, daß ich mir fast jeden Luxus erlauben kann.

Die wegen unterschiedlicher Altersgruppenbildung in Tab. 6 nicht dargestellten Ergebnisse der Erhebungen von 1974 bzw. 1980 stimmen für die älteren Befragten mit denen von 1985 ungefähr überein[2].

Bei den Jugendlichen hat sich in den letzten 3 1/2 Jahren aber offenbar ein drastischer Wertewandel angebahnt. Nur noch 9 statt 20 % möchten am liebsten so viel arbeiten, daß sie sich jeden Luxus erlauben können. Umgekehrt legte in unserer Umfrage fast jeder vierte Jugendliche so viel Wert auf verfügungsfreie Zeit, daß er dafür gewisse finanzielle Zugeständnisse machen würde; 1985 war das nur jeder Vierzehnte. Man kann diese Einstellung, nur so viel arbeiten und verdienen zu wollen, daß es zum Lebensunterhalt reicht, unterschiedlich werten. Das zeigen Pressekommentare zur Vorveröffentlichung unserer Umfrageergebnisse. Ein unbekannter Kommentator in der 'Frankfurter Allgemeinen Zeitung' (vom 23. 1. 1988) nimmt unsere Ergebnisse zum Anlaß, das drastische Ansteigen der Zahl der 'potentiellen Aussteiger' zu beklagen. Genauer trifft es wohl J. Roitsch in der 'Frankfurter Rundschau', wenn sie fragt, ob diese hohe Quote Anzeichen einer 'neuen Bescheidenheit' oder eher Ausdruck der 'sehr praktischen Alltagserfahrungen der Jugendlichen mit Teilzeit-Jobs, Arbeitsbeschaffungsprogrammen und zeitlich befristeten Verträgen' sei (vgl. FR vom 26. 1. 1988).

3. Bildungsperspektiven

Der dritte Themenbereich unserer Umfrage bezieht sich direkt auf das Bildungswesen. Wir haben zunächst gefragt: 'Für wie wichtig halten Sie es, daß im Bildungswesen folgendes gelernt wird?' Tab. 7 zeigt, daß drei Schwerpunkte, die keinen oder keinen unmittelbaren Zusammenhang zu einer beruflichen Nutzung aufweisen, die Rangreihe anführen: Vermittlung von Umweltbewußtsein, friedfertiger Umgang mit Mitmenschen und breites Allgemeinwissen. Anders verhält es sich mit den auf den drei folgenden Positionen rangierenden Schwerpunkten: sich schnell auf neue Situationen einstellen zu können, kann ebenso als Reflex einer sich rasch verändernden Arbeitswelt interpretiert werden wie die Fähigkeit, 'Lernen gelernt' zu haben. 'Berufliche Qualifikationen' schließlich verweisen direkt auf eine erwünschte Wahrung oder auf die Schaffung beruflicher Chancen. Hinter den - ebenfalls hoch bewerteten - Schwerpunkten 'praktische Fähigkeiten' und 'soziales Bewußtsein' nimmt 'politisches Bewußtsein' mit einigem Abstand die letzte Position ein.

Dies ist auch das einzige der 'Lernfelder', bei dem es signifikante Unterschiede innerhalb der sozialdemographischen Untergruppen gibt: Die Jüngeren halten es für wichtiger als die Älteren, 17 % der Arbeiter wählten die Kategorie 'unwichtig/weniger' im Vergleich zu nur je 9 % bei den anderen Berufsgruppen. Während 76 % bzw. 70 % der Befragten mit Abitur bzw. Hochschulabschluß die Vermittlung politischen Bewußtseins für eine wichtige Aufgabe des Bildungswesens halten, sind dies bei Befragten mit Volks-/Hochschulabschluß nur 49% (ohne Tab.; detaillierte Auswertung der in diesem Kapitel dargestellten Ergebnisse findet sich bei Rolff/Klemm/Pfeiffer/Rösner 1988).

Deutlichere Unterschiede als bei der Frage nach der Wichtigkeit einzelner 'Lernfelder' (es werden eben fast alle 'Lernfelder' für wichtig bzw. sehr wichtig gehalten) erhält man bei Betrachtung der Ergebnisse, die resultieren, wenn die Befragten klare Prioritäten setzen müssen. Wir ließen sie deshalb aus einer Liste nur höchstens zwei Bereiche auswählen, die ihrer Meinung nach im Bildungswesen zukünftig intensiver behandelt werden sollen (vgl. Tab. 8). Mit deutlichem Abstand an erster Stelle wurden mit 57 % Umweltprobleme genannt, die in Zukunft einer stärkeren schulischen Behandlung bedürfen. Die in der Priorität folgenden Themen liegen mit 23 % bis 34 % der Nennung relativ dicht beieinander. Einsames Schlußlicht mit nur 5 % bildet der Bereich der Freizeitgestaltung, der wohl eher für eine private Sache denn für eine bildungspolitisch relevante gehalten wird.

Auch hier gibt es wieder erhebliche Unterschiede bei den verschiedenen sozialdemographischen Untergruppen: Fast erwartungsgemäß nennen Männer (41 %) den Bereich der neuen Technologien signifikant häufiger als Frauen (27 %), die dafür die Themen 'Gesundheit' sowie 'Frieden und Abrüstung' öfter angeben. Je jünger die Befragten sind, desto eher wählen sie aus den vorgegebenen Antwortmöglichkeiten 'Umweltprobleme' und 'Neue Technologien', je älter sie sind, desto eher 'Gesundheit' sowie 'Arbeitslosigkeit'. Die teilweise signifikanten Unterschiede bei Differenzierung nach Berufsschicht bzw. Schulabschluß sind Tab. 8 zu entnehmen.

Zum Schluß soll noch eingegangen werden auf die Einschätzung des Bildungswesens in den Dimensionen 'berufliche Bildung versus Allgemeinbildung' sowie 'Spitzenförderung versus Breitenförderung' (vgl. Tab. 9). Zehn Aussagen waren zur Zustimmung oder Ablehnung vorgelegt worden. Den höchsten Wert der Zustimmung mit 88 % erreichte folgende Aussage: 'Arbeiterkindern sollte künftig in stärkerem Maße als bisher der Weg zu höherer Bildung ermöglicht werden.' Dies ist ein bislang wohl unerreichter Wert der Zustimmung für den Abbau von Ungleichheit der Bildungschancen. In diese Richtung weist auch die hohe Zustimmungsquote von 85 % bei der Aussage: 'Statt der Förderung von wenigen Hochbegabten sollte das Bildungswesen besser allen jungen Menschen eine breite Bildung vermitteln.' Daß umgekehrt nur 16 % der Befragten meinen, daß Spitzenförderung wichtiger als Breitenförderung ist, unterstützt diese Tendenz.

Während die Alternative 'Spitzen- oder Breitenförderung' in eindeutiger Weise zugunsten einer breiten Allgemeinbildung für alle Jugendlichen beantwortet wird, ist eine eindeutige Präferierung von entweder berufsvorbereitender (Spezial-) Ausbildung oder guter (hoher) Allgemeinbildung nicht erkennbar. Zwar sagen 56 %, nützliche Fähigkeiten für den späteren Beruf seien wichtiger als eine hohe Allgemeinbildung, und sogar 80 % stimmen der Aussage zu, die Schule müsse gezielt auf die späteren beruflichen Anforderungen vorbereiten, aber umgekehrt sind 65 % überzeugt, daß eine gute Allgemeinbildung immer wertvoller sein wird als eine berufsvorbereitende Spezialausbildung. Ein Widerspruch? Wohl nicht, denn wenn man die Aussageformulierungen genau liest, kann durchaus folgendes geschlossen werden: Die Bevölkerung, repräsentiert durch die hier befragte Stichprobe, will, daß im Bildungswesen sowohl eine gute Allgemeinbildung - nicht unbedingt eine hohe - als auch nützliche Fähigkeiten für den späteren Beruf - und nicht unbedingt eine berufsvorbereitende Spezialausbildung - vermittelt werden, also Doppelqualifikation.

Wie immer unterschiedlich man diese Ergebnisse deuten mag: Unstrittig ist, daß zur Zukunftssicherung von Seiten des Staates und der Politik noch viel zu tun bleibt.

4. Umfrageergebnisse

Abb. 1

Nehmen Sie einmal an, Sie dürften die staatlichen Finanzen neu verteilen: Für welche Bereiche der Politik würden Sie mehr Geld zur Verfügung stellen? Nennen Sie bitte bis zu drei Bereiche (Angaben in Prozent).

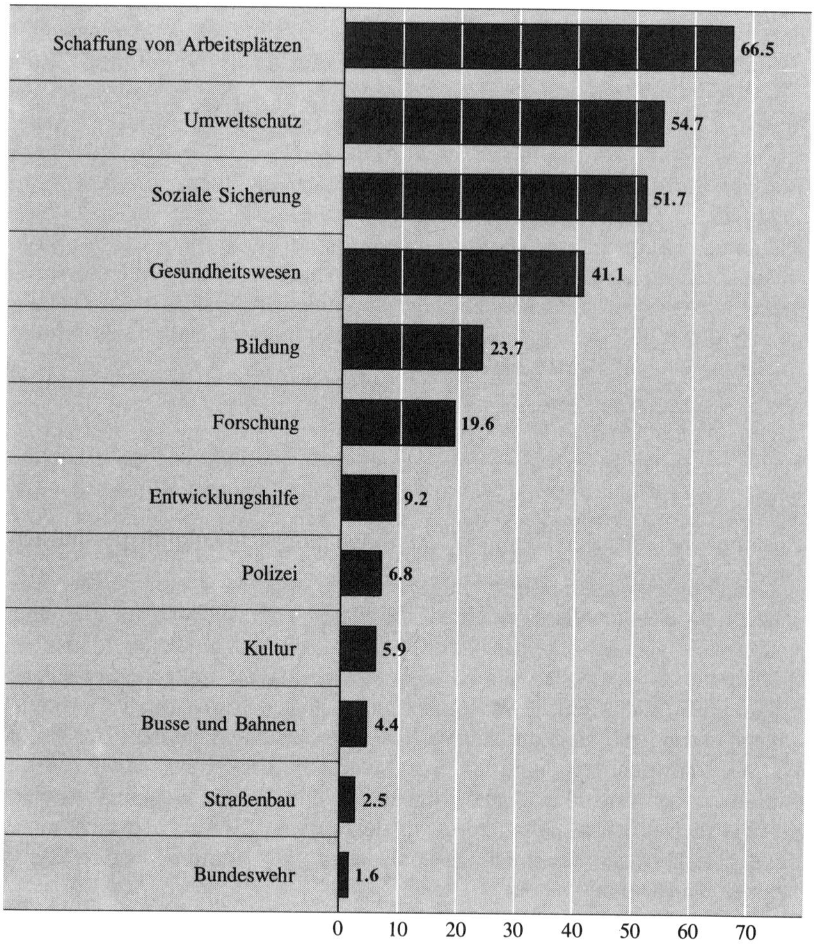

Tab. 1

Items zur Skala 'Zukunftspessimismus'

Kategorien*: 'wahrscheinlich/bestimmt' in Prozent

	gesamte Umfrage	nach Alter** 15-24	45-54	nach Geschlecht männl.	weibl.
Technik und Chemie werden die Umwelt zerstören	59	65(76)	55(54)	52	66
Die Welt wird in einem Atomkrieg untergehen	27	31(39)	26(23)	23	31
Wir werden einen wirtschaftlichen Aufschwung erleben	33	31(42)	34(47)	37	29
Es wird gelingen, die Umweltprobleme zu lösen	54	39(34)	59(58)	59	49
Die wirtschaftliche Krise wird sich verschärfen	59	59(65)	57(50)	54	63
Es wird immer weniger Arbeitsplätze geben, immer mehr Menschen werden arbeitslos werden	73	70(73)	68(71)	71	74
In Europa werden die Atomwaffen auf beiden Seiten abgeschafft	37	30(6)	40(11)	42	33
Es wird einen angemessenen Arbeitsplatz für alle geben, die Arbeitslosigkeit wird verschwinden	11	7(9)	9(13)	11	11
N	2000	343	348	938	1062

* Antwortmöglichkeiten waren: bestimmt nicht/wahrscheinlich nicht/wahrscheinlich/bestimmt

** Zahlen in Klammern: Ergebnisse der Shell-Studie 1985

Tab. 2

Zusammensetzung der Gruppen 'Zukunftsoptimisten/Zukunftspessimisten'

Anteile in Prozent

	Optimisten (n = 420)	Pessimisten (n = 467)	N
Repräsentativumfrage	22	24	1931
nach Alter (signifikant: $\alpha < 0{,}01$)			
bis 35 Jahre	17	30	723
36 bis 55 Jahre	25	18	632
über 55 Jahre	24	23	576
nach Geschlecht (signifikant: $\alpha < 0{,}01$)			
Männer	26	20	909
Frauen	18	28	1022
nach Schulabschluß (signifikant: $\alpha < 0{,}01$)			
bis Hauptschulabschluß	20	26	1183
mittlere Reife	23	20	389
Abitur	22	26	201
Hochschulabschluß	34	15	147
nach Berufsgruppe (signifikant: $\alpha < 0{,}01$)			
Arbeiter	17	30	494
Angestellte	23	21	748
Beamte	32	14	150
Selbständige	20	24	122

Tab. 3

Engagement der Politiker für die Zukunft

Welche der folgenden Aussagen kommt Ihrer Meinung am nächsten?

A: Was der Staat zur Zeit für die Sicherung unserer Zukunft tut, reicht für eine verantwortliche Politik aus.

B: Wir brauchen mehr Politiker, die sich entschieden um die Zukunft der Gesellschaft kümmern.

C: Bislang hat der Staat in entscheidenden Zukunftsfragen allzu oft versagt.

	Antworten in Prozent			
	A	B	C	Summe absolut
Repräsentativstichprobe	14	48	38	1958
nach Alter (signifikant: $\alpha < 0{,}01$)				
bis 25 Jahre	14	44	43	391
26 - 35 Jahre	8	46	46	340
36 - 45 Jahre	14	52	34	308
46 - 55 Jahre	13	53	34	327
56 - 65 Jahre	22	43	35	258
über 65 Jahre	22	43	35	334
nach Beruf (signifikant: $\alpha < 0{,}01$)				
Arbeiter	15	46	39	511
Angestellte	14	48	38	749
Beamte	22	52	26	149
Selbständige	18	44	38	126
nach Gewerkschaftszugehörigkeit (signifikant: $\alpha < 0{,}01$)				
Mitglied	13	43	44	317
Nichtmitglied	15	49	36	1623
nach Schulabschluß (signifikant: $\alpha < 0{,}01$)				
Volks-/Hauptschule	16	46	38	1213
Mittlere Reife	14	51	35	388
Abitur	7	47	46	200
Hochschulabschluß	12	52	36	147
nach Zukunftseinstellung (signifikant $\alpha < 0{,}01$)				
Optimisten	24	56	20	410
Pessimisten	7	34	59	462

Tab. 4

Sicherung und Gestaltung unserer Zukunft

Welche Aussage trifft Ihre Meinung am besten?

A: Der Staat und die führenden gesellschaftlichen Kräfte sind am ehesten in der Lage, die Gestaltung unserer Zukunft vollständig in die Hand zu nehmen.

B: Um die Zukunft sichern und gestalten zu können, soll sich der Staat darauf konzentrieren, die grundlegenden Rahmenbedingungen zu schaffen.

C: Vorsorge um unsere Zukunft ist weniger gut beim Staat, sondern bei uns Bürgern selbst aufgehoben.

	Antworten in Prozent			
	A	B	C	Summe absolut
Repräsentativstichprobe	13	67	20	1969
nach Alter				
(signifikant: $\alpha < 0{,}01$)				
bis 25 Jahre	12	67	21	399
26 - 35 Jahre	10	65	25	342
36 - 45 Jahre	14	71	15	310
46 - 55 Jahre	9	73	19	329
56 - 65 Jahre	14	69	18	255
über 65 Jahre	18	61	21	333
nach Beruf				
(signifikant: $\alpha < 0{,}05$)				
Arbeiter	13	68	19	512
Angestellte	11	69	20	751
Beamte	17	73	10	152
Selbständige	15	60	25	123
nach Schulabschluß				
(signifikant: $\alpha < 0{,}01$)				
Volks-/Hauptschule	14	66	20	1221
Mittlere Reife	8	69	23	387
Abitur	8	72	20	200
Hochschulabschluß	15	73	12	149
nach Zukunftseinstellung				
(signifikant: $\alpha < 0{,}01$)				
Optimisten	16	66	18	412
Pessimisten	11	62	27	459

Tab. 5

Zukünftige individuelle Aktivitäten

Ich nenne Ihnen jetzt einige Bereiche des Lebens. Bitte, geben Sie mir die Bereiche an, in denen Sie persönlich in Zukunft aktiver werden möchten. (Mehrfachnennungen möglich, Antworten in %)
(Signifikanzniveaus: ** - $\alpha < 0{,}01$, * - $\alpha < 0{,}05$)

Antwortvorgaben	Umfrage	nach Alter						nach Geschlecht	
		-25	-35	-45	-55	-65	>65	♂	♀
Meine Allgemeinbildung verbessern	43	59	53	46	45	27	18**	43	42
Meine Kenntnisse im Bereich moderner Technik erweitern	26	38	29	36	23	17	9**	38	15**
Mich mehr im Beruf einsetzen	13	25	17	16	7	4	3**	16	10**
Mehr Eigenarbeit in der Wohnung oder im Haus leisten	17	14	17	22	18	19	12*	21	12**
Mehr Sport treiben	30	44	36	34	30	20	8*	31	28
Mich mehr politisch oder gewerkschaftlich engagieren	9	12	12	13	7	7	4**	12	7**
Gesünder leben	55	41	52	56	62	66	61**	55	56
Mich mehr mit religiösen Fragen beschäftigen	11	12	7	9	10	10	19**	9	13*
Mehr Wert auf die Pflege persönlicher Beziehungen legen	38	38	43	33	38	44	35*	36	40
Mehr das tun, wozu man gerade Lust hat	41	40	35	41	43	47	40	40	42
Mich beruflich weiterbilden	26	45	35	35	17	7	3**	31	20**
Mehr Geld sparen	17	28	22	15	16	7	7**	17	16
Mich mehr in Vereinen engagieren	7	9	7	9	4	7	4*	10	4**
N	1953	406	342	309	332	255	309	925	1027

Tab. 6

Verdienst - Freizeit

Welche der folgenden drei Aussagen trifft auf Sie am ehesten zu?

A: Ich möchte am liebsten viel Zeit zu meiner freien Verfügung haben und nur so viel arbeiten und verdienen, daß es zum Lebensunterhalt reicht.

B: Ich möchte am liebsten so viel arbeiten und verdienen, daß es neben dem Lebensunterhalt auch für Anschaffungen und Rücklagen reicht.

C: Ich möchte am liebsten so viel arbeiten und verdienen, daß ich mir fast jeden Luxus erlauben kann.

Antworten in % (in Klammern Daten der Shell-Studie 1985)

Alter	**A**	**B**	**C**
15 - 24 Jahre (n = 340)	23 (7)	68 (73)	9 (20)
45 - 54 Jahre (n = 346)	10 (7)	87 (83)	3 (9)
Signifikanzniveau: $\alpha < 0{,}01$			

Tab. 7

Bildung - Weiterbildung

Für wie wichtig halten Sie es, daß im Bildungswesen folgendes gelernt wird?

Antworten in %

	unwichtig (1 + 2)	mittel (3)	sehr wichtig (4 + 5)
Berufliche Qualifikation	5	9	86
Politisches Bewußtsein	12	31	57
Ständig lernen und sich weiterbilden	3	12	85
Soziales Bewußtsein	3	14	84
Fähigkeit sich auf neue Situationen einzustellen	2	10	88
Umweltbewußtsein	2	6	92
Friedfertig mit seinen Mitmenschen umgehen	2	8	90
Praktische Fähigkeiten	2	14	84
Breites Allgemeinwissen	2	9	89

Tab. 8

Intensivierung des Bildungswesens

Welche der folgenden Bereiche sollten zukünftig im Bildungswesen intensiver behandelt werden? Bitte wählen Sie zwei Bereiche aus!

(Antworten in %) Signifikanzniveau: ** - $\alpha < 0{,}01$; * - $\alpha < 0{,}05$

Antwortvorgaben	Umfrage	nach Alter						nach Beruf				nach Schulabschluß				nach Geschl.	
		-25	-35	-45	-55	-65	>65	Arb	Ang	Bea	Sel	HS	MR	Abi	Uni	männl.	weibl.
Neue Technologien	34	41	33	37	34	34	20**	28	33	44	31**	30	39	42	41**	41	27**
Umweltprobleme	57	66	68	57	59	41	42**	49	57	58	61*	50	65	69	67**	58	55
Arbeitslosigkeit	28	20	26	30	28	33	34**	40	28	25	24**	35	20	15	11**	28	28
Freizeitgestaltung	5	7	4	4	5	4	2*	2	3	7	4*	4	4	8	10**	5	4
Gesundheit	23	18	19	18	20	29	36**	28	21	16	30**	27	19	12	15**	19	26**
Zwischenmenschliche Beziehungen	24	21	23	25	25	25	28	21	26	26	23	22	26	29	34**	24	25
Frieden und Abrüstung	30	29	27	29	29	34	35	31	31	27	31	32	29	26	28	28	33*
N	1952	406	342	310	336	260	337	514	758	153	126	1237	391	200	152	923	1057

Tab. 9

Fragen zum Bildungwesen

Sagen Sie mir bitte zu jeder der folgenden Aussagen, ob Sie ihr eher zustimmen oder sie eher ablehnen!

(Zustimmende Antworten in %) Signifikanzniveau: ** - $\alpha < 0{,}01$; * - $\alpha < 0{,}05$)

	Umfrage	nach Beruf				nach Schulabschluß				Skala 'Zukunft'	
		Arb	Ang	Bea	Sel	HS	MR	Abi	Uni	Opt.	Pess.
Die Arbeitswelt ändert sich so schnell, daß das Bildungswesen gar nicht angemessen auf die Anforderungen eines Berufes vorbereiten kann	68	69	71	61	66	71	63	64	67*	61	74**
Unser Bildungssystem kümmert sich zu wenig um die Förderung lernschwacher Schüler	67	74	68	54	60**	71	65	67	47**	55	78**
Die Schule muß gezielt auf die späteren beruflichen Anforderungen vorbereiten	80	89	80	72	89**	87	76	57	63**	79	82
Statt der Förderung von wenigen Hochbegabten sollte das Bildungswesen besser allen jungen Menschen eine breite Bildung vermitteln	85	90	87	77	87**	88	79	81	80**	80	89**
Nützliche Fähigkeiten für den späteren Beruf sind wichtiger als eine hohe Allgemeinbildung	56	69	52	44	67**	65	47	34	32**	54	58
Unser Bildungssystem kümmert sich zu wenig um die Förderung besonders begabter Schüler	35	41	31	44	32**	36	33	29	37	32	30
Für das Bildungswesen von morgen sollte gelten: Spitzenförderung ist wichtiger als Breitenförderung	16	20	13	14	16**	17	14	11	12	21	11**
Eine gute Allgemeinbildung wird immer wertvoller sein als eine berufsvorbereitende Spezialausbildung	65	63	64	70	63	63	62	73	74**	66	62
Arbeiterkindern sollte künftig in stärkerem Maße als bisher der Weg zu höherer Bildung ermöglicht werden	88	93	85	77	87**	90	85	87	80**	82	90**
Die Weiterbildung im Beruf wird in Zukunft viel mehr an Bedeutung erlangen als schulische Allgemeinbildung	80	83	81	76	85	82	79	74	71**	80	79

Anmerkungen

1 *Bei der Betrachtung berufsgruppenspezifischer Ergebnisse muß folgender Sachverhalt berücksichtigt und in die Interpretation einbezogen werden: Die Bildung der Gruppe der 'Erwerbspersonen' (zur Definition vgl. z. B. Statistisches Bundesamt (Hrsg.) 1987, S. 79 ff.) erfolgt durch Reduktion der Gesamtstichprobe. Diese Reduktion ist - bezogen auf die Repräsentativmerkmale - nicht zufällig. In der Gruppe der Erwerbspersonen befinden sich verständlicherweise signifikant weniger Personen der Altersgruppe der Unter-25jährigen (im Vergleich zur Repräsentativstichprobe).*

2 *Sowohl 1974 (Erhebungszeitraum Oktober 1973) als auch 1980 (Erhebungszeitraum August 1979) wurden 17- bis 29jährige Bürger befragt. Die Prozentwerte der Nennungen der Antwortalternativen waren hier: 1974: 7 % / 76 % / 17 %, 1980: 6 % / 77 % / 16 % (vgl. Jugendwerk der Deutschen Shell (Hrsg.) 1974, Tab.-Teil S. 15, und Jugendwerk der Deutschen Shell (Hrsg.) 1980, Tab.-Teil S. 14).*

Literatur

Jugendwerk der Deutschen Shell (Hrsg.): Die Einstellung der jungen Generation zum Unternehmer in seinem wirtschafts- und gesellschaftspolitischen Umfeld, Hamburg 1974

Jugendwerk der Deutschen Shell (Hrsg.): Die Einstellung der jungen Generation zur Arbeitswelt und Wirtschaftsordnung, Hamburg 1980

Jugendwerk der Deutschen Shell (Hrsg.): Jugendliche und Erwachsene '85. Generationen im Vergleich. Opladen 1985

Neidhardt, F.: Forschung über Meinungsforschung, in: Zentralarchiv für empirische Sozialforschung (Hrsg.): ZA Information 21, S. 18 - 28. Köln 1987

Rolff, H.-G. u. a. (Hrsg.): Jahrbuch der Schulentwicklung, Band 5. Weinheim (erscheint im Herbst 1988)

Statistisches Bundesamt (Hrsg.): Datenreport 1987. Zahlen und Fakten über die Bundesrepublik Deutschland. Bonn 1987

II. Bestandsaufnahme und erkennbare Entwicklungen

Burkart Lutz

Welche Qualifikationen brauchen wir? Welche Qualifikationen können wir erzeugen?

Wie alle Angehörigen meiner Generation, die in den 50er und 60er Jahren angetreten ist, um Politik und Wissenschaft, Verbände und Administration aus den Verkrustungen einer nach Kriegsende wieder restaurierten Vergangenheit zu lösen und in die moderne Welt zu führen, hätte auch ich vor nicht allzu langer Zeit an den Anfang einer Tagung über die Zukunft des Bildungssystems ein Referat gestellt, in dem die für die kommenden Jahrzehnte zu erwartenden Entwicklungen von Qualifikationsbedarf und Qualifikationsanforderungen skizziert werden. Dies hätte sich völlig folgerichtig aus der Trias von Prognose, Planung und Politik ergeben, in der ein klares arbeitsteiliges Verhältnis zwischen Wissenschaft, Administration und Politik angelegt war und sich ein allen gemeinsames Verständnis der zu lösenden Aufgabe ausdrückte. Diese Aufgabe bestand im wesentlichen darin, aus einer in ihren allgemeinen Strukturen bestimmten, klar konturierten und nicht zu beeinflussenden historischen Entwicklung - der Herausbildung der modernen Industriegesellschaft, dem Prozeß der Modernisierung, oder wie sonst man ihn bezeichnen mag - bestimmte Teilaspekte herauszulösen und für sie Entwicklungsprognosen zu erstellen, mit deren Hilfe gesichertes Wissen über in der Zukunft zu erwartende Zustände geschaffen wird; dieses Wissen war dann von den Wissenschaftlern an die Administratoren und Planer weiterzureichen, denen die Aufgabe seiner Umsetzung in notwendige Entscheidungen zufiel; und der Vollzug dieser Entscheidungen war letztendlich Sache der Politiker.

In dieser Arbeitsteilung von Prognose, Planung und Politik waren alle Beteiligten sehr gut aufgehoben: Die Wissenschaftler konnten aufgrund ihrer prognostischen Leistungen zum erstenmal auch für sozialwissenschaftliche Forschung mit der gesellschaftlichen Anerkennung und den finanziellen Ressourcen in Form von Instituten, Stellen und Forschungsprogrammen rechnen, die bisher den Ingenieuren und Naturwissenschaftlern vorbehalten waren. Die Planer erhielten ihrerseits aus den Prognosen klare Orientierungen, die z. B. im Städtebau an die Stelle treten konnten, was früher der Bauherrnwille großer Herrscher war. Und die Politiker durften sich komfortabel auf wissenschaftlich begründete und deshalb nicht mehr im einzelnen legitimationsbedürftige Zukunftsperspektiven verlassen, angesichts derer es eigentlich nur mehr darum ging, die Sachnotwendigkeiten auch praktisch-politisch durchzusetzen.

In einer solchen Konstellation war es geradezu selbstverständlich, jede Diskussion über Bildung und Bildungspolitik mit einer Betrachtung der zukünftigen Entwicklungen des Qualifikationsbedarfes einzuleiten; und ich selbst habe diese Rolle in den 60er und frühen 70er Jahren mehr als einmal gerne gespielt. Dies um so mehr, als die Aufgabe an sich ja nicht extrem schwierig war, ließ sich doch der Qualifikationsbedarf recht eindeutig aus den Grundtendenzen industriegesellschaftlicher Entwicklung ableiten: Den Tendenzen gesellschaftlicher Rationalisierung, der Herausbildung von Großorganisationen, der Durchsetzung und Stabilisierung bürokratischer Herrschafts- und Regelungssysteme, der Tendenz zu einem ständigen, weitgehend stetigen Wandel sozioökonomischer Strukturen ließen sich jeweils klare Entsprechungen auf der Ebene von Qualifikationsbedarf und Qualifikationsvermittlung gegenüberstellen. Hieraus ergaben sich die meisten bildungspolitischen Parolen der 60er und 70er Jahre.

Da Berufe immer Gefahr laufen, obsolet zu werden, und da eine zu starke Bindung an einen Beruf die Mobilitätsfähigkeit und -bereitschaft einschränkt, die, so sagte man damals, zu den wichtigsten Qualifikationen in der modernen Gesellschaft gehören, sei eine Abkehr von der bisher dominanten Stellung von Beruflichkeit und eine Hinwendung zu mehr allgemeiner Bildung notwendig. Die Kompetenzvermittlung müsse vor allem darauf ausgerichtet sein, das Lernen zu lernen, lebenslanges Lernen zu ermöglichen und nicht die Heranwachsenden mit ganz bestimmten Wissensbeständen vollzustopfen, die ja immer wieder entwertet würden. Bildungspolitisch bedeutete dies dann ganz natürlich die Forderung nach Vertiefung und Verbreiterung der Allgemeinbildung und nach Ausdehnung der allgemeinen Schulpflicht bis etwa zum 18. Lebensjahr. Erst dann dürfe, so spät wie möglich, eine berufliche Spezialisierung einsetzen; und nur ein kleiner Teil der Bevölkerung würde später einmal wirklich professionelle Kenntnisse, vor allem in Wissenschaft und Technik, besitzen müssen; bei allen anderen sei es für die Gesellschaft insgesamt wie für die davon Betroffenen selbst besser, wenn sie fähig wären, sich flexibel in immer wieder neuen Tätigkeiten, in die arbeitsteiligen und sich schnell wandelnden Strukturen rasch einzuarbeiten und zu bewähren.

Nun gibt es allerdings seit einiger Zeit eine zunehmende Zahl von Belegen und begründeten Argumenten dafür, daß diese Perspektive grundlegend falsch war. Sie gründete - das bitte ich, jetzt einfach einmal als eine Arbeitshypothese zu akzeptieren - auf Prämissen, die nicht haltbar sind, insbesondere auf der Prämisse, daß sich der Prozeß industriegesellschaftlicher Entwicklung und der schrittweisen Herausbildung einer modernen Gesellschaft gemäß einem letztendlich naturgesetzlich vorgegebenen stabilen Muster vollziehe. Aus dieser Annahme folgert insbesondere, daß eine Gesellschaft, indem sie sich modernisiert, ihre eigene Identität, die Basis, auf der sie sich im Wechsel der Generationen immer wieder reproduziert, nicht in Frage stellt.

Heute sind wir jedoch zunehmend mit realen Entwicklungen oder doch zumindest mit sich abzeichnenden Zukunftsperspektiven konfrontiert, die uns dringlich die Frage nahelegen, ob der Prozeß der sogenannten Modernisierung, vor allem in der Form und Intensität der letzten drei bis vier Jahrzehnte, nicht die Identität unserer Gesellschaft und ihre Fähigkeit, sich selbst im Generationswechsel strukturell identisch zu reproduzieren, bedroht, so daß nunmehr gänzlich ungesichert ist, was bisher als fundamentales Strukturdatum galt und ganz neue Probleme dort aufbrechen, wo wir bisher mit ganz selbstverständlicher Stabilität - im Sinne anthropologischer Konstanten - rechnen durften.

Was bedeutet dies nun für unsere Fragestellung?

In der herkömmlichen Konzeption industriegesellschaftlicher Entwicklung, deren Ausdruck die eingangs benannte Trias von Prognose, Planung und Politik war, wurde fraglos vorausgesetzt, daß in allen wichtigen gesellschaftlichen Bereichen, also auch in dem durch die Begriffe Bildung und Arbeit bezeichneten Feld, die grundlegenden, langfristig wirksamen Entwicklungstendenzen zumindest trendparallel verlaufen, wenn nicht gar konvergierend, sich also in ihren Effekten gegenseitig ergänzen und unterstützen. Insbesondere schienen sich die zu erwartenden Veränderungen in der Arbeitswelt - abnehmende Bedeutung von Beruf und Beruflichkeit, wachsendes Gewicht von extrafunktionalen, nicht an ein bestimmtes berufliches Einsatzfeld gebundenen Qualifikationen, Notwendigkeit zu lebenslangem Lernen usw. - vorzüglich mit den Veränderungen zur Deckung bringen zu lassen, die auch im Bildungssystem als notwendiger Bestandteil seiner Modernisierung galten - stärkerer Wissenschaftsbezug der Curricula, Betonung allgemeiner, sozialer und kognitiver Kompetenzen usw.

Heute müssen wir jedoch erkennen, daß in der Entwicklung von Arbeit und von Bildung Tendenzen oder doch zumindest mächtige Veränderungsimpulse angelegt sind, die nicht konvergierender, sondern deutlich divergierender, wenn nicht zunehmend konfligierender Natur sind.

Ich möchte dies auf brutal vereinfachende Weise demonstrieren. Dabei möchte ich insbesondere deutlich machen, daß die Zukunft, weil sie entscheidend davon abhängt, wie diese Spannungen und Konflikte zwischen divergierenden Tendenzen verarbeitet werden, weitaus offener ist und weit mehr der politischen Gestaltung bedarf, als wir dies je bisher annehmen durften oder mußten.

Während noch vor ein oder zwei Jahrzehnten allgemein die Überzeugung herrschte, daß die natürliche Entwicklung einer modernen industriellen oder vielleicht sogar postindustriellen Gesellschaft durch immer mehr Arbeitsteilung und Entberuflichung geprägt sei, sehen wir heute zunehmend Anzeichen dafür, daß sich sehr wohl Arbeitsverhältnisse und Arbeitsstrukturen einer ganz anderen Art herausbilden könnten, die auf einer sehr effizienten Nutzung der neuen technischen Möglichkeiten beruhen, ökonomisch sehr effektiv sind und überdies einer ganzen Reihe von hochrangigen gesellschaftlichen Werten stark entgegenkommen. In solchen Arbeitsverhältnissen und Arbeitsstrukturen wäre die herkömmliche Arbeitsteilung hierarchischer, funktionaler und fachlicher Art erheblich reduziert, würden die hohen Kontroll- und Fremdbestimmungspotentiale der großen bürokratisch-hierarchischen Apparate zumindest in den Hintergrund treten und bestünde das dominante Merkmal der Arbeitsprozesse im Zusammenwirken überschaubarer Gruppen von tendenziell gleich qualifizierten, als gleichwertig eingestuften und gleichberechtigten Arbeitskräften.

Ansätze zu solchen Arbeitsstrukturen gibt es in vielfältiger Art. Dies gilt für das rasch wachsende Interesse der Fertigungstechniker an dem Organisationsprinzip der Inselfertigung, bei dem jeweils bestimmte Produktionsabschnitte zu Fertigungsinseln zusammengefaßt und als zumindest partiell autonome und sich selbst steuernde Produktionseinheiten definiert werden. Dies gilt zudem für moderne Tendenzen der Organisationslehre, die eindeutig auf Dezentralisierung und die Bildung kleiner Einheiten setzen, die als eigenes Profit-Center im größeren Verbund des Unternehmens mit erheblicher Eigenverantwortung wirtschaften. Dies gilt schließlich für viele Formen offener Kooperation zwischen Gleichberechtigten, wie sie sich in wissenschaftlichen Instituten und technischen Entwicklungsbüros, oft unter dem Deckmantel stärker formalisierter bürokratischerStrukturen und meist ganz selbstverständlich herausgebildet haben.

Ansätze und Tendenzen dieser Art, die einen tiefgreifenden Bruch mit dem bedeuten, was jahrzehntelang als quasi naturgesetzliche Logik industrieller Entwicklung verstanden wurde, manifestieren sich auf zweifache Weise:

Dies geschieht zum einen dadurch, daß Produktionsweisen und ihnen entsprechende betriebliche Strukturen, in denen seit jeher fachliche und funktionale Arbeitsteilung wenig ausgeprägt war, hierarchisch-bürokratische Formen der Betriebsorganisation und -führung kaum eine Rolle spielten und die Qualifikation der Arbeitskräfte einen zentralen, wenn nicht den wichtigsten Produktionsfaktor darstellte, in quantitativer wie qualitativer Hinsicht an Bedeutung gewinnen. Branchen und Betriebstypen, wie z. B. das Handwerk oder andere Kleinbetriebe in Industrie und Dienstleistungen, die diesen Merkmalen entsprechen, galten noch vor nicht allzu langer Zeit als archaische Überreste vor- oder frühindustrieller Perioden mit allenfalls befristeten Überlebenschancen, während heute weithin (mit Bezug auf solche Fakten, allerdings gelegentlich in überzogen optimistischer Weise) ihr Anpassungs- und Innovationspotential hervorgehoben wird.

Dies geschieht zum anderen auch, was allerdings deutlich schwieriger zu sein scheint, dadurch, daß in den großbetrieblich strukturierten Teilen der Wirtschaft, die bisher eindeutig von der säkularen Tendenz zu immer tieferer Arbeitsteilung beherrscht waren, neue organisatorische Konzepte diskutiert und erprobt werden, die zumindest eine partielle Rücknahme von Arbeitsteilung bedeuten. Im allgemeinen ist dies - was auf das lastende Gewicht überkommener Strukturen und Praktiken verweist - am ehesten im Zusammenhang mit tiefgreifenden produkt- oder fertigungstechnischen Innovationen der Fall, was nicht selten die Fehleinschätzung nahelegt, hier handle es sich um eine unmittelbare Folge des Einsatzes neuer Techniken.

Beides - größeres Gewicht der eher kleinbetrieblich und wenig arbeitsteilig strukturierten Branchen und Betriebe im Wirtschaftsprozeß und erste, vorsichtige Rücknahme fachlicher, funktionaler und/oder hierarchischer Arbeitsteilung in Großbetrieben - hängt offensichtlich eng mit den seit einem Jahrzehnt herrschenden wirtschaftlichen Bedingungen zusammen, die durch hohe Turbulenzen auf Absatz- und/oder Versorgungsmärkten, durch verstärkte Konkurrenz und entsprechend hohen Innovationsdruck gekennzeichnet sind. In einer solchen Situation sprechen viele Argumente dafür, daß organisatorische Strukturen, die der Verantwortung und Qualifikation ausführender Arbeit wieder einen höheren Stellenwert einräumen, sowohl im Interesse ökonomischer Rentabilität wie technischer Effizienz liegen. In der industriellen Produktion zeigt sich z. B., daß auch bei intensiver Nutzung rechnergestützter Informations- und Steuerungstechniken die Kosten einer umfassenden und vollständigen Vorausplanung sowie der automatischen Steuerung und Kontrolle aller Fertigungsabläufe und Bearbeitungsoperationen bei abnehmender Seriengröße und Produktlebensdauer rasch wirtschaftlich untragbar werden, so daß auch in der Produktion durchaus noch Platz für qualifizierte Arbeit ist. Durch die sich ausbreitende Mechanisierung und Automatisierung von Transport und Handhabung der Werkstücke entfallen wesentliche Tätigkeitsbestandteile der bisherigen, bloß angelernten Fertigungsarbeiter, was in jedem Falle zu arbeitsorganisatorischen Rearrangements und einer Revision der bisherigen Prinzipien des Arbeitseinsatzes zwingt. Hierbei stellen Betriebe dann vielfach fest, daß nur qualifizierte Fachkräfte so vielseitig einsetzbar sind, wie dies im Interesse ausreichender Auslastung des Personals auch bei stärker automatisierten Fertigungsabläufen notwendig ist. Unbestritten ist auch, daß die gerade bei sehr leistungsfähigen und entsprechend teuren Produktionsanlagen für die Wirtschaftlichkeit höchst bedeutsame Störungsvermeidung bzw. rasche Beseitigung von Stillständen am besten durch ständige Präsenz einer gewissen Zahl qualifizierter Arbeitskräfte gesichert wird.

Argumente dieser Art und ihnen entsprechende Formen von Arbeitsorganisation und Personalstruktur lassen sich im Augenblick natürlich vor allem auf der Mikroebene einzelner Betriebe nachweisen und analysieren. Ich glaube allerdings, daß man sie mit gewissen Vorbehalten und Modifikationen und wenn man genügend Raum für provisorische oder dauerhafte Ausnahmezustände läßt, auch auf die Makroebene ganzer Volkswirtschaften oder nationaler Gesellschaften projizieren könnte. Das Bild, das sich dann ergibt, wäre gesellschaftspolitisch von außerordentlicher Bedeutung. Seit langem wissen wir ja, daß die relative Stellung der Menschen in einer arbeitsteilig durchgegliederten Hierarchie beruflicher Positionen eine sehr wichtige, allen Reformpolitiken widerstehende Ursache sozialer Ungleichheit ist. Der schrittweise Abbau von Arbeitsteilung zugunsten stärkerer Autonomie von qualifizierten Fachkräften in ausführender Tätigkeit und abnehmende Bedeutung der auf Arbeitsteilung gründenden hierarchisch-bürokratischen Kontrollstrukturen und -apparate würde wohl erstmals in der Geschichte zivilisierter Nationen einen realistischen Weg eröffnen, um den Widerspruch zwischen den grundlegenden Werten demokratisch verfaßter Gesellschaften und den Konstituanten ihres Beschäftigungssystems aufzulösen. Denn der andere, auch bei uns vor nicht allzu langer Zeit diskutierte Weg, die gesellschaftlichen Prinzipien von Chancengleichheit, Vereinheitlichung der Lebenslage und Beteiligung aller Bürger an der Gestaltung der sie betreffenden Angelegenheiten mit den Arbeitsverhältnissen in einer hierarchisch-arbeitsteilig strukturierten Wirtschaft dadurch in Einklang zu bringen, daß Arbeit und Berufstätigkeit im Lebenszusammenhang des einzelnen Bürgers immer weniger wichtig werden, so daß eine demokratisch organisierte Freizeitwelt zunehmend das Übergewicht erhielte über eine undemokratisch organisierte Arbeitswelt - dieser Weg hat sich ja doch wohl inzwischen als in vielfältiger Hinsicht höchst problematisch erwiesen.

Entsprechendes gesellschaftspolitisches Gewicht muß dann auch weitreichenden Konsequenzen und Voraussetzungen bildungspolitischer Art zuerkannt werden, die mit einer Generalisierung der hier eher angedeuteten neuen Formen von Arbeitsorganisation und Beschäftigungsstrukturen verbunden wären: Beruflichkeit müßte sicherlich nicht nur im Zentrum der Ausbildung im engeren Sinne, sondern wahrscheinlich sogar des gesamten Bildungsprozesses stehen. Ziel einer solchen Bildung müßte sein, so etwas wie einen *beruflichen Polyspezialisten* als neue Normfigur des gebildeten Menschen hervorzubringen. Die Vermittlung von Allgemeinbildung *und* von beruflicher Kompetenz - in dem präzisen Sinne der wirklichen Beherrschung bestimmter Aufgaben- und Tätigkeitsfelder und nicht nur im Sinne der oft großspurig als polytechnisch bezeichneten Ansammlung von einzelnen disparaten Wissensbeständen - wären aufs engste miteinander verbunden. Die Beherrschung eines bestimmten Berufsfeldes hätte unverzichtbarer Bestandteil auch von Allgemeinbildung, wenn nicht sogar so etwas wie ein Kristallisationspunkt von Bildung und Erziehung insgesamt, zu werden.

Allerdings ist die Tendenz zu weniger arbeitsteiligen, offenen und professionellen Arbeitsstrukturen keineswegs ein fester Bezugspunkt, eine stabile Zielgröße, der sich Bildungspolitik, so gut sie es schafft, annähern sollte. Sie ist vielmehr sicherlich nur eine Tendenz unter anderen Entwicklungsrichtungen und -impulsen, die in einem ganz anderen Sinne verlaufen, mit Hilfe der neuen Informations- und Steuerungstechniken traditionell arbeitsteilige, weitere Entqualifizierung bewirkende Rationalisierungsprozesse fördern oder den schon in den 60er Jahren beschriebenen Prozeß der Dichotomisierung von Qualifikation, Verantwortung und Autonomie weiter vorantreiben würden.

Welche dieser Tendenzen welche Mächtigkeit erhält, scheint zentral davon abzuhängen, mit welcher sozialisatorischen, motivationalen und qualifikatorischen Formung die Heranwachsenden ins Erwerbsleben eintreten und welches Leistungspotential sie für die Beschäftiger repräsentieren.

Nur dann, wenn sich Bildungs- und Ausbildungssystem schnell und nachhaltig in eine 'professionelle', auf Beruflichkeit zentrierte Richtung entwickeln, besteht eine realistische Chance dafür, daß sich die - sowohl wirtschaftlich wie gesellschaftspolitisch an sich höchst wünschenswerte - Tendenz zur Herausbildung 'professioneller' Arbeitsstrukturen in den Beschäftigungsstrukturen durchsetzen kann.

Eine solche Neuorientierung von Bildung und Ausbildung steht jedoch - und hieraus resultiert eines der typischen Zukunftsprobleme, das rechtzeitig und adäquat anzugehen sichtlich über die Wohlfahrt, vielleicht sogar über das schiere Überleben zukünftiger Generationen entscheiden wird - in offenem Widerspruch zu einigen sehr langfristig angelegten und sehr tief in grundlegenden Strukturprinzipien unserer Gesellschaft verwurzelten Entwicklungstendenzen, die in eine völlig andere Richtung drängen. Diese Tendenzen manifestieren sich am sichtbarsten im Bildungssystem, seiner Veränderungsdynamik und seinen Problemen. Diese dürften jedoch wohl nur zum geringsten Teil auf Kompetenz oder Irrtümer der Bildungspolitiker zurückgeführt werden können, die im Regelfalle ja nur strukturell bedingten Impulsen gefolgt sind und scheinbar unausweichliche Sachnotwendigkeiten vollzogen haben.

Die Schlüsselrolle des Bildungssystems ergibt sich aus einer Funktion, die ihm in allen entwickelten Gesellschaften seit dem 19. Jahrhundert zugefallen ist: Alle modernen Industriegesellschaften sind ja als hochgradig inegalitäre, geschichtete Gesellschaften mit starken sozialen Ungleichheiten entstanden. Gleichzeitig konnten die für sie charakteristischen politischen, kulturellen und sozialen Systeme zunehmend ihre Legitimation und Funktionsfähigkeit nur dadurch sichern, daß sie sichtbar und glaubwürdig auf die Verwirklichung gleicher Chancen für alle und auf den Abbau ungerechtfertigter Ungleichheiten und Privilegien hinwirkten (ohne deren realen Kern anzutasten).

Alle Gesellschaften haben nun seit dem späten 19. oder frühen 20. Jahrhundert in einer Weise, die von Nation zu Nation wohl nur im Detail variiert, das Bildungssystem damit beauftragt, zwischen der fortbestehenden Struktur sozialer Ungleichheit und dem Anspruch auf Chancengleichheit zu vermitteln. Das Bildungssystem reagierte auf diese Aufforderung durch die Kombination von drei Elementen, die sich in der einen oder anderen Form in allen großen Reformvorhaben seit dem späten 19. Jahrhundert wiederfinden: Einmal die Öffnung der bisher nur Kindern höherer Stände vorbehaltenen gehobenen Bildung gymnasialer und universitärer Art für die Kinder des Volkes; des weiteren die Installierung des erfolgreichen Abschlusses gehobener Bildungseinrichtungen als wichtigstes Mittel des sozialen Aufstiegs; endlich die Herausbildung und der Einsatz immer effizienterer Instrumente der Selektion und Kanalisierung der Schülerströme.

Aus diesen drei Elementen ergibt sich nun ein überaus mächtiger Effekt der Entberuflichung: Je mehr der durch Prüfungen ausgewiesene Erwerb gehobener Bildung den sichersten, wenn nicht sogar einzigen Weg zu herausgehobenen sozialen Positionen darstellt, desto mehr werden alle traditionellen Formen des Erwerbs beruflicher Kompentenz, die ja genau den Verzicht auf den Besuch weiterführender Schulen voraussetzen, entwertet, verlieren an Attraktivität und werden zunehmend allenfalls noch von denen frequentiert, die sich von vornherein mit einer untergeordneten Position im gesellschaftlichen Ungleichheitsgefüge bescheiden (müssen). Je mehr im Interesse der Legitimation und Bewahrung der fortdauernden Ungleichheitsstrukturen der mit steigendem Massenwohlstand und wachsender Verstädterung unaufhaltsam zunehmende Andrang zu den gehobenen Bildungseinrichtungen und Bildungsabschlüssen durch immer schärfere Selektion im Bildungssystem kanalisiert werden muß, desto mehr bietet sich berufliche Ausbildung traditioneller Art als ideales Auffangbecken für all diejenigen an, die im Wettbewerb um die herausgehobenen Bildungsabschlüsse unterlegen sind. Hiermit wird einerseits der fähigste und leistungsstärkste Teil der Nachwuchskräfte auf Gedeih und Verderb dazu gezwungen, sich im klassichen Fächerkanon allgemeinbildender Art möglichst zu bewähren, was mit dem Erwerb beruflicher Kompetenzen unvereinbar ist; gleichzeitig werden, indem berufliche Bildung nur mehr eine Sache der Schwachen und Gescheiterten ist, die vielfältigen Möglichkeiten von Bewährung und Aufstieg im Beruf, die bisher den einzigen ernsthaften Vorteil beruflicher Ausbildung im Wettbewerb mit dem Weg über weiterführende Bildung darstellten, unwiederbringlich verschüttet.

Dieser entberuflichende Effekt blieb in den meisten Industrienationen lange Zeit hindurch deshalb unbemerkt, weil es noch große Bevölkerungsgruppen - das 'Volk', also vor allem Bauern, Handwerker und andere Kleingewerbetreibende sowie die mit ihnen zusammenlebenden und -arbeitenden Arbeitnehmer - gab, denen hohe strukturelle Barrieren in jedem Falle den Zugang zu weiterführender Bildung verwehrten: Solche Barrieren waren vor allem wirtschaftlicher, aber auch sozialer und topographischer Art, da die Kinder des Volkes früh zur Arbeit gebraucht wurden, da weiterführende Schulen fast nur in den Städten existierten, während die Masse des Volkes auf dem Lande lebte, und ähnliches.

Erst in der Zeit nach dem Zweiten Weltkrieg wurden nicht nur diese Barrieren sukzessive niedergelegt, sondern sind auch die bis dahin noch sehr mächtigen traditionellen - familienbetrieblichen, subsistenzwirtschaftlichen, wenig technisierten und durchorganisierten - Wirtschafts- und Lebensweisen, in denen das 'Volk' seine Existenz fand, und damit auch das 'Volk' selbst als soziale Kategorie weitgehend verschwunden. Und erst in dem Maße, als dies eintrat, wurde tendenziell die Gesamtheit der Nachwuchsjahrgänge in den Sog von Attraktivität und Selektivität weiterführender Bildung hineingezogen.

Die große Aufgabe, vor der wir heute stehen, wenn wir über die Zukunft von Arbeit und Bildung nachdenken, besteht also darin, wie wir diesen sehr starken, sich immer wieder reproduzierenden Zusammenhang von gesellschaftlicher Ungleichheit, schulischer Selektion und Entberuflichung soweit aufbrechen können, daß es möglich wird, die sich heute - und zwar vermutlich nur für eine begrenzte Zeit - eröffnenden Chancen zu nutzen, neue, gleichzeitig effiziente und mit den grundlegenden Werten unserer Gesellschaft in Einklang stehende Formen von Arbeit und Zusammenarbeit zu entwickeln.

Für den - unglücklicherweise eher wahrscheinlichen als unwahrscheinlichen - Fall, daß dies mißlingen sollte, bieten sich zwei mögliche Entwicklungsszenarien an:

- Einmal könnten die neuen technischen Möglichkeiten, die sich heute, insbesondere im Zusammenhang mit dem Vordringen mikroelektronisch gestützter Informations- und Steuerungstechniken, bieten und die von diesen Techniken eröffneten großen Gestaltungsspielräume in der Zuordnung von Mensch und Maschine, Mensch und System, dazu genutzt werden, die traditionellen, hochgradig arbeitsteiligen, bürokratisch-hierarchischen Strukturen zu reproduzieren, ja weiter zu verfestigen, weil nur diese Strukturen ausreichende Kongruenz mit der meritokratischen und bildungshierarchischen Art und Weise aufweisen, wie die Heranwachsenden im Bildungssystem motiviert und selektioniert werden. Daß dies mit dem Preis hoher Verluste an Effizienz und Wohlfahrt bezahlt werden muß, ist evident; und vieles spricht dafür, daß Nationen oder Gruppen von Nationen, die sich gemäß diesem Szenario entwickeln, nur dann wirtschaftlich überleben können, wenn auch ihre Konkurrenten keine bessere Lösung finden.

- Das andere Szenario, das für mich eigentlich noch furchterregender ist, läuft auf eine dauerhafte Spaltung der Bevölkerung wie des Beschäftigungssystems hinaus, die letztendlich nur mit Huxleys 'Schöner neuer Welt' zu vergleichen ist: Die Minderheit derer, die dank günstiger Ausgangschancen, ihrer Befähigungen, ihrer Leistungsstärke und/oder ihres Ehrgeizes in einem hochselektiven Bildungs- und Ausbildungssystem bis auf ein Niveau vorgestoßen sind, das man mit heutigen Begriffen als akademisch bezeichnen könnte, kann auf diesem Niveau eine berufliche Kompetenz erwerben, die einen umfassenden Einsatz in Arbeitsstrukturen der eingangs skizzierten offen-kooperativen Art gestattet. Diese Minderheit besetzt dann dank ihrer professionellen Kompetenz - weit über die herkömmlichen Einsatzfelder akademischer Berufe hinaus - alle Positionen unserer Volkswirtschaft, in denen Intelligenz, Problemlösungsfähigkeit, eigenverantwortliches Handeln notwendig und möglich sind. Sie ziehen in diesen Positionen - nicht zuletzt dank extensiver Nutzung der sich hierfür anbietenden Informations- und

Kommunikationssysteme - all das an sich, was gegenwärtig noch in tayloristischen, hierarchisch-bürokratischen Strukturen an qualifizierten und qualifizierenden Elementen in untergeordneter und ausführender Arbeit enthalten ist. Der Mehrheit der Bevölkerung und der Arbeitskräfte verbleiben damit lediglich Routinetätigkeiten variierender Art, deren Verrichtung bestenfalls kurzfristige Einweisung und Anlernung erfordert; Lebenssinn kann für sie natürlich, wenn überhaupt, nur außerhalb der Arbeit gesucht und gefunden werden.

Ich halte diese Vision einer zutiefst gespalteten Gesellschaft, in der sich die 'Alphas' mit einer im Bildungssystem vermittelten umfassenden beruflichen Kompetenz einerseits und die Masse der 'Epsilons', die von allem ausgeschlossen sind, was für das Funktionieren und Überleben der Gesellschaft wichtig ist, denen also nichts mehr verbleibt als ein bißchen Routinearbeit und ein bißchen Genuß, andererseits gegenüberstehen, nicht nur für schreckenerregend, sondern leider auch für keineswegs ganz unrealistisch. Wer jetzt über die Zukunft der Schule redet und nachdenkt, macht sich meiner Meinung nach einer schlimmen Verantwortungslosigkeit gegenüber den kommenden Generationen schuldig, wenn er das Risiko, das damit bezeichnet ist, nicht zumindest mitbedenkt.

An dieser Stelle wird sich wohl manchen die Frage aufdrängen, was denn dagegen getan werden könnte und sollte, daß sich das eine oder andere dieser beiden Szenarien, der rechnergestützte Taylor oder der rechnergestützte Huxley, durchsetzen. Ich will jedoch auf diese Frage nicht eingehen, weil ich überzeugt bin, daß es nicht allein Aufgabe des Staates ist, Zukunftswissen zu vermitteln. Vielmehr meine ich, daß es in den kommenden Jahren vielleicht die wichtigste, aber auch schwierigste Aufgabe der Politik ist, Zukunftsunsicherheit zu vermitteln, die Problemhaftigkeit und Problemhaltigkeit der vor uns liegenden Jahre und Jahrzehnte zu verdeutlichen und dafür Sorge zu tragen, daß die außerordentlich großen Wissenslücken darüber, wie sich Gesellschaften unserer Art in ihren Grundstrukturen reproduzieren und welche Notwendigkeiten und Potentiale bewußter politischer Steuerung dieses Prozesses bestehen, gesehen, anerkannt und Schritt für Schritt geschlossen werden.

Ich möchte dies ganz bewußt auch als ein forschungspolitisches Plädoyer verstanden haben, wenngleich ich nicht mehr Vorsitzender der Deutschen Gesellschaft für Soziologie bin und keine fachpolitischen Interessen im eigentlichen Sinne zu vertreten habe. Die zentralen Problemlage, mit denen unsere Gesellschaft in den kommenden Jahren und Jahrzehnten konfrontiert sein wird, rechtzeitig zu identifizieren und zu analysieren, ist eine originäre

Aufgabe der Sozialwissenschaften. Deren Fähigkeit, dies auch wirklich zu leisten, massiv zu verstärken, ist natürlich auch eine Frage des beruflichen Interesses der Soziologen, jedoch vor allem anderen eine Aufgabe der Politik, die nicht dadurch an Dringlichkeit verliert, daß Versäumnisse erst in einer späteren Zukunft wirklich zu Buche schlagen werden.

Literatur

Brödner, P.: Fabrik 2000 - Alternative Entwicklungspfade in die Zukunft der Fabrik, Berlin 1986

Hirsch-Kreinsen, H./Schultz-Wild, R. (Hrsg.): Rechnerintegrierte Produktion - Zur Entwicklung von Technik und Arbeit in der Metallindustrie, Frankfurt/ München 1986

Kern, H./Schumann, M.: Das Ende der Arbeitsteilung? Rationalisierung in der industriellen Produktion. München 1984

Lutz, B.: Bildungsexpansion und soziale Ungleichheit - Eine historisch-soziologische Skizze, in: R. Kreckel (Hrsg.): Soziale Ungleichheiten, Soziale Welt, Sonderband 2, 1983, S. 221 - 245

Lutz, B.: Bildung im Dilemma von Leistungselite und Chancengleichheit. Notizen zur Geschichte des französischen Bildungssystems, in: Zeitschrift für Sozialisationsforschung und Erziehungssoziologie, 6. Jg., Heft 2, 1986, S. 193 - 212

Lutz, B.: Der kurze Traum immerwährender Prosperität, Frankfurt/ New York 1984

Lutz, B.: Die Bauern und die Industrialisierung - Ein Beitrag zur Erklärung von Diskontinuität der Entwicklung industriell-kapitalistischer Gesellschaften, in: J. Berger (Hrsg.): Die Moderne - Kontinuitäten und Zäsuren, Soziale Welt, Sonderband 4, 1986, S. 119 - 137

Piore, M./Sabel, Ch.: Das Ende der Massenproduktion - Studie über die Requalifizierung der Arbeit und die Rückkehr der Ökonomie in die Gesellschaft, Berlin 1985

Wolfgang Klauder

Längerfristige Arbeitsmarktperspektiven für die Bundesrepublik Deutschland

Wie wird der Arbeitsmarkt der Zukunft aussehen? Wird die Arbeitslosigkeit anhalten? Oder werden Arbeitskräfte wieder knapp? Welche Arbeitskräfte werden in Zukunft gebraucht? Diese und ähnliche Fragen sind sowohl für wirtschafts- und arbeitsmarktpolitische als auch für bildungspolitische Entscheidungen von großer Bedeutung.

Im folgenden soll daher dargestellt werden, welche globalen und strukturellen längerfristigen Arbeitsmarktperspektiven sich gegenwärtig aus dem verfügbaren Datenmaterial quantitativ ableiten lassen. Hierbei wird vor allem auf die in den letzten Jahren vom Institut für Arbeitsmarkt- und Berufsforschung (IAB) der Bundesanstalt für Arbeit veröffentlichten Arbeitsmarktprojektionen zurückgegriffen, die auf der Bedarfsseite in Zusammenarbeit mit der Prognos AG vorgenommen wurden (vgl. Bolte u. a. 1986, Hoffmann u. a. 1986, Klauder u. a. 1985, IAB 1987 a und b, Prognos AG 1985 und 1986, Thon 1986). Wegen der großen Unsicherheit zukünftiger Entwicklungen haben IAB und Prognos versucht, das aus heutiger Sicht mögliche Entwicklungsspektrum mit Hilfe von Alternativprojektionen einzufangen. Abgesehen wurde dabei von unrealistisch oder systemsprengend erscheinenden Alternativen wie z. B. einem Nullwachstumsszenario, welches längerfristig die Wirtschafts- und Gesellschaftsordnung der Bundesrepublik vor vermutlich systembedrohende Probleme stellen würde.

Bei der Interpretation der Ergebnisse sollte man dreierlei nicht aus dem Auge verlieren. Erstens können wissenschaftliche Vorausschätzungen des Wirtschaftens und Handelns von Menschen niemals Prophezeiungen tatsächlichen Handelns sein, sondern nur bedingte Vorhersagen, d. h. 'Wenn-Dann'-Aussagen. Sie können letztlich nur modellhaft Trends und Zusammenhänge alternativ fortschreiben, die bereits in Vergangenheit und Gegenwart erkennbar und quantifizierbar geworden sind. Zweitens ist die Datenlage höchst unzulänglich, relativ am besten noch für die Sektoren, am schlechtesten für die Qualifikationen. Statistisch lassen sich z. B. außerdem nicht die Arbeitsplatzanforderungen, sondern nur die aufgrund der gegebenen Angebots- und Bedarfskonstellationen realisierten Arbeitsplatzbesetzungen sowie nur die formalen Qualifikationen messen. Drittens können die Projektionen im

Sinne einer Beratungs- und Warnfunktion Reaktionen auslösen, die die prognostizierte Entwicklung nicht eintreten lassen, ein häufig sogar wünschenswertes Ereignis.

1. Zur Ausgangslage

In der Bundesrepublik Deutschland werden seit 1983 mit jahresdurchschnittlich rd. 2,2 - 2,3 Mio. Arbeitslosen mehr Arbeitslose gezählt als jemals zuvor seit Bestehen der Bundesrepublik. Wie Abb. 1 veranschaulicht, hat sich diese Arbeitslosigkeit nach 1973 in zwei Schüben, die zeitlich den beiden Ölpreisexplosionen folgten, aufgebaut, ohne das es anschließend zu einem Abbau kam.

Abb. 1
Arbeitslose und Arbeitslosenquote im Bundesgebiet 1950 - 1988
(Jahresdurchschnitt in Mio.)

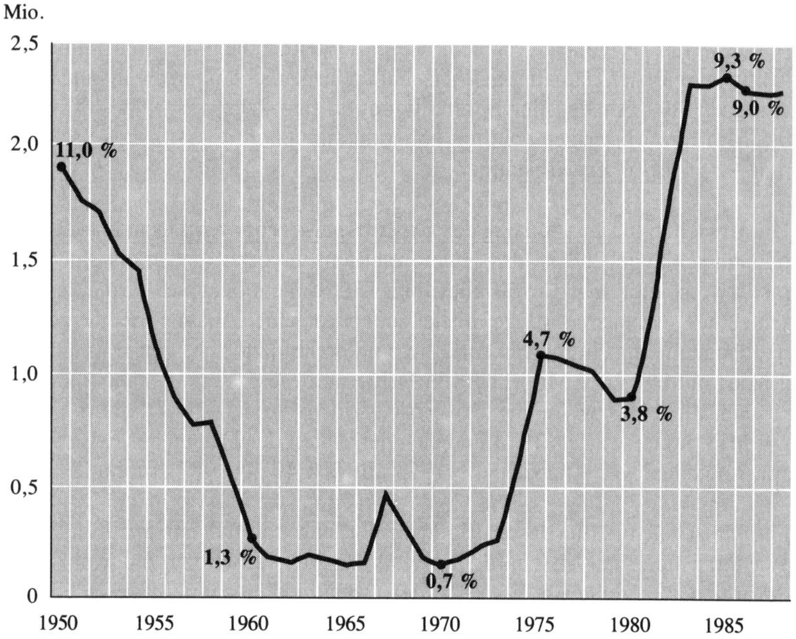

Quelle: Bundesamt für Arbeit

Will man die Entwicklung verstehen, darf man nicht vernachlässigen, daß die Arbeitslosigkeit eine Saldogröße aus Bedarf und Angebot an Erwerbspersonen ist. Die häufig anzutreffende Erklärung der Arbeitslosigkeit allein oder hauptsächlich vom Konjunkturverlauf, Wirtschaftswachstum und Produktivitätsfortschritt her greift zu kurz und verleitet zu Fehlschlüssen. Beachtet man dies, so wird deutlich, daß sich im Vergleich zum letzten Vollbeschäftigungsjahr 1973 die heutige Arbeitslosigkeit in der Bundesrepublik rechnerisch nur etwa zu einem Drittel aus den Arbeitsplatzverlusten während der letzten 14 Jahre ergeben hat, zu zwei Dritteln jedoch aus dem Anstieg des Erwerbspersonenpotentials. Dieses hat sich nach den Berechnungen des IAB bis 1987 gegenüber 1973 immerhin um rd. 2 Mio. Personen erhöht, während es 1987 auf der anderen Seite per Saldo rd. 1 Mio. Arbeitsplätze weniger gab als 1973.

Dieser Potentialanstieg hat bewirkt, daß in der Bundesrepublik gegenwärtig - ähnlich wie in den Jahren 1978 bis 1980 - der konjunkturelle Beschäftigungsanstieg bisher zu keinem Abbau der Arbeitslosigkeit geführt hat. Ohne diesen Potentialanstieg wäre unter der Annahme sonst gleicher Umstände die Arbeitslosigkeit heute nur etwa ein Drittel so hoch und wäre man 1980 mit dann gut 1/2 Mio. registrierten Arbeitslosen der Vollbeschäftigung sogar schon wieder recht nahe gewesen. Dieses sollte man bei einer Beurteilung der heutigen und der damaligen Wirtschaftspolitik nicht übersehen, aber auch nicht, daß der Anstieg der Beschäftigung in den 3 Jahren 1978 - 80 mit + 0,8 Mio Erwerbstätigen deutlich höher ausfiel als in den 4 Jahren 1984 - 87 mit + 0,6 Mio. Erwerbstätigen.

Die Ursachen für den Anstieg des Erwerbspersonenpotentials sind nicht strittig. Ausschlaggebend ist das Hineinwachsen der geburtenstarken Jahrgänge ins Erwerbsalter sowie - was allerdings häufig nicht beachtet wird - der trotz schlechter Arbeitsmarktlage bisher ungebrochene Anstieg der Frauenerwerbsbeteiligung. Immerhin entfällt vom Potentialzuwachs von insgesamt rd. 2 Mio. mit etwa 0,7 Mio. über ein Drittel auf diese Verhaltenskomponente, so daß allein das weibliche Erwerbspersonenpotential 1987 bereits um rd. 1,4 Mio. höher war als 1973 und sich der Anteil der Frauen am Erwerbspersonenpotential von knapp 38 % 1973 auf fast 40 % 1987 erhöhte.

Die Ursachen für die Beschäftigungseinbrüche und die nur unzureichenden Wiederanstiege der Beschäftigung sind dagegen umstritten und wohl etwas differenzierter zu sehen, als es in der Öffentlichkeit zumeist geschieht.

Ein in der öffentlichen Diskussion häufig genannter Faktor, nämlich die durch die neuen Technologien wie die Mikroelektronik möglich gewordene

Rationalisierung kann jedoch bislang noch keineswegs für die unbefriedigende Arbeitsplatzentwicklung verantwortlich gemacht werden. Wenn dem so wäre, müßte sich das Tempo des Produktivitätsfortschrittes unabhängig vom Wirtschaftswachstum deutlich erhöht haben. Tatsächlich hat sich der Produktivitätsfortschritt im gesamtwirtschaftlichen Saldo im Trend in den letzten 3 1/2 Jahrzehnten ständig verlangsamt und nicht beschleunigt, und zwar auch in Relation zum Wirtschaftswachstum.

Abb. 2

Entwicklung des Bruttoinlandsproduktes und der gesamtwirtschaftlichen Arbeitsproduktivität 1951 - 1987

- Gleitende 5-Jahresdurchschnitte der Zuwachsraten in % -

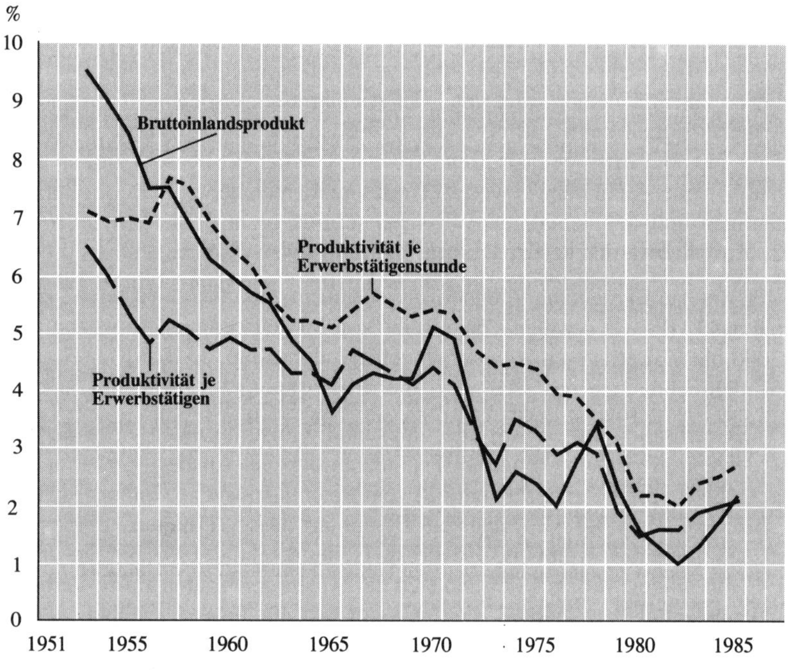

Quelle: Statistisches Bundesamt, IAB-Berechnungen

Die gestiegene Arbeitslosigkeit kann folglich nicht auf eine Temposteigerung des technischen Fortschritts bzw. auf vermehrte technikbedingte Freisetzungen zurückgeführt werden. Sie ist vielmehr eine Folge von Wachstumseinbrüchen und eines im Vergleich zur gleichzeitigen enormen Zunahme des Erwerbspersonenpotentials zu schwachen Wirtschaftswachstums sowie eine Folge unzureichender Gegenmaßnahmen und Anpassungsreaktionen auf den verschiedensten Gebieten einschließlich der Arbeitzeitpolitik.

Einige Ökonomen (z. B. Hickel 1985) führen gleichwohl das zu schwache Wirtschaftswachstum auf die neuen Technologien zurück, da die - zweifellos vorhandenen - kapitalsparenden Eigenschaften der Mikroelektronik das Wachstum der Investitionsnachfrage dämpfen müßten. Diesem Effekt kann aber gleichfalls bisher nur ein sehr begrenzter Einfluß zugesprochen werden (vgl. Friedrich/Ronning 1985, Klauder 1986, v. Weizsäcker 1988). Viel bedeutender dürfte ein ganz anderer Zusammenhang sein, nämlich, daß die neuen Technologien für einen enorm erhöhten Anpassungsbedarf und - wegen der nur allmählichen Umstellungen - für einen daraus resultierenden Stau an Strukturwandelerfordernissen verantwortlich sind, so daß noch nicht genügend neue Wachstumsmärkte erschlossen werden konnten. Dabei sollte jedoch auch nicht übersehen werden, daß das Wirtschaftswachstum in den Aufschwungjahren größenordnungsmäßig durchaus wieder weitgehend an den seit 1950 zu beobachtenden überraschend eindeutigen linearen Wachstumstrend angeknüpft hat.

2. Zur Arbeitsmarktentwicklung bis zum Jahr 2000

Mit welchen Arbeitsmarkttendenzen ist nun in Zukunft zu rechnen? Hierzu hat das IAB - wie erwähnt - eine Reihe von Modellrechnungen bis zum Jahre 2000 unter alternativen Annahmen veröffentlicht (vgl. IAB 1987). Nach den Modellrechnungen des IAB wird die demographische Welle im Beschäftigungssystem 1989 ihren Höhepunkt erreichen. Nimmt man an

a) unveränderte Erwerbsbeteiligung (d. h. Annahme konstanter Erwerbsquoten) und

b) Nullwanderungssaldo der Ausländer,

so würde das Potential an Erwerbspersonen vor allem aufgrund der stark besetzten Nachwuchsjahrgänge bei den Deutschen und den Ausländern noch bis 1989 geringfügig anwachsen.

Anschließend würde der Geburtenrückgang der letzten 20 Jahre durchschlagen und das Potential bei Annahme konstanter Erwerbsquoten und Nullwanderung bis 2000 um 1,7 Mio. Personen schrumpfen lassen. Wie realistisch sind aber die Annahmen konstanter Erwerbsquoten und eines Nullwanderungssaldos, so daß nur die rein demographische Komponente zum Tragen kommt? Zu bedenken ist, daß es sich bei dem eingangs erwähnten Anstieg der Frauenerwerbsbeteiligung um einen in allen Industrieländern zu beobachtenden säkularen Trend handelt (vgl. Abb. 3). Es erscheint daher höchstens eine vorübergehende Abschwächung des Anstiegs, aber keine Konstanz der Frauenerwerbsquoten denkbar.

Auch die Annahme eines längerfristigen Nullwanderungssaldos der Ausländer oder gar von nennenswerten Netto-Abwanderungen erscheint bis 2000 nicht unproblematisch. Bedenkt man, daß es in den übrigen EG-Ländern einschließlich Spanien und Portugal im Jahre 1995 mehrere Mio. Erwerbspersonen mehr geben dürfte als heute und für die Türkei von 1980 bis 2000 ein Anstieg des Arbeitskräftepotentials um rd. 10 Mio. Personen zu erwarten ist, so wird man wohl eher mit einer Verstärkung des Zuwanderungsdruckes als mit auf die Dauer nennenswerten freiwilligen Nettoabwanderungen rechnen müssen. Diese müßten im übrigen eine Größenordnung von insgesamt ungefähr 500 000 Personen erreichen, um lediglich den bei Nullwanderung aufgrund der zweiten Ausländergeneration zu erwartenden Anstieg des Potentials ausländischer Erwerbspersonen zu kompensieren.

Steigende Frauenerwerbsbeteiligung und weitere Nettozuwanderungen könnten daher den Potentialanstieg noch verstärken und um einige Jahre verlängern sowie den Rückgang in den 90er Jahren mehr oder weniger deutlich abschwächen, mithin die Folgen des Geburtenrückganges mehr oder weniger kompensieren:

Tab. 1

Veränderung des gesamten Potentials unter der Annahme, daß	*1987/2000*	*dabei Anstieg bis*
1. die spezifischen *Erwerbsquoten konstant* bleiben und der *Wanderungssaldo der Ausländer Null* ist (= rein demographisch bedingte Änderung)	– 1,7 Mio.	1989
2. sich der *Trendanstieg* der meisten *Frauenerwerbsquoten* (bei Nullwanderung)		
a) abschwächt (untere Trendvariante)	– 1,4 Mio.	1989
b) linear fortsetzt (mittlere Trendvariante)	– 1,0 Mio.	1990
c) prozentual fortsetzt (obere Trendvariante)	– 0,3 Mio.	1993
3. *zusätzlich zu 2. jährlich netto zuwandern* bis 1982: 85 000, ab 1993: 55 000 Ausländer (einschl. der Familienangehörigen)	+ 0,3 Mio.	1993

Abb. 3

Altersspezifische Erwerbsquoten von Frauen in %

—— = 1974 – – – = 1983

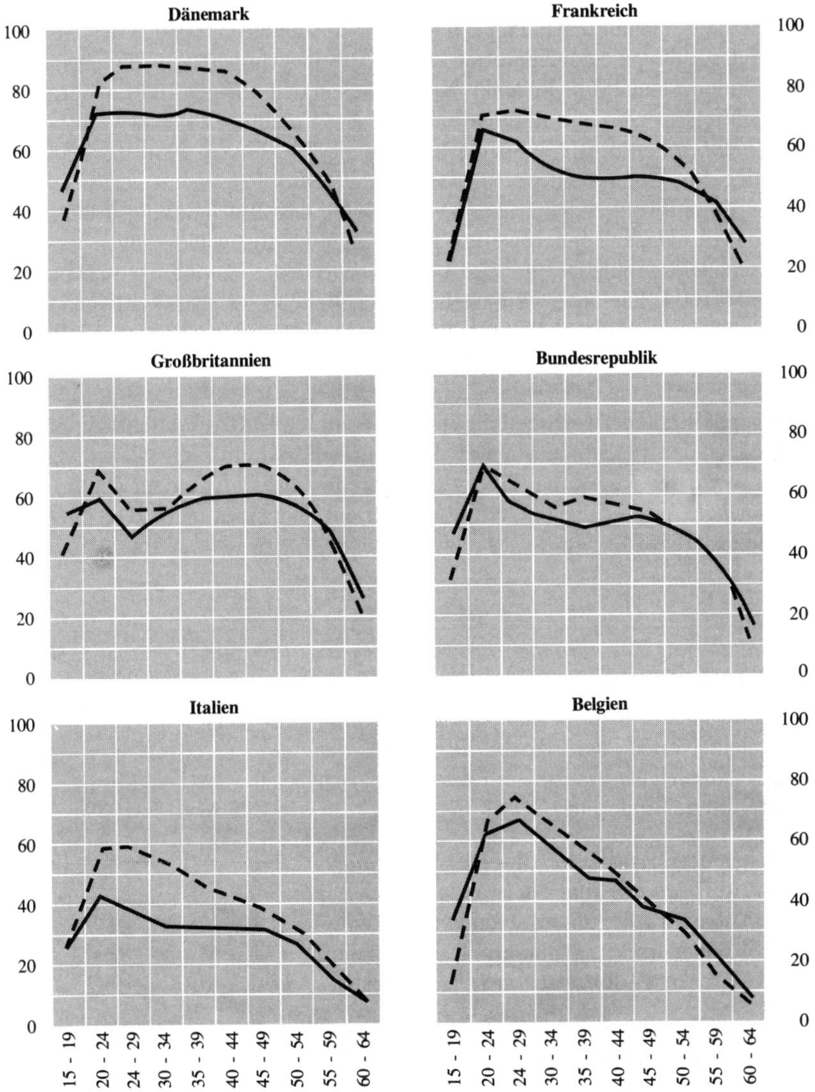

Quelle: Bach/Brinkmann 1986

Auch in Zukunft könnte es jedoch sicherlich zu einer Verminderung des effektiven Angebots an Erwerbspersonen kommen, wenn ältere Erwerbspersonen bei schlechter Arbeitsmarktlage vorzeitig aus dem Erwerbsleben ausscheiden, zumal bei gesetzlichen, tariflichen oder betrieblichen Anreizen (z. B. Vorruhestandsgesetz, 59er-Regelung). Solange es sich dabei nur um die freiwillige Wahrnehmung von Optionen handelt, ist aber zu erwarten, daß bei einer Besserung der Arbeitsmarktlage Angehörige der nachrückenden Jahrgänge nicht mehr in gleichem Umfang von diesen Angeboten Gebrauch machen bzw. machen können (vgl. Brinkmann u. a. 1987).

Alles in allem ist trotz des Geburtenrückganges eine merkliche Entlastung des Arbeitsmarktes von der Entwicklung des gesamten Potentials an deutschen und ausländischen Erwerbspersonen her - ohne Berücksichtigung eventueller weiterer politischer Gegenmaßnahmen - kaum vor der zweiten Hälfte der 90er Jahre zu rechnen. Bemerkenswert ist, daß auch nach allen IAB-Projektionsvarianten das Potential frühestens gegen 2000 wieder das Niveau von 1980 unterschreiten würde. Lediglich für die in den nächsten Jahren ins Erwerbsleben eintretenden schwächer besetzten Nachwuchsjahrgänge könnte sich die Arbeitsmarktlage bereits bald entspannen.

2.1 Drei Szenarien des Arbeitskräftebedarfs bis zum Jahr 2000

Welches sind nun demgegenüber die derzeit auf der Bedarfsseite ableitbaren quantitativen Spielräume? Zur Beantwortung dieser Frage hat die Prognos AG im Auftrag der Bundesanstalt für Arbeit und in enger Zusammenarbeit mit dem IAB die Arbeitslandschaft bis 2000 für drei Wachstumsszenarien prognostiziert (vgl. insbesondere Prognos AG 1985 und Hofer/Schnur 1986). Sie gehen prinzipiell davon aus, daß vom Bedarf her an und für sich genügend Spielraum für Wachstum vorhanden ist. Denn nach allen Erfahrungen mit Technologieprognosen läßt der technische Fortschritt immer wieder neue Märkte entstehen, über die in der Gegenwart oft noch gar keine Vorstellungen bestehen können. Außerdem kann in einer Welt, die vor gewaltigen Bevölkerungs-, Umwelt-, Rohstoff- und Energieproblemen steht und in der noch immer Millionen Menschen verhungern, sicherlich keine Rede davon sein, daß der Menschheit die Aufgaben und die Arbeit ausgingen oder gar eine allgemeine Sättigung des Bedarfs in Sicht sei. Strittig kann nicht das 'ob', sondern nur das 'wie' des Wachstums sein. Auch jede Investition etwa zur Lösung der weltweiten riesigen Umweltprobleme wird Wachstums- und Beschäftigungsimpulse auslösen. Im einzelnen liegen den Wachstumsszenarien unterschiedliche Annahmen über die demographische Entwicklung, die weltwirtschaftliche Entwicklung, die Wirtschaftspolitik, die Kostenentwicklung und die technische Entwicklung zugrunde. Dabei wurde versucht, die technologischen Veränderungen nach 42 Sektoren und 25 Tätigkeitsfeldern detailliert zu berücksichtigen.

Die mittlere Variante führt zu dem Ergebnis, daß langfristig ein Pfad des Wirtschaftswachstums von 2,5 % pro Jahr erreicht wird. Der technische Wandel vollzieht sich stetig, ohne größere Schübe, etwa im Tempo der letzten 10 Jahre. Für diesen Pfad ergaben die Berechnungen einen jährlichen Anstieg der Stundenproduktivität um 3,5 %. Bei Annahme einer Arbeitszeitverkürzung von 1 % p. a. entsprechend dem langfristigen Trend (1975/85 nur - 0,5 % p. a.) liefe das auf einen Produktivitätsfortschritt je Erwerbstätigen in der Höhe des Wirtschaftswachstums und damit auf eine im Trend konstante Erwerbstätigenzahl hinaus.

In der unteren Variante dagegen gelingt der Umstrukturierungsprozeß bis zur Jahrtausendwende nur unzureichend, so daß nicht mehr als ein Trendwachstum von rd. 1 v. H. erreicht wird. Die Erwerbstätigenzahl sinkt um rd. 2,5 Mio.

In der oberen Variante beträgt das Wirtschaftswachstum rd. 3 % pro Jahr, eine Trendrate, welche deutlich über der der Zeit seit 1973 liegt und eine Zunahme des Strukturwandeltempos voraussetzt. Die Investitionstätigkeit und der technische Fortschritt werden daher etwas stärker vorangetrieben als in der mittleren Variante. Zugleich können sich vermehrt neue, flexiblere Formen der Arbeitszeitregelungen durchsetzen, die zu einer etwas stärkeren jährlichen Arbeitszeitverkürzung führen (- 1,2 % p. a.). Für diese Konstellation errechnete sich ein Anstieg der Erwerbstätigenzahl bis zum Jahre 2000 um rd. 1 Mio.

Ein noch höherer Wachstumspfad als 3 % erscheint dagegen zwar vom Bedarf her nicht unmöglich, aber sehr schwer zu realisieren, da dazu der absolute jährliche Zuwachs an Gütern und Diensten drastisch höher ausfallen müßte als im Trend der letzten 35 Jahre. Ein derartiger Trendbruch wäre nur über eine außergewöhnliche Beschleunigung des Strukturwandels erreichbar. Voraussetzung wäre eine langfristige innovative Revitalisierung der Wirtschaft auf breitester Front einschließlich der Erschließung zusätzlicher Beschäftigungsfelder auch in den Dienstleistungssektoren.

Sehr unterschiedlich eingeschätzt wird in der Öffentlichkeit der zukünftige Produktivitätsverlauf. In den letzten Jahren entwickelte sich der Produktivitätsfortschritt langsamer und damit die Beschäftigungsschwelle des Wirtschaftswachstums günstiger als in den disaggregierten IAB/Prognos-Projektionen errechnet. Wegen zahlreicher Sonderfaktoren wie zusätzlicher Arbeitsbeschaffungsmaßnahmen, Erziehungsurlaub, Lehrlingswelle, Subventionen usw., kann die relative Verlangsamung der Fortschrittsrate jedoch nicht ohne weiteres bis 2000 extrapoliert werden. Immerhin entfiel etwa ein Drittel des Anstiegs der Erwerbstätigenzahl 1984/87 allein auf die ersten drei genannten Sonderfaktoren (Autorengemeinschaft 1987, S. 269). Selbst bei Annahme einer weiteren Abschwächung der Produktivitätsrate in Relation zum Wirtschaftswachstum kommt aber auch z. B. das DIW im Referenzszenario seiner jüngsten Langfristprojektionen (vgl. Abb. 4) für das Jahr 2000 lediglich auf einen Beschäftigungsstand, der ungefähr der oberen IAB/Prognos-Variante entspricht.

Abb. 4
Arbeitskräftebilanz 1960 - 2000 nach DIW

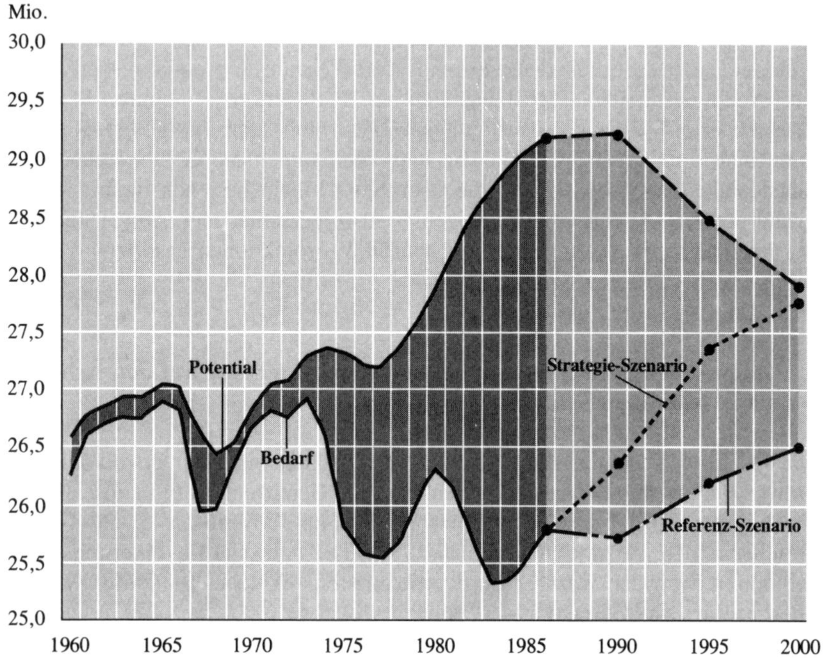

Quelle: Blazejczak/Kirner/Krupp 1987

In den IAB/Prognos-Projektionen wird dagegen unabhängig vom Wirtschaftswachstum sowie von Sondereinflüssen und politischen Maßnahmen weder eine weitere drastische Senkung noch eine erhebliche Beschleunigung des Produktivitätsfortschritts je Erwerbstätigen prognostiziert. Mit dieser Erwartung wären die Hypothesen zu vereinbaren, daß zwar in Zukunft der Produktivitätsfortschritt verstärkt von den durch die Mikroelektronik ermöglichten Rationalisierungen getragen wird, was ja von Gewerkschaftsseite oft herausgestellt wird, dadurch jedoch nur anderweitig zu beobachtende einzel- und gesamtwirtschaftliche Verlangsamungstendenzen kompensiert werden, und daß vermehrte Innovationen auch flexiblere, die durchschnittliche Arbeitszeit senkende Arbeitszeitmuster fördern. Ferner stünde es nicht im Widerspruch zu den Projektionen, wenn durch heute noch nicht absehbare politische Maßnahmen und Sondereinflüsse auch in Zukunft die Beschäftigungsschwelle niedriger ausfallen würde als heute errechenbar.

2.2 Bilanz 2000

Vergleicht man die Ergebnisse der Bedarfsprojektionen in der Arbeitsmarktbilanz mit denen der Angebotsprojektionen (Abb. 7), so wird deutlich, daß - selbst bei Berücksichtigung eines erheblichen Schwankungsbereiches der Produktivitätsvorausschätzung und bei Realisierung des oberen Wachstumsszenarios - das Beschäftigungsproblem nur langsam gelöst werden kann und ohne zusätzliche Impulse und Maßnahmen die Gefahr hoher Arbeitslosigkeit noch bis weit in die 90er Jahre hinein bestehen bleibt. Diese grundsätzliche Aussage wird übrigens - trotz verschiedener Abweichungen im einzelnen - auch durch die jüngsten DIW-Projektionen gestützt.

3. Zu den Auswirkungen der Bevölkerungsentwicklung auf den Arbeitsmarkt nach dem Jahr 2000

Nach allen vorliegenden Analysen und Vorausschätzungen der Bevölkerungsentwicklung ist kaum damit zu rechen, daß die Geburtenziffern in absehbarer Zeit wieder auf das zur Bestandserhaltung nötige Niveau ansteigen (vergl. Gesellschaft für Sozialen Fortschritt 1980). Die deutsche Bevölkerung wird folglich mehr oder weniger stark schrumpfen. Welches sind die Konsequenzen für das Arbeitskräfteangebot?

Nimmt man wegen des langen Prognosehorizonts ab 2000 zunächst einmal generell konstante Erwerbsquoten an, würde sich bei Konstanz der gegenwärtigen Fruchtbarkeitskennziffern und bei Nullwanderungssaldo das Potential an deutschen Erwerbspersonen (ohne Ausländer) allein aus demographischen Gründen von 2000 bis 2030 um etwa 9 Mio. verringern. Die für Wachstums- und Handlungsüberlegungen bedeutsame durchschnittliche jährliche Abnahmerate des Erwerbspersonenpotentials würde sich je nach Variante von -0,7 % bis -0,8 % im ersten Jahrzehnt über -1,2 % bis -1,3 % im zweiten Jahrzehnt auf -1,9 % bis -2,0 % im dritten Jahrzehnt, wenn die geburtenstärksten Jahrgänge ins Rentenalter kommen, erhöhen und sich im Durchschnitt aller drei Jahrzehnte auf -1,3 % bis -1,4 % belaufen.

Während die Erwerbspersonen des Jahres 2000 heute bereits alle geboren sind, könnten sich in der Zeit nach 2000 aber auch eventuelle Änderungen der Geburtenhäufigkeit in größerem Umfang auf das Potential auswirken. Aus diesem Grunde ist in Abb. 5 dargestellt, wie sich die demographische Komponente des deutschen Erwerbspersonenpotentials ändern würde, wenn die

Abb. 5

Demographische Komponente des deutschen Erwerbspersonenpotentials 1985 - 2030

bei alternativen Bevölkerungsannahmen und bei konstanten Potentialerwerbsquoten von 1982 - Veränderungen gegenüber 1985 in Mio. -

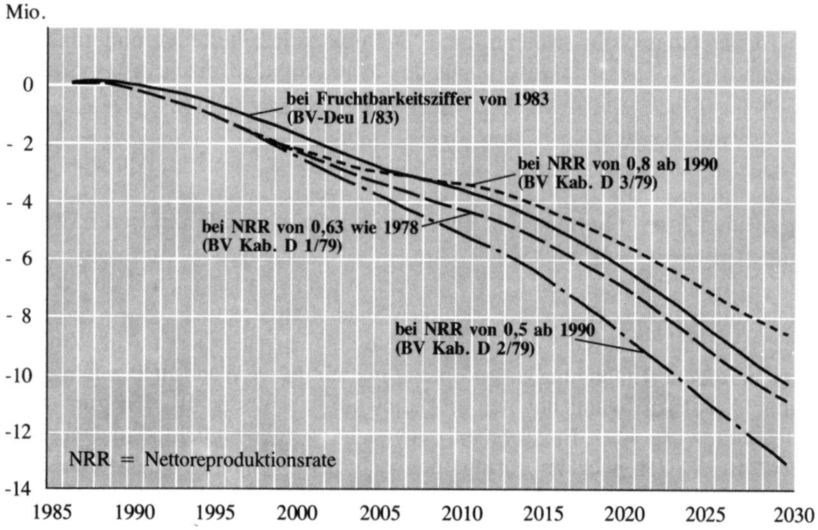

Quelle: Statistisches Bundesamt, IAB-Berechnungen

Geburtenhäufigkeit weiter auf das derzeitige Großstadtniveau absinken oder auf das derzeitige ländliche Niveau ansteigen würde. Die unterschiedlichen Fruchtbarkeitsannahmen bewirken, daß sich das Kurvenbündel nach 2000 stärker spreizen und sich im Jahre 2030 eine Projektionsspanne von fast 5 Mio. Erwerbspersonen ergeben würde. Die durchschnittlich-jährliche Abnahmerate betrüge in den 30 Jahren je nach Annahme etwa -1 bis -2 %.

3.1 Auswirkungen auf den Wachstumsspielraum

Ob und in welchem Umfang der nach 2000 allein von der demographischen Entwicklung her - bei konstanten Erwerbsquoten und Nullwanderung - zu erwartende tendenzielle Rückgang des deutschen Erwerbspersonenpotentials mit jährlichen Veränderungsraten zwischen - 0,7 % und - 2,0 % auch zu einer Arbeitskräfteknappheit führt, hängt von der Entwicklung des Arbeitskräftebedarfs und damit vom Wirtschaftswachstum und dem sich dabei vollziehenden Strukturwandel und Produktivitätsfortschritt ab. Auf jeden Fall besteht aber die Gefahr, daß derartige Potentialrückgänge den Wachstumsspielraum der Bundesrepublik zu sehr einengen und damit künftige Wohlstandsmehrungen erheblich begrenzen oder sogar den erreichten Wohlstand gefährden. Sofern Vollbeschäftigung erreicht ist, ergibt sich ja der Wachstumsspielraum von der Angebotsseite her aus den beiden Raten der Veränderung des Arbeitskräftepotentials und des Produktivitätsfortschrittes je Erwerbstätigen bzw. unter Berücksichtigung der Arbeitszeit aus den beiden Raten der Veränderung des angebotenen Arbeitsvolumens und des Produktivitätsfortschritts je Stunde.

Der Produktivitätsfortschritt je Erwerbstätigen müßte demzufolge z. B. im Falle des Eintreffens der mittleren Potentialvariante im ersten Jahrzehnt nach 2000 höher als 0,8 % p. a., im zweiten Jahrzehnt höher als 1,3 % p. a. und im dritten Jahrzehnt höher als 2,0 % p. a. sein, wenn ein positiver Wachstumsspielraum verbleiben soll. Würde sich also das jetzige Tempo des Produktivitätsfortschritts von rd. 1,5 % verfestigen, gäbe es nach 2000 - ceteris paribus - kaum noch nennenswertes Wirtschaftswachstum.

Die mögliche Einengung des globalen quantitativen Wachstumsspielraumes vom Arbeitskräfteangebot her erscheint auf den ersten Blick - zumal bei steigenden Pro-Kopf-Einkommen - vielleicht noch erträglich, manchen sogar erwünscht oder noch zu gering, dennoch könnte sie für eine freiheitliche marktwirtschaftliche Ordnung auf die Dauer nicht unproblematisch werden. Bedenkt man z. B. die nach wie vor nur beschränkten Kenntnisse und Steuerungsmöglichkeiten des Wirtschaftsprozesses, so erhöht sich mit sinkendem

Wachstumsspielraum zweifellos das Risiko, daß bereits leichte Konjunktureinbrüche in manchen Branchen zu existenzgefährdenden Krisen führen und in einen allgemeinen kumulativen Schrumpfungsprozeß einmünden, der schließlich auch das System der sozialen Sicherung zusammenbrechen läßt. Je schwächer das Wirtschaftswachstum, desto größer ist auch die Gefahr, daß der technische Fortschritt und damit die Exportkraft erlahmen. Beides ist jedoch für ein rohstoffarmes Land wie die Bundesrepublik Deutschland überlebenswichtig. Ferner müssen sich bei langfristig schwachem Wirtschaftswachstum oder gar Nullwachstum die internationalen und nationalen Umverteilungskämpfe und -probleme zuspitzen, da dann kaum mehr ohne Eingriffe in die Substanz nennenswert umverteilt werden kann, auch wenn man berücksichtigt, daß selbst bei Nullwachstum die Einkommen je Kopf der schrumpfenden Bevölkerung noch zunehmen. Strittig kann daher - wie schon erwähnt - nicht das ‘ob’, sondern nur das ‘wie’ des Wachstums sein.

Die Bundesrepublik wird somit vermutlich nach der Jahrtausendwende und nach Wiedererreichen der Vollbeschäftigung auch von der Angebotsseite her vor einer gänzlich anderen Wirtschafts- und Arbeitsmarktsituation stehen als heute und in den letzten 35 Jahren.

3.2 Möglichkeiten der Steigerung des potentiellen Arbeitsvolumens

Wie könnte man den demographisch bedingten Rückgang des Arbeitskräftepotentials ausgleichen und den Spielraum für Wachstum und für Mehrung des gesamtwirtschaftlichen Wohlstandes in den Jahrzehnten nach 1990 von der Angebotsseite her wieder vergrößern? Mögliche Ansatzpunkte bilden die Ausländerbeschäftigung, die inländische Erwerbsbeteiligung (Frauen- und Alterserwerbstätigkeit) und die Arbeitszeit.

- Ausländerbeschäftigung

Es dürfte nicht sehr realistisch sein anzunehmen, daß die Bundesrepublik Deutschland sich etwa gar jahrzehntelang zu einer Insel mit überproportionalem Bevölkerungsrückgang und steigendem Lebensstandard abschotten könnte, in einer Umwelt mit geringer schrumpfenden oder wachsenden und zugleich ärmeren Bevölkerungen. Verbieten sich nicht in der heutigen Zeit auch insulare Betrachtungsweisen immer mehr? Gewisse Zuwanderungen werden sich also wohl kaum vermeiden lassen. Allein schon im Zusammenhang mit der Erweiterung der EG dürfte der Zuwanderungsdruck weiter zunehmen.

mehr älteren Erwerbspersonen zu rechnen als nach der rein demographischen Entwicklung, das entspräche rd. 20 % des sonst zu erwartenden Potentialrückganges. Eine ähnliche Größenordnung ergibt sich, wenn man die 1975 beobachteten Erwerbsquoten der 62-jährigen Männer und 59-jährigen Frauen jeweils bis zum 70. Lebensjahr konstant hält.

- Arbeitszeit

Allein durch vermehrte Frauen- und Alterserwerbstätigkeit, noch ohne Zuwanderungen, wäre bei den gemachten Annahmen bereits mehr als die Hälfte des nach 2000 demographisch zu erwartenden Potentialrückganges der Kopfzahl nach kompensierbar. Allerdings stellt sich die Frage: Überwiegt die durch flexiblere Arbeitszeiten mögliche Zunahme der Frauen- und Alterserwerbstätigkeit oder überwiegen die durch flexiblere Arbeitszeiten möglichen Verringerungen der individuellen Arbeitszeiten? Welcher Effekt stärker ist, dürfte vor allem davon abhängen, welches Niveau zum jeweiligen Zeitpunkt die Normalarbeitszeit hat. Die Personenrechnungen müssen also um Schätzungen der durchschnittlichen jährlichen Arbeitszeit je Erwerbstätigen ergänzt werden, so daß auch Prognosen des angebotenen Arbeitsvolumens möglich werden.

Der Gestaltung der Arbeitszeit kommt somit in mehrerer Hinsicht eine Schlüsselrolle zu. Heute würde eine verstärkte Verkürzung der Lebens- und Jahresarbeitszeit die Gefahr der mittelfristigen Dauerarbeitslosigkeit verringern und die knappen Arbeitsplätze auf mehr Arbeitswillige verteilen helfen, allerdings nur unter der Voraussetzung, daß sie im Hinblick auf die Einkommens- und Kostenentwicklung in einer Form erfolgte, die nicht das Wachstum beeinträchtigt oder zu sehr den Produktivitätsfortschritt forciert. Nach 2000 böte dagegen eine Verlangsamung der Arbeitszeitverkürzung oder im Extremfall eine Arbeitszeiterhöhung eine Möglichkeit des Arbeitsmarktausgleichs.

Es erscheint jedoch nicht sehr wahrscheinlich, daß sich die Bundesrepublik Deutschland allzu sehr dem internationalen Trend entziehen kann oder daß eine allgemein als gesellschaftspolitischer Fortschritt angesehene Entwicklung wieder generell rückgängig gemacht werden könnte. Bei Anhalten des bisherigen längerfristigen Trends der Jahreszeitverkürzungen von insgesamt knapp 1 % pro Jahr (einschl. Teilzeiteffekt) wäre die jährliche Arbeitszeit aber immerhin im Jahr 2000 um fast 15 % und im Jahre 2030 um fast 40 % geringer als heute, so daß der Wunsch nach weiteren Verkürzungen der Jahresarbeitszeit nach 2000 sicherlich zunehmend an Bedeutung verlieren dürfte, wenn man die Arbeit als einen sinnvollen Bestandteil des Lebens ansieht.

Mit einer allmählichen Verlangsamung des Arbeitszeitrückganges nach Erreichung der Vollbeschäftigung z. B. oder etwa mit einem völligen Verzicht ab etwa 2005 könnte daher der Effekt des Potentialrückganges auf den Wachstumsspielraum zu einem ganz beachtlichen Teil, bis etwa 2010 sogar völlig ausgeglichen werden. Zugleich hätten sich mit den kürzeren Arbeitszeiten im nächsten Jahrhundert, wenn der Potentialrückgang größere Ausmaße annimmt, die Voraussetzungen für eine konfliktfreie Integration der Frauen und der alten Menschen in das Erwerbsleben verbessert.

Noch wichtiger als generelle, schematische Arbeitszeitregelungen dürfte aber in Zukunft die Flexibilisierung der Arbeitszeiten (Individualisierung der Arbeitszeiten und Entkopplung von Betriebs- und Arbeitszeiten) werden. Z. B. ist nicht nur etwa die Hälfte der vollzeitbeschäftigten Frauen, sondern auch etwa ein Fünftel der vollzeitbeschäftigten Männer an Teilzeitarbeit interessiert. Würde man daher noch weniger als heute üblich an allgemeine, starre Arbeitszeitverkürzungen denken, sondern insbesondere die Arbeitszeiten weitgehend flexibilisieren, könnte man vermutlich fünf Effekte zugleich erreichen:

- erstens eine erhebliche Abnahme der kurz- und mittelfristigen Arbeitslosigkeit, da heute zunächst der Übergang von Vollzeit- zu Teilzeitarbeit am stärksten zu Buch schlagen dürfte,
- zweitens bessere Voraussetzungen für langfristig steigende Frauen- und Alterserwerbstätigkeit,
- drittens eine Abschwächung der langfristigen Bevölkerungsabnahme, da viele Frauen vorhandene Wünsche nach Kindern dann besser mit ihren Berufsvorstellungen vereinbaren könnten,
- viertens eine generell bessere Verwirklichung der individuellen Wohlfahrtsvorstellungen und
- fünftens günstigere Kapitalstückkosten durch eine bessere Anpassung der jeweiligen Arbeitszeitregelungen an die spezifischen technischen Gegebenheiten und Markterfordernisse in den einzelnen Berufen, Betrieben und Branchen.

Für das Beschäftigungssystem wie auch für den Gesetzgeber bedeutet das natürlich Umstellungen in vielerlei Hinsicht. Es müßten verstärkt neuartige Arbeitszeitmodelle eingeführt werden, die über die traditionelle Halbtagsarbeit hinausgehen. Interesse besteht z. B. auch an Dreiviertelarbeit, Wochenteilung, Jahresarbeitszeitverträgen, Langzeiturlaub usw. Dabei müßte eine weitgehende berufliche Integration gewährleistet bleiben. Auch die Betriebszeiten wie z. B. die Ladenschlußzeiten könnten nicht mehr tabu sein, sondern müßten entsprechend flexibler werden. Daß genügend prinzipiell teilbare Arbeitsplätze vorhanden sind, belegen alle einschlägigen Erhebungen. Bereits heute gibt es im übrigen Beispiele dafür, wie Arbeitgeber mit weitgehenden und erprobten Individualzeitangeboten einen Wettbewerbsvorsprung auf dem Arbeitsmarkt erlangen, ähnlich den Betrieben, die in den 60er Jahren die Gleitzeit einführten. Derartigen Flexibilisierungstendenzen dürfte in Zukunft bei knapper werdenden Arbeitskräften noch größere Bedeutung zukommen.

3.3 Folgen für die Erwerbsquote

Die skizzierten globalen Arbeitsmarkttendenzen sind ebenfalls von erheblicher Bedeutung für die Erwerbsquote als der Relation von arbeitender zu nicht-arbeitender Bevölkerung. Die Entwicklung dieser Quote liefert auch für die Fragen der Alterssicherung eine aussagekräftigere Diskussionsgrundlage als die rein demographischen Alterslastquotienten.

Der Anteil desjenigen Bevölkerungsteils, der aktiv als Erwerbstätiger das Sozialprodukt der Volkswirtschaft erwirtschaftet, aus dem auch der nichterwerbstätige Teil der Bevölkerung versorgt werden muß, hat sich in den letzten 25 Jahren von rd. 47 % 1960 auf nur noch rd. 42 % verringert. Diese Relation von arbeitender zu nicht-arbeitender Bevökerung wird sich - nach den IAB/Prognos-Projektionen zu urteilen - wahrscheinlich bei den derzeit sektoral ableitbaren Tendenzen von Produktivität und Arbeitszeit nur bei einem längerfristigen Wirtschaftswachstum von jährlich mindestens 2,5 % wieder deutlich und dauerhaft erhöhen.

Ein wesentlich günstigeres Bild ergäbe sich unter den Bedingungen einer Hoch- oder Vollbeschäftigung (Abb. 6). In einer solchen Situation kann als Maß für die Relation zwischen arbeitender und nicht-arbeitender Bevölkerung näherungsweise der Anteil des Erwerbspersonenpotentials - als das bei 'Hochkonjunktur auf dem Arbeitsmarkt' zu erwartende Angebot an Arbeitskräften - an der Bevölkerung herangezogen werden. Wie Abb. 6 zeigt, hätte sich bei Vollbeschäftigung der Anteil der Erwerbstätigen an der gesamten Bevölkerung bereits ab Mitte der 70er Jahre wieder deutlich verbessert und ab Anfang der 80er Jahre sogar schon wieder das Niveau von 1965 überschritten. Um 1990 würde die Quote sogar höher sein als 1960. Erst ab 2015, wenn die geburtenstarken Jahrgänge ins Rentenalter einzutreten beginnen, würde dieser Anteil wieder rasch fallen, aber auch 2030 selbst in der

Abb. 6

Globale Erwerbsquoten 1960 - 2030

Anteil des deutschen und des gesamten Erwerbspersonenpotentials an der entsprechenden Wohnbevölkerung nach Modellrechnungen des IAB auf Basis 1982 in %

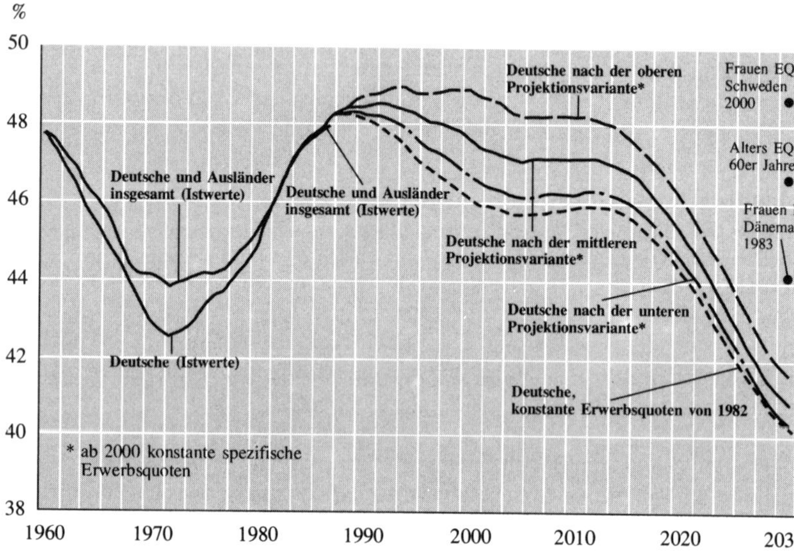

Quelle: Thon 1986, eigene Berechnungen

untersten Projektionsvariante nur um gut zwei Prozentpunkte niedriger sein als im bisherigen Tiefpunkt 1972. Würde es nun aber bis 2030 zu der oben skizzierten Wiederausdehnung der Alterserwerbstätigkeit und zu dem Anstieg der Frauenerwerbsquoten auf das derzeitige dänische Niveau oder das für 2000 erwartete schwedische Niveau kommen, brauchte es bei Vollbeschäftigung sogar auch zwischen 2010 und 2030 noch zu keinem Abschwung der Erwerbsquote zu kommen.

Ein ungünstigeres Bild ergibt sich indessen, wenn man nicht auf die Gesamtbelastung der arbeitenden Bevölkerung abstellt, sondern nur auf die Relation zu den Nichterwerbstätigen, die gleichaltrig oder älter sind, die Bevölkerung unter 15 Jahren aus der Rechnung also ausklammert (Abb. 7). Dennoch würde sich bei Vollbeschäftigung die Relation noch bis in die 90er Jahre hinein deutlich verbessern und in der oberen Variante - also bei betontem Anstieg der Frauenerwerbstätigkeit - sogar das Niveau der mittsechziger Jahre wieder erreichen. Allerdings würde in der unteren Variante nur nach 2000 und in der oberen Variante nach 2015 der bisherige Tiefpunkt von 1980 erheblich unterschritten werden. Auch bei dieser Quote könnten jedoch nach 2000 ein weiterer Anstieg der Frauenerwerbstätigkeit und eine Wiederausdehnung der Alterserwerbstätigkeit den Aufschwung mehr oder weniger kompensieren.

Abb. 7

Modifizierte globale Erwerbsquoten 1960 - 2030

Anteil des deutschen und des gesamten Erwerbspersonenpotentials an der entsprechenden Wohnbevölkerung ab 15 Jahren nach den Modellrechnungen des IAB auf Basis 1982 in %

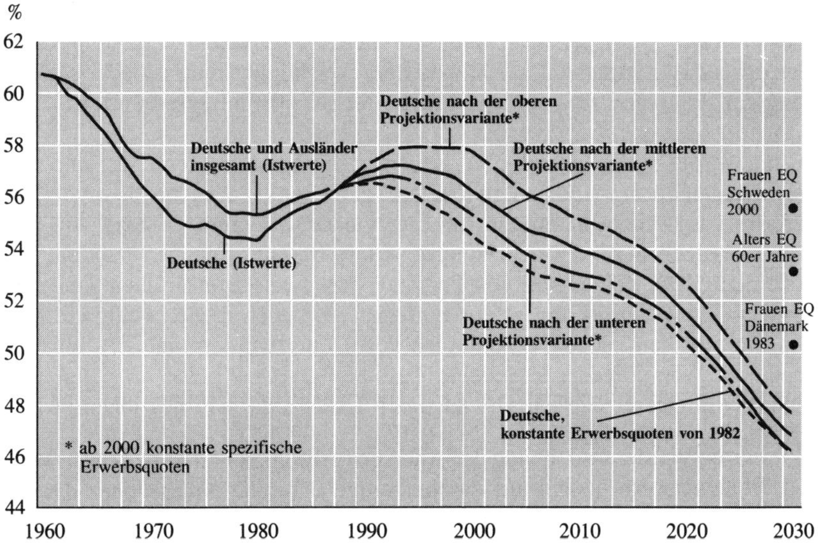

Quelle: Thon 1986, eigene Berechnungen

Bei dem zu erwartenden positiven Wachstumsspielraum reduziert sich folglich das Problem der Alterssicherung für die überschaubare Frist - gesamtwirtschaftlich gesehen - auf das Vollbeschäftigungsproblem und auf ein erhebliches Umverteilungsproblem, welches aber immerhin in 50 Jahren nicht unerheblich gestiegen sein könnte.

3.4 Folgen für die Struktur des Arbeitskräftepotentials

Neben den globalen Folgen der Bevölkerungsentwicklung für das Arbeitskräftepotential sind auch die strukturellen Auswirkungen von erheblicher Bedeutung, teilweise sogar brisanter und früher relevant als die globalen Effekte. Wirtschaft und Politik werden z. B. nicht nur damit rechnen müssen, daß langfristig der Ausländeranteil steigen und jede zweite Erwerbsperson eine Frau sein wird, sondern sich auch auf erhebliche Verschiebungen des Altersaufbaus einzustellen haben. Diese können den Erfordernissen vermehrten Strukturwandels, verstärkten technischen Fortschrittes und besserer Arbeitskräftequalität massiv entgegenwirken.

Immerhin wird der Anteil der unter 30jährigen Erwerbspersonen am Erwerbspersonenpotential bereits bis 2000 von rd. 33 % um ein Drittel auf rd. 20 % sinken, ihre absolute Zahl noch in den 90er Jahren die der 50jährigen und älteren Erwerbspersonen unterschreiten. Gegen 2020 wird umgekehrt jede dritte Erwerbsperson - noch ohne Berücksichtigung einer Wiederausdehnung der Altersgrenze - 50 bis 64 Jahre alt sein (heute jede Fünfte).

Damit werden der allgemeine Wissensfortschritt und ausgerechnet der von der Mikroelektronik und anderen neuen Technologien ausgehende revolutionäre Strukturwandel in Zukunft in immer bedeutenderem Ausmaß von den Erwerbstätigen mittleren und höheren Alters bewältigt werden müssen, bis 2000 außerdem weitgehend von Personen, die heute zum größten Teil ihre Erstausbildung bereits abgeschlossen haben, die noch relativ wenig auf den Umgang mit den neuen Technologien vorbereitet wurden und die teilweise nach dem Motto 'Besser irgendeine Ausbildung als gar keine' in Tätigkeitsfeldern ausgebildet wurden, die nach den IAB/Prognos-Projektionen in Zukunft schrumpfen werden.

4. Zur zukünftigen Struktur des Arbeitskräftebedarfs

Den prognostizierten gravierenden Strukturverschiebungen auf der Angebotsseite des Arbeitsmarktes dürfte ein beachtlicher Strukturwandel auf der Bedarfsseite des Arbeitsmarktes gegenüberstehen. Mit der Mikroelektronik ist im Laufe der 70er Jahre eine Technik in die Anwendungsphase eingetreten, deren grundsätzliche innovative Bedeutung wohl nur mit der Erfindung der Dampfmaschine zu vergleichen ist. Sie dürfte daher in der Welt ähnlich starke Umwälzungen auslösen wie sie seinerzeit mit dem Durchbruch der Dampfmaschine begannen. Ihre Einführung und Anwendung erfordert in vielerlei Hinsicht vermehrtes planerisches, systematisches, abstraktes und theoretisches Denkvermögen. Allgemein wird erwartet, daß durch die neuen Techniken im Erwerbssystem die Handarbeit am Produkt und die einfache Maschinenbedienung immer mehr an Bedeutung verlieren werden. Betroffen sind davon vor allem die Arbeitsplätze für ungelernte und angelernte Tätigkeiten. Langfristig Bestand haben vermutlich die Überwachungs- und Kontrolltätigkeiten, die Dienstleistungs- und autonomen Tätigkeiten (z. B. Reparaturtätigkeiten, Handwerk, Beratung, Behandlung, Pflege, Bewachung, Ingenieurarbeit, Unternehmertätigkeit).

Außer der Mikroelektronik befinden sich eine Reihe weiterer Techniken am Beginn ihrer Diffusion oder kurz davor, z. B. Bio-Technik, Lasertechnik, Solarenergie. Nach den IAB/Prognos-Projektionen dürften bis 2000 je nach Technik-Linie etwa 60 - 84 % aller Beschäftigten in irgendeiner Weise von neuen Technologien 'betroffen' sein. Wir stehen aber nicht nur möglicherweise in der Anfangsphase eines bedeutenden Innovationsschubes aufgrund neuer Technologien, sondern seit den 70er Jahren auch vor enormen Herausforderungen auf den Rohstoff-, Energie- und Umweltgebieten und dem Feld der internationalen Währungs- und Wirtschaftbeziehungen, insbesondere zur Dritten Welt. Die weltweiten Umweltprobleme werden dabei nicht nur Maßnahmen zur nachträglichen Beseitigung von Umweltschäden, sondern auch eine weitreichende Umstellung der Produktion auf umweltverträgliche und ressourcenschonende Verfahren und Produkte erzwingen. Schließlich werden sich auch der Rückgang und die Alterung der Bevölkerung sowie der steigende Bildungsgrad und die niedrigeren und/oder flexibleren Arbeitszeiten auf die Nachfragestruktur auswirken.

Die aus den Veränderungen der wirtschaftlichen, technologischen und demographischen Strukturbedingungen resultierenden Konsequenzen dürften in ihren Grundtendenzen ziemlich eindeutig sein: Langfristig dürfte sich die Bundesrepublik verstärkt zu einer forschungs- und entwicklungsintensiven Wirtschaft mit zunehmender Auslandsorientierung und hohem Dienstleistungsanteil sowie sinkendem Anteil an einfacher industrieller Massenproduktion hin bewegen.

Für den Arbeitskräftebedarf folgt daraus im gesamtwirtschaftlichen Saldo eine weitere Verschiebung hin zu höher qualifizierten Tätigkeiten und zu den Dienstleistungstätigkeiten im weitesten Sinne, nämlich zu den sogenannten tertiären Tätigkeiten in den Berufen, zu tertiären Berufen in allen Sektoren sowie zu den Dienstleistungssektoren selbst. Auf allen Ausbildungsebenen

Abb.8
Anteile der Erwerbstätigen nach Sektoren und Tätigkeiten 2000
(mittlere Projektionsvariante, ohne Personen »in Ausbildung«)

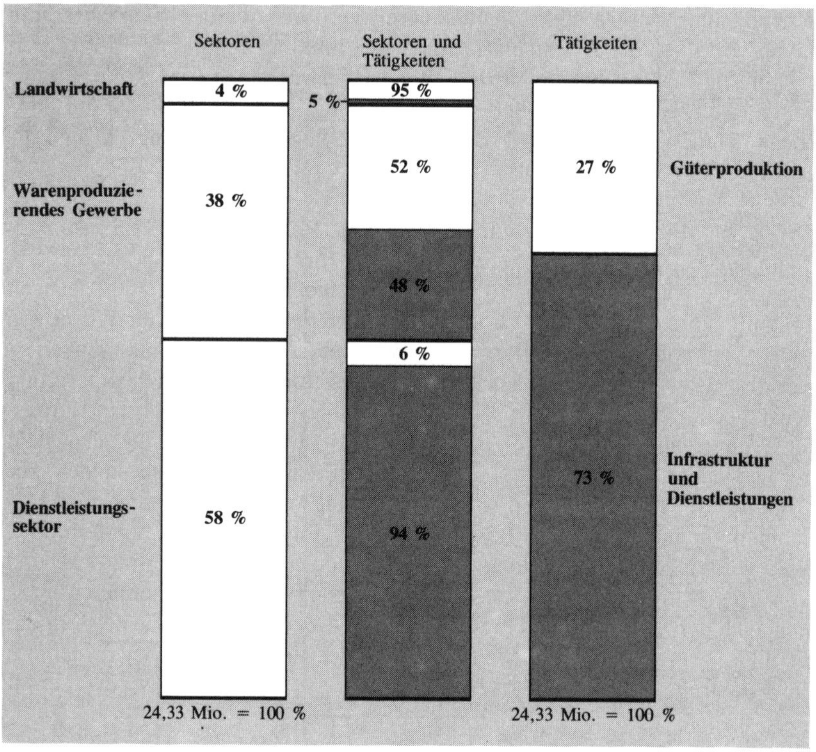

Quelle: IAB/Prognos-Projektion (Prognos AG 1985, eigene Berechnungen)

dürften flexible Arbeitskräfte mit breitangelegten, fachübergreifenden Qualifikationen besonders günstige Entwicklungschancen haben. Geschlechtsspezifische Unterschiede der Arbeitsplätze werden eingeebnet, für ihre Besetzung immer mehr Niveau und Struktur der Qualifikation entscheidend.

Das Tempo der Realisierung der skizzierten Grundtendenzen von teilweise zweifellos epochaler Bedeutung hängt jedoch naturgemäß nicht nur vom technisch Machbaren, sondern auch von vielfältigen ökonomischen und gesell-

Abb. 9

Der Arbeitskräftebedarf nach Qualifikationsebenen 1982 - 2000 und nach verschiedenen Projektionsansätzen in Tausend (in Klammern in %)

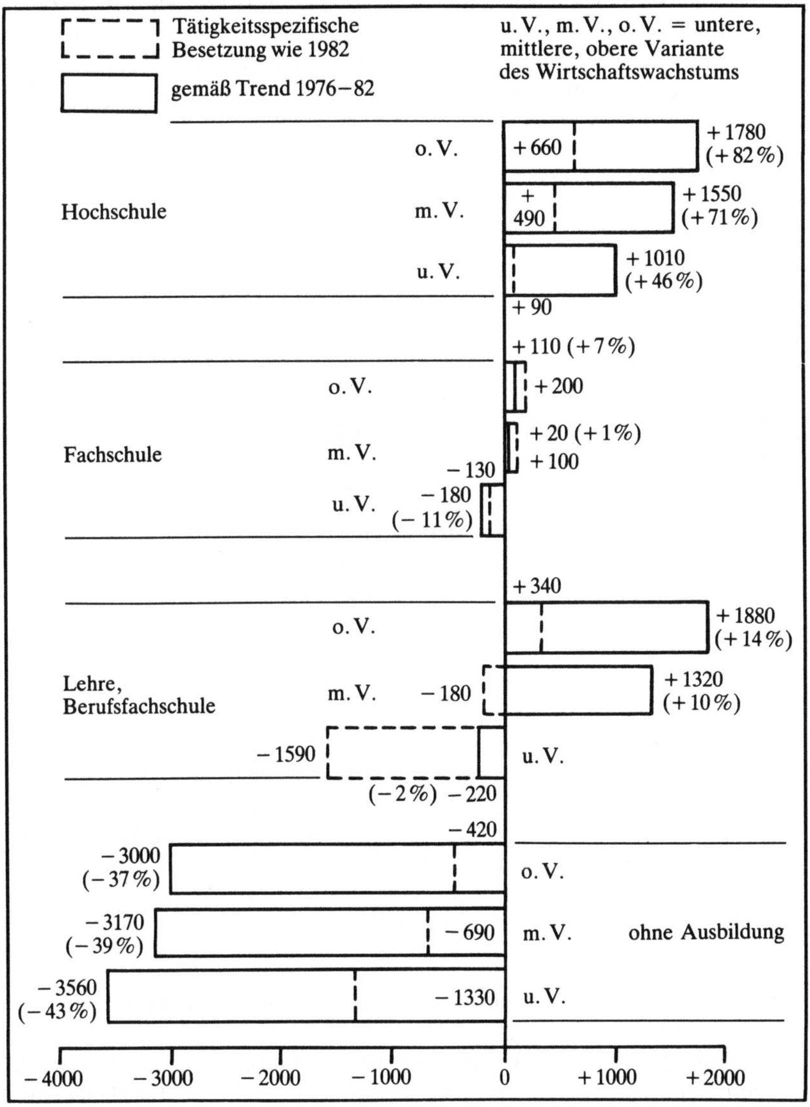

Quelle: IAB/Prognos-Projektion, BeitrAB 95, Nürnberg 1986 (entnommen aus Klauder 1987 a)

schaftlichen Bestimmungsfaktoren so wie politischen Entscheidungen ab. Außerdem pflegen sich Verhaltensweisen und Wirtschaftsstrukturen in gesamtwirtschaftlicher Betrachtung nur langsam zu ändern. Ferner bestehen bei der Einführung neuer Techniken erhebliche Gestaltungsspielräume (vgl. z. B. Damm-Rüger 1985). Auch wenn die meisten Argumente für eine Fortsetzung des gesamtwirtschaftlichen Höherqualifizierungstrends sprechen (Klauder 1987), kann es durchaus zu partiellen Dequalifizierungen und Polarisierungen kommen.

Nach den IAB/Prognos-Projektionen lassen sich bis zum Jahre 2000 die folgenden Tendenzen quantifizieren:

- Im Jahre 2000 könnte der Anteil der Dienstleistungsbranchen an den Erwerbstätigen rd. 60 % betragen im Vergleich zu rd. 50 % 1980. Innerhalb des Dienstleistungssektors dürften die vorwiegend wirtschaftsbezogenen sowie die vorwiegend freizeitbezogenen Dienstleistungsbranchen die höchsten Zuwachsraten der Beschäftigung erreichen.

- Stellt man allein auf die Tätigkeiten unabhängig von der Branchenzugehörigkeit ab, so dürften 2000 sogar fast 75 % der Tätigkeiten auf Infrastruktur- und Dienstleistungsaufgaben entfallen nach rd. 66 % 1980. Innerhalb der Infrastruktur- und Dienstleistungstätigkeiten wird der größte absolute und relative Zuwachs an Erwerbstätigen in Zukunft auf den Bereich der 'Management-, Dispositions-, Forschungs- und Entwicklungstätigkeiten' entfallen. An zweiter Stelle folgen die Dienstleistungstätigkeiten im engeren Sinne wie 'Lehren, Betreuen, Behandeln, Bewachen, Publizieren usw.' Demgegenüber dürfte der Anteil der Produktionstätigkeiten (ohne Wartung) von einem Drittel 1980 auf ein Viertel im Jahre 2000 zurückgehen, dem entspricht in der mittleren Wachstumsvariante ein Arbeitsplatzverlust von fast 2 Mio. Besonders bemerkenswert ist, daß in den 90er Jahren in allen Sektoren, auch bei den Dienstleistungen, nur noch mit der Gewinnung und Verarbeitung von Informationen verbundenen Tätigkeiten Beschäftigungszuwächse aufweisen dürften.

- Das durchschnittliche Qualifikationsniveau des Arbeitskräftebedarfs wird sich bereits allein durch die veränderte Sektor- und Tätigkeitsstruktur erhöhen, also selbst dann, wenn sich innerhalb der einzelnen Tätigkeitsfelder die Qualifikationsanforderungen nicht ändern sollten und die Tätigkeitsfelder wie in der Vergangenheit besetzt werden.

- Der Anteil an Erwerbstätigen ohne formalen Ausbildungsabschluß wird voraussichtlich deutlich sinken, bei Fortsetzung der von 1976 bis 1982 beobachteten Trends der Arbeitsplatzbesetzung sogar in allen Wachstumsvarianten um ein Drittel von 32 % 1982 auf rd. 20 % im Jahre 2000. Absolut bedeutet dies, daß sich der Arbeitskräftebedarf an Ungelernten von 8,2 Mio. auf 4,6 - 5,2 Mio. je nach Variante verringern könnte. Betroffen ist davon vor allem der Bereich der un- bzw. angelernten Fertigungstätigkeiten.

- Der Anteil an Arbeitskräften mit betrieblicher Lehre oder Berufsfachschulabschluß wird zumindest konstant bleiben. Falls sich die Trends der Arbeitsplatzbesetzung weiter so fortsetzen wie in der letzten Zeit, könnte er sogar in allen drei Wachstumsszenarien merklich steigen, nämlich von 53 % 1982 auf rd. 60 % im Jahre 2000. Den Anteilsverschiebungen entspricht eine Veränderung der Arbeitskräftezahl von 13,4 Mio. auf 13,3 bis 15,8 Mio. je nach Variante. Die Schwerpunkte des Bedarfszuwachses auf dieser betrieblichen Ausbildungsebene liegen bei den Angestelltentätigkeiten, vor allem im Dispositionsbereich, nicht dagegen bei den Arbeiter- und Handwerkertätigkeiten, den Schwerpunkten der betrieblichen Ausbildung.

- Der Anteil an Arbeitskräften mit Fachschulabschluß (1982 knapp 7 % bzw. 1,7 Mio.) wird vermutlich weitgehend unverändert bleiben (2000 um 7 % bzw. 1,5 - 1,8 Mio.).

- Der Anteil an Arbeitskräften mit Hochschulabschluß wird sich im Gegensatz dazu von 8,5 % 1982 (2,2 Mio.) je nach Besetzungsverhalten und nach Wachstumsvariante mehr oder weniger kräftig auf bis zu 15 % im Jahre 2000 erhöhen (bzw. bis zu rd. 4 Mio.). Rd. 40 % des Bedarfszuwachses entfallen allerdings auf die Tätigkeitsbereiche Büro, Disposition, Management, Forschung und Entwicklung, Tätigkeitsbereiche mithin, auf die die Studiengänge der Fachhochschulen zu wesentlich höheren Anteilen vorbereiten als diejenigen der wissenschaftlichen Hochschulen.

Aus den sich abzeichnenden strukturellen Diskrepanzen zwischen Bedarfszuwachs und den Schwerpunkten der formalen Berufsausbildung kann allerdings nicht ohne weiteres auf eine generell verfehlte Erstausbildung geschlossen werden. Z. B. kann in vielen Fällen die Erlernung der Fertigungstechniken Voraussetzung für eine spätere Tätigkeit im Dispositionsbereich sein usw. Über die in Zukunft benötigten Fachrichtungen, Qualifikationsinhalte und Berufe sagen die IAB/Prognos-Projektionen unmittelbar nichts aus. Sie erlauben jedoch eine Reihe von Folgeüberlegungen und Folgerechnungen.

Diese deuten z. B. auf einen wachsenden Bedarf an Ingenieuren und Naturwissenschaftlern, an fachübergreifenden Schlüsselqualifikationen sowie an Berufen mit breitem sektoralen Einsatzspektrum, sog. 'Querschnittsberufen' hin (Klauder 1987, Warnken 1986).

Die Projektionsergebnisse zeigen ferner, daß der Bedarf an tertiären Tätigkeiten und an qualifizierten Arbeitskräften um so mehr steigt, je höher das Wirtschaftswachstum ausfällt. Letzteres hängt den Projektionen zufolge seinerseits vom Tempo der Realisierung des technischen Fortschrittes ab. Man kann daher auch folgern, daß sich offensichtlich bis zum einem gewissen Grade qualifizierte Arbeitskräfte, hoher innovativer Strukturwandel und hohe wirtschaftliche Aktivität wechselseitig bedingen: Je stärker der Strukturwandel und das Wirtschaftswachstum, um so höher der Bedarf an qualifizierten Arbeitskräften und tertiären Tätigkeiten. Je geringer das Angebot an derartigen Arbeitskräften, um so mehr Hemmnisse des Strukturwandels und damit des Wachstums.

Somit wird der säkulare Strukturwandel zu den tertiären Sektoren und zu den tertiären Tätigkeiten in allen Sektoren und zu im Durchschnitt höheren Qualifikationsanforderungen nach den IAB/Prognos-Projektionen auch mit den neuen Technologien weiter in der gleichen Richtung voranschreiten. Für diese Trends spricht im übrigen eine lange historische Erfahrung, für höherwertige Arbeitsplätze auch der Wunsch der Bevölkerung. Ferner gibt es noch kein überzeugendes Argument dafür, wie ein so stark in den internationalen Wettbewerb eingebundenes Land wie die Bundesrepublik seine Wettbewerbstätigkeit und damit seine Arbeitsplätze sichern kann, wenn es sich nicht darum bemüht, beim technischen Fortschritt und seiner Realisierung mit zur Spitzengruppe zu gehören und dazu auch das Humankapital als den einzigen Produktionsfaktor, über den es reichlicher als andere Länder verfügen kann, zu nutzen und zu fördern.

5. Schlußbemerkung

Die demographischen Tendenzen und die Verhaltensänderungen bei der Erwerbsbeteiligung haben den Arbeitsmarkt der Bundesrepublik von Beginn an ebenso entscheidend geprägt wie die ökonomischen und technologischen Tendenzen den Arbeitskräftebedarf der Wirtschaft. Sowohl die mikroelektronische Revolution als auch die derzeitige Potential-Welle und der in den 90er Jahren einsetzende Alterungsprozeß der Erwerbsbevölkerung stellen für alle Politikbereiche, insbesondere für die Arbeitsmarkt- und Sozialpolitik, aber auch für die Bildungs- und allgemeine Wirtschaftspolitik enorme Herausforderungen dar. Die Politik wäre gut beraten, über die kurzfristige, konjunkturelle Betrachtung hinauszugreifen und den demographisch geprägten mittel- und längerfristigen Entwicklungsphasen auf dem Arbeitsmarkt mehr Beachtung zu schenken, zumal sich die möglichen demographischen Auswirkungen auf mittlere Sicht noch relativ realistisch in Modellrechnungen einfangen lassen.

Die Modellrechnungen zeigen insbesondere:

- Der Geburtenrückgang wird schon bald Nachwuchskräfte knapp werden lassen.
- Der Umfang und Zeitpunkt einer deutlichen generellen Entlastung des Arbeitsmarktes durch den Geburtenrückgang bleiben jedoch bei steigender Frauenerwerbstätigkeit, Zuwanderungen und relativ schwachem Wirtschaftswachstum ungewiß. Die Gefahr hoher Arbeitslosigkeit besteht bis weit in die 90er Jahre hinein.
- Auch nach 2000 braucht der Geburtenrückgang nicht zwangsläufig zu einer baldigen allgemeinen Arbeitskräfteknappheit zu führen, zumal bei schwachem Wirtschaftswachstum. Vermehrte Frauen- und Alterserwerbstätigkeit und ein allmählicher Verzicht auf generelle Arbeitszeitverkürzungen können neben Zuwanderungen und Forcierung des Produktivitätsfortschrittes bei entsprechend flexibler Arbeitszeitgestaltung die quantitativen Folgen niedriger Geburtenziffern auf das angebotene Arbeitsvolumen mehr oder weniger kompensieren.
- Die Zahl der Arbeitsplätze wird sich um so günstiger entwickeln, je schneller und besser sich Wirtschaft und Arbeitsmarkt an die grundlegend veränderten wirtschaftlichen, technologischen und demographischen Rahmen- und Strukturbedingungen anpassen.
- Qualifizierte Arbeitskräfte, innovativer Strukturwandel und hohe wirtschaftliche Aktivität bedingen sich wechselseitig.
- Der säkulare Strukturwandel zu tertiären und höherwertigen Tätigkeiten wird sich fortsetzen.
- Die Schwerpunkte des Bedarfszuwachses an Arbeitskräften entsprechen nicht den derzeitigen Schwerpunkten der beruflichen Erstausbildung.
- Wissensfortschritt und Strukturwandel müssen in Zukunft in wachsendem Umfang von den Erwerbspersonen mittleren und höheren Alters bewältigt werden.
- Jede zweite Erwerbsperson dürfte längerfristig eine Frau, jede dritte im Alter von 50 bis unter 65 Jahren sein. Auch der Anteil der Ausländer dürfte steigen.

Die enormen Anpassungsprobleme dürften eher zu bewältigen sein, wenn es gelingt, die Voraussetzungen für eine stärkere Nachfrageentfaltung zu schaffen und die Innovationsfähigkeit des Wirtschafts- und Gesellschaftssystems zu verbessern. Hohe Priorität ist dabei insbesondere beizumessen der Bereitschaft zu verstärktem Strukturwandel in allen Bereichen - auch auf dem Arbeitszeitgebiet - sowie der weiteren Verbesserung der Erstausbildung und dem Aufbau eines umfassenden Weiterbildungssystems als einer Hauptvoraussetzung für die Bewältigung steigender Anforderungen an Flexibilität.

Literatur

Autorengemeinschaft: Zur Arbeitsmarktentwicklung 1987/88: Entwicklungstendenzen und Strukturen, in: MittAB, 20. Jg./1987, H. 3, S. 265-287

Bach, H.-U./Brinkmann, C.: Erwerbsbeteiligung von Frauen im internationalen Vergleich, in: MittAB, 19. Jg./1986, H. 3, S. 356-361

Blazejczak, J./Kirner, W./Krupp, H.-J.: Perspektiven der wirtschaftlichen Entwicklung in der Bundesrepublik Deutschland bis zum Jahre 2000, in: DIW-Wochenbericht 25/87, 54. Jg., S. 329-347

Bolte, K. M. u. a. (Hrsg.): Schwerpunktheft 'Arbeitskräftestruktur 2000', in: MittAB, 19. Jg./1986, H. 1, S. 1-201

Brinkmann, C./Engelbrech, G./Hofbauer, H.: Erwerbsverhalten und Berufsverlauf von Frauen, in: MittAB 2/87, S. 187

Brinkmann, C./Klauder, W./Reyher, L./Thon, M.: Methodische und inhaltliche Aspekte der Stillen Reserve, in: MittAB, 20. Jg./1987, S. 387-409

Bundesinstitut für Berufsbildung, Institut für Arbeitsmarkt- und Berufsforschung der Bundesanstalt für Arbeit (Hrsg.): Neue Technologien, Verbreitungsgrad, Qualifikation und Arbeitsbedingungen, Analysen aus der BIBB/IAB-Erhebung 1985/86, BeitrAB 118, Nürnberg 1987

Damm-Rüger, S.: Betriebliche Qualifikationsanforderungen - determiniert durch die technische Entwicklung oder Produkt vieler interdependenter Einflußfaktoren? Ansätze und Ergebnisse empirischer Forschung über Qualifikationsanforderungen im Beschäftigungssystem der Bundesrepublik Deutschland, in: Berufsbildung in Wissenschaft und Praxis, 1985, S. 182-186

Friedrich, W./Ronning, G.: Technischer Fortschritt - Auswirkungen auf Wirtschaft und Arbeitsmarkt, in: Ifo-Schnelldienst 22, 1985, S. 13-25

Gesellschaft für Sozialen Fortschritt: Bevölkerungsentwicklung und nachwachsende Generation. Bericht eines Arbeitskreises der Gesellschaft für Sozialen Fortschritt. Schriftenreihe des Bundesministers für Jugend, Familie und Gesundheit, Bd. 93, Stuttgart 1980

Hickel, R.: Technologische Arbeitslosigkeit - Gibt's die?, in: Memo-Forum, Zirkular der 'Arbeitsgruppe Alternative Wirtschaftspolitik' Nr. 5, Bremen, Februar 1985, S. 20.34

Hofer, P./Schnur, P.: Zum sektoralen Strukturwandel bis 2000, in: MittAB, 19. Jg./1986, H. 1, S. 35-67

Hoffmann, E./Schnur, P./Stooß, F./Tessaring, M.: Die Zukunft der Arbeitslandschaft, IAB/Prognos-Projektion zur Entwicklung des Arbeitskräftebedarfs bis 2000, MatAB 6/1986

Institut für Arbeitsmarkt- und Berufsforschung (Hrsg.): Arbeitszeit und flexible Altersgrenze, Aspekte und Fakten zur aktuellen Diskussion, BeitrAB 75, Nürnberg, 2. erweiterte Auflage 1986

Institut für Arbeitsmarkt- und Berufsforschung (Hrsg.): Zur Arbeitsmarktentwicklung bis 2000, IAB-Kurzbericht VII/1-Kl, 8. 12. 1987a

Institut für Arbeitsmarkt- und Berufsforschung (Hrsg.): Strukturelle Entwicklung des Erwerbspotentials bis 2000, IAB-Kurzbericht VII/1-tn, 15.12.1987b

Kern, H./Schumann, M.: Das Ende der Arbeitsteilung? Rationalisierung in der industriellen Produktion: Bestandsaufnahme, Trendbestimmung. München 1984

Klauder, W./Schnur, P./Thon, M.: Arbeitsmarktperspektiven der 80er und 90er Jahre. Neue Modellrechnungen für Potential und Bedarf an Arbeitskräften, in: MittAB 18. Jg./1985, H. 1, S. 41-62

Klauder, W.: Technischer Fortschritt und Beschäftigung. Zum Zusammenhang von Technik, Strukturwandel, Wachstum und Beschäftigung, in: MittAB, 19. Jg./1986, S. 1-19

Klauder, W.: Welche Arbeitskräfte werden im Jahre 2000 gebraucht? Künftige Qualifikationstendenzen aus der Sicht der Arbeitsmarktforschung. In: Stifterverband für die Deutsche Wissenschaft (Hrsg.), Wirtschaft-Technik-Bildung, Villa-Hügel-Gespräch 1986, Materialien zur Bildungspolitik 10, Essen 1987, S. 11-39

Prognos AG (v. Rothkirch, C./Weidig, I. u. a.): Die Zukunft der Arbeitslandschaft. Zum Arbeitskräftebedarf nach Umfang und Tätigkeiten bis zum Jahr 2000, BeitrAB 94.1 und 94.2, Nürnberg 1985

Prognos AG (v. Rothkirch, C./Weidig, I.): Zum Arbeitskräftebedarf nach Qualifikationen bis zum Jahr 2000, BeitrAB 95, Nürnberg 1986

Thon, M.: Das Erwerbspotential in der Bundesrepublik Deutschland, Entwicklung seit 1960 und Projektion bis 2000 mit einem Ausblick bis 2030, BeitrAB 105, Nürnberg 1986

v. Weizsäcker, C. C.: Gewinne + Mikroelektronik = Arbeitslosigkeit? Kritische Anmerkungen zu den wissenschaftlichen Grundlagen der Memorandum-Gruppe, in: Die Zeit, Nr. 7, 12. Februar 1988, S. 25

Abkürzungen:

BeitrAB = Beiträge zur Arbeitsmarkt- und Berufsforschung
MatAB = Materialien aus der Arbeitsmarkt- und Berufsforschung
MittAB = Mitteilungen aus der Arbeitsmarkt- und Berufsforschung

Elisabeth Beck-Gernsheim

Zukunft der Lebensformen

Wo von Bildung die Rede ist, ist meist deren ‘öffentliche’ Seite gemeint. Es geht um Schulen und Hochschulen, um Curricula und Lehrerbedarf, um Finanzen und zu fördernde Gruppen. Dagegen steht eine andere Seite von Bildung üblicherweise nicht im Rampenlicht der öffentlichen Aufmerksamkeit. Kein Thema der politischen Diskussion ist, was die Eltern leisten für das Aufwachsen der nächsten Generation, für die Einführung in die Arbeits- und Lebensformen unserer Gesellschaft. Und doch bahnt sich in genau diesem Bereich - ausgelöst durch Entwicklungen, die bereits heute beginnen - möglicherweise ein epochaler Wandel mit weitreichenden Folgen an. Das ‘Anforderungsprofil’ für eine Elternschaft verändert sich unter der Hand, in vielen einzelnen Schritten, die jedoch konsequent aufeinander aufbauen. Am Ende dieser Entwicklung mag all das, was wir heute unter Bildung begreifen - ihre private wie ihre öffentliche Seite - eine radikale Neubewertung erfahren. Dies ist, pointiert zusammengefaßt, der Grundgedanke des folgenden Beitrags. Er gliedert sich in zwei Teile:

Ich beginne zunächst mit einer kurzen Bestandsaufnahme, die erst bei der Vergangenheit ansetzt, dann zur Gegenwart führt. Ich betrachte dabei die vielfältigen Anforderungen und Erwartungen, die an Eltern gestellt werden, also den kulturell vorgeschriebenen Aufwand für Kinder. Dazu gehören die Fragen: Wie hat sich dieser Bildungsanspruch historisch entwickelt? Wo sind seine Wurzeln, was sind seine Triebkräfte? Wodurch wird die Verantwortungslast der Eltern zunehmend größer? In diesem Bereich gibt es gesicherte Aussagen aufgrund der bisherigen Forschung.

Im zweiten Schritt werde ich mich auf ein unsicheres Terrain begeben und bewußt einige Spekulationen entwerfen. Ich betrachte hier zunächst das, was zur Zeit auf dem Gebiet der Fortpflanzungstechnologie geschieht und in Kliniken, Labors und Forschungsinstitutionen bereits umgesetzt wird. Ich interessiere mich dann für die Konsequenzen, die darin für Elternschaft angelegt sind. Denn als Möglichkeit deutet sich an, daß der Erwartungsdruck an die Eltern nicht nur quantitativ wächst, sondern auch qualitativ neue Formen annimmt und auf eine ‘genetische Qualitätskontrolle’ des Nachwuchses abzielt. Meine provokative Frage lautet vor diesem Hintergrund schließlich: Wird die Zukunft unserer Kinder mehr durch Biotechnik bestimmt als durch Bildung?

1. Der kulturell vorgeschriebene Aufwand für Kinder

1.1 Die Entdeckung der Kindheit und der Kindererziehung

Blickt man auf die Geschichte zurück, so fällt auf, daß es Kindererziehung im eigentlichen Sinn lange Zeit gar nicht gab. Im Alltag der vorindustriellen Gesellschaft wurde Kindern keine besondere Aufmerksamkeit und Zuwendung zuteil; die Grundhaltung war eher eine der Gleichgültigkeit als des Interesses. Erst mit dem Übergang zur modernen Gesellschaft beginnt die 'Entdeckung der Kindheit' (Ariès 1978), schon bald verbunden mit Bemühungen, auf die kindliche Entwicklung Einfluß zu nehmen. Das Credo der neuen Einstellung zum Kind heißt, daß die Eltern durch angemessene Pflege und Erziehung zum gesunden Gedeihen des Kindes wesentlich beitragen können, ja den Grundstock legen für das gesamte spätere Schicksal.

Ein Blick auf die Sozialgeschichte des 18. und 19. Jahrhunderts zeigt, daß es vor allem zwei Bedingungen sind, die dies neue Interesse an der Erziehung fördern. Zum einen ist dies die Epoche, in der ein schubweiser Übergang stattfindet von der traditionalen, ständisch bestimmten Gesellschaft zur industriellen Gesellschaft, die von den Gesetzen des Marktes reguliert wird. Damit wird die soziale Position mehr offen und machbar, ist nicht mehr im gleichen Maß wie früher qua Geburt festgelegt. Dadurch gewinnt wiederum Ausbildung eine immer größere Bedeutung, denn wo Positionen nicht mehr einfach vererbt werden, da wird zunehmend nach Fähigkeiten und Kenntnissen gefragt. Deshalb konzentrieren sich jetzt Erziehungsbemühungen auf das Kind, die Bildung und Ausbildung in den Vordergrund rücken: um damit die soziale Stellung zu behaupten, gegen Abstieg zu sichern und möglichst noch zu verbessern.

Zweitens setzt sich mit dem Übergang zur modernen Gesellschaft immer mehr ein Fortschrittsglaube durch, der auf Beherrschbarkeit der Welt ausgerichtet ist. Auf vielen Gebieten treten Experten auf, die mit theoretischen und praktischen Kenntnissen die Eroberung der Natur vorantreiben. Durch die Fortschritte, die Medizin und später auch Psychologie verzeichnen, erscheint auch die Natur des Menschen zunehmend 'machbar', beeinflußbar, verbesserungsfähig. Eine naheliegende Konsequenz ist, daß damit auch ein starkes Interesse am Kind erwacht: Es steht noch am Anfang des Lebens, ist offen und formbar. Es gibt ein ideales Betätigungsfeld ab, um - wie die neue Weltsicht es will - Einfluß zu nehmen, um gewünschte Entwicklungen zu fördern und anderen entgegenzuwirken.

Vor dem Hintergrund solcher Bedingungen beginnt, wo früher nur elementare Versorgung war, im 18. und 19. Jahrhundert (zunächst im Bürgertum, erheblich später in den unteren Schichten) das Stadium der gezielten Einflußnahme. Dazu gehören zunächst einmal Bemühungen, das Kind gegen gesundheitliche Risiken und schädliche Umweltbedingungen zu schützen. Ärztliche Ratschläge mahnen zu angemessener Ernährung und Kleidung des Kleinkindes, zu medizinischer Vorsorge und verbesserter Hygiene. Zur gezielten Einflußnahme gehören darüber hinaus die Versuche, die geistige und moralische Entwicklung des Kindes zu lenken. Eine wichtige Rolle spielt hier der Bildungsanspruch, der von der Philosophie der Aufklärung ausgeht: 'Der Mensch kann nur werden durch die Erziehung. Er ist nichts, als was die Erziehung aus ihm macht' (Kant). Je mehr diese Maxime den Charakter eines kulturellen Leitbilds gewinnt, desto mehr wachsen die pädagogischen Aufgaben an. Das gesellschaftliche Lernen, die Sprache und Bildung des Kindes, seine Moral und sein Seelenheil - all das werden jetzt Pflichten, die die Arbeit für Kinder vermehren. Der Pädagoge Andreas Flitner schreibt hierzu: 'Der ganze Anspruch der Aufklärungsphilosophie, mit ihrem Respekt vor dem Menschen als einem Subjekt unveräußerlicher Rechte, und mit ihrem Willen, in jedem Menschen ein Individuum, ein selbständig denkendes und entscheidungsfähiges Wesen zu sehen, wird nun auch dem Kind schon zuteil, zumindest prospektiv: als eine Aufgabe der Eltern, das Kind in solche Rechte einzusetzen' (Flitner 1982, S. 21). Eine neue Ära beginnt, die der bewußten Erziehungsarbeit.

Wie die neuere Geschichte der Pädagogik herausgearbeitet hat, haben diese neuen Erziehungsleitbilder freilich von Anfang an eine doppelte Wurzel. Sie sind sowohl verankert in dem Bildungsanspruch, der das Ideal der Aufklärung ausmacht, wie auch in dem Zwang der sozial mobilen Gesellschaft, über Bildung und Ausbildung die soziale Stellung zu sichern. So gewinnt Erziehung hier immer ein Doppelgesicht: nicht bloß Förderung, sondern auch früher Leistungsdruck (vgl. ebenda).

1.2 Die Steigerung des Anspruchs: 'optimale Startchancen' fürs Kind

Dieser Förderungsanspruch, der mit der Moderne beginnt, wird in der Folgezeit immer weiter vorangetrieben. Durch verschiedene Entwicklungen gewinnt er insbesondere in der zweiten Hälfte des 20. Jahrhunderts noch zusätzliches Gewicht. Da sind zunächst weitere Fortschritte in Medizin, Psychologie, Pädagogik, die das Kind in wachsendem Maß gestaltbar werden lassen. So werden z. B. körperliche Behinderungen, die um die Jahrhundertwende noch schicksalhaft hingenommen werden mußten, zunehmend behandelbar und korrigierbar. In der Psychologie setzt sich eine neue Forschungsrichtung durch, die noch weit stärker als früher die Bedeutung der ersten Lebensjahre betont, ja das Unterlassen von Förderung mit verlorenen Entwicklungschancen gleichsetzt. Zur gleichen Zeit wird ein deutlicher Anstieg des Einkommens verzeichnet, wodurch Förderungsmöglichkeiten, die früher einer kleinen Schicht vorbehalten waren, nun für breite Gruppen erreichbar werden. Schließlich wird auf politischer Ebene eine Bildungswerbung in Gang gesetzt, die sich auch an die bis dahin benachteiligten Gruppen wendet.

Als Resultat dieser und ähnlicher Bedingungen verstärkt sich der kulturell vorgegebene Druck: Das Kind darf immer weniger so hingenommen werden, wie es ist, mit seinen körperlichen und geistigen Eigenheiten, vielleicht auch Mängeln. Es wird vielmehr zum Zielpunkt vielfältiger Bemühungen. Möglichst alle Mängel sollen korrigiert werden (nur kein Schielen, Stottern, Bettnässen mehr), möglichst alle Anlagen sollen gestärkt werden (Konjunktur für Klavierstunde, Sprachferien, Tennis im Sommer und Skikurs im Winter). In Büchern, Zeitschriften, Erziehungs-Ratgebern, überall lautet der Auftrag ähnlich: die Eltern sollen alles tun, um dem Kind 'optimale Startchancen' zu geben. Zusammenfassend ergibt sich daraus das Fazit, wie es eine aktuelle Studie zur Familienentwicklung formuliert: daß 'die Norm verantworteter Elternschaft' immer weiter sich durchsetzt, ja daß 'die ethische und soziale Verantwortung der Eltern . . . heute ein historisch ungeahntes Ausmaß' erreicht (Kaufmann u. a. 1984, S. 10).

Aber warum eigentlich, das ist eine naheliegende Frage, machen die Eltern dies alles mit? Warum schieben sie nicht alle pädagogischen Informationen beiseite, die ihnen immer mehr Verantwortung und Pflichten aufbürden? Die Antwort ist, daß in unserer Gesellschaft zahlreiche Barrieren existieren, die ein Ausbrechen aus dem Dickicht der Ratschläge erschweren. Zunächst einmal sind die Eltern praktisch von allen Seiten vom Gebot bestmöglicher Förderung umstellt, vom Fernsehen bis zu den Zeitschriften, von der Werbung bis zur Schule. Und die Botschaft, die ihnen vermittelt wird, hat einen immer wiederkehrenden Refrain: Die Nichtbeachtung der kindlichen Bedürfnisse führt zu irreversiblen Schädigungen und Mangel an Förderung zu Entwicklungsverzögerung, ja Leistungsversagen. Dabei ist 'Leistungsversagen' ein Wort, dessen Bedeutung die Eltern sehr wohl verstehen, denn in der sozial mobilen Gesellschaft ist 'Leistung' eine Schlüsselkategorie. Wo die Möglichkeit und Verheißung des Aufstiegs besteht, die als Kehrseite immer die Gefahr des Abstiegs enthält, da wird der Zwang immer spürbarer durch individuelle Planungen, Anstrengungen und Bildungsbemühungen, den eigenen Platz in der gesellschaftlichen Hierarchie zu sichern.

Um der vielseitigen Anregung willen begleiten Mütter (und hin und wieder auch Väter) das Kind zu Zirkus und Zoo, gehen mit zum Schwimmkurs fürs Baby, organisieren Eltern-Initiativen und Stadtteil-Feste für Kinder. Die 'naturwüchsige Kindheit' ist in vielerlei Hinsicht vorbei, die 'Inszenierung der Kindheit' beginnt. Auch hier ist Verweigerung wieder schwierig, ja wird in Zukunft noch schwieriger werden. Denn diese Inszenierungs-Aktivitäten entspringen ja nicht einer bloßen Laune der Eltern. Sie haben vielmehr ihren objektiven Grund darin, daß unter den Bedingungen der mobilen Gesellschaft Erziehung und Förderung ein Teil der 'Arbeit zum Statuserhalt' sind (vgl. Papanek 1979, S. 775 ff.). Wo der Zwang regiert, durch individuelle Anstrengungen den eigenen Platz in der Gesellschaft zu sichern, da wird er notwendig schon ins Kinderzimmer hineingetragen: Die Kindererziehung wird eingespannt zwischen Aufstiegswunsch und Abstiegsbedrohung.

Exemplarisch dafür ein Erziehungsratgeber mit dem bezeichnenden Titel 'How to Raise a Brighter Child'. Er beginnt mit den Sätzen: 'Hier ist Hilfe für die Eltern, die sicher sein wollen, daß ihr Kind alle Chancen im Leben hat. Denn der Weg zum Erfolg beginnt in den ersten sechs Lebensjahren, wenn die intellektuelle und emotionale Entwicklung des Kindes sehr weitgehend von den Eltern abhängt, und wenn . . . die Eltern das nutzbare Intelligenzniveau des Kindes erheblich erhöhen können durch die Art der Erziehung, die sie ihm zuteil werden lassen' (Beck 1979, S. 1).

Zusammenfassend kann man sagen, daß in der hochindustriellen Gesellschaft zwar die physische Versorgung des Kindes in mancher Hinsicht einfacher geworden ist, dank Technisierung des Haushaltes und vorgefertigten Produkten wie Wegwerf-Windel und Baby-Kost. Aber dafür wurden mit der Entdeckung der Kindheit zunehmend neue Themen entdeckt. Um es mit Ariès zu sagen: 'Unsere Welt ist von den physischen, moralischen und sexuellen Problemen der Kindheit geradezu besessen' (Aries 1978, S. 560). So sind auf anderer Ebene zahlreiche neue Aufgaben hinzugekommen: 'Die Familie steht heute unter einem Erziehungsdruck, der historisch seinesgleichen sucht (Kaufmann u. a. 1982, S. 530). Und dies gilt wohl noch mehr für die Zukunft. Das Kind, einst ein Geschenk Gottes, manchmal auch eine unerwünschte Last, wird für die Eltern/die Mütter immer mehr: 'ein schwieriges Behandlungsobjekt' (von Hentig 1978, S. 34).

2. Die neue Elternpflicht: Das perfekte Kind?

Die 'Optimierung der Startchancen' fürs Kind - dieser Auftrag wurde in den letzten Jahrzehnten vor allem in dem Sinne verstanden, daß es wesentlich darum geht, dem Kind eine gute Schulbildung zukommen zu lassen. Insbesondere die Bildungswerbung der 60er Jahre hat hierbei eine wichtige Rolle gespielt. In den Bildungsstatistiken sind die Resultate klar dokumentiert (vgl. Statistisches Bundesamt 1987, S. 22). Immer weniger Kinder absolvieren die Hauptschule, immer mehr besuchen weiterführende Schulen, immer mehr studieren.

Und wie wird die Zukunft aussehen? In einer Gesellschaft, die hochindustrialisiert, komplex und international vernetzt ist, die damit ein hohes Niveau an Wissensleistungen voraussetzt, werden solche Bildungsbemühungen sicher notwendig bleiben. Doch darüber hinaus könnte die Verantwortung, die den Eltern abverlangt wird, in Zukunft noch qualitativ neue Formen annehmen. Zum Auslöser dafür könnten Entwicklungen werden, die sich zur Zeit auf dem Gebiet der Medizin und insbesondere der Fortpflanzungstechnologie anbahnen. Im folgenden geht es darum, bewußt spekulativ einige der Möglichkeiten zu entwerfen, die hier auf uns zukommen könnten.

2.1 Die Fortschritte der Fortpflanzungstechnologie

In den letzten Jahren haben sich in der Fortpflanzungstechnologie enorm schnelle Entwicklungen vollzogen. Zu nennen sind vor allem die Perfektionierung der künstlichen Befruchtung mittels Tiefkühltechnik und Samenbank; dann die Befruchtung im Reagenzglas mit Embryo-Transfer; und schließlich die neuen Techniken der pränatalen Diagnose. In ihrer Kombination eröffnen diese Technologien ganz neue Formen des Eingriffs in den Bereich der menschlichen Fortpflanzung. Zum einen können nun auch Paare auf die Erfüllung ihres Kinderwunsches hoffen, die ungewollt kinderlos blieben. Darüber hinaus kann der Bereich der Fortpflanzung gezielten Möglichkeiten der Steuerung unterworfen werden - durch Auswahl von Samenspendern und Eispenderinnen nach biologischen und sozialen Merkmalen oder durch Auswahl von Embryonen nach genetischen Merkmalen.

Diese neuen Formen der Fortpflanzungstechnologie sind bekanntlich zum Gegenstand zahlreicher Diskussionen in Wissenschaft, Politik und Öffentlichkeit geworden. Befürworter wie Kritiker sehen, daß hier ein qualitativer Sprung eingeleitet wird: Die Erzeugung des Menschen selbst wird machbar. Die moderne Medizin und Biologie machen 'Eigenschaften der menschlichen Natur, die bislang Grenzen und Bezugspunkte menschlichen Handelns waren, nunmehr selbst zu Objektbereichen dieses Handelns . . . Die menschliche

Natur wird unter dem Einfluß von Wissenschaft und Technik kontingent, d. h. sie kann auch anders sein, als sie gegenwärtig ist' (van den Daele 1985, S. 11f.).

Die Frage für unseren Zusammenhang lautet: Welche Konsequenzen für Elternschaft, und insbesondere für die 'Norm verantworteter Elternschaft' sind darin enthalten?

2.2 Neue Fragen, neue Entscheidungen, neue Verantwortungslasten

Der entscheidende Ansatzpunkt ist, daß die Fortpflanzungstechnologien dazu eingesetzt werden können, um den Auftrag der Moderne zu erfüllen, die 'Optimierung' der Startchancen fürs Kind. Ein Motto dafür könnte sein, was auf einer Tagung von Humangenetikern und Präventivmedizinern kürzlich so formuliert wurde: 'In unserer leistungsbetonten Zeit gewinnen auch leichte Störungen und Handicaps dramatische Bedeutung für Entwicklung, Integration, Fortkommen und Behauptung' (zitiert nach Roth 1987, S. 100f.). Daraus kann man im Umkehrschluß ableiten, was zu erwarten sein wird, wenn die Technologie hier immer mehr Eingriffsmöglichkeiten anbietet. Ich möchte das Szenario der Zukunft vorsichtig in Form einer Frage skizzieren: Können verantwortungsbewußte Eltern es in Zukunft noch wagen, ihrem Kind die Möglichkeit eines Handicaps zuzumuten? Müssen sie nicht alles Verfügbare tun, um jede Beeinträchtigung abzuwenden?

Was das bedeutet, kann man konkret weiter bestimmen. Eltern, die sich auf diese Anforderungen einlassen, müssen zunächst einmal das gesamte Instrumentarium der pränatalen Diagnose nutzen. Das ist nicht wenig und wird von Tag zu Tag mehr: Die genetische Entschlüsselung des Menschen schreitet in schnellem Tempo voran. Und je mehr diagnostiziert werden kann, desto mehr wächst auch die Wahrscheinlichkeit, daß ein Defekt festgestellt wird. Fällt aber das Ergebnis in diesem Sinn ungünstig aus, dann müssen die Eltern sich wohl dazu entscheiden, die Schwangerschaft abbrechen zu lassen. Denn hieße jede andere Möglichkeit nicht, dem Kind einen Lebensweg zumuten zu wollen, der von vornherein mit ungünstigeren Startchancen beginnt?

Und das ist noch keineswegs alles. Konsequent weitergedacht, muß die Fürsorgepflicht der Eltern schon früher beginnen, nämlich beim Zeitpunkt der Zeugung. Die verantwortungsbewußten Eltern der Zukunft müssen sich fragen, ob ihr eigenes 'Erbmaterial' den Anforderungen der Zeit auch genügt, oder ob sie nicht besser zurückgreifen auf Eispende und Samenspende

- sorgfältig ausgewählt selbstverständlich. Der Ethiker Reinhard Löw malt dazu provozierend folgende Vision aus: 'Eigene Kinder zu haben bedeutet in dieser tapferen neuen Welt, sie mit dem unverantwortlichen Nachteil einer geringeren Intelligenz und einem bescheideneren Aussehen auf den Lebensweg zu schicken als die fortschrittlich gezeugten oder im Reagenzglas kombinierten. Man kann den Zeitpunkt fast schon absehen, zu dem Kinder gegen ihre Eltern wegen 'mangelhaften Erbguts' klagen werden' (Löw 1985, S. 179).

2.3 Das Szenarium der Durchsetzung: die Anfänge

Die Möglichkeiten, die via Biotechnik auf uns zukommen können, laufen demnach hinaus auf eine bewußte 'Qualitätskontrolle des Nachwuchses'. Sicherlich erscheinen uns solche Möglichkeiten heute noch fern. Doch wie ihre Durchsetzung aussehen könnte - das Szenario dafür läßt sich bereits beschreiben. Denn die Geschichte der Technik hat vielfach gezeigt, daß der Ablauf von der Erfindung bis zur allgemeinen Verbreitung oft in ähnlichen Schritten erfolgt (vgl. Jonas 1985). Und aus der bisherigen Entwicklung der Fortpflanzungstechnologie deutet sich an, daß auch hier ähnliche Muster sich abzeichnen. Die Linie von der Gegenwart in die Zukunft mag dann etwa folgendermaßen verlaufen:

Zur Zeit sind es nur wenige Eltern, die damit beginnen, die Medizintechnologie in Anspruch zu nehmen. Diese Männer und Frauen sind keineswegs unbedingt daran interessiert, ein möglichst perfektes Kind zu bekommen. Im Gegenteil, sie haben im einzelnen ganz verschiedene Motive. Da sind - dies der bekannteste Fall, durch die Schlagzeilen der Presse hinlänglich verbreitet - zunächst die Paare, die unfruchtbar sind und nur über medizinische Zeugungshilfe zum Wunschkind gelangen. Andere gehören Gruppen an, die nach den neueren Erkenntnissen der Wissenschaft als 'Risikogruppen' gelten; hier bahnt die Angst, die damit erzeugt wird - daß das Kind eine schwere Behinderung haben könnte -, den Weg zur pränatalen Diagnostik. Hinzukommen inzwischen auch Männer, die sich sterilisieren lassen, aber vorher, gewissermaßen als Rückversicherung, noch Samen bei der Samenbank deponieren (Friedrich 1985); für die, die sich später doch noch zum Kind entschließen, wird der Gang durch die Technik nötig. Hinzukommen vielleicht bald auch schon Frauen, die, um den genetischen Risiken später Mutterschaft zu entgehen, frühzeitig Eier einfrieren lassen; sie sind dann vom Druck der 'biologischen Uhr'entlastet und haben mehr Zeit, ihre Berufslaufbahn aufzubauen (Keeton 1985). Schließlich wächst in der modernen Gesellschaft auch die

Zahl derer, die alleinstehend sind, aber ein Kind wollen; für sie, das deutet aus vorliegenden Berichten sich an, ist die künstliche Zeugung der einfachste Weg (Renvoize 1985).

So unterschiedlich diese Motive auch sind, sie führen offensichtlich in eine ähnliche Richtung: zur Fortpflanzungstechnologie. Diejenigen, die sich dazu entschließen, geraten vielfach - und fast unmerklich - in ein nächstes Stadium hinein. Im Zuge der technischen Umsetzung und der Möglichkeiten, die sich dabei eröffnen, wird der Wunsch, ein Kind zu bekommen, schnell zum weiteren Wunsch, auf die Art und Beschaffenheit dieses Kindes Einfluß zu nehmen. Unter der Hand wird der Weg gebahnt für eine neue Form der 'Wunschkindmentalität' (van den Daele 1986). Und dies ist kein Zufall, sondern im Verfahren schon vorprogrammiert. Denn die Fortpflanzungstechnologie macht Auswahl möglich, ja oft sogar nötig. Oder wie Jeremy Rifkin provozierend es nennt: die 'inhärente Logik dieser Technologie ist eugenisch' (Rifkin 1987, S. 54).

Ein anschauliches Beispiel dafür sind zunächst diejenigen Fälle, wo der Kinderwunsch über Samenspender oder Leihmütter erfüllt werden soll. Bei der Auswahl der Kandidaten/Kandidatinnen nehmen die Kliniken und Vermittlungsbüros in jedem Fall eine Vorauswahl vor. Die Kriterien freilich sind grob, mehr bis minder willkürlich, je nach Institution wechselnd: von medizinischer Vorgeschichte und psychischer Stabilität (an welchen Maßstäben auch immer gemessen) bis hin zu Rasse, Hautfarbe und Körpergröße.

Ein Arzt in Essen, der sich in seiner Praxis auf künstliche Befruchtung spezialisiert hat, nennt als Kriterien bei der Auswahl von Samenspendern u. a.: 'keine abstehenden Ohren oder Hakennasen, mindestens 1,75 m groß, keine 'ausgeflippten Typen', aus 'geordneten Verhältnissen stammend' (Corea 1985, S. 297).

Solche Verfahren sind auf den ersten Blick ganz unauffällig und harmlos. Sie sind nach dem Selbstverständnis der Institutionen keineswegs im Sinn von Eugenik und Zuchtwahl gemeint, sondern sollen allein dazu dienen, im Interesse der Klienten offensichtliche Defekte oder unzumutbare Eigenschaften auszuschließen. In dieser Darstellung bleibt freilich die entscheidende Frage verdeckt und versteckt. Was eigentlich heißt 'unzumutbar' (z. B. ein schwarzer Samenspender für Weiße), was ist ein 'Defekt' (z. B. abstehende Ohren)? Eine Auswahl dieser Art ist nicht mehr zufallsverteilt. Sie ist per definitionem eugenisch - nicht positive Eugenik als Auswahl der Besten, sondern negative Eugenik als Abwahl der 'Schlechten'. Und was immer, wer immer in diesem Sinn 'schlecht' ist, das hängt wesentlich auch ab von sozialen Maßstäben und Wertungen.

Darüber hinaus sind die Verfahren mancher Institutionen daraufhin angelegt, daß die Klienten - also die, die einen Samenspender/eine Leihmutter suchen - aus dem Angebot des Instituts ihre eigene Auswahl treffen. So ist es in den USA zum Teil gängige Praxis, daß die Klienten einen Katalog der verfügbaren Samenspender/Leihmütter erhalten, worin alle mit einer Kurzbeschreibung vorgestellt werden, die physische, biographische, soziale Merkmale auflistet (Renvoize 1985, S. 191 u. 199). Daraus können, nein: müssen, die Klienten nun wählen. Wenn aber Wahl - warum dann nicht die 'bessere' Wahl? Wer wird, wenn er zwischen verschiedenen Artikeln aussuchen muß, bewußt den nehmen, der ihm wenig gefällt? Und ähnlich auch hier: Da ja in jedem Fall eine Wahl stattfinden muß, liegt es doch nahe, nach dem eigenen Wunschbild zu wählen, um das genetische Roulette in Richtung bestimmter Eigenschaften zu lenken. Dementsprechend setzen manche 'Auftraggeber' dann auf Intelligenz, manche auf musische Begabung, andere auf blonde Locken oder sportliche Leistung.

Zur Veranschaulichung ein Beispiel aus einem 'Leihmutterkatalog': 'Martha, F., Address: Escondido, Ca. Pregnant: No. Status: Divorced. Employer: County . . . Birth Date: 6-11-48. Heigt: 5'2''. Weight: 110. Hair: Blond: Racial Origins: Causasian. Children: Kammy, Age 14 and Crissy, Age 10. Medical: Normal delivery release and detailed medical history completed. Could begin: Immediately. Insurance: Greater San Diego. Expenses Anticipated: $ 20 000. Photographs: Available. Contact: By mail torwarding. Comments: My older child is a mentally gifted child. (Interested in planned or surrogate parenting.) (zitiert nach Corea 1985 a , S. 44).

Doch auch hier sind die Wünsche, so individuell sie auch scheinen, keineswegs zufallsverteilt. In ihnen spiegelt sich vielmehr die Hierarchie gesellschaftlicher Werte wider. Wolfgang van den Daele, Mitglied der Kommission 'Gentechnologie' des Deutschen Bundestages, hat diesen Zusammenhang folgendermaßen beschrieben: 'Die 'Ideale' von Gesundheit, Schönheit, Intelligenz und angemessenem Verhalten sind sicher weitgehend gesellschaftlich definiert. Aber sie brauchen uns nicht erst aufgezwungen zu werden. Wir haben sie verinnerlicht und reproduzieren sie als unsere eigenen Bedürfnisse. Wenn es daher Techniken gibt, diesen Idealen für sich und seine Kinder näher zu kommen, so werden wir uns ihrer auch bedienen wollen. Je unwahrscheinlicher es ist, daß Eugenik und Menschenzüchtung staatlich erzwungen werden, umso eher könnte 'Konsumentenwahl', die als Selbstbestimmung auftritt, das Mittel ihrer Durchsetzung werden' (van den Daele 1985, S. 141).

Ein weiteres Beispiel für die Auswahlprozesse, die mit der Fortpflanzungstechnologie in Gang gesetzt werden, ist die pränatale Diagnose. Hier ist die gegenwärtige Rechtslage in der Bundesrepublik folgendermaßen: Eine

Abtreibung ist nur dann zulässig, wenn der Frau die Fortsetzung der Schwangerschaft nicht zuzumuten ist, weil eine schwere, nicht behebbare Schädigung des Kindes droht. Die gesellschaftliche Wirklichkeit freilich sieht anders aus. Schon heute überrollt die gesellschaftliche Praxis vorgeburtlicher Selektion die normativen Grenzen, die das Strafrecht zu ziehen versucht. Abtreibungen werden in wachsendem Maß auch dann vorgenommen, wenn eine leichtere oder behandelbare, z. B. operierbare Schädigung zu erwarten ist.

'Die Reaktionen der betroffenen Frauen (oder Eltern) auf die Befunde der vorgeburtlichen Diagnose entsprechen oft einer Alles-oder-Nichts-Haltung'. In der Regel wird Abtreibung schon dann gewählt, wenn nur ein gewisses Risiko einer Krankheit besteht, also die Wahrscheinlichkeit, daß ein gesunder Fötus getötet wird, relativ hoch ist, oder wenn unentscheidbar ist, ob eine zu erwartende Schädigung schwerwiegend oder leicht sein wird . . . Auch die Behandelbarkeit einer Krankheit wird nicht ohne weiteres als Grund angesehen, die Option einer selektiven Abtreibung auszuschließen ... Lippen-Kiefer-Gaumen-Spalte (Hasenscharte), die in absehbarer Zeit mittels Ultraschall vorgeburtlich erkennbar sein wird, dürfte für einige bloß eine Indikation für eine notwendige Operation nach der Geburt sein, für andere ein Abtreibungsgrund. Selbst die Diagnose von Chromosomenanomalien (etwa XYY), die fast sicher klinisch bedeutungslos sind, wird zum Anlaß genommen, den betroffenen Fötus 'vorsichtshalber' abtreiben zu lassen' (ebenda, S. 145f.).

2.4 Eigendynamik oder: Das Karussell dreht sich weiter

Dies alles sind nicht Visionen einer ferneren Zukunft, sondern Entwicklungen, die wir schon heute erleben. An ihnen wird ablesbar, wie die Fortpflanzungstechnologie zum 'Einfallstor' wird für Verfahren, die de facto auf eine Qualitätskontrolle des Nachwuchses hinauslaufen. Dies geschieht, wie gerade gezeigt, durchaus auch dann, wenn die Klienten/Patienten zunächst von ganz anderen Motivationen herkommen. Aber die Wünsche, im Wunderland der Technologie angekommen, entfalten plötzlich eine eigenständige Kraft. Sie verselbständigen sich. Und dies ist kein individueller Anfall von Maßlosigkeit, sondern durch die innere Logik der Verfahren vorangelegt - eine Tendenz, die manchen Genetikern durchaus willkommen ist.

H. J. Müller, der einen Nobelpreis für seine Arbeiten über die Auswirkungen von Strahlungen auf Gene bekam, stellte 1959 fest, daß Tausende von Frauen sich bereits hatten künstlich befruchten lassen. Unfruchtbarkeit, so schrieb

Müller, liefert 'eine ausgezeichnete Gelegenheit, eine Bresche für positive Eugenik zu schlagen, da die in Frage kommenden Paare unter den gegebenen Umständen fast immer offen sind, wenn man ihnen nahelegt, aus ihrer Not eine Tugend zu machen und so viele begabte Kinder wie möglich zu bekommen' (zitiert nach Corea 1985, S. 24).

So kommt es, daß aus den neuen Mitteln neue Zwecke erwachsen. Wie die amerikanische Sozialwissenschaftlerin Joan Rothschild schreibt: 'Die neue Technologie trägt ihrer Wirkung nach dazu bei, neue Standards für menschliche Perfektion bzw. menschliche Defekte zu setzen . . . Im Zeitraum von zwei Jahrzehnten hat das wissenschaftliche und technische Wissen den Möglichkeitsraum so weit verändert, daß die Sorge darum, ein gesundes Kind zu bekommen, durch den Druck ersetzt wird, das perfekte Kind zu bekommen'. Der Glaube, daß die Individuen hier eigenen Wünschen folgen, ist Illusion. Denn 'soziale Bewertungsmaßstäbe treffen zusammen mit den Möglichkeiten und Grenzen der neuen Technologien, und in ihrer Kombination definieren sie den Bezugsrahmen und die Standards, die die individuellen Wahlen anleiten' (Rothschild 1988).

Wenn aber eine Wunschkindmentalität der beschriebenen Art erst einmal aufkommt, kann sie möglicherweise schnell weitere Verbreitung gewinnen. Denn die Eltern, die damit beginnen, setzen Maßstäbe in Gang, die der Wirkung nach nicht für ihre, sondern für alle Kinder jetzt gelten. So werden sich andere Eltern auf dem Weg zur Biotechnik anschließen. Sie werden nachziehen, weil sie befürchten, daß ihr Kind in der Konkurrenz der Leistungsgesellschaft sonst nicht mithalten kann. Und in einem weiteren Stadium mag auch der Staat dann beginnen, zu Steuerungsmaßnahmen zu greifen, um die Kinder, deren Eltern weniger 'verantwortungsbewußt' sind, vor Startnachteilen mit lebenslangen Konsequenzen zu schützen. So erreicht die Verbreitung von Stufe zu Stufe weitere Kreise. Dieses Szenarium der Durchsetzung wird von van den Daele plausibel in seinen einzelnen Stadien beschrieben:

'Der wissenschaftliche Fortschritt wird neue Möglichkeiten schaffen, die Erbanlagen des Menschen zu beeinflussen. Und sollte man Korrelationen zwischen Genen und Intelligenzgrad entdecken, so werden sich mit Sicherheit Eltern finden, die die genetische Ausstattung ihrer Kinder selegieren oder konstruktiv verbessern, um ihnen die besten Ausgangsbedingungen für den Konkurrenzkampf des späteren Lebens mit auf den Weg zu geben. Wenn dies jedoch erst einmal beginnt, wer kann sich da noch erlauben zurückzustehen? Eine entsprechende Technik vorausgesetzt, könnte die Standardisierung der genetischen Intelligenz geradezu Elternpflicht und soziale Norm werden.

Irgendwann würde es dann schließlich auch nicht mehr unplausibel erscheinen, daß der Staat ein gewisses Minimum an 'genetischer Fürsorge' zum Wohl des Kindes erzwingt, ähnlich wie es heute bei der Schulbildung der Fall ist' (van den Daele 1985 a , S. 52).

Wir sehen daran: Was zunächst in kleinen Schritten beginnt, auf Ausnahmegruppen beschränkt, kann schnell eine Eigendynamik gewinnen, die unsere bisherigen Lebensformen überrollt. Auch das ist aus der Geschichte der Technik bekannt. Wo neue Handlungsmöglichkeiten eröffnet werden, geraten auch die Standards des Handelns in Bewegung. Was in der Vergangenheit zunächst als unmöglich, dann als frevelhaft galt, wird zur Gegenwart hin erst zum Neuen, dann zum Normalen, und in Zukunft vielleicht zum gesetzlich vorgeschriebenen Weg. Wie die 'verantwortungsbewußte Elternschaft' dann aussehen mag - das hat Jeremy Rifkin folgendermaßen beschrieben:

'Der soziale Anpassungsdruck an die Logik der Gentechnik wird enorm sein . . . Jedes künftige Elternpaar wird entscheiden müssen, ob es sein Glück mit der traditionellen genetischen Lotterie versuchen oder ob es dem werdenden Kind bestimmte Eigenschaften ein- oder ausprogrammieren will. Wenn die Eltern es vorziehen, sich traditionell zu verhalten, und den genetischen Zufall über das biologische Geschick ihres Kindes entscheiden lassen, könnten sie große Probleme bekommen, sollte sich aus genetischer Sicht eine verhängnisvolle Fehlentwicklung ergeben' (Rifkin 1987 a , S. 77f.).

2.5 Die ideologische Wirkung

Noch sind wir nicht so weit. Auch sind, was die Steuerung der menschlichen Intelligenz angeht, die technischen Leistungen der modernen Genetik bescheiden und werden es für die absehbare Zukunft wohl bleiben. (Noch kann man nicht das perfekte Kind züchten, sondern nur die sogenannten 'defekten' Kinder 'vermeiden'.) Aber allein schon die Diskussion zukünftiger Forschungsperspektiven, so wie sie hier und heute verläuft, gibt der Assoziation von Intelligenz und Genetik neuen Auftrieb. Und diese Assoziation, darauf hat wiederum van den Daele verwiesen, ist auch jetzt schon potentiell verheerend (van den Daele 1985 a , S. 51 f.). Die Idee vom 'angeborenen Schicksal' gewinnt damit neuen Zulauf. Es wird zunehmend plausibel und legitim, die Entwicklungsbedingungen des Menschen mehr in seiner biologischen Natur, weniger in seiner sozialen und kulturellen Umwelt zu suchen. Vor diesem Hintergrund verlieren dann die Ansprüche auf Chancengleichheit im Bildungssystem an politischer Durchsetzungskraft, denn man kann im

Gegenzug immer auf die determinierende Kraft der Gene verweisen. Wo früher soziale Reformen notwendig schienen, kann man in Zukunft auf die 'genetische Verbesserung' des Nachwuchses setzen.

Auf diese Weise könnte auch die Eugenik wieder hoffähig werden, jetzt freilich in neuem Gewand, eine Art 'sanfte' Eugenik. Dabei sind Vorstellungen von 'überlegenen' und von 'geringerwertigen' Gruppen zwar gesellschaftlich noch weiter vorhanden (z. B. nach Rasse, Klasse, Geschlecht sortiert). Aber mit den neuen Technologien werden die Idealvorstellungen von dem, was 'besser' bedeutet, in einen weniger bedrohlichen Rahmen gebracht. Joan Rothschild beschreibt diesen Verwandlungsprozeß: 'Je mehr diese Fortpflanzungstechnologien für die Angehörigen der Mittelschicht und der oberen Mittelschicht zugänglich werden, je mehr die Eltern also die Versicherung haben, ein der Annäherung nach 'perfektes' Kind zu bekommen, desto mehr wird das Erbgut der Eltern zum Kriterium, an dem das Ideal sich bemißt . . . Für 'besseren' Nachwuchs zu sorgen heißt jetzt, aus dem Erbgut der Eltern auszuwählen oder umgekehrt auszusortieren (oder es in Zukunft vielleicht zu perfektionieren). Die Standards scheinen damit private zu sein. Ob man besseres oder minderwertiges Erbgut dem Nachwuchs vermacht, wird zu einer Frage der persönlichen Verantwortung und Entscheidung' (Rothschild 1988).

Die Technologien scheinen derart neutral. Sie drohen niemandem mit Ausrottung und Vernichtung. Sie wollen nicht dem 'Herrenmenschen' zum Weltsieg verhelfen. Sie stören nicht das gute Gewissen. Umso ungehinderter wächst ihre Anziehungskraft. Ihre Verheißung, ihre Botschaft lautet ganz sanft: Ist es denn Unrecht, gesunde Babies zu wollen (Rifkin 1987 a , S. 77)?

3. Eine unaufhaltsame Entwicklung?

Bisher ist sichtbar geworden, wie eine Eigendynamik in Gang gesetzt wird, in deren Verlauf eine schleichende Gewöhnung an die Angebote der Fortpflanzungstechnologie sich anbahnen kann. Und das, was hier und heute in vielen Kliniken, Labors und Forschungsinstitutionen geschieht, ist bereits Teil dieser 'Normalisierung'. So spricht viel für die Annahme, die weitere Durchsetzung sei ein unausweichlicher und unaufhaltsamer Prozeß, durch nichts mehr zu bremsen.

Und doch ist, grundsätzlich betrachtet, diese Annahme falsch. Denn die Durchsetzung von Technologien ist kein naturgesetzlich ablaufender, sondern ein sozialer Prozeß. Er wird nicht von vorgegebenen Determinanten bestimmt, sondern von gesellschaftlichen, politischen, ökonomischen Bedingungen. Er ist abhängig von Machtverhältnissen und Gruppeninteressen, von Marktanteilen und Karrierechancen, von politischen Prioritäten, gesetzlichen Regelungen, privaten Entscheidungen. Er ist damit prinzipiell offen, aufhaltbar, steuerbar. Er kann - der Möglichkeit nach - gebremst werden.

Also: es gibt noch ein 'Schlupfloch', um der Eigendynamik zu entkommen. Die Frage ist freilich, ob wir es finden.

3.1 Die Unwirksamkeit der bisherigen Kontrollen

Zur Zeit jedenfalls stehen die Weichen in anderer Richtung. Die Biotechnik dringt in immer weitere Bereiche voran; die Erfolgsmeldungen überschlagen sich; mit den je neuesten Resultaten der Forschung werden laufend neue Anwendungsmöglichkeiten eröffnet. Durch das rapide Tempo, in dem all dies geschieht, verläuft der Prozeß der Durchsetzung praktisch unkontrolliert. Auf die politische Brisanz dieses Verfahrens hat insbesondere Ulrich Beck hingewiesen. Beck erinnert an das Selbstverständnis demokratisch verfaßter Gesellschaften, wonach zentrale Fragen, die die Zukunft der Gesellschaft betreffen, qua politischer Willensbildung öffentlich ausgehandelt werden. Tatsächlich aber, so fährt Beck fort, haben mit der Entwicklung der modernen Technik Prozesse eingesetzt, die die Idee der Demokratie von innen her aushöhlen. Denn jetzt werden Entscheidungen, die zentrale Fragen der Gestaltung menschlichen Zusammenlebens betreffen, gewissermaßen durch die Hintertür technischer Vorgaben durchgesetzt, längst bevor Parlament, Parteien und die sonstigen Instanzen darauf Einfluß nehmen können. Technik, Medizin und nicht zuletzt die neuen Fortpflanzungstechnologien werden zu Trägern einer unkontrollierten 'Subpolitik':

'Die Medizin verfügt . . . aufgrund ihrer Handlungsstruktur über einen Freifahrtschein zur Umsetzung und Erprobung ihrer 'Innovationen'. Sie können öffentliche Kritik und Debatten darüber, was ein Forscher darf und nicht darf, immer schon mit einer Politik der 'vollendeten Tatsachen' unterlaufen . . . Es gibt der sozialen Struktur nach in der Subpolitik der Medizin kein Parlament, keine Exekutive, in denen die Entscheidung im Vorhinein auf ihre Folgen untersucht werden könnte. Es gibt sogar keinen sozialen Ort der Entscheidung . . . Dies gilt es sich genau vor Augen zu halten: In den durchbürokratisierten, entwickelten Demokratien des Westens wird alles und jedes auf seine Rechtsförmigkeit, Zuständigkeit, demokratische Legitimation hin durchleuchtet, während es gleichzeitig möglich ist, an allen bürokatischen und demokratischen Kontrollen vorbei, entscheidungsverschlossen und unter dem Hagel der allgemein werdenden Kritik und Skepsis in außerparlamentarischer Normalität die Grundlagen des bisherigen Lebens und der bisherigen Lebensführung außer Kraft zu setzen' (Beck 1986, S. 335f.).

Nun gibt es zur Zeit freilich zahlreiche Gremien, die eigens daran arbeiten, für die mit der Biotechnik aufgeworfenen Fragen und Probleme verbindliche Regelungen zu entwerfen. So gibt es parlamentarisch eingesetzte Kommissionen, Stellungnahmen von Kirchen und Parteien, Verhandlungen des Ärztetages und des Juristentages. Doch betrachtet man ihre Ergebnisse genauer, so wird unübersehbar, daß die bisherigen Verfahren demokratischer Kontrolle an zentralen Punkten ungenügend und ineffizient sind (vgl. Beck-Gernsheim 1987). Symptomatisch dafür ist, was van den Daele über den Abschlußbericht der Enquetekommission 'Chancen und Risiken der Gentechnologie' schreibt: 'Was die Mehrheit der Kommission vorlegt, trägt Züge eines Arrangements mit der Entwicklung, die man ohnehin nicht widerrufen kann, aber auch nicht grundsätzlich in Frage stellt' (van den Daele 1987 b , S. 412). Darüber hinaus stehen solche Kommissionen vor immensen und völlig neuartigen Fragen, die sich nirgendwo an das Schema wissenschaftlicher Spezialdisziplinen halten. Entsprechend langwierig ist das Ringen um Antworten. Dann kostet es wiederum Zeit, bis Gesetzesentwürfe verhandelt, verändert, neu formuliert werden, im Kompetenzgerangel der Abteilungen hin- und hergewälzt werden. Darüber gehen Jahre ins Land. Doch die biologischen Ingenieure warten nicht so lange, bis die Sach- und Rechtslage geklärt ist. In ihren Labors wird seit Jahren befruchtet und Leben gezeugt - in vivo, in vitro, homolog und heterolog.

3.2 Doch der Fortschrittskonsens wird brüchig

Die Naturwissenschaften haben damit de facto eine Pionierrolle im Prozeß des sozialen Wandels übernommen. Diese Pionierrolle war lange Zeit legitimiert durch den Fortschrittsglauben, der die moderne Gesellschaft bestimmte. Genau hier aber hat in den letzten Jahren ein entscheidender Wandel eingesetzt: Wie die aktuellen gesellschaftspolitischen Diskussionen hinlänglich zeigen, beginnt dieser Fortschrittskonsens brüchig zu werden, auf vielen Ebenen und bei immer mehr Gruppen. Die Kritik wächst - und dies gilt insbesondere auch für die Eingriffe in den Bereich der menschlichen Natur, die via Biotechnik in Gang gesetzt werden. Hier hat unübersehbar eine Polarisierung der Standpunkte stattgefunden. Dabei ist auffallend, daß neuartige Koalitionen aufkommen, die nicht mehr den gewohnten politischen Schematisierungen folgen. So hat sich in den letzten Jahren eine Regenbogen-Koalition von Wissenschaftlern verschiedenster Disziplinen herausgebildet - das Spektrum reicht von Philosophie bis Recht, von Theologie bis Frauenforschung -, die die Biotechnik aus je unterschiedlichen Bezugsrahmen betrachten, aber durchgängig kritisch auf die ungeplanten und ungewollten Nebenfolgen des technischen Zugriffs verweisen. In diesem Zusammenhang ist nicht zuletzt von Bedeutung, daß die Fortpflanzungstechnologien auch innerhalb der Medizin umstritten sind. Einige Mediziner argumentieren engagiert dafür; andere warnen; und einige haben die Entwicklung zunächst mitgetragen und fordern jetzt eine Umkehr. So etwa Jaques Testart, der 'Vater' des ersten französischen Reagenzglas-Babys, der inzwischen 'für eine Logik der Nicht-Erfindung, für eine Ethik der Nicht-Forschung' plädiert (Testart 1987); und ähnlich der Mediziner M. Stauber, der nach langjährigen klinischen Erfahrungen für die heterologe Insemination 'eine Denkpause und sogar einen 'Schritt zurück' fordert, um den 'Sturz in den Abgrund einer grenzenlosen unkontrollierten Reproduktionsmedizin aufzuhalten' (Stauber 1985), S. 10).

Wir befinden uns demnach in einer Situation, wo die neuen Verfahren der Biotechnik schon heftig umstritten sind, aber gleichzeitig weitgehend ungebremst sich durchsetzen können. Damit sind für den politischen Raum Alarmsignale gesetzt. Es besteht dringender Handlungsbedarf, die einseitige Dominanz aufzubrechen, mit der die Naturwissenschaften - oder genauer: einige ihrer Vertreter - Fakten schaffen und neue Standards für menschliches Leben erzeugen. Dazu reicht freilich eine naturwissenschaftliche Betrachtung nicht aus. Dazu brauchen wir eine umfassende Diskussion der sozialen, gesellschaftlichen, politischen Folgen, die mit diesen Technologien auf uns zukommen werden.

4. Ausblick

Ich habe in diesem Beitrag einige Überlegungen darüber angestellt, wie mit der Fortpflanzungstechnologie ein neuer Verantwortungsdruck auf die Eltern zukommen kann, auf ein Stichwort zusammengefaßt: 'genetische Qualitätskontrolle' als Aufgabe der Zukunft. Es ist klar, daß dies zum gegenwärtigen Zeitpunkt nur Spekulationen sein können. Und es ist ebenso klar, daß es Vertreter anderer Auffassungen gibt, die solche Spekulationen für überzogen und übertrieben halten. Deshalb möchte ich zum Abschluß noch einmal an zwei mächtige Triebkräfte erinnern, die den Trend zur 'Qualitätskontrolle' des Nachwuchses vorantreiben. Dazu gehört erstens, daß in der sozial mobilen

Gesellschaft die Eltern einem erheblichen Druck ausgesetzt sind, ja alles zu tun, damit ihr Kind optimale Startchancen hat. Mit anderen Worten, ein entsprechender Bedarf ist bereits heute vorhanden. Und zweitens wissen wir aus der Geschichte der Technik: Eine neue Technologie trägt oft dazu bei, ihrerseits weiteren Bedarf zu erzeugen. Mit der Verheißung wachsen also die Wünsche, oder wie Hans Jonas es nennt: 'Appetit wird geweckt von der Möglichkeit' (Jonas 1985, S. 27).

Wenn die Schubkraft dieser Entwicklung nicht abgebremst wird - und zwar bald, bevor es zu spät ist -, dann mag es geschehen, daß sich für die Zukunft von Bildung und Qualifikation ein Paradigma-Wechsel abzeichnet. Pointiert auf eine Formel gebracht: Biotechnik statt Bildung. Das Projekt der Aufklärung, das zu Beginn der Moderne entstand, ihren Zukunftsentwurf mitbestimmte - das freilich würde dann in der Dialektik der Aufklärung enden. Doch noch ist es wohl möglich, andere Wege zu finden. Ich hoffe, daß die Zweifler am Ende recht behalten und meine Zukunftsspekulationen sich nicht erfüllen. Vielleicht wird dies gerade dann möglich, wenn wir erkennen, welche neuen Verantwortungslasten und Zwänge auf die Eltern sonst zukommen werden - und deshalb auf politischer Ebene Grenzen setzen. In diesem Sinne hoffe ich auf eine 'self-destroying prophecy' meiner Aussagen: daß sie zu ihrer eigenen Widerlegung beitragen werden.

Literatur

Ariès, Ph.: Geschichte der Kindheit, München 1978.

Beck, J.: How to Raise a Brighter Child. Fontana Books, 9. Auflage 1979.

Beck, U.: Risikogesellschaft. Auf dem Weg in eine andere Moderne. Frankfurt 1986.

Beck-Gernsheim, E.: Fortschritt ohne Maßstab? Sozialwissenschaftliche Argumentationen zu den neuen Fortpflanzungstechnologien. In: Sozialer Fortschritt, Heft 10/1987.

Beck-Gernsheim, E.: Die Kinderfrage. Frauen zwischen Kinderwunsch und Unabhängigkeit. München 1988.

Corea, G.: Muttermaschine. Reproduktionstechnologien - von der künstlichen Befruchtung zur künstlichen Gebärmutter. Berlin 1985.

Corea, G.: The reproductive brother, in: G. Corea u. a.: Man-Made Women. How new reproductive technologies affect women. Hutchinson London 1985 a.

van den Daele, W.: Mensch nach Maß? Ethische Probleme der Genmanipulation und Gentherapie. München 1985.

van den Daele, W.: Eugenik im Angebot, in: Kursbuch Nr. 80, Begabung und Erziehung, Mai 1985 a.

van den Daele, W.: Technische Dynamik und gesellschaftliche Moral. Zur soziologischen Bedeutung der Gentechnologie. In: Soziale Welt, 1986, Heft 2/3.

van den Daele, W.: Politische Steuerung, faule Kompromisse, Zivilisationskritik. Zu den Funktionen der Enquetekommission 'Gentechnologie' des deutschen Bundestages. In: Forum Wissenschaft, Heft 1/1987.

Flitner, A.: Konrad, sprach die Frau Mama . . . Über Erziehung und Nicht-Erziehung. Berlin 1982.

Friedrich, W.: Samenbanken. Hintertür der Sterilisation. In: pro Familia magazin, Nr. 3/1985.

Hentig, H. von: Vorwort. In: Ariès, Geschichte der Kindheit, München 1978.

Jonas, H.: Technik, Medizin und Ethik. Zur Praxis des Prinzips Verantwortung. Frankfurt 1985.

Kaufmann, F.-X./Quitmann, J./Schulz, M./Simm, R./Strohmeier, K.-P.: Familienentwicklung in Nordrhein-Westfalen, IBS-Materialien Nr. 17, Universität Bielefeld 1984.

Kaufmann, F.-X./Quitmann, J./Schulz, M./Simm, R./Strohmeier, K.-P.: Familienentwicklung - generatives Verhalten im familialen Kontext, in: Zeitschrift für Bevölkerungswissenschaft, Heft 4/1982.

Keeton, K.: Woman of Tomorrow, St. Martin's Press, New York 1985.

Löw, R.: Leben aus dem Labor. Gentechnologie und Verantwortung - Biologie und Moral. München 1985.

Papanek, H.: Family Status Production: The 'Work' and 'Non-Work' of Women. In: Signs, Jahrgang 4/Heft 4, Sommer 1979.

Renvoize, J.: Going Solo. Single Mothers by Choice. Routledge & Kegan, London 1985.

Rifkin, J.: Kritik der reinen Unvernunft. Reinbek 1987a

Rifkin, J.: Interview in natur, Heft 9/1987b.

Roth, C.: Hundert Jahre Eugenik: Gebärmutter im Fadenkreuz. In: Dies. (Hrsg.) Genzeit. Die Industrialisierung von Pflanze, Tier und Mensch. Ermittlungen in der Schweiz. Zürich 1987.

Rothschild, J.: Engineering Birth: Toward the Perfectability of Man? Erscheint in: Steven L. Goldman (Hrsg.): Science Technology and social Progress. Lehig University Press, 1988.

Statistisches Bundesamt (Hrsg.): Von den zwanziger zu den achtziger Jahren. Ein Vergleich der Lebensverhältnisse der Menschen. Stuttgart 1987.

Stauber, M.: Psychosomatische Aspekte der homologen und heterologen Insemination. Vortrag auf den 9. Fortbildungstagen für praktische Sexualmedizin, Heidelberg Juni 1985, Hektographiertes Manuskript, S. 10.

Testart, J.: Das durchsichtige Ei, München 1988.

Jürgen Zinnecker

Zukunft des Aufwachsens

Meine Fragestellung lautet: Wie werden Kinder und Jugendliche in den nächsten zwei bis drei Jahrzehnten - sagen wir bis zum Jahr 2020 - hierzulande oder allgemeiner im westlichen Europa aufwachsen? Bei der Beantwortung dieser Frage werde ich natürlich in erster Linie meine sozialwissenschaftliche Phantasie zu Hilfe rufen müssen. Gleichwohl ist meine Phantasietätigkeit auch empirisch angeleitet. Ich entwickle das Szenario vor dem Hintergrund zweier eigener historisch-vergleichender Studien: einmal eine Untersuchung über die Veränderungen der Jugendphase zwischen den 50er und 80er Jahren (Fischer u. a. 1985; Zinnecker 1987); zum zweiten einer exemplarischen Fallstudie zur Kindheitsgeschichte zwischen 1900 und heute, in der die Wandlungen städtischer Kindheit in einer holländischen und einer deutschen Stadt zueinander in Beziehung gesetzt wurden (Behnken u. a. 1988). Die Beschäftigung mit der Vergangenheit hat meinen Blick auf die Zukunft in einer Hinsicht vorgeprägt: Ich bin eingeschworen auf historische Entwicklungslinien, die sich von der Vergangenheit über die Gegenwart in Richtung möglicher Zukunft hinein verlängern lassen. Eine bolche Perspektive - dies sei zur Vorsicht gesagt - läßt sicherlich lineare Trends hervortreten, während sie die Bedeutung zyklischer oder rückwärts gerichteter Bewegungen in der Geschichte - von zivilisatorischen Katastrophen gar nicht zu reden - untergewichtet.

Ich will kurz drei Tendenzen sozialstrukturellen Wandels andeuten, die mir für eine Bestimmung der Zukunft von Kindheit und Jugend zentral erscheinen. Unterstellen wir einmal, daß die folgenden sozialstrukturellen Entwicklungslinien ihre Gültigkeit behalten:

- Der gesellschaftliche Reichtum westeuropäischer Gesellschaften entwickelt sich auf der Basis einer hohen Produktivität und der Verteilung des Wohlstandes auf relativ breite Schichten der Bevölkerung weiter - oder erleidet wenigstens keinen dramatischen Einbruch - Stichwort: Gesellschaft des intensivierten Massenkonsums.
- Die Verlagerung der Gesamtarbeit in Richtung Dienstleistungssektor hält an - Stichwort: 'Dienstleistungsgesellschaft' (Gershuny 1981; Joerges 1981; Gross 1983).

- Die Arbeit, die das historisch etablierte System der Erwerbsarbeit anbieten kann, wird sich weiter verknappen - Stichworte: ‘Krise der Arbeitsgesellschaft’ und Etablierung eines Systems ‘flexibler Unterbeschäftigung’ (Beck 1986).

1. Kindheit und Jugend unter dem Druck des Erwerbs von Laufbahnen und Titeln

Die weitere Entwicklung von Kindheit und Jugend wird maßgeblich dadurch bestimmt sein, daß die Einzelnen während dieser Lebensphase sich veranlaßt sehen, so viel kulturelles Kapital (Bourdieu 1983) als möglich auf ihre Person zu vereinen. Der Grund hierfür ist die langfristig beobachtbare Tendenz, daß mehr und mehr soziale Gruppierungen dazu übergehen, die soziale Vererbung gesellschaftlicher Positionen darüber zu bewerkstelligen, daß sie die einzelnen Kinder und Jugendlichen in Konkurrenz zu anderen Kindern und Jugendlichen Programme der Aneignung kultureller Ressourcen absolvieren lassen (Bourdieu 1982; Zinnecker 1986).

Erwerb von kulturellem Kapital geschieht in erster Linie in Form von Laufbahnen und mit Hilfe privilegierender ‘Titel’ (Bourdieu/Passeron 1971; Bourdieu/Boltanski 1981). Die Teilnahme am System von Laufbahnen und Titeln aller Art wird sich auf seiten der Jüngeren und ihrer Familien verallgemeinern, das System selbst sich verbreitern und ausdifferenzieren. Neben schulischen Bildungstiteln gewinnen Titel und Laufbahnen, die im Freizeit- und Kosumbereich der Dienstleistungsgesellschaft angesiedelt sind, an Gewicht. Das können beispielsweise sein: Laufbahnen im Sportsystem, außerschulische Diplome über besondere kreative Fertigkeiten, Karrieren im Mediensystem, exponierte Konsumentenrollen im Modebereich usw.

2. Die Konkurrenz um Titel und Laufbahnen als Motor einer lebensgeschichtlichen Verlängerung von Jugend

Die anhaltende Konkurrenz von Familien und Jugendlichen um kulturelle Titel und Laufbahnen fungiert als wirksamer Motor zur Ausdehnung dieser Altersphase in das dritte Lebensjahrzehnt hinein. Um kulturelles Kapital an die nachfolgende Generation weiterzugeben, muß in die Ausbildung und in die Person der Jüngeren investiert werden. Je mehr Zeit, Arbeitszeit, seitens des Elternhauses, seitens des Nachwuchses und seitens der Institutionen aufgewendet wird, damit die Jüngeren sich persönlich kulturelles Kapital aneignen und durch Titel gesellschaftlich absichern können, um so größer erscheinen die Vorteile beim Positionskampf im gesellschaftlichen Raum.

Unter den modernisierten Bedingungen von Kindheit (und Jugend) spielt der Zeitfaktor eine entscheidende und neuartige Rolle. Das macht erklärlich, warum die langfristig sich durchsetzende Tendenz besteht, die 'Reproduktionszeit' für die nachwachsende Generation auszudehnen. Die Länge der Zeit, die zur Verinnerlichung (Inkorporierung) des kulturellen Erbes planmäßig verwendet wird, erweist sich als ein wirksames Mittel sozialer Distinktion. Verallgemeinern sich bestimmte Bildungs- und Ausbildungszeiten für die Jüngeren, werden sie gleichsam zur Norm und 'Standardzeit' für alle sozialen Gruppen, entsteht der Distinktions-Zwang, dem eigenen Nachwuchs eine zusätzliche oder Extra-Zeit des Erwerbs kulturellen Kapitals zu reservieren.

3. Die Verortung der Jüngeren im sozialen Raum als Teil der 'kulturellen Fraktion'

Im Zuge der Durchdringung von Kindheit und Jugend mit kulturellen Laufbahnen und Titeln rücken diese Lebensphasen in strukturelle und ideologische Nähe zu den 'kulturellen Fraktionen' im gesellschaftlichen Raum, das heißt zu jenen Gruppen, bei denen ein starkes Übergewicht an kulturellen Ressourcen Hand in Hand geht mit einem gewissen Engpaß im ökonomischen Bereich. Das verbindet diese Lebensphasen mit bestimmten sozialen Gruppen in der Erwachsenengesellschaft, insbesondere Kulturproduzenten und Kulturvermittlern (Bildungsbürger und Bildungs-Kleinbürger). Man hat Lebensstil, Muße und ausformulierte Überzeugungen über sich und die Gesellschaft, ist andererseits von den Zentren der Macht und Ökonomie abgeschnitten. Den Lebensstil und die Weltsicht, die sich in dieser Lage herauskristallisieren, will ich als 'Kulturismus' kennzeichnen.

'Kulturismus' in der Kindheit bedeutet, daß an diese Altersgruppe in wachsendem Maße die Pflege des Schönheitssinnes delegiert wird. Die Lebensphase wird - unterstützt und begleitet von kulturell vorgebildeten und gleichsam zu 'Kulturarbeiterinnen' professionalisierten Müttern - Sachwalter von Spiel, Phantasie, Ästhetik. Kinder verbringen von allen Altersgruppen weitaus die meiste Zeit mit Malerei, Musik, Tanz, Literatur, Theaterspiel, exklusivem Sport und anderen kulturlastigen Hobbies. Sie leben eine Form des 'demonstrativen Müßigganges' (Veblen), stellvertretend für die vielbeschäftigten Erwachsenen und modelliert nach dem Idealbild gepflegter und privilegierter bürgerlicher Kindheit von einst.

'Kulturismus' in der Jugendphase gewinnt eine politisch-gesellschaftliche Dimension hinzu; heißt jetzt Entfaltung von Jugendkultur, Beteiligung an alternativen Lebensweisen und sozialen Protestbewegungen (Raschke 1985). Die erweiterte Jugendphase fordert und fördert neue Formen bürgerlicher Öffentlichkeit. Diskursives Handeln, Umgang mit Symbolen und Menschen hat hier Vorrang vor instrumentellem, zweckgerichtetem Handeln. Es steht zu erwarten, daß drei Konzepte für die Ausgestaltung dieser Lebensphase künftig von herausragender Bedeutung sein werden:

- Jugend als kultureller Neuerer - der 'Mythos Jugend' (Koebner u. a. 1985) des Bildungsbürgertums in neuem, progressivem Gewand;

- Jugend als Bildungs- und Ausbildungs-Laufbahn - die auf alle Bevölkerungsgruppen hin verallgemeinerte Rolle des einstmals privilegierten männlichen Gymnasiasten und Studenten;

- Jugend als Freizeit- und Kulturkonsum - die Ausarbeitung der hedonistischen, eher männlich-proletarischen Elemente des Jugendbegriffes;

4. Krise der Erwerbsgesellschaft und jugendliches Moratorium als Teil des Systems der Unterbeschäftigung

Die zweite Triebkraft, die eine Verlängerung der Jugendphase bewerkstelligen wird, ist die Krise der Erwerbsarbeit. Das schrumpfende Volumen der Erwerbsarbeit trifft die Jugendphase historisch an erster Stelle (Grootings 1983). Bis in die 60er Jahre hinein läßt sich Jugend korrekt als Einstiegsphase in die Erwerbsgesellschaft kennzeichnen (Schelsky 1957). Über 80 Prozent der Jugendlichen verließen mit 14 Jahren die Schule und begannen als Lehrlinge, Jungarbeiter oder mithelfende Familienangehörige zu arbeiten. Mittlerweile fungiert das Bildungssystem als historische Nachfolgeeinrichtung der Arbeitsorganisation und der darin verankerten jugendlichen Arbeit.

Das bedeutet nicht, daß die Jugendphase künftig von Berufsarbeit gereinigt wäre. Jugendliches Moratorium wird in wachsendem Maße das sich ausbreitende System 'flexibler Unterbeschäftigung' mit 'entstandardisierten Einsatznormen' nutzen können, das sich an den Rändern des offiziellen Systems der Haupterwerbsarbeit herausbildet. In einer solchen Grauzone des Arbeitsmarktes operieren Studierende, die nebenbei arbeiten, ebenso wie Schüler, Berufsanfänger, Anhänger der Alternativökonomie oder Arbeitslose.

Das strukturelle Rückgrat für eine verlängerte Adoleszenz basiert künftig auf einer institutionellen Trias von Institutionen: Bildungssystem - freizeitkulturelles System - System der flexiblen Unterbeschäftigung. Aus der synchronen Teilhabe an diesen drei Handlungsbereichen müssen Jugendliche künftig ihre soziale Identität und Stabilität der Lebensführung gewinnen.

Das historische Ausscheiden Jugendlicher aus dem System der Erwerbsarbeit signalisiert einen Wechsel der sozialen Kontrolleure von Jugend (Zinnecker 1987). Auch hier gilt: Jugend wechselt aus der Hand der ökonomischen in die Hand der kulturellen Erwachsenenfraktion. Es steht zu erwarten, daß - auf ideologischer Ebene - die kritische Distanz zu den Prinzipien der Arbeitsgesellschaft zunehmen wird. Wenig wahrscheinlich ist dagegen ein genereller Abbau von Arbeitswerten (Neidhardt 1987; Fuchs/Zinnecker 1985). Orientierung an Arbeit wird sich vielmehr auf andere Bereiche ausweiten und damit pluralisieren: So werden auch Lernen oder Konsumtion als Arbeit begriffen; die Bezugnahme auf Arbeit erfolgt abstrakter, etwa als generalisierte Leistungsbereitschaft. Erwerbsarbeit verliert, insbesondere bei Männern, die überlieferte Monopolstellung als sinnstiftende Instanz. Privatheit oder Selbst-Entwicklung treten als konkurrierende Motivlagen auf.

5. Verschulung innerhalb und außerhalb der Schule

Zu den offenkundigsten Wandlungen der letzten Jahre, die sich fortsetzen werden, rechnet die zunehmende Verschulung von Kindheit und Jugend. Über dem Offenkundigen dürfen wir die weniger ins Auge fallenden Besonderheiten dieses Prozesses nicht vernachlässigen. Dazu gehört, daß Bildungsinstitutionen kein Monopol in Sachen Ausgestaltung des Kindheits- und Jugendmoratoriums erlangen werden. Im Gegenteil: Wir können davon ausgehen, daß deren Einfluß mit der allgemeinen Verbreitung jugendlicher Moratorien relativiert wird. Der Bedeutungsverlust wird ersichtlich, wenn wir die ehedem dominierende Stellung von Gymnasium und Universität im bürgerlich-männlichen Jugendleben der Vergangenheit zum Vergleich heranziehen. Die verringerte Bedeutung hängt natürlich auch mit der unabwendbaren Entwertung der Bildungstitel im Zuge ihrer allgemeinen Zugänglichkeit und mit der Umwandlung mancher Bildungseinrichtungen zu lebensgeschichtlichen Wartesälen und Verschiebebahnhöfen für das System der Erwerbsarbeit zusammen.

Auf der Gegenseite dürfen wir die Tiefe des Einflusses, den der Prozeß der Verschulung auf Kindheit und Jugend gewinnt, nicht unterschätzen. Wir müssen zum einen daran denken, daß viele außerschulische Angebote nach Maßgabe von Didaktik und Unterricht aufgebaut sind. Das gilt für den Klavierunterricht ebenso wie für das Bildungsseminar der Feuerwehrjugend oder den Trainingsbetrieb.

Für Kindheit gilt, daß die Verschulung sich historisch im Krebsgang vom Schulbeginn zurück in die familiale Kinderstube bewegt: Von der Vorschule über die Kleinkind-Förderung zur 'Baby-Schule' und schließlich zur pränatalen Didaktik. Die Rück-Verlängerung der Schulzeit folgt dem Konkurrenzzwang, den Erwerb kulturellen Kapitals bereits bei den Kindern zu optimieren, keine Zeit zu verlieren und die vergleichsweise geringen finanziellen Ressourcen, zum Beispiel im Kleinbürgertum, voll auszuschöpfen. Wir können von der dauerhaften Tendenz zur familieninternen Verschulung der Kindheit sprechen, die Anfang der 70er Jahre mit dem spektakulären Aufruf an die Familienmütter begann, sich als Baby- und Kleinkind-Lehrerinnen zu professionalisieren (Büchner 1985). Kinderkultur, selbstverständliches Lebensmilieu (bildungs-)bürgerlicher Elternhäuser, wird Kleinbürger- und Arbeitermüttern in lehrbarer Unterrichts-Form zur Nachahmung empfohlen.

Die künstliche Verlängerung der Bildungszeit qua Rückverlagerung in lebensgeschichtlich frühe Jahre deutet darauf hin, daß sich die Debatten um Überforderung und Überlastung von Kindheit mit Laufbahn- und Lernaufgaben in Zukunft immer wieder einmal zuspitzen können (Rang 1981). Überforderungsdebatten sind auch deshalb zu erwarten, da nicht wenige Elterngruppen eine Erziehungspolitik der Intensivierung der Zeit des Erwerbs kulturellen Kapitals betreiben. Die Zwangslogik der Intensivierung der Bildungszeit ist analog zur Intensivierung der Arbeitszeit im Produktionsprozeß zu denken. Da einer beliebigen Verlängerung der Ausbildungszeit Grenzen gesetzt sind, versuchen bestimmte Eltern dadurch Wettbewerbsvorteile im kulturellen Konkurrenzkampf zu erlangen, daß sie die persönliche Lernzeit der Kinder verdichten und beschleunigen.

6. Die Doppelbewegung von beschleunigter und verlangsamter Lebenszeit

Die planmäßige Vorverlagerung der 'Bildungsarbeit' in die frühe Kindheit verweist auf den einen Aspekt der Wandlung dieses Lebensabschnittes, die lebensgeschichtliche 'Beschleunigung' ('The hurried child': Elkind 1981). Der andere Gesichtspunkt wurde oben erläutert: Die Tendenz zur Verlängerung des Moratoriums von Kindheit und Jugend. Beides zusammengenommen ergibt die charakteristische doppelte Bewegungsform dieser Lebensphase, die sich künftig weiter entfalten wird: Kindheit und Jugend 'verfrühen' und 'verspäten', 'beschleunigen' und 'verlangsamen' sich im gleichen Atemzug (Zinnecker/Molnar 1988).

Der Eintritt in hauptberufliche Erwerbspositionen verschiebt sich durchschnittlich auf spätere Lebensjahre, Handlungsmöglichkeiten des Erwachsenseins rücken in frühere Lebensjahre vor. Die gesellschaftliche Entwicklung begünstigt beides: früh mündig sein, als selbständige Person am Konsum und an der Lebensweise der Gesellschaft teilzuhaben - und spät seinen Platz in der Arbeitsgesellschaft im Rahmen kontinuierlicher Erwerbsarbeit zu finden.

7. Marktvermittelte Kontrollen von Kindheit und Jugend

Die frühe Verselbständigung von Kindern und Jugendlichen ist über die neuen Kontrolleure dieses Lebensabschnittes, die Freizeit- und Kulturindustrie, vermittelt. Sie kontrollieren Kindheit und Jugend indirekt und marktbezogen. Der Markt der Waren und Dienstleistungen ist auf dem formalen Prinzip der Gleichheit und Freiheit der Käufer und Konsumenten aufgebaut. Die neuen Kontrolleure von Kindheit und Jugend fungieren als Emanzipatoren der Jüngeren gegenüber den überlieferten sozialen und pädagogischen Gruppenbindungen und Abhängigkeiten. Sie tragen das ihre zum historischen Ende einer pädagogisch geschützten Kindheit und Jugend bei (Gillis 1980; Trotha 1982).

Von dieser Seite aus entstehen langfristige Tendenzen (Rolff/Zimmermann 1985; Hengst 1981, 1985; Baacke 1984):

- alle Jüngeren an den Alltagsgenüssen der Erwachsenengesellschaft teilhaben zu lassen (beispielsweise im Bereich von Genußmitteln wie Alkohol, Drogen, Rauchen oder auch Psychopharmaka);

- sie selbständig an Dienstleistungen zu beteiligen (zum Beispiel im Bereich des Tourismus);

- die Jüngeren zum frühzeitigen Selbst-Management der eigenen seelischen und körperlichen Befindlichkeit zu ermuntern (etwa Körperpflege; Mitgestaltung des Speisezettels, und zwar nicht nur bei Süßigkeiten).

Kinder und Jugendiche werden im Dienste eines langfristigen Marketings früh als Kunden und Konsumenten angesprochen. Die Geschmacksbildung der Jüngeren als Experten des Marktes beginnt in sehr jungen Jahren, lange bevor reale und selbständige Kaufentscheidungen anstehen, als Teil vorwegnehmender kultureller Sozialisation.

Modernisierte Kindheit und Jugend folgt der Logik, die Jüngeren früh aus der vertrauten Nahwelt herauszunehmen (Zeiher 1983) und sie mittels des zweifachen Systems von Bildung und Konsum ortsfremden, generalisierten Handlungsregeln zu konfrontieren, die einem kulturellen Code verpflichtet sind, der sich von dem des Elternhauses unterscheidet. Es liegt in der Konsequenz dieses neuartigen Kontrollsystems, die Jüngeren früh zu eigenverantwortlich - oder zumindest semi-autonom - Handelnden auszubilden. Dies ermöglicht eine Kontrolle 'an der langen Leine' - im Gegensatz zur älteren Kontrolle, die in Engführung und permanenter Aufsicht, am Ort des familialen Sozialmilieus, erfolgte (Zeiher 1988). Anstatt Kinder und Jugendliche in erster Linie direkt, also im unmittelbaren Umgang von Jüngeren mit Älteren zu kontrollieren, werden Elemente indirekter Kontrolle des Nachwuchses eingeführt. Drei Beispiele:

- Nahpersonen aus der unmittelbaren Lebenswelt treten gegenüber Personen aus dem fernen Handlungshorizont in ihrer Präsenz und Bedeutung (beispielsweise als 'Vorbilder', als Wächter des Alltags) zurück (Krumrey 1984; Zinnecker 1987).

- Kindliche und jugendliche Verhaltensweisen werden durch anonymisierte Kontrolleure gesteuert und überwacht (statt Verkehrspolizisten Verkehrsampeln; statt Ortswächtern in der Straße erwachsene Ratgeber in den Medien).

- Die Bedeutung täglicher, auf das soziale Milieu abgestimmter Verhaltenskontrolle wird tendenziell durch Kontrollverfahren ersetzt, die sich an der Beaufsichtigung längerer Lebensperioden und an der Evaluation von deren Ergebnissen orientieren (statt: 'Was hast du heute in der Schule gemacht' die Frage: 'Stimmt das Jahreszeugnis?').

8. Jugend als Umwandler der Kindheit

Historisch gesehen bildete sich ein eigenständiges Kindheitsmoratorium früher als ein solches für die Jugend. Bezogen auf Gegenwart und Zukunft kehrt sich das Verhältnis um: Die Jugendphase bildet den Vorreiter für Entwicklungen, die sich für Kindheit erst später ausbilden. Ein Einflußfaktor, der zur Aufhebung der pädagogisch behüteten (Familien-)Kindheit beiträgt, ist die

Faszination, die vom Jugendalter als dem innovativen Zentrum der jüngeren Generation auf Kindheit ausstrahlt. Was dort erprobt und gelebt wird, wird mit großer Geschwindigkeit von den jüngeren Altersgruppen adaptiert. In diesem Sinne läßt sich behaupten, daß Elemente von Jugend in immer frühere Kinderjahre eindringen und somit die psychologische und soziokulturelle Eigenständigkeit dieses Lebensabschnittes in Frage stellen oder doch lebensgeschichtlich stark verkürzen (Ernst 1982). Umgekehrt können wir in Analogie zu einem sozialökologischen Theorem der Stadtentwicklung von einem biografischen 'Sukzessionsprozeß' sprechen: In dem Maße wie Kinder in jugendkulturelle Territorien eindringen, werden die Jugendlichen zum Verlassen dieser Regionen veranlaßt. Was heute noch Betätigungsfeld von Jugendkultur ist, wird bald Teil einer künftigen Kinderkultur sein.

9. Kindheitsgenerationen und Politisierung von Kindheit

Nach der Jugendphase wird auch Kindheit sich 'historisieren' und 'politisieren' und unterscheidbare Kindheitsgenerationen hervorbringen. Ausgelöst wird eine solche Thematisierung von Kindheitsgenerationen durch den raschen Wandel in Alltags- und Konsumwelten von Kindheit. So wurde eine Kindheit vor und eine nach der Durchsetzung des Fernsehens, des Computers usw. konstruiert. Die Politisierung von Kindheit läßt sich am einfachsten am Phänomen von Kinder-Umfragen ablesen, die sich künftig vermehrt durchsetzen werden. Immer jüngere Jahrgänge gehören zur Gruppe der 'befragten Bürger': Sei es im Kontext von Marketing-Studien - Kinder als jüngste Konsumentengruppe -; sei es im Rahmen politischer Einstellungsforschung - Kinder als potentieller Einflußfaktor auf Politik.

10. Frühe Biographisierung

Die neuen Kontrolleure von Kindheit und Jugend dringen weniger auf permamente und präsente Fremdkontrolle, wie dies die älteren, pädagogischen und im sozialen Milieu verankerten taten. Sie bauen eher darauf, daß sich frühzeitig verinnerlichte Selbstkontrollen entwickeln: 'Vom Fremdzwang zum Selbstzwang', wie Elias (1939/1977) schon Ende der 30er Jahre diese Generaltendenz der Verhaltenssteuerung im zivilisatorischen Prozeß bezeichnete.

Ein Aspekt der Verselbständigung: Kinder und Jugendliche sind gehalten, sich früh in die Gestaltung ihres Lebenslaufes einzuschalten und biographische Weichenstellungen mitzuentscheiden. Dieser voranschreitende Prozeß der frühen 'Biographisierung' (Fuchs 1983)) läßt erwarten, daß die Nachfrage nach Lebenslaufberatung in Kindheit und Jugend weiter ansteigen wird. Kinder und Jugendliche üben nicht nur Diskurse über alltägliches 'Befindlichkeitsmanagement' (von Ferber 1981), sie erlernen auch die Rhetorik von Identitäts- und Lebenslauf-Diskursen (Ziehe/Stubenrauch 1982). Die Fähigkeit von Kindern und Jugendlichen, sich selbst und ihre künftige Lebensplanung zu reflektieren, dürfte weiter ansteigen. Im Vergleich zur Jugend der 50er Jahre erscheinen Jugendliche der 80er Jahre bereits als rhetorisch und psychologisch außergewöhnlich gut geschult (Zinnecker 1985).

Selbst-thematisierung

Durch die Individualisierung des Lebenslaufes haben Kinder und Jugendliche früh Anteil an den Risiken des Scheiterns (Hurrelmann u. a. 1985). Mehr noch: Sie nehmen bereits an der Individualisierung gesellschaftlicher Steuerung teil, die darin besteht, daß die Einzelnen qua flexibler Lebenslaufplanung mithelfen sollen, Krisen und Probleme der Erwerbsgesellschaft abzufedern. Gerade Jugendliche sind dazu aufgefordert, durch geschicktes biographisches 'Lavieren' Plazierungs- und Nachfolgeprobleme im Ausbildungs- und Arbeitsbereich abzumildern.

Ein anderer Aspekt der neugewonnenen biografischen Mobilität: Laufbahnbezogene Entscheidungen bezüglich Schule, Ausbildung oder Beruf werden umkehrbar. Damit dringt ein vormals bürgerliches Privileg, daß 'biographische Schleifen', Identitätskrisen, 'Auszeiten' in die Jugendphase integrierbar sind, ohne daß damit ein endgültiges Scheitern signalisiert würde, in die Normalbiographie aller sozialer Gruppen vor. Jugendliche können damit öfter und leichter zentrale Institutionen wechseln und gewinnen auf diesem Weg eine gewisse Unabhängigkeit. Einfaches Beispiel: Unterbrechung der Schul- oder Hochschulbiographie. Da die Zwangsläufigkeit gewisser Laufbahnen nachläßt, entsteht auch ein erhöhter Bedarf des 'Aushandelns' wünschbarer biographischer Wege zwischen Eltern und Jüngeren (Büchner 1983).

11. Post-Adoleszenz und Ausdifferenzierung des Jugendmoratoriums

Es zeichnet sich ab, daß innerhalb des dritten Lebensjahrzehntes eine eigene lebensgeschichtliche Phase institutionalisiert wird, deren zentrales Motiv das 'Lavieren' im Eingangsbereich zur hauptberuflichen Erwerbsarbeit darstellt. Die Jugendphase differenziert sich aus. Die klassische Jugendzeit, die wir gegenwärtig etwa zwischen dem 15. und 20. Lebensjahr ansiedeln können, erhält einen lebensgeschichtlichen 'Aufsatz', eine weitere gesellschaftlich regulierte Altersstufe, angesiedelt zwischen Jugend und Erwachsensein.

Zunehmend mehr Jüngere treten nach der Jugendzeit in eine Nachphase des Jungseins über, die das dritte Lebensjahrzehnt bestimmt. In den USA hat man dafür den Begriff der 'Post-Adolescence' (Keniston 1970); Zinnecker 1982) geprägt. Hauptkriterium ist, daß eine stabile Integration in das hauptberufliche Erwerbsleben (noch) nicht stattgefunden hat. Post-Adoleszente lavieren biographisch im System der Unterbeschäftigung. Kennzeichnend sind ferner verringerte Verpflichtungen gegenüber Standard-Institutionen wie Familie oder politisches System. Im Unterschied zum 'klassischen' Jugendstatus handelt es sich bei Post-Adoleszenten um selbständige Bürger, die ihre Erwachsenenrechte in jeder Hinsicht in Anspruch nehmen.

Mit der Post-Adoleszenz spielt sich ein neues gesellschaftliches Regulativ in den Vordergrund. Erwachsensein entscheidet sich am Kriterium der kompetenten Teilnahme an der kulturellen, politischen und konsumtiven Sphäre, nicht vorrangig mehr nach Maßgabe von Erwerbsarbeit oder gar - ein noch älteres Kriterium (Mitterauer 1986) - von Heirat und Familiengründung. Angesichts der lebengeschichtlichen und gesellschaftlichen Schlüsselrolle der Lebensphase 'Post-Adoleszenz' (oder wie immer sie einmal heißen mag) ist zu erwarten, daß ein langandauernder Grundsatzstreit darüber entbrennt, ob es sich hierbei um eine persönlich und gesellschaftlich wünschenswerte Zwischenphase im Leben handelt oder um eine durch die Krise der Arbeitsgesellschaft aufgezwungene Notlage (Baethge 1986).

12. Wachsende Bedeutung des Imaginären

Durch die Freisetzung von Kindheit, Jugend und Nachjugend aus tradierten kulturellen Ordnungen und Bindungen entsteht ein Überhang des Wünschenswerten und Möglichen über das, was sich im eigenen Leben und gesellschaftlich als machbar erweist. Die Jüngeren projizieren zunehmend utopische Hoffnungen oder, im Negativen, apokalyptische Ängste auf ihr Selbst, ihren Lebenslauf und die gesellschaftliche Zukunft (Helsper 1987).

Gleiches läßt sich mit Blick auf die Erwachsenen sagen. Sie nehmen Kindheit, Jugend und Nachjugend zur Projektionsleinwand für ungelebte und utopische Wünsche - gelegentlich auch für katastrophische Ängste. Verallgemeinernd gilt, daß die in Pflichten der Erwerbsarbeit und des Familienlebens eingespannten Erwachsenen dazu neigen, alle von Arbeit und gesellschaftlichem Verpflichtetsein partiell freigestellten Altersgruppen - dazu gehört zunehmend auch das Alter - mit solchen projektiven Wünschen und Ängsten zu belegen.

Die Entgrenzung kindlicher und jugendlicher Wünsche und Ängste bei den auf vorwegnehmendes Phantasiehandeln angewiesenen Altersgruppen bildet ein zentrales kulturelles Problem. Ebenso wie die 'realitätsgerechte' Wiedereinbindung das Selbst-Management von Kindern und Jugendlichen auf eine harte Probe stellt. Gleichzeitig bilden solche Entgrenzungen einen Motor für die Entstehung prinzipiellen politisch-gesellschaftlichen Dissenses und die Beteiligung der Jüngeren an utopisch-idealer Grundsatzopposition.

13. Zukunft von Generationenspannung und Machtbalance zwischen Jung und Alt

Rein demographisch gesehen befinden sich Kinder und Jugendliche gegenwärtig und künftig auf der Verliererseite. Das zahlenmäßige Verhältnis zwischen Jung und Alt verlagert sich zugunsten der Alten. Das läßt die Vermutung zu, daß auch die Machtbalance sich in mancher Hinsicht zugunsten der Älteren verschiebt. Man denke dabei in erster Linie an die Macht des Wählers oder des Konsumenten - Felder der Machtteilhabe, in denen die große Zahl ins Gewicht fällt. Auch stehen mehr Ältere als jemals zuvor bereit, sich pädagogisch-absichtsvoll über die Jüngeren zu beugen. Kinder und Jugendliche sind im Begriff, zu einer Mangelware, ja zum 'Luxusobjekt' zu werden.

Das demographisch abnehmende Gewicht der Jüngeren wird allerdings durch die qualitative Ausgestaltung und lebensgeschichtliche Verlängerung des Kindheits- und Jugendmoratoriums kompensiert. In nicht wenigen Lebensbereichen fungieren Jüngere bereits als Meinungsführer - wenigstens aber als Sympathieträger. Ist ihre Vorherrschaft im modisch-alltagskulturellen Bereich unumstritten, so ist auch ihr politisches Gewicht - insbesondere das der Post-Adoleszenten - nicht zu unterschätzen und dürfte in Zukunft eher zunehmen.

Nicht vergessen werden sollte hierbei das enge Bündnis, das die Jüngeren mit erwachsenen Teilen der 'kulturellen Gesellschaftsfraktion', mit Medien, Kulturindustrie, pädagogischen und sozialen Dienstleistungsträgern eingehen. Durch diese Koalition geraten insbesondere ökonomische Gesellschaftsfraktionen und politische Machteliten der Erwachsenengesellschaft unter Legitimierungszwänge.

Die überlieferten Spannungen zwischen den Generationen werden sich zusehends aus dem sozialen Nahraum in die Arena des Öffentlichen verlagern. So verweisen Kinder und Eltern solche Konflikte an außerfamiliale Instanzen.

Psychische Spannungen innerhalb der Familienbeziehungen werden weniger als generationaler Konflikt gedeutet. Als solche Feindbilder gelten auf der Seite der Jüngeren anonyme Großorganisationen und deren Repräsentanten - Politiker, Polizisten, Funktionäre - und auf der Erwachsenenseite spektakuläre Gruppen von Jugendlichen, die öffentliche Regelverletzungen begehen wie Rocker, Punker, Skinheads, Fußball-Rowdies.

14. Umwandlung der Beziehungen in der Familie

Gewandelte Kräfteverhältnisse zwischen Jüngeren und Älteren zeigen sich besonders im privaten Lebensbereich. Das in der ersten Hälfte des Jahrhunderts noch ausgeprägte Machtgefälle zwischen Eltern und Kindern verschiebt sich zugunsten der Jüngeren (ohne damit natürlich ganz zu verschwinden). Einige Aspekte dieser Machtverschiebung sind (Zinnecker 1985):

- Der elterliche Erziehungsstil erfährt eine Liberalisierung. Eltern verzichten auf alt-angestammte Erziehungsmittel; insbesondere das Arsenal der Zwangsmittel wird eingeschränkt und auf weniger gewalttätige und grobe Formen hin modernisiert (belohnen statt strafen; überzeugen statt drohen, schlagen, einsperren).

- Die persönlichen Umgangsformen zwischen Jung und Alt informalisieren sich (Wouters 1979), d. h. werden lockerer, situationsbezogener, persönlicher. Abgebaut werden formelle Rituale und Requisiten elterlicher Autorität.

- Eltern werden in wachsendem Maße emotional von den Kindern und deren persönlicher Zuwendung abhängig, bis hin zu symbiosehaltigen Paarbeziehungen.

- Es bilden sich Normen eines reflexiven innerfamilialen Diskurses zwischen Jüngeren und Älteren weiter aus. Verboten ist das stumme Aneinander-Vorbeileben und der stumme Gehorsam; angestrebt werden Verständigung und kritischer Diskurs; wechselseitige Wahrnehmung von Problemlagen des Partners. Es entwickelt sich eine intensive innerfamiliäre Redekultur zwischen Jung und Alt. Die Jüngeren sind aufgefordert, an den Debatten der Eltern partnerschaftlich zu partizipieren.

Kinder und Jugendliche gewinnen insgesamt lebensgeschichtlich früher eine gewisse Eigenständigkeit gegenüber dem Elternhaus. Die Jüngeren gehen bindende Partnerbeziehungen außerhalb der Familie ein oder lösen sich aus dem elterlichen Wohnverband. Allerdings kommt auch im Bereich der Familienbindungen die biographische Strategie des 'Lavierens' zum Tragen. Das Band, das Kinder und Eltern aneinander festhält, wird zu einem elastischen. Die Jüngeren nutzen das aus, wenn die psychologischen oder ökonomischen Umstände dies geboten erscheinen lassen. Auch im Bereich der Ablösung vom Elternhaus schlägt die Tendenz zur Individualisierung der Lebensführung und Lebenslaufplanung durch.

15. Eltern als Laufbahnberater und private Lobby

Eltern werden zunehmend als persönliche Laufbahnberater ihrer Kinder tätig sein. Diese indirekte Einflußnahme tritt die historische Nachfolge der älteren Modelle an, in denen Eltern direkter auf den künftigen Status der Kinder im gesellschaftlichen Raum Einfluß zu nehmen vermochten - zum Beispiel qua Vererbung eines Besitzes, eines Betriebes, einer Handfertigkeit usw.

Diese individuelle Unterstützung wird durch organisierte Lobbytätigkeit ergänzt. Eltern versuchen vermehrt, als pressure-group von außen auf die Kultur- und Bildungsinstitutionen Einfluß zu nehmen und auf diesem Weg die Laufbahnchancen ihrer Kinder zu verbessern. Ebenso steht zu erwarten, daß Eltern mit Kindern direkt oder indirekt (letzteres etwa durch Wohnortwahl) sozialen Druck entfalten, um die Qualität der Infrastruktur für Kinderfamilien anzuheben.

16. Erziehung 'auf Vorrat' und 'an der langen Leine'

Eltern, die sich auf die Rolle persönlicher Laufbahnberater ihrer Kinder einspielen, können vielfach nur von außen und aus der Ferne unterstützend eingreifen. Sie sind darauf angewiesen, Eigentätigkeit der Kinder frühzeitig zuzulassen und sie über weitere Strecken 'an der langen Leine' zu führen. Das gilt für die elterliche Erziehung in Konkurrenz und Kooperation sowohl mit dem Bildungssystem wie mit der Kulturindustrie.

Die Erziehung 'an der langen Leine' wird möglich, weil ein soziokultureller Zwang wegfällt, der im älteren Modell der Familienerziehung von zentraler Bedeutung war. Eltern haben nicht mehr Sorge dafür zu tragen, den Nachwuchs peinlichst in die Besonderheiten und Traditionen des örtlichen Sozialmilieus einzupassen: Ein Resultat der Umwandlung der intimen Familiengruppe in eine monadische Freizeit- und Konsumzelle der Dienstleistungsgesellschaft. Das Elterhaus paßt sich künftig daher mehr der Persönlichkeit des einzelnen Kindes und seinen kulturellen Lernmöglichkeiten an als daß es versuchte, das Kind in das umgebende Sozialmilieu einzufügen. Die Justierung auf bestimmte Sozialmilieus wird in spätere Lebensphasen verschoben, wenn die mögliche soziale und räumliche Mobilität Konturen gewonnen hat.

Es steht zu erwarten, daß die Familienkinder sich erst lange Zeit nach Abschluß von Kindheit oder Jugend den Handlungsbedingungen eines konkreten Organisationsmilieus gewachsen zeigen müssen.

Es ist schwer einzuschätzen, welcher institutionelle Ort - z. B. die Arbeit - dies dann einmal sein wird, welche konkreten Eigenschaften und Fähigkeiten dort einmal gefragt sein werden. Angesichts der lebensgeschichtlichen Verlängerung von Moratorien ist es wahrscheinlich, daß mehrfache Statuspassagen und damit verbunden mehrfaches Um- und Neulernen die Regel sein werden.

Lebensgeschichtlich frühe Festlegungen der Kinder auf die Vorstellungen des Elternhauses sind in diesem Kontext eher schädlich denn förderlich für die Zukunft der Kinder. Somit dringen Konzepte und Praktiken der Erzeugung flexibler Qualifikationen, um Kinder im gesellschaftlichen Raum 'mobil' werden zu lassen, aus dem Bereich von Ausbildung und Arbeit in den frühen Kindheitsraum vor. Familienerziehung wird zusehends eine 'abstrakte Erziehung auf Vorrat', konzipiert für vorstellbare künftige soziokulturelle Laufbahnen.

In der künftigen Entwicklung der Kindererziehung läßt sich eine charakteristische Doppelbewegung beobachten: Während sich auf der einen Seite 'abstrakte' Leistungsanforderungen zuspitzen, lockern sich auf der anderen Seite manche einschränkende Erziehungsanforderungen an Kindheit. Im System von Schule und Konsum müssen Kinder früh den Erwerb von Laufbahnen und Titel mitverantworten; zu Hause dürfen sie sich dagegen - im Vergleich zu früher - entspannen. Wie für erwachsene Mitglieder wird der Familienraum auch für die Jüngeren zu einer privaten Freizeit-Enklave. Familiale Erziehung verliert damit einiges von ihrem ehedem puritanisch-arbeitsbezogenen Ernst für Kinder.

Liberalisierung und Informalisierung im innerfamiliären Verkehr mit Kindern entwickeln sich historisch in dem Maße, wie Eltern bestimmte Aufgaben der Erziehung - und damit auch Disziplinierung - an die Systeme Bildung und Dienstleistungsökonomie abtreten.

17. Wachsende Wertschätzung von Privatheit und Erziehung

Erziehung und Privatheit erfreuen sich starker Wertschätzung als Lebensinhalt und Lebensleistung. Diese Wertschätzung gewinnt insbesondere bei jungen Männern an Boden. Familie und privater Lebensraum erfahren bei Jugendlichen allerdings eine starke Umwertung. Statt Pflicht und Pflichtethik stehen Werte der Selbst-Erfüllung im Vordergrund. Privatheit lädt sich zudem mit politisch-gesellschaftlichen Bedeutungen auf. So beinhalten die Erziehung von Kindern oder die Realisierung einer bestimmten Lebensform in der Paarbeziehung für Jugendliche, daß man (s)einen Beitrag zu einer besseren Zukunft der Gesellschaft leistet.

Die Wahrnehmung der anderen Personen in der Familie richtet sich stärker nach dem Partnermodell statt nach dem Konzept einer Gruppenmitgliedschaft in der Institution Familie. So werden Kinder zu individuellen Partnern für Vater und Mutter; die Geschwister zu individuellen Partnern untereinander.

Kinder sollen die Selbstaktualisierung ihrer Eltern befördern und sind als Bestandteil bestimmter Lebensstile gefragt (Schulz 1983; Rerrich 1983; Beck-Gernsheim 1984). Der Kinderwunsch entspringt zunehmend mehr Motiven der Selbstrealisierung und der Lebensstilsuche.

Ethisch-moralische Erwägungen oder traditionsgebundene Zwänge treten demgegenüber zurück. Kinder zu kriegen wird eine Stilfrage und eine Sache individueller Lebensentwürfe, wird von modischen Konjunkturen mitbestimmt und läßt sich deshalb schwer demografisch prognostizieren.

'Familie mit Kind' tritt als Lebensform in Konkurrenz zu anderen Lebensformen, etwa dem kinderlosen, kaufkräftigen, mobilen Ehepaar. Dem entspricht, daß der Zeitpunkt einer Heirat enger an den Kinderwunsch geknüpft wird (Lüscher u. a. 1988). Grundsatzdebatten um eine 'kinderfreundliche Umwelt' erhalten in dieser Konstellation einen neuartigen Rahmen. Der Kampf gegen Kinderfeindlichkeit in der Gesellschaft ist Teil der Selbstbehauptung einer begrenzten Elternlobby in einem generellen Konkurrenzkampf der Lebensstile untereinander. Der Lebensstil-Diskurs ergänzt oder ersetzt die älteren, religiös motivierten oder 'staatstragenden' Diskurse um Kinder- und Familienplanung.

Biologische Bindungen verlieren an Wirkkraft. So bedeutet für das Kind, 'Familie zu haben', mit netten Leuten zusammen zu sein, die es mögen, unabhängig von der biologischen Herkunft. Zur dominanten Beziehungsgröße wird künftig das Mutter-Kind-Paar. Dieses Paar kann in wechselnden Gruppen-Konfigurationen leben: mit dem leiblichen Vater; mit einem 'Ersatz'-Vater, allein oder mit bestimmten weiteren Personen. Die Wertschätzung des Kindes von Seiten der Eltern vermag ein Lebensinhalt zu bleiben, der unabhängig von der Partnerbeziehung existiert (Schulz 1983).

18. Abbau der historischen Geschlechter-Polarisierung

Während der Jugendphase sind Arbeits- und Elternrollen als die markanten Träger geschlechtsspezifischer Arbeitsteilung in den Hintergrund gedrängt. Stattdessen dominieren mit Bildungssystem und Jugendkultur jene Institutionen, deren Arbeitsgrundlage die formale Gleichstellung der Geschlechter ist. Jugend spielt eine Vorreiterrolle beim Abbau der polaren Geschlechtscharaktere, die sich mit der industriellen Arbeitsgesellschaft historisch herausgebildet haben. Je tragender die Erfahrung eines jugendlichen und nach-jugendlichen Moratoriums im Rahmen des Lebenslaufes ausfällt, um so stärker forciert dieser Lebensabschnitt die Rücknahme geschlechtsspezifischer Arbeitsteilung und Psychologie in den nachfolgenden Lebensphasen. Wir dürfen eine Entpolarisierung männlicher und weiblicher Lebenswelten und Identitäten für alle Lebensalter und insbesondere für ein verallgemeinertes und verlängertes jugendliches Moratorium prognostizieren.

Die Ausweitung jugendlicher und nach-jugendlicher Moratorien ist für Mädchen und junge Frauen mit einem Zugewinn an Lebensperspektiven und Dispositions-Spielräumen verbunden. Umgekehrt trifft die Krise der Erwerbsarbeit insbesondere die jungen Männer, deren Identität historisch an die lebenslange Erwerbstätigkeit geknüpft war. Biographisches Lavieren zwischen privater Hausarbeit, flexibler Unterbeschäftigung und Phasen der hauptberuflichen Erwerbstätigkeit ist den Traditionen und Erfahrungen weiblicher Lebensläufe näher und für junge Frauen leichter handhabbar als für junge Männer.

Mädchen und junge Frauen repräsentieren in besonderer Weise den 'Kulturismus' von Kindheit und Jugend. Nachdem in den 80er Jahren männliche und weibliche Chancen im Bildungssystem ausgeglichen wurden, lassen sich nicht wenige kulturelle Tätigkeiten als weiblich bestimmte erkennen (private Schreibtätigkeit, Teilnahme an literarischer Öffentlichkeit, musikalische Betätigung, ethische Diskurse zu Lebensfragen u. ä.). Es ist absehbar, daß junge Frauen künftig, in Koalition mit erwachsenen Exponenten 'kultureller Fraktionen', zu Trägerinnen progressiv-liberaler Orientierungen und soziokultureller Protestbewegungen - etwa im Bereich von Umwelt- und Friedenspolitik - werden.

Literatur

Büchner, P.: Vom Befehlen und Gehorchen zum Verhandeln. Entwicklungstendenzen von Verhaltensstandards und Umgangsnormen seit 1945, in: U. Preuss-Lausitz u. a. (Hg.): Kriegskinder. Konsumkinder. Krisenkinder. Zur Sozialisationsgeschichte seit dem Zweiten Weltkrieg. Weinheim-Basel 1983 (196 - 212)

Büchner, P.: Einführung in die Soziologie der Erziehung und des Bildungswesens, Darmstadt 1985

Baacke, D.: Die 6- bis 12jährigen. Einführung in Probleme des Kindesalters. Weinheim-Basel 1984

Baethge, M.: Individualisierung als Hoffnung und als Verhängnis, in: R. Lindner/H.-H. Wiebe (Hg.): Verborgen im Licht. Neues zur Jugendfrage. Frankfurt/M. 1986 (98 - 124)

Beck, U.: Risikogesellschaft. Auf dem Weg in eine andere Moderne. Frankfurt 1986

Beck-Gernsheim, E.: Vom Geburtenrückgang zur Neuen Mütterlichkeit? Über private und politische Interessen am Kind. Frankfurt/M. 1986

Behnken, J. u. a.: Stadtgeschichte als Kindheitsgeschichte, Leverkusen 1988

Bourdieu, P.: Die feinen Unterschiede. Kritik der gesellschaftlichen Urteilskraft. Frankfurt 1982

Bourdieu, P.: Ökonomisches Kapital, kulturelles Kapital, soziales Kapital, in: R. Kreckel (Hg.): Soziale Ungleichheiten. Göttingen 1983 (183 - 198)

Bourdieu, P./Boltanski, L./de Saint Martin, M./Maldidier, P.: Titel und Stelle. Über die Reproduktion sozialer Macht. Frankfurt/M. 1981

Bourdieu, P./Passeron, J.-Cl.: Die Illusion der Chancengleichheit. Untersuchungen zur Soziologie des Bildungswesens am Beispiel Frankreichs. Stuttgart 1971

Elkind, D.: The Hurried Child. Growing Up Too Fast Too Soon. Reading, Mass. u. a. 1981

Ernst, H.: Kindheit. Eine Lebensphase verschwindet. In: Psychologie heute. 9. 12. 1982 (20 - 27)

Fischer, A./Fuchs, W./Zinnecker, J.: Jugendliche und Erwachsene '85: Generationen im Vergleich. Jugendwerk der Deutschen Shell (Hg.) (5. Bde) Leverkusen 1985

Fuchs, W./Zinnecker, J.: Nachkriegsjugend und Jugend heute - Werkstattbericht aus einer laufenden Studie, in: Zeitschrift für Sozialisationsforschung und für Erziehungssoziologie. 5. 1. 1985 (5 - 28)

Fuchs, W.: Jugendliche Statuspassage oder individualisierte Jugendbiographie? In: Soziale Welt 1983 (341 - 371)

Gershuny, J.: Die Ökonomie der nachindustriellen Gesellschaft. Produktion und Verbrauch von Dienstleistungen. Frankfurt/M. 1981

Gillis, J. R.: Geschichte der Jugend. Tradition und Wandel im Verhältnis der Altersgruppen und Generationen in Europa von der zweiten Hälfte des 18. Jahruhunderts bis zur Gegenwart. Weinheim-Basel 1980

Grootings, P. (Ed.): Youth and Work in Europe. Vol. I: National Reports. Vol. II: Comparative Research and Policy Problems. Vol. III: Bibliography. European Coordination Centre for Research and Documentation in Social Sciences. Vienna 1983

Gross, P.: Die Verheißungen der Dienstleistungsgesellschaft. Soziale Befreiung oder Sozialherrschaft? Opladen 1983

Helscher, W.: Selbstkrise und Individuationsprozeß. Zur Bedeutung des Imaginären in der Selbstgenese. Überlegungen zu einer vernachlässigten Dimension der Subjektivität. (Diss.) Marburg 1987

Hengst, H.: Tendenzen zur Liquidierung von Kindheit, in: H. Hengst/ M. Köhler/B. Riedmüller/M. Wambach: Kindheit als Fiktion, Frankfurt/M. 1981 (11 - 72)

Hengst, H.: Kindheit in Europa. Zwischen Spielplatz und Computer. Frankfurt/M. 1985

Hurrelmann, K./Rosewitz, B./Wolf, H. K.: Lebensphase Jugend. Eine Einführung in die sozialwissenschaftliche Jugendforschung. Weinheim-München 1985

Joerges, B.: Berufsarbeit, Konsumarbeit, Freizeit. Zur Sozial- und Umweltverträglichkeit einiger struktureller Veränderungen in Produktion und Konsum. In: Soziale Welt 1981 (168 - 195)

Keniston, K.: Youth as a stage of life, in: American Scholar. 39.4.1970 (631 - 654)

Koebner, T./Janz, R.-P./Trommler, F. (Hg.): 'Mit uns zieht die neue Zeit'. Der Mythos Jugend. Frankfurt/M. 1985

Krumrey, H.-V.: Entwicklungsstrukturen von Verhaltensstandarden. Eine soziologische Prozeßanalyse auf der Grundlage deutscher Anstands- und Manierbücher von 1870 bis 1970. Frankfurt/M. 1984

Lüscher, K. u. a. (Hg.): Die 'postmoderne' Familie. Familiale Strategien und Familienpolitik im Übergang. Konstanz 1988 (2 Bde)

Mitterauer, M.: Sozialgeschichte der Jugend, Frankfurt 1986

Molnár, P./Zinnecker, J.: Jugend in Westdeutschland und in Ungarn 1984/85, in: Th. Olk (Hg.): Sozialer Wandel der Lebensphase Jugend in interkultureller Perspektive, Weinheim-München 1988 (in Vorbereitung)

Neidhardt, F.: Jugend im Spiegel von Umfrageforschung und Statistik. Köln 1987 (Typoskr.)

Rang, B.: Zur Diskussion um 'Schulstress' in der Geschichte des deutschen Bildungswesens, in: G. Zimmer (Hg.) Persönlichkeitsentwicklung und Gesundheit im Schulalter. Frankfurt/M. 1981

Raschke, J.: Soziale Bewegungen. Ein historisch-systematischer Grundriß. Frankfurt/M. 1985

Rerrich, M. S.: Veränderte Elternschaft - Entwicklungen in der familialen Arbeit mit Kindern seit 1950. in: Soziale Welt 1983 (420 - 449)

Rolff, H.-G./Zimmermann, P.: Kindheit im Wandel. Eine Einführung in die Sozialisation im Kindesalter. Weinheim-Basel 1985

Schelsky, H.: Die skeptische Generation. Eine Soziologie der deutschen Jugend. Düsseldorf-Köln 1957

Schulz, W.: Von der Institution 'Familie' zu den Teilbeziehungen zwischen Mann, Frau und Kind. Zum Strukturwandel von Ehe und Familie. In: Soziale Welt 1983 (401 - 419)

Trotha, T. von: Zur Entstehung von Jugend, in: Kölner Zeitschrift für Soziologie und Soialpsychologie 1982 (254 - 277)

Wouters, C.: Informalisierung und der Prozeß der Zivilisation. in: P. Gleichmann u. a. (Hg.): Materialien zu Norbert Elias' Zivilisationstheorie. Frankfurt/M. 1979 (279 - 298)

Zeiher, H.: Die vielen Räume der Kinder. Zum Wandel räumlicher Lebensbedingungen seit 1945. In: U. Preuss-Lausitz u. a.: Kriegskinder. Konsumkinder. Krisenkinder. Zur Sozialisationsgeschichte seit dem Zweiten Weltkrieg. Weinheim-Basel 1983 (176 - 195)

Zeiher, H.: Verselbständigte Zeit - selbständigere Kinder? In: Neue Sammlung 1/1988

Ziehe, Th./Stubenrauch, H.: Plädoyer für ungewöhnliches Lernen. Ideen zur Jugendsituation. Reinbek 1982

Zinnecker, J.: Jugend '81: Porträt einer Geneartion. in: A. Fischer/W. Fuchs/J. Zinnecker: Jugend '81. Lebensentwürfe. Alltagskulturen. Zukunftsbilder. Opladen 1982 (80 - 114)

Zinnecker, J.: Die Jugendstudien von Emnid/Shell 1953 - 1955, in: A. Fischer u. a. : Jugendliche und Erwachsene '85: Generationen im Vergleich. Opladen 1985a (Bd. 3) (409 - 480)

Zinnecker, J.: Kindheit, Erziehung, Familie, in: A. Fischer u. a.: Jugendliche und Erwachsene '85: Generationen im Vergleich. Opladen 1985b (Bd. 3) (97 - 292)

Zinnecker, J.: Jugend im Raum gesellschaftlicher Klassen. Neue Überlegungen zu einem alten Thema. In: Heitmeyer; W. (Hg.): Interdisziplinäre Jugendforschung. Weinheim/München 1986 (99 - 132).

Zinnecker, J.: Jugendkultur 1940 - 1985, Leverkusen 1987

III. Perspektiven und Handlungsmöglichkeiten

Per Dalin

Zukunft der Schule

Als ich gefragt wurde, ob ich an dieser Stelle etwas über 'Schule im Jahre 2000' sagen könne, war meine erste Reaktion: Ja, natürlich, dazu hätte ich schon Lust. Die Organisation, die ich leite, IMTEC (The International Learning Cooperative, Oslo, Norwegen), beschäftigt sich schließlich tagtäglich mit diesem Thema. Der Inhalt eines entsprechenden Referats, so glaubte ich, würde mir daher keine besondere Mühe machen. Bedenken hatte ich allein wegen der Sprache. Würde es mir gelingen, meine Überlegungen vor kompetenten deutschen Kollegen mit der nötigen Klarheit und Anschaulichkeit auf Deutsch zu formulieren?

Ich hatte mich getäuscht. Nachdem ich unsere Arbeit auf diesem Sektor kritisch überdacht und die einschlägige internationale Literatur noch einmal durchgesehen hatte, merkte ich, daß das Thema viel schwieriger und komplexer ist, als ich bisher gemeint hatte. Andererseits löste sich das Problem Sprache auf einfache Weise, dank der Hilfe meines deutschen Übersetzers.

Die Sache, um die es geht, erscheint mir immer komplizierter, je länger ich über sie nachdenke. Im Zuge meiner Arbeit habe ich seit 25 Jahren verfolgt, was Futurologen über die Zukunft der Schule gesagt haben. Die meisten - so stellte sich bald heraus - irrten sich gründlich. Ihre Vorhersagen beruhten zum Teil - vermutlich ohne daß sie sich dessen bewußt waren - auf ihren eigenen Wertvorstellungen und Zukunftswünschen. In allzu geringem Maße besaßen sie die Fähigkeit, solche Szenarien zu konstruieren, die den höchst unterschiedlichen Entwicklungstrends in der Gesellschaft Rechnung trugen. Außerdem ließen ihre Zukunftsentwürfe dem Unerwarteten zu wenig Raum. Und wenn es unter alledem, was die Zukunft bringt, etwas Sicheres gibt, so ist es das Unerwartete. Ein dänischer Philisoph, Piet Hein, sagt das so: 'Prophezeien ist schwer, besonders was die Zukunft betrifft'.

1. Aktuelle Entwicklungstendenzen

Wenn man etwas über die Zukunft aussagen will, so empfiehlt es sich, von den Merkmalen der Entwicklung auszugehen, die sich über längere Zeit - z. B. eine Generation hindurch - als relativ stabil erwiesen haben. Von dieser

Überlegung ausgehend, versuche ich im folgenden etwas über Voraussetzungen und Bedingungsfaktoren schulischer Arbeit zu sagen, und zwar möchte ich auf die Voraussetzungen hinweisen, von denen wir wissen, daß sie in Wandlung begriffen sind. Meine These lautet: Wenn die Voraussetzungen sich ändern, unter denen man ausbildet und lernt, so muß auch die Schule sich ändern - sonst kann sie ihren Aufgaben nicht mehr gerecht werden.

Der bekannte amerikanische Bildungsforscher James S. Coleman veröffentlichte vor 25 Jahren den berühmt gewordenen Untersuchungsbericht 'Equality of Educational Opportunity'. Darin wies er nach, daß für den Lernerfolg von Schülern die Unterschiede von Familie zu Familie wichtiger waren als die Qualitätsunterschiede zwischen Schulen. Damit meinte er natürlich nicht, daß Schulen gar keine Bedeutung hätten. Sowohl er als auch andere Forscher haben gezeigt, daß Kinder aus verschiedenen Bevölkerungsschichten ohne die Schule auf manchen Gebieten sehr wenig lernen. Was Coleman sagen wollte, war, daß der Beitrag zum Lernen, den die Schule leistet, aus 'opportunities', 'demands' und 'rewards' besteht. Doch bleibt dieser Beitrag so gut wie wertlos, wenn der Schüler nicht mit gewissen Voraussetzungen zur Schule kommt, nämlich mit 'attitudes', 'effort' und 'conception of self'. Und das Milieu, das diese Voraussetzungen am allermeisten prägt, ist das nahe Umfeld des Kindes.

Coleman nennt die Voraussetzungen, die die Schüler mitbringen, das soziale Kapital der Gesellschaft, 'social capital' (Coleman 1987). Mehrere Forscher aus der westlichen Welt haben gezeigt, daß dieses Kapital sich im Laufe der letzten Generation wesentlich verändert hat - ein Umstand, dessen Auswirkungen auf die Funktionstüchtigkeit der Schule kaum zu überschätzen sind. Zur Verdeutlichung nenne ich einige Teilaspekte der Veränderung:

Erstens: *Das Elternhaus* hat sich verändert. Es ist kleiner geworden. Ein bis zwei Kinder sind heute das Übliche, ja in den letzten zehn Jahren sind in manchen gesellschaftlichen Gruppen die sogenannten DINKs ('Double Income, No Kids') immer zahlreicher geworden. In Skandinavien arbeiten heutzutage in 70 % aller Familien beide Eltern außer Hauses. Zugleich hat sich - und dies nicht erst in der letzten Generation - die Produktion aus dem Hause und seinem nahen Umfeld zurückgezogen. Wir wohnen an einer Stelle und arbeiten an einer anderen. Im Laufe der beiden letzten Generationen hat sich zum Beispiel im Durchschnitt der OECD-Länder der Anteil der in der Landwirtschaft tätigen Männer von ca. 25 % auf unter 5 % der männlichen Erwerbsbevölkerung vermindert. Die vielen, meist kleinen und übersichtlichen Betriebe des nahen Umfeldes sind zum größten Teil verschwunden. Gleichzeitig wurde die Hausarbeit in erheblichem Maße mechanisiert, und das Essen ist zu einem großen Teil vorfabriziert. Kinder und Jugendliche haben ein viel distanzierteres Verhältnis zur Arbeit als noch vor ein-zwei Generationen.

Was im Hause geschieht, ist immer weniger Arbeit und immer mehr Freizeitbeschäftigung; die Aktivitäten verlagern sich von der Produktion zum Konsum. Geschwister sind in den meisten Familien ungefähr gleichaltrig, und in der Regel sind es nicht mehr als zwei. Damit wird der Freundeskreis außerhalb des Elternhauses immer wichtiger. Zugleich sind die Erwachsenen weniger zu Hause; ihre Erfahrung und ihre Kenntnisse sind nicht mehr so wichtig. Dadurch wandeln sich die Rollen. Wir nähern und in raschem Tempo einer horizontalen Gesellschaft, in der die Generationen zunehmend isoliert voneinander leben und in der vertikaler Kontakt auf ein Minimum beschränkt ist.

Die Jugendlichen werden damit autonomer, obwohl sie wegen der verlängerten Ausbildungsdauer von den Eltern länger wirtschatlich abhängig bleiben, als das früher der Fall war. In den Familien, die diese Veränderung der Rollen und Beziehungen bewältigt und verarbeitet haben, hat sich zwischen den Generationen ein freundschaftliches Verhältnis entwickelt. Man erkennt die wechselseitige Abhängigkeit an und respektiert einander als gleichwertig. In vielen Familien jedoch, die diese neue Form des Kontakts der Generationen nicht bewußt aufbauen, vermindert sich die Fähigkeit, überhaupt starke Bindungen irgendwelcher Art einzugehen. Die Beziehungen zwischen den Familienmitgliedern lockern sich; was zunächst wie eine 'Demokratisierung' dieser Beziehungen aussieht, führt paradoxerweise dazu, daß der Abstand der Generationen größer wird.

Damit vermindert sich das Konfiktlösungspotential des Elternhauses. Es gibt weniger Autorität in der Familie. Kommunikation wird mühsamer, und wenn Probleme auftauchen, muß öfter als früher die Gesellschaft einspringen - in der Rolle des Psychologen, des Familientherapeuten, des Auffangnetzes. Dadurch wiederum wird die Problemlösungsfähigkeit der Familie noch weiter geschwächt. Und das soziale Kapital wird mehr und mehr durch den Umgang mit Freunden und Kameraden geformt, während die Eltern als Vermittler von Werten und Normen eine immer geringere Rolle spielen. Die Haltungen der Jugendlichen und das Bild, das sie von sich selbst haben, entwickeln sich in einem Jugendmilieu ohne Kontakt zu Erwachsenen - aber mit den Massenmedien und der Pop-Kultur als wichtigsten Inspirationsquellen.

Zweitens: *Die Kirche* war noch vor nur einer Generation eine wichtige gesellschaftliche Institution, die die Normen und Haltungen der Heranwachsenden mitprägte. Die von ihr vermittelten Werte bestimmten unser Leben, unsere

Berufsarbeit und unseren Schulbesuch. Die Mehrzahl hatte sich mit der Kirche und ihren Aktivitäten bewußt auseinandergesetzt. In Skandinavien haben heute weniger als 5 % der Bevölkerung eine positive Einstellung zur Kirche und nehmen aktiv am kirchlichen Leben teil. In einer Diskussion mit Stockholmer Teenagern wurde behauptet, daß die Mädchen jetzt in der Regel schon mit vierzehn ihr sexuelles Debut hätten. Ein Forscher hatte sich dafür interessiert, welche Probleme das für sie mit sich brachte. Die Befragten nannten viele praktische Aspekte - aber nur 1 % hatte moralische Skrupel gehabt. Ich weiß, daß in meiner Jugend die moralischen Bedenken viel verbreiteter gewesen wären. Mir wurde plötzlich nachdrücklich bewußt, in einer wie anderen Welt ich aufgewachsen bin. Kinder und Jugendliche sind heute viel weniger in überkommenen Werten verankert. Jede Generation startet sozusagen ohne 'Gepäck'. Sie muß sich ihre Werte selbst schaffen. Ohne Zweifel übernimmt sie ihre Normen und Werte von den Gleichaltrigen - fern von der Gesellschaft der Erwachsenen und den Aufgaben, vor denen die Erwachsenen stehen.

Das ist für Ausbildung und Schule von fundamentaler Bedeutung. Wir können das heute mit einiger Sicherheit an heterogenen Gesellschaften nachweisen. Zum Beispiel wissen wir, daß traditionelle Werte in asiatischen Familien länger beibehalten werden als in angloamerikanischen. Dieser Umstand wirkt sich auf den Schulbesuch der Kinder deutlich aus. In einer amerikanischen Gemeinde mit erheblichem asiatischen Bevölkerungsanteil wurde nachgewiesen, daß der Schulbuchverkauf fast doppelt so hoch war wie in anderen Gemeinden ähnlicher Größe. Es zeigte sich, daß die asiatischen Familien zwei Exemplare jedes Lehrbuchs kauften - eines für das Kind und eines für die Mutter. Was besagt das? Die asiatischen Eltern haben sicherlich keine besonderen formellen Qualifikationen, ihren Kindern zu helfen, aber sie investieren soziales Kapital.

Coleman, Hoffer und Kilgore konnten 1982 zeigen, daß Schüler in katholischen und anderen privaten Schulen erheblich bessere Noten bekamen als andere Schüler, sobald sozioökonomische und sonstige Variablen, die Unterschiede schaffen, eliminiert waren (Coleman, Hoffer, Kilgore 1982). Ein anderes bemerkenswertes Resultat der Untersuchung war, daß die katholischen Schulen nur sehr wenige vorzeitige Abgänger hatten; die Ausfallrate war an den öffentlichen Schulen viermal so hoch. Solche Unterschiede ließen sich - wenn wir den Forschern folgen - im wesentlichen auf das Verhältnis der Kirche zur Schule und ihrem Umfeld zurückführen. Zum Beispiel fanden sie, daß sogar Ehescheidungen den Schulerfolg katholischer Schüler nicht beeinträchtigten: Schüler mit geschiedenen Eltern hatten ebenso gute Chancen, auf der Schule zu bleiben, wie Schüler aus vollständigen Familien. Hierin unterscheiden sich katholische von nicht-religiösen Elternhäusern.

Die besondere Bedeutung dieser Untersuchung für unseren Zusammenhang liegt darin, daß nicht-konfessionelle Privatschulen gleichzeitig untersucht wurden. Was die Ausfallrate betrifft, zeigte sich nur ein relativ geringer Unterschied zwischen öffentlichen und privaten Schulen (14,3 % in den öffentlichen und 11,9 % in den privaten). In einer erweiterten Untersuchung fanden die Forscher 'katholische Zustände' auch in anderen konfessionell gebundenen Schulen, einschließlich der jüdischen. Es ist ganz einfach eine Tatsache, daß das soziale Kapital und damit die Lebenschancen eines Schülers erhöht werden, wenn in Schule, Umfeld und Elternhaus die gleichen Werte und Normen gelten.

Drittens: *Die Medien* haben im Laufe der letzten Generation eine stürmische Entwicklung durchgemacht und prägen das Bild der Gesellschaft in einem Maße, das wir vor dem Fernsehzeitalter nicht für möglich gehalten hätten. Die Medien schaffen neue Trends; die Vermittler des Fernsehens sind die neuen Hohenpriester. Die Medien bringen die Botschaft vom süßen Leben, sie schaffen Ideale und Idole, und sie treten an die Stelle herkömmlicher Erwachsenenautorität.

Die Medien füllen unsere Freizeit. Ein durchschnittlicher 15jähriger Schwede hat in seinem bisherigen Leben 6 300 Stunden vor dem Fernseher gesessen und 6 800 Stunden für Schularbeit aufgewendet. In Norwegen brauchen die Schüler im Durchschnitt dreimal soviel Zeit für Fernsehen und Video wie für Hausaufgaben. In den USA hat ein 18jähriger schon eine Million Reklamespots im Fernsehen gesehen. Immer mehr prägen die Unterhaltungsangebote unser Dasein. Sie sind zielgerichtet und dienen bestimmten ökonomischen Interessen. Und es sind die schwächsten in der Gesellschaft, die am meisten beeinflußt werden. In Helsinki sieht die 'Risikogruppe' unter den Teenagern täglich 5 Stunden Fernsehen und Video - das ganze Jahr hindurch. In dieser Gruppe hat das soziale Kapital die schlechtesten Entwicklungsbedingungen (Risto 1987).

Fernsehen ist bildliche Sprache. Wir erleben die Welt in kurzen Bildausschnitten. Fernsehen ist lustbetont. Es beeinflußt uns, weil es einladend ist. Wir 'lernen', weil es so wenig kostet - den einzelnen wohlgemerkt. Ich habe noch nie gehört, daß ein Fernsehansager vor einer Kriminalfolge sagte: 'Zunächst eine Warnung an diejenigen, die die letzte Folge nicht gesehen haben:

Sie werden der heutigen Sendung nicht mit Verständnis folgen können; wir empfehlen Ihnen daher, den Apparat abzustellen.' Aber genau das ist die Schulwirklichkeit derjenigen Schüler, die 'nicht aufgepaßt' haben. Die Schule bietet einen sequenziellen Lernprozeß an, der auf der schriftlichen Kultur beruht. Wirkliches Lernen erfordert systematische, über längere Zeit sich erstreckende Arbeit. Die Schule und die Medien konkurrieren um unsere Aufmerksamkeit. In Wahrheit befinden wir uns mitten in einem heftigen Kampf der Werte. Und bisher haben die Medien gesiegt, weil sie uns glauben machen, daß Lernen gleichbedeutend ist mit dem Anschauen von Informationssplittern, und weil die Schule ihre eigene Praxis bis jetzt nicht ernsthaft in Frage gestellt hat.

Lassen Sie mich nun den Blick richten auf den letzten der gesellschaftlich relevanten Faktoren, die sich während der letzten Generation drastisch verändert haben, einen Faktor, der für die Tätigkeit der Schule von immenser Bedeutung ist. Ich meine viertens: *den Arbeitsplatz.* Unser gewandeltes Verhältnis zur Arbeit läßt sich am besten kennzeichnen mit dem Satz: Vom Job zur Karriere. Meine Stellung bringt es mit sich, daß ich in gewissen Abständen Personen interviewen muß, die sich um Arbeit bei uns bemühen. Ein Merkmal zieht sich wie ein roter Faden durch diese Interviews, nämlich die Frage: Wie würde die neue Stelle in meine berufliche Laufbahn passen? Eröffnet sie neue Möglichkeiten oder versperrt sie sie eher? Und der Begriff 'Karriere' verändert allmählich seine Bedeutung. Einige wollen noch immer so schnell wie möglich 'vorwärts' und 'nach oben' kommen; andere streben nach Sicherheit und Stabilität, und noch wieder andere suchen bewußt entweder ein fachlich anregendes Milieu und größere Wahlfreiheit oder aber - wie man in Skandinavien zunehmend beobachten kann - ein ausgewogenes Dasein, in dem Arbeit, Familie und persönliche Entwicklung gleichgewichtige Bestandteile sind.

Und der Arbeitsplatz hat sich den neuen Forderungen angepaßt. Nicht nur Entlohnung wird geboten, sondern auch fachliche Anregungen, Entwicklungs- und Fortbildungsmöglichkeiten, Freizeitbetätigungen, Vorschule für die Kinder, Essenssubventionen, sonstige materielle Vergünstigungen und vor allem eine Gemeinschaft, in der der einzelne sich 'zu Hause' fühlen soll. Der Arbeitsplatz übernimmt so wichtige Primärfunktionen, die früher die Familie wahrnahm - und die Schule. Die Carnegie Corporation in den USA veröffentlichte 1985 einen Untersuchungsbericht, aus dem hervorging, daß die Ausgaben für innerbetriebliche Aus- und Fortbildung in den USA größer sind als die gesamten Aufwendungen für den Universitäts- und Hochschulsektor. Die Industrie hat sich mit Entschiedenheit und unwiderruflich als Ausbilder etabliert.

Zugleich wissen wir, daß die Qualitätsanforderungen im Arbeitsleben steigen und daß Umstellungen immer schneller erfolgen. Auf die Informationstechnologie zum Beispiel entfiel in den OECD-Ländern im Jahre 1970 1% des Bruttonationalprodukts. 1986 war dieser Anteil auf 25 % gestiegen, und zwischen 30 und 45 % der Erwerbsbevölkerung gehörten diesem Sektor an, einem Markt von 400 Milliarden Dollar mit einer vermuteten Steigerung auf 1 200 Milliarden Dollar im Jahre 1995 (OECD-Observer 1987).

Und wir wissen auch, daß mehrere Gesellschaften der westlichen Welt nicht mehr in der Lage sind, allen Arbeitsuchenden Arbeit anzubieten. Arbeitslosigkeit ist zum Alptraum geworden, vor allem, weil Lerneifer und Arbeitsmotivation der jungen Leute vom Vorhandensein eines Arbeitsziels abhängen. Ich habe die weiterführende Schule gelegentlich mit einem Wartesaal verglichen. Man langweilt sich da, wenn man lange warten muß. Aber es läßt sich ertragen, solange man sicher sein kann, daß noch ein Zug kommt.

Der Arbeitsplatz ändert nicht nur seinen Charakter. Er übernimmt nicht nur Funktionen, die bisher von Schule und Elternhaus wahrgenommen wurden. Er verlangt nicht nur diskontinuierliche Anpassungen von einem träge reagierenden Schulsystem. Seine Wandlungen haben auch unsere Auffassung von Arbeit verändert. Und mehr noch: Was wir ganz allgemein mit unserem Leben anfangen wollen, das planen wir heute anders, weil wir nach veränderten Maßstäben messen. Und so sehen wir auch die relative Bedeutung gewandelt, die der Schule innerhalb des gesamten Bereiches der Kompetenzvermittlung zukommt. Ich habe einige Faktoren genannt, die auf den Alltag der Schule direkt einwirken - heute und mit ziemlicher Sicherheit auch in den nächsten 10 bis 15 Jahren. Die drei Fundamente, auf denen die Institution Schule ruht, sind in einer tiefgreifenden Wandlung begriffen. Die Schule ist eine konstruierte Wirklichkeit. Wir wissen, daß sie zur Durchführung bedeutender Veränderungen wenigstens eine Generation benötigt. Unter dem Aspekt der Schulentwicklung ist daher nicht so sehr das Jahr 2000 von Interesse, sondern die Perspektive 2020. Eine Rekonstruktion, die auf diesen Zeitpunkt abzielt, muß jetzt beginnen. Davon soll die zweite Hälfte dieses Beitrags handeln.

2. Die Funktion der Schule in der Gesellschaft

In den folgenden Überlegungen nehme ich es als gegeben, daß die beschriebene Reduktion des sozialen Kapitals der Gesellschaft noch einige Jahre weitergehen wird. Aber ich bin zugleich überzeugt, daß die Gesellschaft sich das nicht leisten kann und daß sie deswegen Strategien finden muß, die geeignet sind, die Voraussetzungen wieder herzustellen, auf denen die Entwicklung unseres sozialen Kapitals beruht. Ich weiß nicht, für welche Lösungen die Gesellschaft in den einzelnen Ländern sich entscheiden wird. Doch aus der gesellschaftlichen Perspektive, die ich hier in groben Zügen zu skizzieren versucht habe, möchte ich behaupten, daß Kinder und Jugendliche einige grundlegende Bedürfnisse haben, denen die Gesellschaft auf die eine oder andere Art Rechnung tragen muß (vgl. Dalin 1986):

1. Erwerb grundlegender Kenntnisse und Fertigkeiten

Die Informationsgesellschaft, in der wir leben, eröffnet enorme Möglichkeiten der Manipulation und Ausbeutung. Vor allem der schwächste Teil der Gesellschaft ist dieser Gefahr ausgesetzt. Die wirksamste Vorbeugung sind solide fachliche Qualifikationen, vor allem wichtige instrumentelle Fertigkeiten wie Lesen, Schreiben, Rechnen, Handhabung der Muttersprache, Kenntnis wichtiger Fremdsprachen, Medienverständnis. Nicht zuletzt müssen wir die Schüler zu zwischenmenschlicher Kommunikation befähigen. Sie führt über traditionelles fachliches Verständnis hinaus. Ferner müssen wir sie in die Lage versetzen, aktiv Wertentscheidungen treffen zu können. Nur dann werden sie der Flut der Angebote standhalten können, mit denen die Konsumgesellschaft sie überhäuft.

2. Verantwortung und Selbständigkeit

Junge Leute haben die Möglichkeit, für sich selbst und andere Verantwortung zu übernehmen. Heute verlängern wir ihre Abhängigkeit. Wir müssen sie zum 'Lernen durch Teilhabe' ermuntern, das heißt zu einer Form des Lernens, die ihnen wirkliche Verantwortung für andere und für die Gesellschaft gibt. Das setzt Selbsterkenntnis voraus; es gilt, Normen zu entwickeln und die Konsequenzen eigener Entscheidungen zu akzeptieren. Durch Gebote und Moralpredigten der Erwachsenen wird das kaum zu erreichen sein, sondern nur durch eine Gesellschaft, die wirkliche Verantwortung ermöglicht. 'Soziales Kapitel' sollte meiner Meinung nach in zunehmendem Maße in einem Zusammenspiel von Schule und Umfeld aufgebaut werden.

3. Zugehörigkeit und Nähe

In Oslo erlebt jedes zweite Kind im Laufe seiner Schulzeit eine Scheidung. Wie wir sahen, hat die bisherige Entwicklung sowohl den Familienzusammenhalt als auch den Kontakt Jugendlicher zu Erwachsenen allgemein geschwächt. Besonders gilt das für ihr Verhältnis zu männlichen Bezugs- und Identifikationspersonen, weil bei einer Scheidung in den meisten Fällen die Mutter die Kinder behält und weil es mehr weibliche als männliche Lehrer gibt. Kinder müssen daher Gelegenheit erhalten, dauerhafte Beziehungen zu Erwachsenen - auch und vor allem zu Männern - zu knüpfen und zu pflegen.

4. Entwicklung von Kreativität

Die Fähigkeit zu lernen, neue Gedanken zu denken, Problemstellungen zu strukturieren und gute Fragen zu stellen, wird in der heutigen Welt immer wichtiger. Diese Erkenntnis ist nicht neu. Aber sie gewinnt immer mehr Bedeutung in einer Gesellschaft, die den Arbeitenden rasche Umstellung abverlangt und die andererseits nur funktioniert, wenn die Menschen in ihrer Freizeit Konsumenten sind. Sofern wir verhindern wollen, daß die Heranwachsenden zu fügsamen Arbeitnehmern und passiven Konsumenten werden, müssen wir sie zu konstruktiver Kreativität anregen.

5. Einsicht in Zusammenhänge

Die herkömmliche Schule entstand in einer informationsarmen Gesellschaft. Die Informationsflut, der wir heute ausgesetzt sind, ist nahezu unfaßbar. Wir werden geradezu bombardiert mit Information. Zugleich wird die Gesellschaft immer komplexer, und was wir tun, läßt sich in seinem Gesamteffekt nur schwer analysieren und verstehen. Heute erkennen wir allmählich in der Not und dem Elend, die viele Länder der Dritten Welt beherrschen, die Konsequenzen früherer Kolonialpolitik. Wir wissen heute, daß norwegische Seen und Wälder sterben wegen der Verunreinigungen, die von kontinentalen und britischen Industrien herrühren. Wir fangen an, die Auswirkungen von Gewalt im Fernsehen auf das Verhalten von Kindern zu begreifen. Ich könnte diese Beispielaufzählung fortsetzen. Kinder und Jugendliche, die tagtäglich mit Informationssplittern bombardiert werden, haben ein genuines Anrecht auf das Erkennen von Zusammenhängen.

6. Teilhabe an Veränderungen

Eine neue Herausforderung, vor die diese Generation sich gestellt sieht, ist der Zwang zum täglichen Infragestellen des Hergebrachten. Wir alle werden vor Entscheidungen gestellt. Wir erleben mehrere gleichzeitige Veränderungsprozesse - in unseren Familien, im nahen Umfeld, am Arbeitsplatz und als Staats- und Weltbürger. Um sich inmitten all der Veränderung behaupten zu können, brauchen junge Leute solide Kenntnisse, eine Verankerung in Werten und Normen, die Fähigkeit des Erkennens von Zusammenhängen und den Willen zur Selbständigkeit und zur Übernahme von Verantwortung. Und sie brauchen Zugehörigkeit und Nähe, um in einer rasch sich wandelnden Gesellschaft überhaupt leben zu können.

Kinder und Jugendliche werden im Jahre 2020 als Menschen die gleichen Merkmale haben wie heute: Sie werden nichts Statisches, sie werden unterwegs sein. Sie werden nicht entweder kindlich oder aber erwachsen sein, nicht entweder faul oder engagiert, nicht entweder 'reif' oder 'unreif', nicht entweder der Kontrolle bedürftig oder unbegrenzter Freiheit fähig. Sie werden dies alles sein - gleichzeitig - und viel mehr. Sie sind unterwegs, sie werden experimentieren, nach Grenzen suchen, nach Richtung, nach Sinn. Aufgabe der Pädagogen ist und wird sein, den Erprobungen eine Richtung, den Erlebnissen einen Sinn zu geben und zu neuem Lernen anzuregen.

3. Bildungs-Szenarien für das Jahr 2020

Der 'Markt' für Bildung und Ausbildung, der sogenannte 'Human Resource Development'-Markt, wird im ganzen im nächsten Jahrhundert erheblich größer sein als in diesem. Zum Teil liegt das daran, daß wir mehr noch als heute einem Dauerfluß der Informationen ausgesetzt sein werden, die wir verarbeiten müssen. Ein anderer Grund ist das immer schneller werdende Tempo, in dem die gesellschaftlichen Institutionen neue Formen der Kompetenz von uns verlangen.

Die Szenarien, die ich im folgenden vorstelle, haben daher das gemeinsame Merkmal, daß wir in allen Lebensaltern einen wachsenden Teil unserer Zeit für die Entwicklung und fortwährende Anpassung unserer Kompetenz aufwenden müssen. Es ist wichtig zu betonen, daß diese organisierte Kompetenzentwicklung wirklich alle Phasen unseres Lebens betrifft, von der vorgeburtlichen Phase bis zum Alter. Die Anpassungsforderung wird nach Bedürfnissen und Intensität individuell verschieden sein; verallgemeinernd läßt sich dennoch sagen, daß sie erheblich sein wird.

Im folgenden möchte ich erörtern, ob die Institution, die wir heute Schule nennen, weiterhin bestehen wird und - falls ja - welche Rolle sie in einem Gesamtbild der Kompetenzentwicklung einnehmen wird.

Szenario 1: Back to basics
Ein solches Modell finden wir schon heute im Entstehen begriffen. Die Summe der schulischen Aktivitäten wird reduziert. Vor allem die psychosozialen Funktionen sind betroffen. Man konzentriert sich auf die fachlichen Aktivitäten, besonders einige Basisfächer, für deren qualitative Entwicklung bedeutende Mittel aufgewendet werden. Die selektive Funktion der Schule wird wieder stärker betont, attraktive Stellungen werden mehr als bisher von guten

fachlichen Leistungen in der Schule abhängig gemacht. Mit zunehmender fachlicher Konkurrenz wird die Nachfrage nach Privatschulen steigen. Unter einer relativ engen fachlichen Perspektive werden mehr Schüler als heute als Verlierer auf der Strecke bleiben. Die mit dem geringsten sozialen Kapital werden am schlechtesten abschneiden.

Zur Differenzierung des Unterrichtsangebots wird man auf moderne Technik setzen, z. B. auf Unterricht mit Hilfe von EDV, und verschiedene Formen von Prüfungen werden eine immer größere Rolle spielen.

Sollte dieses Schulmodell sich durchsetzen, müssen andere Institutionen der Gesellschaft die Verantwortung für die Entwicklung des sozialen Kapitals wahrnehmen. Denkbar sind z. B. eine Revitalisierung des Elternhauses und/oder des nahen Umfeldes, ein erneuertes Verständnis der Bedeutung, die gemeinsamen Werten und Normen und/oder ethisch-religiösen Werten in einer Gesellschaft zukommt, oder Entwicklung und Erweiterung einer Betriebskultur, für die Persönlichkeitsentwicklung ein integraler Bestandteil der betrieblichen Arbeit ist. Es mag sein, daß Teile der Massenmedien sich für die Entwicklung und Wandlung von Haltungen engagieren. Wir wissen, daß soziales Kapital sich durch enge Kontakte entwickelt. Gleichwohl läßt sich denken, daß die Medien eine gewisse Rolle dabei spielen können.

Szenario 2: Die Schule als Gesellschaft
Dieses Szenario setzt voraus, daß die Rolle der Schule als Ausbildungsinstitution, wie sie heute definiert ist, in ihrer Bedeutung vermindert wird. Der Bedarf an fachlichen Inhalten im traditionellen Sinne wird nicht steigen. Die Medien haben in diesem Szenario die Ausbildungsfunktion weitgehend übernommen; die Lernangebote sind überall leicht zugänglich: zu Hause, in den Bibliotheken, in den Betrieben, im Freizeitbereich.

Eine weitere Voraussetzung dieses Szenarios ist die Fortdauer, ja sogar die Verstärkung der Generationentrennung. Es gibt noch weniger Kontakt zwischen Erwachsenen, Kindern und Jugendlichen. Beide Eltern sind berufstätig. Es wird daher eine Institution gebraucht, die die Kinder von der Geburt bis zum Ende des Schulbesuchs unterstützend begleitet, den ganzen Tag lang, solange die Eltern noch nicht zu Hause sind, und das ganze Jahr hindurch (auf Wunsch einschließlich der Ferien).

Diese Alternative überläßt also die Funktionen der Eltern für den größten Teil des Tages der Gesellschaft. Statt auf traditionelle Schulangebote setzt man darauf, daß die Schule zur Entwicklung von Haltungen, Selbstbewußtsein und dem Willen zum Engagement beiträgt. Wie wir sahen, ist gerade dies eine Voraussetzung des Lernerfolgs. Das Konzept setzt auf eine Anregung der Lernfähigkeit von vor der Geburt an, aber hat eine ganzheitliche persönlichkeitsbildende Perspektive. Es erfolgt eine starke Differenzierung der Aktivitäten, wechselnd mit der Zeit je nach der persönlichen Entwicklung des Schülers. Ein enger Kontakt der Generationen soll gefördert werden; nicht zuletzt sollen Rentner und Pensionäre (vom 55. Lebensjahr an), wenn sie wollen, eine wichtige Rolle spielen können. Die fachliche Entwicklung wird nach diesem Szenario von der Wiege bis zum Grabe kontinuierlich andauern. Die Schule wird - je nach dem Reifegrad des einzelnen - vielfältige Lernangebote machen; jedoch ist dabei nicht vorausgesetzt, daß alle ein gewisses Pensum bewältigen müssen. Wenn der Schüler von der Schule ins Arbeitsleben überwechselt, wird er neue Lernangebote vorfinden, die auf dem in der Schule gelegten Fundament aufbauen. Diese Angebote werden auf die am Arbeitsplatz jeweils benötigten Kompetenzen ausgerichtet sein. Hinzu kommen solche Lernangebote, die man durch Medieneinsatz zu Hause oder durch Freizeitaktivitäten nutzen kann. Innerhalb eines gewissen finanziellen Rahmens, der dem heutigen Sozialversicherungssystem vergleichbar ist, hat jeder ein Recht auf Bildung und Ausbildung.

Im Zentrum dieses Szenarios steht der Gedanke, daß die Schule sich mit Nachdruck der Persönlichkeitsentwicklung der Schüler annimmt, weil das Elternhaus und sein Umfeld es einfacher finden, diese Verantwortung der Gesellschaft zu übertragen, als sich selbst zu revitalisieren. Parallel zu dieser neuen öffentlichen Einrichtung werden alternative private Schulen entstehen, deren Schüler aus Elternhäusern kommen, die ihre Kinder weiterhin selbst erziehen wollen.

Szenario 3: Das Lernzentrum

Diese Alternative faßt mehrere Lernangebote unter einem Dach zusammen: solche für Kinder von der Geburt an, diverse Lehrlingskurse für die Gruppe der Fünfzehn- bis Neunzehnjährigen, maßgeschneiderte Anlern- und Fortbildungsmaßnahmen für die Wirtschaft, Lernangebote für den häuslichen und Freizeitbereich und schließlich Kurse und Aktivitäten für ältere Menschen.

Auch dieses Lernzentrum legt viel Wert auf Gemeinschaft. Generationsschranken sollen abgebaut werden, indem Kinder, Jugendliche und Ältere Sozialisationsgruppen bilden, in denen sie zur Lösung wichtiger Aufgaben zusammenarbeiten. Die Lehrer kommen aj s verschiedenen öffentlichen und privaten Organisationen. Immer noch wird es einige Spezialisten geben, die auf Dauer Lehrer sind. Der Normalfall wird jedoch sein, daß jeder Bürger mit entsprechenden Ressourcen eine gewisse Zeit seines Lebens ganztags oder halbtags Aufgaben im Lernzentrum wahrnimmt.

Örtliche Betriebe und freiwillige Organisationen sind Mitbesitzer des Lernzentrums. Die Entwicklung sozialen Kapitals geschieht im nahen Umfeld in Gruppen, denen der Schüler sich zugehörig fühlt: zu Hause, im Freizeitheim, im Sportverein oder im Betrieb. Betriebe und Organisationen werden es für viele Anlern- und Ausbildungszwecke vorteilhaft finden, die Möglichkeiten und Dienste des Lernzentrums in Anspruch zu nehmen. Ferner wird es eine vertragliche Zusammenarbeit der Lernzentren mit Medienproduzenten geben, die neue und interessante Unterrichtsangebote in Medienversionen aufbereiten.

Ebenso wie das Szenario 'Schule als Gesellschaft' ist das Lernzentrum für Schüler gedacht, deren beide Eltern berufstätig sind. Es wird Möglichkeiten geben, Freizeitplätze für Kinder zu kaufen, so daß sie nach Bedarf beaufsichtigt werden können.

Der Begriff Schulpflicht wird verschwinden. Jeder Bürger wird sein ganzes Leben lang ein Recht auf Fortentwicklung seiner Kompetenz haben, und er kann dieses Recht innerhalb eines gegebenen Rahmens nach Bedarf in Anspruch nehmen. In manchen Phasen wird er nur wenige oder gar keine Angebote nutzen, während er zu anderen Zeiten ganztägig mit Lernen beschäftigt ist. Das Zentrum hat Spezialisten für Lernplanung, bei denen er sich jederzeit Ratschläge für seine 'Karriere-Entwicklung' holen kann.

Im Unterschied zu dem Szenario 'Schule als Gesellschaft' ist das Lernzentrum primär ein Zentrum für fachliches Lernen (im weitesten Sinne). Mit allen relevanten gesellschatlichen Institutionen arbeitet es eng zusammen, um das jeweils beste Lernangebot machen zu können. Die Entwicklung sozialen Kapitals wird durch enge Kooperation mit der Primärgruppe des Schülers gesichert - dem Elternhaus, dem Freizeitmilieu, dem Betrieb.

Szenario 4: Der Lern-Markt

Diese Alternative geht davon aus, daß Lernen entinstitutionalisiert wird. Die Medien übernehmen die Verantwortung für Entwicklung und Angebot von Lernmöglichkeiten. Der einzelne kann die Angebote nutzen, ohne sich an eine Institution zu binden. Da es ohne Anleitung nicht gehen wird, muß es sowohl Daten-Netze geben, die den Zugang zu Informationen und Spezialisten ermöglichen, als auch Kleingruppen von Lernenden am Wohnort oder Arbeitsplatz.

Diese Lösung ist ideal für die Lernbedürfnisse der Erwachsenen und für einige Bedürfnisse der Fünfzehn- bis Neunzehnjährigen. Kindern im Grundschulalter wird ein solches individualisiertes Lernangebot dagegen wahrscheinlich nicht gerecht. In diesem Szenario wird also die Grundschule als Institution vermutlich überleben, wenn auch mit einigen Modifikationen, wie sie in den beiden vorigen Szenarios dargelegt wurden. Falls der Medienunterricht an Gewicht zunimmt und eine enge Zusammenarbeit zwischen den Medien und dem Arbeitsleben entsteht, wird hingegen die weiterführende Schule als institutionalisiertes Angebot wahrscheinlich verschwinden oder nur noch einen kleinen Teil des Lernangebotes für Teenager ausmachen.

Alle diese Szenarien sind konstruiert. Sie sind als Alternativen hingestellt, weil sie unterschiedliche Wertentscheidungen implizieren und unterschiedliche Sichtweisen des Lernens repräsentieren. Die Frage, wie unser Bedarf an Kompetenzentwicklung am besten befriedigt werden kann, wird von ihnen verschieden beantwortet. Wir wissen, daß die Veränderung wesentlicher Seiten der Tätigkeit der Schule eine Generation dauert. Daher ist es wichtig zu erfassen, welche Kräfte heute auf die bevorstehenden Entscheidungen einwirken.

Wir können von denen lernen, die mit diesen und anderen Schulmodellen systematisch experimentiert haben. Das ist der Zweck des IMTEC-Projekts 'Schule im Jahre 2020'. Es gibt schon praktische Beispiele, die den dargelegten Szenarien nahekommen. Wir wollen solche Beispiele dokumentieren und damit zu der notwendigen öffentlichen Diskussion der Schule beitragen.

Literatur

Brooklyn, D.: Managing the New Careerist, Jossey-Bass Inc. Publishers, London 1986

Coleman, J. S.: 'Families and Schools', in: Educational Researcher, Vol. 16, No. 6, August - September 1987

Coleman, J. S./Hoffer, T./Kilgore, S.: High School Achievement, New York, Basic Books, 1982

Dalin, P.: Skolentvikling, Universitetsforlaget, 2. edition, 1986

OECD-Observer, Spring 1987

Risto, V.: IMTEC Occasional Paper, Oslo 1987

Ernst-Ulrich von Weizsäcker

Zukunft der Hochschule

1. Das Auf und Ab des Berufsbezugs

Wenn wir uns ernsthaft auf die Hochschule der Zukunft einlassen wollen, sollten wir uns zunächst darüber Rechenschaft ablegen, wie sich die Hochschule in der Vergangenheit verstand und warum sie in den sechziger und siebziger Jahren einem Reformprozeß ausgesetzt war, der viele noch im Rückblick erschrecken läßt, und der nie zu einem befriedigenden Ende gekommen ist.

Die alte Universität hatte sich ohne sonderliche Skrupel der Heranbildung der Elite verschrieben, für die Wissenschaft, die höhere Beamtenschaft, die Pfarrer, Ärzte, Ingenieure und Lehrer, kurz alle, die in der alten Zeit gesellschaftlichen Rang hatten. Und in den Staats- und Wirtschaftsformen der hundert Jahre vor 1960 war es durchaus nicht unplausibel, nur einen kleinen Prozentsatz jedes Altersjahrgangs durch diese Ausbildung zu schicken. Diesen Wenigen, die von einer überschaubaren Atmosphäre profitierten und die Geistesgrößen ihres Faches persönlich kennenlernten, war ein relativ individuelles Studium zuzumuten, welches durch weit auslegbare Prüfungsordnungen und überhaupt keine Studienordnungen nur gering eingeschnürt war. Der Preis war, daß die Universität einem ratlosen Studenten nicht viel Halt gab. Lediglich in den Natur- und Ingenieurwissenschaften und in der Medizin war das anders. Dort wurde schon damals nach festen Plänen gebüffelt. Dies war die Situation, die ich vorfand, als ich mich vor 25 Jahren mit Hochschulpolitik auseinanderzusetzen begann und zwar im AStA der Universität Hamburg. Unserem AStA, der sich als progressiv sah, ging es um ein quantitatives und qualitatives Problem.

Quantitativ: Nur etwa 6 bis 7% eines Altersjahrgangs erreichten die Hochschule und das fanden wir Studenten empörend. Die Vermehrung der Hochschulen von damals 25 (18 Universitäten und 7 TH's) auf 50 hätte keiner zu träumen gewagt, und die Verdoppelung der Studentenzahl an den bestehenden Hochschulen ebensowenig. Heute haben wir beides und mehr.

Qualitativ: Viele von uns fanden die Hochschulen inhaltlich zu elitär und zu abgehoben, zu wenig berufsbezogen. Ich persönlich, als Student der Naturwissenschaften, fand das nicht. Ich fand die Universität zwar zu wenig praxisbezogen, aber eher zu sehr verschult und berufsbezogen. Mir ging es zunächst darum, daß für den Physik- und Biologiestudenten der Horizont für die ethische, gesellschaftliche, ökologische und ökonomische Reichweite ihres Faches geöffnet wird, notfalls unter Opferung der Standardisierung des Lernstoffes. Ich sah nicht ein, warum jeder Student sich durch die gleichen Tierstämme oder die gleichen Lehrgebiete der theoretischen Physik quälen sollte und dafür dann keine Zeit für die interdisziplinäre Arbeit mehr hatte. Aus diesen Überlegungen resultierte 1969 der Vorschlag eines Baukastensystems für Hochschulen und Erwachsenenbildung. Dieses eher an die Humboldt'sche Tradition eines ganzheitlichen, wenngleich individuellen Studiums anknüpfende System widersprach aber massiv dem Zeitgeist der sechziger und siebziger Jahre, so sehr es auch den damaligen Strömungen der quantitativen Ausweitung, des gelockerten Hochschulzugangs, der Gesamthochschule und auch des Berufsbezugs angepaßt wurde. Es hatte damals keine Durchsetzungschance. Was sich stattdessen plausiblerweise durchsetzte, war das Hereinzwingen des Berufsbezugs, und eben dieses wurde allenthalben als 'Hochschulreform' gefeiert. Für die erdrückende Mehrzahl derer, die damals und in den darauffolgenden 15 Jahren Hochschulreform machten, war der Berufsbezug und die quantitative Verbreiterung des Hochschulzugangs beinahe das gleiche Reformziel. Und objektiv muß man dieser Auffassung ein Stück weit recht geben. Für die Hunderttausende von Studenten, die damals zusätzlich in die Hochschule drängten, war ein sichtbarer Berufsbezug das einzige, was ihrer Vorstellungswelt entsprach. Insofern war die Berufsorientierung des Studiums wohl auch ein Weg, diesen Studenten zu ermöglichen, an der für ihren Familienhintergrund ganz fremdartigen Universität erfolgreich zu bestehen. Insoweit erkenne ich auch den Sinn der Reform an, wie sie sich durchgesetzt hat, auch wenn ihr Berufsbezug, ihre Verschulung sich sehr von dem unterscheidet, was ich mir unter der Reform vorgestellt hatte.

Solange die allermeisten Studenten nach ihrem Studienabschluß noch fraglos ihren Job fanden, als es nämlich noch durchweg unbefriedigte Nachfrage nach ihnen gab, war der Berufsbezug plausibel und erträglich. Um den Vorzug des Berufsbezugs gegenüber dem bis dahin üblichen Wissenschaftsbezug zu verdeutlichen, malte man etwa den didaktisch völlig unerfahrenen Mathematiklehrer an die Wand, der in Wirklichkeit ein verhinderter Diplom-Mathematiker wäre, um dann zu beweisen, daß der Lehramtsstudent sich gründlich und explizit mit Pädagogik, Psychologie und Didaktik zu beschäftigen habe, und dieses schulstufenspezifisch. Damit dies klappte, mußte der Student allerdings schon sehr früh wissen, welchen Beruf er ergreifen wollte.

Durch diese Reform kam zweifellos eine Generation von Lehrern an unsere Schulen, die für den Schulalltag besser gewappnet waren als ihre Vorgänger. Das Problem mit dem Berufsbezug begann erst später, als nämlich klar wurde, daß eine Großzahl, in manchen Studiengängen die Mehrzahl aller Absolventen, keinen ihrer Ausbildung entsprechenden Arbeitsplatz finden würden, insbesondere bei den Lehramtsstudenten.

Es zeigte sich zwar, dies als Trost, daß die arbeitslosen Lehrer phantasievoll, flexibel und realistisch in allerlei ganz überraschende Berufe und Tätigkeiten gehen konnten und gingen. Sie kamen in der Industrie unter, gründeten Institute, verdingten sich als Reiseleiter, Sachbearbeiter oder Sekretärinnen, oder sie machten Teestuben und Bioläden auf. Unsere Innenstädte wären sicher viel ärmer ohne diese Generation arbeitsloser Hochschulabsolventen. Aber man muß sich fragen, ob der Berufsbezug die eigentliche Ursache dieser - unter den gegebenen Umständen - erfreulichen Flexibilität war.

Als die Lehramtslawine anfing in Schwung zu kommen, waren wir Professoren, die die entsprechenden Studenten ausbildeten, noch ganz fern davon, ein quantitatives Problem mit der Unterbringung der Absolventen zu sehen. Zu nahe waren uns noch die Mangelsituationen, die seinerzeit zu den berühmten 'Mikätzchen' führten, reifere Frauen, die der damalige Kultusminister Mikat im Schnellverfahren zu Lehrerinnen machte, um die schlimmsten Löcher zu stopfen. Auch die Bildungsplanung, soweit es eine solche gab, rief 1972 bis 1976 noch nicht Alarm. Dabei hätte man ausrechnen können, daß derjenige, der 1976 als frischer Abiturient die Hochschule betrat, frühestens 1980 Examen machen konnte, und daß 1980 eine Krise mit fehlenden Planstellen schon in vollem Gang sein würde.

So unzureichend war also unsere Fähigkeit, uns auf die Zukunft einzustellen, und das in einem Sektor, der zweifellos zu den am besten prognostizierbaren im ganzen Bildungsbereich gehört. Wieviel schlechter prognostizierbar, muß man annehmen, sind dann die anderen Sektoren? Ich resümiere diesen Abschnitt ohne jede Schadenfreude, im Gegenteil mit Betroffenheit über die Tausende von jungen Leuten, die aus einer nichtakademischen Familientradition, womöglich im Streit mit ihren Eltern, den Sprung auf die höhere Schule und Universität riskiert haben, nun am Ziel ihrer Bildungswünsche angelangt, sehen müssen, wie sie wieder die Betrogenen sind. Ich resümiere, daß der Berufsbezug der Studiengänge an wissenschaftlichen Hochschulen in eine Sackgasse geraten ist.

2. Heraus aus der Sackgasse

Wie finden wir aus der Sackgasse heraus? Und wie stellen wir uns die Hochschule der Zukunft vor, im Jahre 2000 und 2025? Und beides unter der Annahme, daß wir keine Chance haben zu prognostizieren, wie viele Erdkundelehrer, Apotheker, Betriebswirte oder Starkstromingenieure wir brauchen werden.

Die konservative Antwort heißt: Polyvalenz durch eine Rückkehr zu den Grundlagen, zu den Disziplinen: 'Wenn einer ordentlich die Grundlagen der Chemie oder der Elektrotechnik gelernt hat, ist er in einem breiten Spektrum von Berufen in Reichweite jener Fächer einsetzbar'.

Diese Antwort befriedigt mich überhaupt nicht: Erstens widerspricht sie dem Humboldt'schen Ideal des über die Disziplin hinausgehenden Horizonts. Zweitens ist das, was die Forscher in den Disziplinen forschen, meistens weder grundlegend noch innovativ, denn die Disziplinen sind weitgehend abgegrast und das wissenschaftliche Neuland liegt eher zwischen den Disziplinen. Also hieße die Rückkehr zur Disziplin effektiv den Verzicht auf Forschungsnähe. Drittens ist das Beibringen und das Lernen von Basiswissen und Basismethoden äußerst frustrierend. Die Motivation bei Lehrenden und Lernenden ist gering. Und viertens muß man ja nicht mit dem engen Berufsbezug auch gleich den Praxisbezug über Bord werfen.

Bleiben wir zunächst einmal beim Praxisbezug, der für meine Vorstellung an der Hochschule der Zukunft einen zentralen Raum einnimmt. Was kann Praxisbezug denn bedeuten, wenn schon nicht Berufsbezug? Zunächst einmal heißt Praxisbezug nur, daß das Ineinanderwirken von Wissenschaft und Praxis erlebbar wird. Wer sich als Student mehrfach beispielhaft in die komplexen Anwendungs-, Praxis- und Ethikprobleme seiner Wissenschaft hineingearbeitet hat, sei es in die Schulwirklichkeit, in die Industrie oder in ein Forschungsprojekt an den Grenzen der Disziplin, der wird unabhängig davon, welchen Beruf er ergreift (realistischer: welchen Job er ergattert), da selbst keine grundsätzlichen Orientierungsprobleme haben. Er dürfte auch im Normalfall - wenn er noch ein Mindestmaß an Neugier hat - auch einen ganz anderen Zugang zu den Grundlagen der Disziplin haben. Wer schon sprechen kann, für den sind Buchstaben, Syntax und Grammatik etwas Reales. Wer mit Buchstaben und Syntax anfangen soll, der braucht eine hohe Frustrationstoleranz.

Einen weiteren Vorteil hat der frühe Praxisbezug: Der Student stellt sich schon früh auf die Situation ein, die ihn ein Leben lang begleiten wird, daß er nämlich immer ein unvollständiges Wissen hat, daß er auf andere Menschen angewiesen ist, und daß er sich weiterbilden und verfügbare Informationsquellen anzapfen muß.

Die anderen genannten Einwände gegen die disziplinbezogene 'Polyvalenz' weisen in ähnliche Richtung. Das für den in der Praxis stehenden Chemiker oder Elektrotechniker relevante Wissen ist einem viel stärkeren Wandel ausgesetzt, als es viele, selbst prominente Fachvertreter wahrhaben wollen. So ist etwa in der Chemie gegenwärtig das Gewicht der Neusynthese von Stoffen gegenüber der Umwelt- und Risikoforschung stark am Abnehmen, aber für die Umwelt- und Risikoforschung hat das zwölf Semester lange disziplinäre Chemie-Studium nicht viel geholfen. Ein bißchen Systemtheorie oder Ökologie oder ein anderes interdisziplinäres Arbeitstraining wäre da hilfreicher gewesen als manche rein chemische Vertiefung. Analoge Aussagen ließen sich für Elektrotechniker, Physiker, Betriebswirte, Ärzte oder Linguisten machen.

Für mich als Wissenschaftler gravierender ist die Sache mit dem Neuland. Unsere Studenten bekommen von disziplinär orientierten Professoren vorgegaukelt, das Neuland sei im Rahmen der Disziplinen zu entwickeln. Auch wenn das in Einzelfällen noch richtig sein mag, so sind doch die wissenschaftlichen Durchbrüche und selbst der Alltag von methodischen, konzeptionellen und thematischen Berührungen mit näher oder ferner benachbarten Disziplinen durchzogen, und dies desto mehr, je praxisnäher die Problemstellung ist.

Schließlich ist diese Polyvalenz-Ideologie stets in Gefahr, disziplinäre Vollständigkeit zu verlangen und dafür ein langes Studium in Kauf zu nehmen. Das ist angesichts des im internationalen Vergleich sehr späten Berufseintritts der deutschen Hochschulabsolventen sehr wenig wünschenswert und macht es schwieriger, Zeit für die Weiterbildung freizukämpfen.

Damit ist nun der Ansatz für eine längerfristige Strategie für unsere Hochschulen gegeben. Die Kerngedanken lassen sich wie folgt zusammenfassen:

1. (Trivialerweise) Studenten sollen das gedankliche und methodische Grundgerüst wenigstens einer Disziplin erlernen. Das sollte aber, über das ganze Studium verteilt, nicht mehr als 2 Jahre kosten.

2. Studenten sollen das wissenschaftliche Arbeiten auch über die Praxisbezüge der Wissenschaft lernen. Da die Praxis nicht disziplinär ist, bedeutet das, daß die Hochschule sich didaktisch und organisatorisch der interdisziplinären Herausforderung stellen muß.

3. Dies impliziert, daß die Forschung an der Hochschule, die heute noch weitestgehend disziplinär und innerhalb der Fachbereiche stattfindet (während sie in Max-Planck-Instituten, Bundesforschungsanstalten und Industrie weitgehend interdisziplinär organisiert ist), zu erheblichen Teilen quer zu den Fachbereichen organisiert gehört.

4. Während heute der Student die verschiedenen in einen Studiengang hineingestopften Fächer additiv konsumiert und ihre Integration in den seltensten Fällen leisten kann, müßte die Lehre an der zukünftigen Hochschule zumindest exemplarisch, möglichst eben durch Einbeziehung von praktischen und wissenschaftlichen Problemstellungen wesentliche Hilfestellungen zur Integration bieten.

5. Die Hochschule muß außer einem - in Grenzen - beizubehaltenden Bezug zur Berufswelt auch Bildungsangebote für Allgemeinbildung, nebenberufliche Bildung (z. B. Psychologie für Juristen, Umwelttechnik für Betriebswirte), politische und Hobbybildung entwickeln.

6. Die Hochschule muß sich konsequenterweise wesentlich stärker für die Weiterbildung nicht nur für frühere Hochschulabsolventen öffnen. Methodisch ist hier auch ein Platz für Fernstudien.

7. Die Teamarbeit, auch die interdisziplinäre, soll ausdrücklich gefordert und gefördert werden. Praktiker in diese hineinzuziehen, wäre da kein Schaden.

8. Die Hochschule sollte zu einer zentralen Service-Einrichtung für ihre Region werden: wissenschaftliche Datenbanken, Bibliothek, Technologietransfer, Anziehungspunkt für Gedankenaustausch - all das sind Funktionen der Hochschule, die gegenüber den klassischen Funktionen von Forschung und Lehre ständig an Gewicht zunehmen.

Keiner dieser Gedanken ist wirklich neu, und jeder wird auch schon irgendwo praktiziert. Aber die Verwirklichung dieser Gedanken würde der Hochschullandschaft, die nach 15 unruhigen Jahren gerade wieder zur Ruhe gekommen war, erneute tiefgreifende Veränderungen zumuten. Es ist aber meine Überzeugung, daß dies der Hochschule nach Jahren der gesellschaftlichen Nichtbeachtung und der wissenschaftlichen Scheinrekonvaleszenz wieder mehr Sinn, Bedeutung und Qualität geben wird. Ich kann mir vorstellen, daß es gegenüber den drängender werdenden Rotstiften der Finanzminister in einigen Jahren geradezu zur Überlebensstrategie gehören wird, sich in der angedeuteten Richtung anzupassen bzw. fortzuentwickeln.

Die Gedanken des Baukastensystems, die Anfang der siebziger Jahre nicht in die Landschaft paßten, könnten für die jetzt auf uns zukommenden Reformaufgaben wesentlich größere Bedeutung erlangen. Schließlich waren sie darauf angelegt, Praxisbezug, Teamarbeit, Interdisziplinarität und Weiterbildung zu verstärken und organisatorisch zu erleichtern.

3. Prognose dramatischer Herausforderungen an die Hochschulen - am Beispiel der Umweltkrise

Vielleicht ist es gestattet, die Dramatik der gesellschaftlichen Herausforderungen, die ich auf die Hochschule zukommen sehe, anhand der Umweltkrise kurz zu erläutern, mit welcher ich mich gegenwärtig hauptsächlich beschäftige. Mit gleichem Recht könnte ich auch über andere Krisenerscheinungen oder Herausforderungen sprechen, so z.B. über die rasante, industriell-technologische Entwicklung, über die Auswirkungen der Biotechnik auf Gesellschaft und Landwirtschaft, über die Bevölkerungsdynamik z. B. in den Großstädten der Entwicklungsländer, über die Veränderungen unserer Arbeitswelt und Freizeit und über die weiter fortschreitende Internationalisierung von Wirtschaft, Tourismus und Kultur. Wir sollten aber das, was wir alle darüber wissen, mit ins Blickfeld rufen, wenn wir über die Antwort auf die Umweltkrise nachdenken. Wenn die Umfrage von Hans-Günter Rolff der Behandlung von Umweltfragen im Bildungswesen höchste Priorität zuspricht, so ist es vielleicht erlaubt, die Umweltkrise als Beispiel für die Art der Herausforderungen zu wählen, mit denen die Hochschule fertig werden muß. Was meine ich konkret mit der Umweltkrise? Lassen Sie mich ein paar Stichworte geben: Wir verbrennen derzeit jährlich etwa so viele fossile Brennstoffe, wie in einer Million Jahren durch Biomasse wieder nachwachsen kann. Die konventionellen Umweltschäden, die aus diesem Verfeuern resultieren, liegen in der Größenordnung von 20 Milliarden DM alleine für unser Land. Hinzu kommen mutmaßliche Klimaschädigungen, deren Kosten noch gar nicht taxiert werden können. Jährlich werden rund 10 000 Tier- und Pflanzenarten auf der Erde endgültig ausgerottet. Die Tendenz ist steigend. Jährlich werden etwa 60 Milliarden Tonnen Boden fortgeschwemmt. Jährlich wird Wald von der Gesamtfläche ganz Österreichs vernichtet, und etwa in gleichem Umfang wachsen Steppen und Wüsten.

Ähnlich erschreckende Aussagen könnten über die Müllawine, die Kernenergie, die Zerstörung des Ozonschutzschildes oder die Gefahren für die Meere gemacht werden. Eine Trendwende ist dringend geboten, und die heutigen Instrumente der Umweltpolitik sind unzureichend, um diese Trendwende herbeizuführen. Man muß kein Prophet sein, um zu wissen, daß sich bis zum Jahre 2000 und erst recht 2025 diese grauenhaften Realitäten im Bewußtsein jedes denkenden Menschen, gleichgültig welcher Religion, welchen Gesellschaftssystems und welcher ökonomischen Situation, fest verankern.

Unsere Gesellschaft wird es sich nicht leisten können, der Verschärfung dieser Krise mit Gleichgültigkeit und Weiterwursteln zu begegnen. Kein Mensch, kein Staat, keine Wissenschaft, keine Technik, kein Gesetz und keine Literatur wird ohne Änderung bleiben, wenn die Realität der Umweltkrise im Bewußtsein der breiten Bevölkerung Fuß gefaßt hat. Die Wahrnehmung des Fortschritts wird notwendig einem tiefgreifenden Wandel unterzogen.

Dabei verändern sich dann auch die binnen- und außenwirtschaftlichen Marktchancen für Produkte, Dienstleistungen und Produktionsanlagen. Also wird die Zielrichtung der Ingenieure und Naturwissenschaftler ebenfalls wesentlich verändert. Mit einer oberflächlichen Anpassung an irgendwelche neuen Umweltstandards wird es nicht getan sein, weil die Krise viel tiefer geht. In dieser Situation wäre es romantisch, die Hochschule weiterhin den disziplinären Meinungsführern oder den konventionellen Studienreformern zu überlassen.

4. Die Antwort der Hochschule

Sofern es eine Chance gibt, durch Wissenschaft, Technik und Gesellschaftsorganisation etwas zur Milderung der Umweltkrise beizutragen oder gar zu einer Trendumkehr, dann muß und wird auch die Hochschule diese Chance wahrnehmen. Sie kann es nicht den Bürgerinitiativen und der Industrie, den außeruniversitären Staatsinstituten und den Öko-Instituten aller Art alleine überlassen, die notwendigen kulturellen und technischen Fortentwicklungen zu bestimmen und mit den Mitteln der Wissenschaft zu fördern. Aber ist die Hochschule, so wie wir sie heute kennen, überhaupt in der Lage, hier ernsthaft mitzugestalten? Ich fürchte, daß das staatsrechtliche Seminar der heutigen Universität, das Institut für Biochemie und der Große Lehrstuhl für Verfahrenstechnik in ihrem heutigen Zuschnitt äußerst ungeeignet sind, die Herausforderung aufzunehmen. Gleiches gilt von den Hunderttausenden von Studenten der Medizin, der Ingenieur- und Naturwissenschaften, Ökonomie, Jura oder Geistes- und Sozialwissenschaften. Selbst die Studenten, die sich auf Ökologie oder Siedlungswasserwirtschaft konzentrieren, bekommen an der heutigen Art von Hochschule sehr wenig mit, was zur Milderung der Krise beiträgt.

Die Ergebnisse einer Untersuchung, die unser Institut im Auftrag des BMBW über die Aufnahme des Themas Umwelt durch ausländische, insbesondere angelsächsische Hochschulen durchgeführt hat, scheinen anzudeuten, daß offenere Curricula, interdisziplinäre Forschungsstrukturen und Hochschulen mit Praxisbezug besser als die konventionellen Hochschulstrukturen geeignet sind, die Herausforderung aufzunehmen. In den USA und in England sind Umweltdepartments an den Universitäten die treibenden Kräfte bei der Sicherung der Praxisnähe, der Interdisziplinarität, des forschenden Lernens, der Weiterbildung und natürlich der inhaltlichen Auseinandersetzung mit der ökologischen Krise. Auch Umweltexperten, die dann in der Praxis vielfältige Verwendung finden (wie durch Berufsanalysen festgestellt wurde), gehen in großer Zahl aus solchen Hochschulen hervor.

Für unsere Überlegungen zur Hochschule der Zukunft könnte sich aus dem Gesagten folgendes ergeben:

Jede Hochschule sollte wenigstens eine Handvoll wissenschaftlicher Zentren mit einer ausgesprochen interdisziplinären Ausrichtung haben oder erhalten. Die Zentren könnten praxisorientierte Themen wie 'Strukturwandel Ruhrgebiet', 'Gewässerschutz','Arbeit und Freizeit', 'Energiewirtschaft', 'Technikfolgenbewertung', 'Rohstoffwiederverwendung' oder 'Mittelmeer-Raum' haben. Sie sollen als Auflage haben, daß mindestens je ein C4-Professor aus den Ingenieurwissenschaften, den Sozial- und Rechtswissenschaften, den Kultur- und Humanwissenschaften und den Naturwissenschaften beteiligt ist. Forschungsmittel der Hochschule und des Landes sollten bevorzugt an Antragsteller aus solchen Zentren oder andere fachübergreifende Teams vergeben werden. Dann könnten die Zentren entscheidend dazu beitragen, die oben formulierten acht Forderungen zur Hochschulreform zu erfüllen. Insbesondere der wissenschaftliche Praxisbezug, die Anleitung der Studenten zur Auseinandersetzung mit interdisziplinären Fragestellungen, die Förderung der Teamarbeit und die Service-Funktion für die Region würden sehr erleichtert.

Neben diesem vermutlich wichtigsten Reformelement, der Etablierung einer interdisziplinären Forschungslandschaft, muß auch die Studienreform wieder aufgerollt werden. Die Ersetzung des engen Berufsbezugs durch den Praxisbezug verlangt neues Denken bei Studien- und Prüfungsordnungen. Eine Auflockerung des engen Anforderungsprofils ohne Qualitätsabstrich ist keine leichte Arbeit. Vermutlich muß man zunächst mit Pionierarbeit einer hierzu bereiten Hochschule oder eines Fachbereichs beginnen und die Pioniere durch Äquivalenzgarantie absichern. Wichtig hierfür wäre es, daß die Wirtschaft ein Signal gibt, daß sie mit Absolventen, die ihre Solidität und Allgemeinbildung mit Interdisziplinarität und Praxis-Tatendrang verbinden, mehr anfangen können als mit den eng curricularisierten Prüflingen von heute.

Die Durchsetzung einer erneuten Hochschulreform in der angedeuteten Richtung wird nicht einfach sein. Es gäbe viele Partner, die sich an der Durchsetzung beteiligen könnten. Um mit einer relativ unwahrscheinlichen Denkmöglichkeit zu beginnen: Wenn die DFG ihre Förderungspolitik (und ihre Begutachtungsinstrumente) in Richtung fachübergreifender und die Praxis berührender Forschung fortentwickelt, kann das ein positives Erdbeben an den Hochschulen auslösen. Wenn die Fakultäten relativ entmachtet und die Berufungskommissionen fakultätsübergreifend zusammengesetzt werden, dann könnte sich endlich etwas an dem bislang sterilen Karriereschema für Hochschullehrer ändern. Und wenn die breite Öffentlichkeit das ökologische Versagen der Hochschulen registriert und kritisiert, entsteht über kurz oder lang ein erheblicher Anpassungdruck. Wenn ich nicht überzeugt wäre, daß die Hochschulen durch eine Reform in die skizzierte Richtung an Qualität, Selbstbewußtsein und Attraktivität gewinnen würden, würde ich nicht die Öffentlichkeit und die Hochschulen selber auffordern, einen solchen Druck zu erzeugen.

Hermann Schmidt

Zukunft von Qualifikation und Bildung

Im vorgegebenen Rahmen dieses Beitrages beschränke ich mich auf Aussagen zur Berufsausbildung, und zwar vorwiegend zur betriebsgebundenen Berufsausbildung im dualen System. Zum Begriff 'Berufliche Bildung', wie ihn das Berufsbildungsgesetz von 1969 definiert, gehört auch die berufliche Weiterbildung, die jedoch von Winfried Schlaffke und Hans Preiss in den folgenden Beiträgen behandelt wird.

Ein Teil meiner Ausführungen befaßt sich mit den Bedingungsfaktoren, die die berufliche Bildung am stärksten prägen. Dies sind

- die Bevölkerungsentwicklung,
- Wirtschaft, Technik und Arbeitsmarkt, deren Entwicklungstendenzen ich kurz skizziere, und
- die Vorbildung der Jugendlichen.

Der Schwerpunkt meiner Betrachtungen gilt den Auswirkungen der technischen, wirtschaftlichen und gesellschaftlichen Veränderungen auf die zukünftigen Qualifikationsanforderungen in der beruflichen Bildung. Ich werde versuchen, die wachsende Bedeutung der Persönlichkeitsbildung für eine qualifizierte Berufsarbeit aufzuzeigen, was meiner Auffassung nach zur Überwindung des Gegensatzes von Bildung und Qualifikation führen kann.

Die neuen Techniken, darin sind Wissenschaft und Politik einig, lassen positive und negative Entwicklungen in der Arbeitsorganisation und damit in der Gestaltung der Arbeitsplätze und in den Qualifizierungsstrategien zu. Wichtige Entscheidungen stehen an:

- Wie soll Arbeit in Zukunft organisiert werden?
- Welche Aufgaben soll der Mensch im Arbeitsprozeß wahrnehmen?
- Wie sollen die Arbeitsplätze gestaltet werden?

Meine These lautet, daß Arbeitgeber und Gewerkschaften im Prozeß der Entwicklung zukünftiger Qualifikationen in der beruflichen Bildung die entscheidenden 'Trendsetter' sind, daß sie schneller und wirksamer auf technisch-wirtschaftliche Entwicklungen reagieren als der Staat, dessen Rolle bezüglich der Rahmenbedingungen dadurch aber nicht an Bedeutung verliert.

1. Projektion der Rahmendaten für das Berufsbildungswesen

1.1 Bevölkerungsentwicklung

Die demographische Entwicklung wird bis zum Jahr 2000 wegen ihrer entlastenden Wirkung am Arbeitsmarkt begrüßt, danach aber immer stärker beklagt werden. Das Absinken der Geburtenrate von etwa einer Million pro Altersjahrgang Mitte der 60er Jahre auf etwa 600 000 Mitte der 70er Jahre wird sich erst mit Beginn der 90er Jahre voll auf den Sekundarbereich II und die Hochschulen auswirken.

Die deutsche Wohnbevölkerung wird bei der gegenwärtigen geringen Geburtenrate im Jahr 2000 auf ca. 54 Millionen, im Jahre 2025 auf etwa 45 Millionen zurückgegangen sein. Die gegenwärtige Geburtenrate liegt um 40 % unter der Rate, die zum Erhalt des bisherigen Bevölkerungsstandes erforderlich wäre.

Inwieweit der Rückgang der deutschen Wohnbevölkerung durch den Zuzug von Ausländern kompensiert wird, ist sehr schwer vorauszusagen. Es ist jedoch davon auszugehen, daß das weitere Zusammenwachsen Europas zu einem weiteren Anstieg der ausländischen Bevölkerung in Deutschland führt. Eine Verdoppelung der ausländischen Wohnbevölkerung bis zum Jahre 2025 ist deshalb durchaus im Rahmen des Möglichen.

Tab. 1
Bevölkerungsentwicklung:

allgemein	2000 2025	~ 54 Mio. ~ 44 - 46 Mio.
16jährige	1980 2000	~ 1,05 Mio. ~ 650 000
60jährige und Ältere	1985 2025	~ 12 Mio. ~ 17 - 19 Mio.
Lebenserwartung	2000 2025	~ 76 Jahre ~ 80 - 82 Jahre

Bei der Projektion der Schulabsolventen-Jahrgänge gehe ich davon aus, daß der leichte Wiederanstieg der Schulabgänger ab 1993 bis zum Jahr 2000 die Grenze von etwa 650 000 nicht übersteigt. Das bedeutet einen Rückgang von annähernd 40 % im Vergleich zur ersten Hälfte der 80er Jahre. Wie auf viele andere Lebensbereiche wird sich die Zunahme der älteren Wohnbevölkerung auch auf die Struktur des Berufsbildungswesens auswirken. Die steigende Lebenserwartung - im Jahre 2000 durchschnittlich 76, im Jahre 2025 sogar 80 bis 82 Jahre - läßt den Anteil der über 60jährigen überproportional ansteigen. Die Normalform der Bevölkerungspyramide, die z. Z. bereits Zwiebelform angenommen hat, dürfte sich bis zum Jahre 2025 in eine Pilzform wandeln. Etwa 17 bis 19 Millionen Menschen dürften im Jahre 2025 über 60 Jahre alt sein. Das sind etwa 30 % mehr als heute. Es erfolgt eine erhebliche Umschichtung des Einkommens zwischen den Generationen zu Gunsten der Älteren. Altersstrukturveränderungen und Einkommensumschichtung werden erhebliche Folgen für die Struktur der gesamtwirtschaftlichen Nachfrage und für den daraus abgeleiteten Personalbedarf haben.

1.2 Wirtschafts- und Technikentwicklung

Die internationale Entwicklung von der produzierenden Industriegesellschaft zur postindustriellen Informationsgesellschaft wird sich in den nächsten 30 bis 40 Jahren allmählich vollziehen. In ihrem Verlauf ist ein Rückgang der Beschäftigung im verarbeitenden Gewerbe und im Baugewerbe zu erwarten. Handel und Verkehr dürften sich bis zum Jahre 2000 nur wenig ändern. Die Dienstleistungen werden stetig wachsen, darunter auch jene, die produktionsorientiert sind (z. B. Planung, Beratung, Instandhaltung, Qualifizierung). Durch Auslagerung dieser derzeit noch häufig in Produktionsunternehmen integrierten Dienstleistungen und durch verstärkten Einsatz informationstechnischer Hilfsmittel liegen hier nicht unbeträchtliche Chancen zur Wahrnehmung bestimmter Produktions- und Dienstleistungen durch die Handwerkswirtschaft, sofern es den Handwerksbetrieben gelingt, die dafür erforderlichen veränderten Qualifikationen bereitzustellen. Der Fertigungsbereich wird zunehmend von den Informationstechniken sowie von umweltschützenden Verfahren und Produkten gekennzeichnet. Auch in der Werkstofftechnik dürfte jenseits des Jahres 2000 mit weiteren umwälzenden Neuerungen zu rechnen sein. Ziel der Produktionsunternehmen werden immer stärker flexible Fertigungssysteme sowie eine geschlossene Produktionslogistik. Anlagen für rechnergestütztes Planen und Konstruieren, für die Telekommunikationstechnik in Betrieben, für den Einsatz von Informations- und Kommunikationsdiensten sowie von technischen Medien im Bildungsbereich sowie im privaten Bereich werden den Anteil der Elektronikproduktion am Bruttoinlandsprodukt in den kommenden Jahrzehnten erheblich ansteigen lassen.

1.3 Arbeitsmarktentwicklung

Die kommenden 15 Jahre werden noch durch eine relativ hohe Arbeitslosigkeit gekennzeichnet sein. Die Szenariovarianten sehen für das Jahr 2000 bei durchgängig 3%igem Wirtschaftswachstum immerhin noch 1 Million Arbeitslose, bei durchgängig 1%igem Wirtschaftswachstum 4 Millionen Arbeitslose vor. Der Abbau der Arbeitslosigkeit wird bis weit ins nächste Jahrhundert hinein eine wesentliche Aufgabe sein. Erst ab etwa 2010 dürfte sich der allgemeine Bevölkerungsrückgang so stark auswirken, daß von einer Knappheit an Arbeitskräften gesprochen werden kann.

Tab. 2
Arbeitsmarktentwicklung

allgemeine Tendenz	2000 2010	hohe Arbeitslosigkeit beginnende Knappheit an Arbeitsplätzen
Berufstätigkeit der Frauen	1980 2000 2025	32 % 45 % 60 %
Wochenarbeitszeit	2000 2025	35 Stunden 30 Stunden
Ruhestandsgrenze		flexibel zwischen 50 und 70 Jahren

Die Berufstätigkeit der Frauen wird in den nächsten Jahrzehnten weiter steigen und damit der Abstand zwischen männlicher und weiblicher Erwerbsbeteiligung weiter sinken (z. Z. beträgt die Erwerbsquote 60 % bei Männern und 36 % bei Frauen). Allerdings ist die zunehmende Erwerbstätigkeit der Frauen wegen ihrer demographischen Folgen eine der zentralen gesellschaftspolitischen Fragen. Eine berufliche Gleichstellung zwischen Mann und Frau bei gleichzeitiger Förderung der Geburtenhäufigkeit kann nur aus der Anerkennung der häuslichen Tätigkeit als Berufsarbeit für beide Geschlechter entstehen. Die Zahl der ausländischen Arbeitnehmer dürfte sich - wie oben bereits erwähnt - in den nächsten 40 Jahren verdoppeln.

Die Wochenarbeitszeit dürfte im Jahr 2000 35 Stunden (effektive Arbeitszeit 32 Stunden) erreicht haben. In den darauffolgenden Jahrzehnten wird dagegen eine nur annähernd gleiche Arbeitszeitverkürzung wie in der Vergangenheit (1 % p. a.) wenig realistisch sein. Zum einen erfordert die Realeinkommensverbesserung der Erwerbstätigen bei den durchschnittlich steigenden Soziallasten Einkommenserhöhungen anstelle von Arbeitszeitverkürzungen. Zum anderen würde eine fortgesetzte Arbeitszeitverkürzung bei der rückläufigen Erwerbsbevölkerung um 2010 zu einer erheblichen Knappheit an Arbeitskräften führen und diese in den Folgejahren verstärken. Die Annahme, daß auch im Jahr 2025 durchschnittlich nicht weniger als 30 Stunden (effektiv 27 Stunden) pro Woche gearbeitet wird, dürfte realistisch sein.

In bezug auf die Lebensarbeitszeit werden sich flexible Ruhestandsregelungen immer mehr durchsetzen, die in Verbindung mit den flexiblen Wochenarbeitszeiten das Ausscheiden aus dem Erwerbsleben 'entzerren' und im Zeitraum zwischen dem 50. und 70. Lebensjahr ermöglichen.

Die Flexibilisierung der Arbeitszeit wird vor allem über einen starken Anstieg der Teilzeitbeschäftigung erreicht werden. Desweiteren wird durch die Arbeitszeitverkürzung und durch den einsetzenden Rückgang der Schulabgänger in den Jahren nach 2000 eine Entlastung des Arbeitsmarktes eintreten. Teilzeitbeschäftigung verbunden mit systematischer Weiterqualifizierung ist in den kommenden Jahren auch für die erste Berufsphase sinnvoll und hilft, einem durch Arbeitslosigkeit hervorgerufenen möglichen Verfall der Qualifikation vorzubeugen.

Die Zahl der Teilzeitbeschäftigten hat sich seit 1960 von rd. 780 000 bis 1986 mit rd. 3,1 Millionen etwa vervierfacht. Rund 14 % aller Arbeitnehmer arbeiteten 1986 zwischen 1 und 36 Wochenstunden. Der Anstieg ist jedoch fast ausschließlich auf die Teilzeitbeschäftigung von Frauen zurückzuführen. Bei Männern betrug die Teilzeitquote im Jahre 1960 1,5 % und im Jahre 1986 2,2 %.

Der drastische Rückgang der Geburtenrate wird sich bereits in den 90er Jahren im Wettbewerb um den Nachwuchs bemerkbar machen. Von dem verschärften Wettbewerb um Jugendliche könnten auch bisher benachteiligte Gruppen wie z. B. die lernschwächeren Jugendlichen profitieren, wenn sich die Einsicht durchsetzt, daß die gesellschaftlichen Folgekosten des Ungelerntseins erheblich höher sind als die Bildungskosten zur Qualifizierung der Jugendlichen mit Lernproblemen. Unabhängig davon halte ich die Tatsache, daß lernschwächere, ausländische und behinderte Jugendliche aus Kostengründen keine qualifizierte berufliche Bildung erhalten, für unerträglich. Nachdem der Druck der großen Zahl nicht mehr als Entschuldigungsgrund dienen kann, muß dieser Mangel in den nächsten Jahrzehnten beseitigt werden.

1.4 Vorbildung in der allgemeinbildenden Schule

Die neunjährige Pflichtschulzeit wird in den 90er Jahren in allen Bundesländern von einer zehnjährigen abgelöst, wenngleich die gegliederten Schulformen in der Sekundarstufe I über das Jahr 2000 hinaus Bestand haben dürften. Der Anteil der Schüler in der Sekundarstufe II dürfte auf fast die Hälfte eines Altersjahrganges ansteigen, wobei der Bedarf an doppeltqualifizierenden Bildungsgängen, wie sie heute von den Kollegschulen vermittelt werden, ansteigt. Bei einem entsprechenden Ausbau dieser Bildungseinrichtungen dürften sie bis zum Jahr 2025 fast so stark werden wie die 'nur' die Studienberechtigung vermittelnden Gymnasien.

Tab. 3
Vorbildung bis zum Jahre 2025

	2000	**2025**
ohne Abschluß	8 %	3 %
Sek. I - 9jährige Schulzeit	20 %	—
Sek. I - 10jährige Schulzeit	42 %	50 %
Sek. II - *nur* Studienberechtigung	20 %	25 %
Sek. II - Doppelqualifikation	10 %	22 %

Da sich die Gymnasien auch in Zukunft mit Erfolg gegen die Integration beruflicher und allgemeiner Bildung zur Wehr setzen werden, liegt es nahe, die doppelqualifizierenden Bildungsgänge vornehmlich im beruflichen Schulwesen anzusiedeln, was zugleich zu einer starken Aufwertung der beruflichen Schulen führt.

2. Gestaltungsmöglichkeiten, Entscheidungsspielräume und Folgen von Veränderungen im beruflichen Bildungswesen

Das duale System wird bis zum Jahr 2000 und vielleicht auch darüber hinaus seine Attraktivität behalten, weil es bei anhaltender Arbeitsplatzknappheit am ehesten den Einstieg in die Beschäftigung ermöglicht. Der Wettbewerb mit schulischen Bildungsgängen wird aber bereits in den 90er Jahren einsetzen. Dies gilt insbesondere für Gesundheitsberufe, informationstechnische- und kaufmännische Berufe sowie für Dienstleistungsberufe.

Die Wirtschaft wird auf die zunehmende Verknappung der Nachwuchskräfte mit gesteigerten Bemühungen um qualitative Verbesserungen zur Aufwertung der dualen Ausbildung reagieren. Die Nachfrage nach Ausbildungsplätzen im dualen System wird von 750 000 im Jahre 1985 auf unter 450 000 im Jahre 2000 absinken. Bei einer durchschnittlichen Ausbildungsdauer von 2 1/2 bis 3 Jahren wird die Zahl der Auszubildenden von 1,8 auf 1,1 Millionen sinken. Die Ausbildungsstruktur verändert sich schwerpunktmäßig hin zu den kaufmännischen Berufen und zu den Dienstleistungsberufen, während der Anteil der produzierenden, der handwerklichen und landwirtschaftlichen Berufe sinkt.

Tab. 4
Entwicklung des dualen Systems

Nachfrage:	1985 750 000	2000 450 000
Nachfrage wächst:	kaufmännische und technische Berufe, Gesundheitsberufe	
Nachfrage sinkt:	handwerkliche und landwirtschaftliche Berufe	
Ausbildungsdauer:	3 - 3 1/2 Jahre (effektiv: 2 1/2 - 3 Jahre)	
Großbetriebe:	Anteil an der Ausbildung in der Wirtschaft steigt	

Der Anteil der Ausbildung in Großbetrieben an der Gesamtausbildung im dualen System wird in den nächsten 30 Jahren stark ansteigen, weil deren langfristige Strategie immer stärker auf Rekrutierung selbstausgebildeten Personals ausgerichtet ist. Ungelernte werden durch selbstausgebildete Facharbeiter ersetzt, deren Einbeziehung in betriebsinterne Weiterbildungsmaßnahmen dadurch erleichtert wird. Auf die steigende Bedeutung beruflicher Vollzeitschulen habe ich bereits hingewiesen, insbesondere in den Gesundheits- und sozialpflegerischen Berufen sowie den Hochtechnologieberufen. Der ständig steigende Bedarf an möglichst breiter allgemeiner und beruflicher Grundbildung dürfte - wie bereits erwähnt - den in den letzten Jahren noch stark umstrittenen Kollegschulen schon in den 90er Jahren einen starken Ausbau bescheren.

Bevor wir uns mit der Frage beschäftigen, wie berufliche Bildung im Jahr 2000/2025 voraussichtlich gestaltet wird, möchte ich einige grundsätzliche

Bemerkungen machen: Wie die Produktionsverfahren und Arbeitsplätze in Zukunft gestaltet werden, welche Rolle der arbeitende Mensch im Arbeitsprozeß spielt, welche Qualifikationen dementsprechend benötigt werden, wird nicht von den neuen Techniken bestimmt. Ihre Einsatzmöglichkeiten sind so flexibel, daß sie alle Möglichkeiten offenlassen - das Ende der Arbeitsteilung wie eine Arbeitszerlegung auf höchstem technischen Niveau. Die Zukunft der Arbeitsgestaltung, der Bildungs- und Qualifikationsprozesse wird gesellschaftspolitisch entschieden. Die neuen Techniken lassen es zu, stark arbeitsteilige Produktionsverfahren aufzuheben, Arbeitsplätze anzureichern und 'humaner' zu gestalten, d. h. stärker auf die dem Menschen eigenen Fähigkeiten zum Planen, Entscheiden und verantwortlichen Handeln abzustellen. Hier lassen sich zwischen gesellschaftspolitisch motivierten, die Arbeitnehmerinteressen verfolgenden Gewerkschaftsstrategien und auf langfristige Wettbewerbsfähigkeit auf den Weltmärkten (nicht: kurzfristige Gewinnmaximierung) und partizipative Organisation von Arbeitsprozessen gerichteten Unternehmervorstellungen durchaus für die Beschäftigten insgesamt positive Übereinkünfte erzielen.

Diese Übereinkünfte, wie sie in den letzten Jahren bei der Neugestaltung von Berufsbildern für Facharbeiter beispielsweise zwischen der IG Metall und Gesamtmetall bzw. dem Zentralverband der elektronischen Industrie in bezug auf die industriellen Metall- und Elektroberufe getroffen und von der Bundesregierung durch Rechtsverordnung sanktioniert wurden, legen zunächst 'nur' neue Bildungsgänge und Qualifikationsziele fest. Zu einem Zeitpunkt, zu dem die Debatte über zukünftige Qualifikationsstrategien mit Blick auf die Polarisierungsthese noch durchaus offen geführt wird, haben die Sozialparteien allerdings ein unübersehbares Zeichen gesetzt: Als Qualifikationsziel der neuen Bildungsgänge wurde der selbständig planende, eigenverantwortlich handelnde, berufsfähige Facharbeiter vereinbart.

Natürlich ist diese Festlegung von Qualifikationszielen keine Gewähr dafür, daß in den kommenden 20 Jahren die Arbeitsprozesse in den metall- und elektroindustriellen Berufen entsprechend organisiert werden. Hierzu bedarf es anderer und weitergehender Vereinbarungen, die allerdings - wenn überhaupt - zunächst zwischen den Sozialparteien getroffen werden müßten. Festzuhalten ist jedoch, daß mit den neuen Berufsbildern Qualifikationsprofile geschaffen wurden, die vom Staat zwar durch Rechtsverordnung sanktioniert, wegen ihrer weitreichenden bildungs- und tarifpolitischen sowie sozialversicherungsrechtlichen Konsequenzen so nicht konzipiert worden wären. Das Verdienst, in einer historischen Situation vielfältiger Optionen die qualifikatorischen Voraussetzungen für eine technisch und ökonomisch sinnvolle, vor allem aber sozial verträgliche Gestaltung von Arbeitsprozessen geschaffen zu haben, kommt den Sozialparteien zu. Die Zurückhaltung des Staates, der sich auf die rechtliche Normierung der zwischen den Sozialparteien vereinbarten neuen Berufsbilder beschränkte, ist durchaus angemessen. Seine Macht, eigene Qualifikationskonzepte, die nicht mit Arbeitgebern und Gewerkschaft abgestimmt sind, in der betrieblichen Praxis durchzusetzen, ist nämlich begrenzt. Aus diesem Grunde wird auch in Zukunft den Entscheidungen der Sozialparteien über Qualifikationsanforderungen und Arbeitsorganisation für die Planung von Bildungsprozessen eine nicht unbeträchtliche Bedeutung zukommen.

Am Beispiel der Entwicklung von Technik und Produktionsverfahren in der Automobilindustrie lassen sich die neuen Qualifikationsanforderungen in der Produktion verdeutlichen.

Tab. 5:
Entwicklung der Technik und Produktionsorganisation am Beispiel der Automobilindustrie

Traditionelle Technik	**Neue Technik**
Großserie, Fließband	flexible Fertigung 'C'-Verfahren, Roboter
langer Materialdurchlauf, Lagerhaltung	'just-in-time-production'
Produktion → Ungelernte Instandhaltung → Facharbeiter Qualitätssicherung → Techniker/ Ingenieure	Team von Facharbeitern/ Ingenieuren → für Produktion Instandhaltung und Qualitätssicherung

Die traditionelle Technik der Fließbandproduktion in der Automobilindustrie war durch die Großserie, lange Materialdurchlaufzeiten, Lagerhaltung und eine langfristige Investitionsplanung für Sachkapital gekennzeichnet. Mit dem Einzug der neuen Techniken - die 'neue Zeit' wird in der Automobilindustrie auch 'after Japan' genannt - kennzeichnen flexible Verfahren mit dem 'C' die Fertigung (CNC, CAD/CAM, CIM). Die Lagerhaltung wird auf ein Minimum reduziert; Teile-Zulieferung erfolgt nach dem Prinzip der 'just-in-time-production'. Neben die Planung der Sachinvestitionen tritt zunehmend eine längerfristige Personaleinsatzplanung mit entsprechenden Vorstellungen über den Aus- und Weiterbildungsbedarf.

Die veränderten Fertigungsverfahren haben neue Qualifikationsanforderungen und damit auch andere Qualifikationsstrategien zur Folge. Während in der Vergangenheit für die Produktion auch Ungelernte nach einem relativ kurzen Anlernprozeß eingesetzt werden konnten, Facharbeiter für die Instandhaltung verantwortlich waren und Techniker/Ingenieure für die Qualitätssicherung, werden zukünftig für Produktion, Instandhaltung und Qualitätssicherung Teams von Facharbeitern und Ingenieuren eingesetzt, in denen Ungelernte keinen Platz mehr haben. Hierfür wird ein neuer Typ von Facharbeiter benötigt, der die Grundlagen der Metall- und Elektrotechnik beherrscht, weitgehend selbständig plant, durchführt, kontrolliert und in den Produktionsprozeß steuernd eingreifen kann.

Frieder Naschold stellt unter Berücksichtigung dieser Veränderungen, die ja durchaus nicht auf die Automobilindustrie beschränkt sind, einem traditionellen 'technischen Modell der Produktivität' ein neues 'soziales Modell der Produktivität' gegenüber.

Tab. 6
Modelle der Produktivität

Technisches Modell	**Soziales Modell**
Sachkapital Technischer Fortschritt	Menschliche Arbeitskraft Arbeitsorganisation

Vor dem Hintergrund dieser Entwicklung und Überlegungen ergeben sich zwangsläufig Qualifikationsziele der zukünftigen Berufsbildung, die sich nicht auf die Vermittlung eines fixierten Kanons beruflicher Kenntnisse und Fertigkeiten beschränkt, sondern auch die Entwicklung der selbständigen und verantwortlichen Persönlichkeit umfassen.

Die Antwort auf die Herausforderung durch die neuen Technologien und Produktionsverfahren kann deshalb nur mit einem neu gefaßten Bildungsbegriff und neu formulierten Bildungszielen beantwortet werden, in denen der Gegensatz 'Bildung - Berufliche Qualifikation' aufgehoben ist. Hans-Günter Rolff hat dies im vergangenen Jahr auf dem ersten 'Forum Zukunft' treffend beschrieben:

'Es geht nicht um die falsche Alternative Bildung oder Qualifikation, sondern um eine Bildung, die auch qualifiziert für Berufsarbeit und deren Gestaltung darüber hinaus, vielleicht sogar in erster Linie für das Leben und die Gestaltung der Lebensbedingungen und die deshalb auch in Spannung steht zu den Sozialisationsbedingungen' (Rolff 1987, S. 205).

Die Struktur und der Zusammenhang der einzelnen Qualifikations- und Bildungskomponenten ist in der folgenden Übersicht angedeutet.

Abb. 1
Qualifikationsziele der Berufsbildung

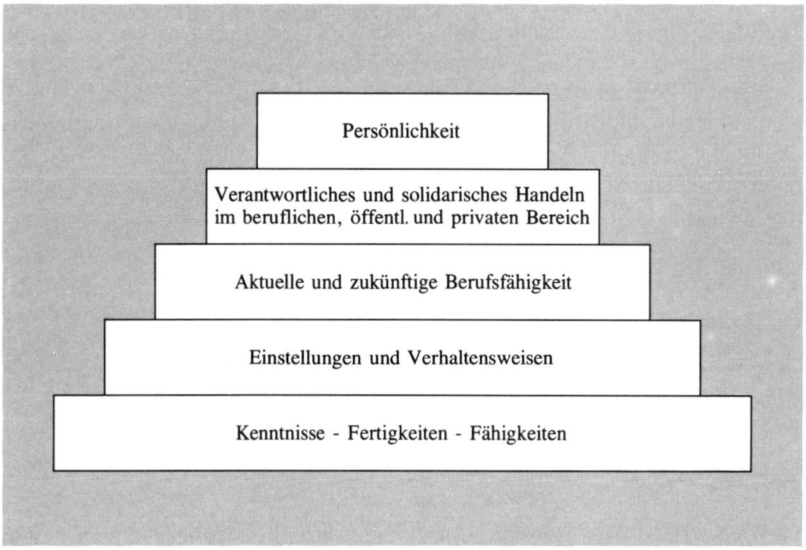

Es ist bereits ein Gemeinplatz festzustellen, daß die häufig als Schlüsselqualifikationen apostrophierten Anforderungskomponenten wie Abstraktionsvermögen, Systemkenntnisse, planerisches Denken, Kommunikationsfähigkeit zunehmend an Bedeutung gewinnen. Sie sind jedoch an die Vermittlung fachlicher, berufsspezifischer Qualifikation gebunden, ohne die sie im Qualifikationsprozeß leere Begriffe bleiben.

Eindeutig ist das Ansteigen fachübergreifender Qualifikationen in unterschiedlichen Berufsfeldern (z. B. kaufmännische Grundkenntnisse für technische Berufe und umgekehrt) sowie Basisqualifikation in Informatik für alle Berufe. Das Vordringen der Mikroelektronik fördert im allgemeinen den

Höherqualifizierungsprozeß. Sowohl 1979 als auch 1983 hatten die mit programmgesteuerten Arbeitsmitteln arbeitenden Beschäftigten im Durchschnitt eine höhere Qualifikation als die Gesamtheit der Beschäftigten. Dies geschieht jedoch nicht zwangsläufig, sondern nur dann, wenn die in den informationstechnischen Systemen angelegten Möglichkeiten zur Reduzierung oder Aufhebung der Arbeitsteilung voll genutzt werden.

Feststellbar ist, daß die technische und arbeitsorganisatorische Entwicklung solche Qualifizierungsprozesse fördert, die den traditionellen Forderungen der Gewerkschaften nach einer breiten, vielseitig verwendbaren beruflichen Grundausbildung eher entsprechen, als der von der traditionellen Arbeitsteilung bestimmten, spezialisierenden Ausbildung für einen relativ schmalen Berufsbereich. Mit der Änderung der Arbeitsorganisation im beschriebenen Sinne nähern sich die Auffassungen von Arbeitgebern und Gewerkschaften über die Qualifizierungsziele tendenziell einander an. Beispielhaft hierfür ist die bereits erwähnte Neugestaltung der metall- und elektroindustriellen Berufe, die von 50 auf 10 reduziert wurden.

Abb. 2
Quantitative Entwicklung der anerkannten Ausbildungsberufe

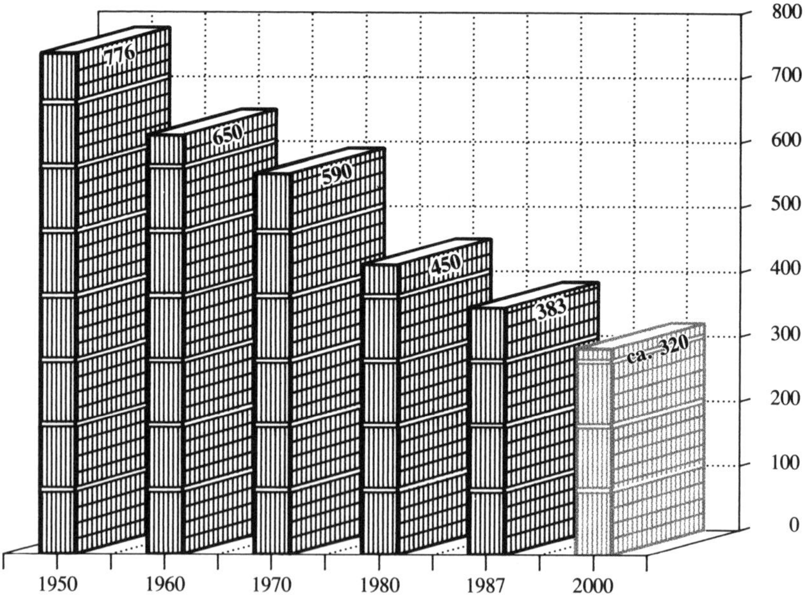

Insgesamt gesehen weist die Entwicklung der Facharbeiterberufe in die gleiche Richtung: breite Basis, Entspezialisierung unter Beibehaltung der Berufsfähigkeit. Von 1970 (rd. 600) bis heute (383) ging die Zahl der anerkannten Ausbildungsberufe um über 200 zurück. Dieser Konzentrationsprozeß wird sich, wenn auch nicht in dem Ausmaß wie in den letzten Jahren, fortsetzen und bei etwa 300 bis 320 Ausbildungsberufen einpendeln.

Bei den im Jahre 1987 in Kraft getretenen neuen Ausbildungsordnungen für die metall- und elektroindustriellen Berufe wurde erstmals in Ausbildungsordnungen für die betriebliche Berufsausbildung der Versuch unternommen, den neuen Qualifikationsbegriff zu beschreiben. Er geht über die 'Kenntnisse und Fertigkeiten' der traditionellen Ausbildungsordnungen hinaus und stellt den selbständig und verantwortlich handelnden Facharbeiter in den Mittelpunkt des Ausbildungsgeschehens. Der in den Ausbildungsordnungen formulierte Auftrag an die Ausbildungsbetriebe lautet: '. . . Fertigkeiten und Kenntnisse sollen so vermittelt werden, daß der Auszubildende . . . zur Ausübung einer qualifizierten beruflichen Tätigkeit befähigt wird, die . . . selbständiges Planen, Durchführen und Kontrollieren einschließt' (§ 3 Abs. 4 der Verordnung über die Berufsausbildung in den industriellen Elektroberufen und zum Kommunikationselektroniker/Kommunikationselektronikerin im Bereich der Deutschen Bundespost vom 15. Januar 1987, BGBl. I, S. 199; § 3 Abs. 4 der Verordnung über die Berufsausbildung in den industriellen Metallberufen vom 15. Januar 1987, BGBl. I, S. 274).

Die neuen Qualifikationskonzepte, dies ist keine Frage, stellen neue Herausforderungen an die betriebliche und schulische Berufsausbildung, an die Vermittlungsformen und Ausbildungsmethoden. Handlungsorientierte Lernformen sind mehr denn je gefragt. In den vergangenen 10 Jahren sind in über 50 betrieblichen Modellversuchen bereits vielfältige Ansätze zur Weiterentwicklung von Ausbildungsmethoden erprobt worden, die vom Bundesinstitut für Berufsbildung dokumentiert wurden.

Vor allem vom Ausbilder verlangen die neuen methodischen Ansätze ein neues Rollenverständnis und veränderte Einstellungen. Während er in der traditionellen Ausbildung vor allem Unterweiser und Instrukteur war, der in den vom ihm zu vermittelnden Kenntnissen und Fertigkeiten ständig Meisterschaft zu demonstrieren hatte, wird nun von ihm erwartet, daß er vornehmlich die Eigenaktivitäten der Lernenden unterstützt, ihre Motivation und ihr Sachinteresse wachhält, als Berater bei individuellen Schwierigkeiten auftritt. Es reicht nicht aus, kraft Amtes und Fachautorität Anweisungen zu geben, eigenes Wissen darzustellen und Kontrollen durchzuführen. Der Ausbilder soll den Lernenden zu eigenständiger Planung, Durchführung und Selbstprüfung ermutigen, wobei er sich auf die Lösungsvorschläge der Lernenden einlassen muß. Er wird zum Initiator von Lernprozessen und zum Organisator von Lernsituationen, die diese Lernprozesse fördern.

In der Diskussion um die allgemein feststellbare Tendenz zur Höherqualifizierung wird immer häufiger die Frage aufgeworden, ob denn ein normal begabter Pflichtschulabsolvent oder gar ein lernschwächerer Jugendlicher diese anspruchsvollen Qualifikationsanforderungen erfüllen könne. Zunächst ist hierzu festzustellen, daß auch in Zukunft die praktischen und theoretischen Anforderungen in den weit über 300 Ausbildungsberufen so unterschiedlich sein werden, daß auch Jugendlichen mit Lernschwierigkeiten Chancen zur beruflichen Qualifizierung in anerkannten Ausbildungsberufen geboten werden können.

Allerdings ist auch festzustellen, daß die berufs- und arbeitspädagogischen Förderungsmöglichkeiten, die gerade das Lernen am Arbeitsplatz für lernschwache und behinderte Jugendliche bieten, bei weitem nicht ausgeschöpft sind. Wie Modellversuchsergebnisse des Bundesinstituts für Berufsbildung belegen, kann durch Intensivierung der Ausbildungsmaßnahmen, durch individuelle Verlängerung der Ausbildungszeit und besondere persönliche Betreuung die Erfolgsrate in der beruflichen Qualifizierung dieser Jugendlichen noch erheblich gesteigert werden. Nach allgemeiner Auffassung ist jedenfalls ein Ausweichen auf Teilqualifikationen für Jugendliche mit Lernschwierigkeiten kein Ausweg, weil die Verwertungschancen solcher Qualifikationen ähnlich ungünstig beurteilt werden müssen wie die von Ungelernten.

Aus den von mir aufgezeigten Entwicklungstendenzen beruflicher Bildung wird deutlich, daß in Zukunft Fragen der Kosten und Finanzierung einen noch höheren Stellenwert gewinnen als in der Vergangenheit. Die Bemühungen um eine qualitative Verbesserung der beruflichen Bildung auf dem Wege der Höherqualifizierung sowie die aufgrund des drastischen Rückgangs der jugendlichen Bevölkerung nicht nur bildungspolitisch, sondern auch ökonomisch motivierte Zielsetzung 'Ausbildung für alle' führen notwendigerweise zu Kostensteigerungen in der beruflichen Bildung.

Bei einer Beibehaltung der einzelbetrieblichen Finanzierung der beruflichen Bildung würden jenseits des Jahres 2000 die Klein- und Mittelbetriebe, die heute noch gut 2/3 der Ausbildungsverträge im dualen System beisteuern, weitgehend von der Ausbildung ausgeschlossen sein. Überbetriebliche

Berufsbildungsstätten werden stärker als bisher dem am Arbeitsplatz allein nicht mehr vermittelbaren Qualifikationsbedarf der Klein- und Mittelbetriebe in der Ausbildung der Jugendlichen und der Weiterbildung der Beschäftigten sicherstellen, wenngleich der Arbeitsplatz zentraler Lernort bleibt, an den jedoch höhere Anforderungen gestellt werden. Zur Zeit verursachen die mehr als 600 überbetrieblichen Berufsbildungsstätten bereits laufende Kosten von mehr als 800 Mio. DM pro Jahr. Die einzelbetriebliche Finanzierung der betrieblichen Berufsbildung wird deshalb zunehmend durch kollektive Finanzierungssysteme ergänzt, wobei tarifvertraglich vereinbarte oder durch statuarisches Recht der Kammern festgelegte Finanzierungssysteme dominieren. Darüber hinaus wird eine staatliche Beteiligung an den betrieblichen oder überbetrieblichen Kosten der Berufsbildung dort erfolgen, wo es aus gesamtwirtschaftlichen Gründen geboten erscheint.

In diesem Zusammenhang möchte ich auf die mangelhafte Datenlage auf dem Gebiet der Kosten der beruflichen Bildung hinweisen. Die Politik hat diese Frage aufgrund langjähriger Auseinandersetzungen über eine gesetzliche Umlagenfinanzierung regelrecht tabuisiert. Die Befürchtung der Arbeitgeber, mit der Schaffung von Kostentransparenz könnte ein wesentlicher Schritt in Richtung eines Zentralfonds gemacht werden, veranlaßte sie, jegliche Untersuchung von Kosten und Nutzen der beruflichen Bildung abzulehnen. Als Ergebnis dieser Verhinderungsstrategien sind unsere Kenntnisse von den betrieblichen Aufwendungen für Ausbildung und Weiterbildung so mangelhaft, daß heute niemand annähernd abgesicherte Angaben darüber machen kann. Erfreulicherweise wird der Forschungsbedarf auf diesem Gebiet inzwischen auch von den Spitzenorganisationen der Arbeitgeber anerkannt, so daß einige zur Zeit anlaufende Forschungsprojekte Anfang der 90er Jahre erstmals wieder gesicherte Daten zur Verfügung stellen dürften.

Einige abschließende Bemerkungen möchte ich noch den zunehmenden internationalen Verflechtungen unserer Wirtschaft und unseres Arbeitsmarktes widmen, die zweifellos in den 90er Jahren größere Konsequenzen für unsere Qualifizierungsstrategien zur Folge haben werden. Wir werden in den kommenden Jahren eine neue Qualität der Freizügigkeit von Arbeitskräften in der Europäischen Gemeinschaft erleben, die mit einem Anstieg der Mobilität von Wanderarbeitnehmern einhergeht, auf die wir uns auch in unseren Bildungseinrichtungen einstellen können und müssen. Die bisher in der Europäischen Gemeinschaft nur zwischen der Bundesrepublik Deutschland und Frankreich in Teilbereichen erfolgreiche gegenseitige Anerkennung von beruflichen Abschlüssen wird auf die übrigen Partnerländer ausgedehnt werden müssen. Da eine Konvergenz der Bildungssysteme oder eine Abstimmung von Bildungsgängen innerhalb der Gemeinschaft auch in den nächsten Jahrzehnten nicht erreichbar sein dürfte, wird Ungleichartiges häufiger als gleichwertig anerkannt werden müssen, ein Problem, das wir in der Diskussion über die Gleichwertigkeit beruflicher und allgemeiner Bildungsabschlüsse im eigenen Land noch nicht gelöst haben. In Europa könnte allerdings die unterschiedliche Zertifikationsgläubigkeit der einzelnen Bildungs- und Beschäftigungssysteme zu einem Haupthindernis der Mobilität der Arbeitskräfte werden.

Bei uns beginnt sich die Erkenntnis durchzusetzen, daß Qualifizierungspolitik in einem rohstoffarmen, exportabhängigen Land auch eine recht erfolgreiche Wirtschaftspolitik ist. Dies wird auch in einigen anderen europäischen Ländern so gesehen, wenngleich noch nicht in allen. Die Zeitspanne bis 2025 wird schon benötigt werden, um in Europa auch auf dem Berufsbildungsmarkt die Gemeinsamkeiten herzustellen, die im Interesse der Freizügigkeit der Europäer erreicht werden müssen. Aus diesen und zahlreichen anderen Gründen, die uns aus Verpflichtungen in der Gemeinschaft und gegenüber anderen Ländern erwachsen, sollten zukünftige Foren den Blick über die eigenen Grenzen hinweg als festen Bestandteil einbeziehen.

Literatur

Alex, L.: Technisch-wirtschaftlicher Wandel als Herausforderung für die Berufsbildung in der Bundesrepublik Deutschland, in: Bildung und Erziehung, Nr. 1, 1987

Baethge, M./Oberbeck, H.: Die Zukunft der Angestellten, Frankfurt/Main 1986

Friedrich, W./Ronning, G.: Arbeitsmarktauswirkungen moderner Technologien, in: Schriftenreihe des ISO-Institutes für Sozialforschung Köln, Konstanz 1985, Manuskriptdruck

Kabierschke, Th.: Schlüsseltechnologien in den nächsten 20 Jahren, in: Blick durch die Wirtschaft, Nr. 5/1988

Kau, W./Ehmann, Chr.: Szenario des Berufsbildungssystems bis 1995, Sonderveröffentlichung des BIBB, Berlin 1986

Klauder, W.: Guter Nachwuchs wird bald Mangelware sein - Der Arbeitsmarkt um die Jahrtausendwende, Frankfurter Allgemeine Zeitung Nr. 7, vom 9. 1. 1988

Naschold, F.: Technik und soziale Organisation, WZB-Mitteilungen Nr. 36, Berlin 1987

Rolff, H.-G.: Qualifikation und Bildung, in: Hesse, J. J./Zöpel, Chr. (Hrsg.), Zukunft und staatliche Verantwortung, Baden-Baden 1987

Rothkirch, Chr. v./Weidig, I.: Die Zukunft der Arbeitslandschaft. Zum Jahreskräftebedarf nach Umfang und Tätigkeit bis zum Jahre 2000, Beitr. AB 94.1 und 94.2, Nürnberg 1985

Schmidt, H.: Berufsausbildung für das Jahr 2000, in: Beiträge zur Gesellschafts- und Bidlungspolitik, Nr. 123, 1/87, Köln

Schmidt, H.: Neue Qualifikationen im dualen System, in: Dokumentation - Jahresgespräch der Bundesarbeitsgemeinschaft Schule/Wirtschaft, Köln 1987

Winfried Schlaffke

Zukunft der Weiterbildung

1. Weiterbildung - ein integraler Bestandteil des Bildungssystems

Schon vor Jahrzehnten war die Forderung nach 'lebenslangem Lernen' weit verbreitet. Für die einen bedeutete sie - in der Tradition aufklärerischen und idealistischen Denkens - einen Weg zu geistiger Freiheit, Emanzipation und zu persönlichem Glück. Von Anaxagoras und Aristoteles über Hegel und Herder galten und gelten bis heute Wissen, Vernunft und Bildung nicht nur als Instrumente, die Anforderungen der Zeit zu bewältigen, sondern als Vehikel, mit denen man in eine bessere, freiere gesellschaftliche Zukunft gelangen kann.

Vernunft schafft Freiheit, schwärmen Hegel wie Hölderlin, der wie folgt formulierte: 'Dann herrscht ewige Einheit unter uns. Nimmer der verachtende Blick, nimmer das blinde Zittern des Volks vor seinen Weisen und Priestern. Dann erst erwartet uns gleiche Ausbildung aller Kräfte, des Einzelnen sowohl als aller Individuen. Keine Kraft wird mehr unterdrückt werden, dann herrscht allgemeine Freiheit und Gleichheit der Geister' (Hölderlin, o. J., S. 556 f.).

Andere wollen diese in 2 1/2 Jahrtausenden abendländischer Geschichte wieder und wieder genährte Hoffnung partout nicht teilen, daß mehr Bildung zu einer besseren Gesellschaft führt. Und für wieder andere bedeuten Bildung und damit verbundenes 'lebenslanges Lernen' vor allem in der oft einseitigen Ausrichtung des Bildungsbegriffs auf Kultur, Sprachen und Politik eher etwas Elitäres oder sogar Bedrohliches. Lebenslanges Lernen klingt nach 'lebenslänglich . . .'! Lebenslänglich lebensfern das arme Hirn mit Dingen quälen, die man nicht liebt, nicht braucht oder vielleicht auch nicht versteht. Lebenslänglich auf verhaßten Schulbänken! Lebenslänglich vor ungeliebten Lehrern.

Diese gerade für junge Menschen gräßliche Vorstellung wurde in den 60er und 70er Jahren nicht dadurch gemildert, daß viele Bildungspolitiker das Weiterlernen nach einer Erstausbildung stärker unter idealistischen Vorstellungen einer zukünftigen Gelehrtenrepublik diskutierten. Die Weiterbildung sollte sich sozusagen neben dem Beruf vollziehen und eine zweite Daseinsform ermöglichen. Ein typisches Beispiel für diese Sichtweise bot das 1976 erschienene Buch 'Lernen für ein neues Jahrhundert'. Diese Studie der Europäischen Kulturstiftung befaßte sich mit den Aufgaben und Möglichkeiten der Weiterbildung in Europa zu Beginn des 3. Jahrtausends. Die Bildungswelt von morgen wird dem Leser in fiktiven Dokumenten und Presseberichten nahegebracht. So heißt es zum Beispiel in einer Zeitungsmeldung vom März des Jahres 2004:

'Henry McGoy, als hilfsbereiter Klempnermeister ein Begriff. . . ., lädt . . . . in Devlin's Bookshop, Wilson Street, ein. Er signiert Exemplare seines Buches: Hegelsche Dialektik, ideologischer Krieg und Klassenbewußtsein . . . . Der Autor sagt uns dazu: Ich freue mich über das Buch: Für mich ist es endlich ein greifbares Ergebnis meiner jahrelangen Arbeit neben dem Beruf. Ich arbeite jeden Tag von 8 bis 13 Uhr als Klempner. Auf diese Weise bleibt mir der Nachmittag für die Philosophie. Also sowas wie Sokrates machte' (Thomas 1976, S. 49).

Eine idealistische Bildungs- und Gelehrtenrepublik wird uns nach Meinung dieser Europa-Studie in etwa zwei Jahrzehnten umgeben. Die Handwerker und Techniker philosophieren, doch leider: Die Philosophen werden nicht zu Handwerkern und Technikern.

Gegenwärtig hat die Weiterbildung ein ganz anderes Gewicht. Sie wird von allen Kräften der Gesellschaft gefordert, aber nicht nur aus idealistisch-humanitären oder politischen Gründen, sondern sie ist auch volks- und betriebswirtschaftlich notwendig und für den einzelnen unabdingbar, um den wechselnden Anforderungen seines Berufes zu genügen. Wenn heute in Unternehmen und ihren Verbänden von der Notwendigkeit der Weiterbildung gesprochen wird, dann geht es in erster Linie darum, Hilfestellung zu leisten, die Veränderungen in unserer Industriegesellschaft durch Bildung zu bewältigen.

Schlußfolgerung: Die Bedeutung der Weiterbildung ist gestiegen, sie wird auch weiterhin an Gewicht gewinnen. Dafür sorgen Forschung, Entwicklung und Wissensvermehrung ebenso wie die vielfältigen Anforderungen des strukturellen Wandels in unserer Gesellschaft mit sich verändernden Berufsprofilen, Einsatz neuer Techniken in vielen Lebensbereichen, wachsender Freizeit, Umorientierungen in der Wertewelt usw.

2. Strukturwandel und Qualifikationsbedarf

Die Folgen der Schlüsseltechniken unserer Zeit sind mit Bildung leichter zu bewältigen. Gerade die Mikroelektronik hat Wirtschaft und Gesellschaft verändert und wird sie weiter verändern. Solch tiefgreifender und zudem rascher Wandel ist nicht leicht zu verkraften, zumal beispielsweise durch Kern-, Weltraum-, Bio- und Gentechnik weitere und anders gelagerte Wandlungsschübe ausgelöst werden. Es kann kein Zweifel daran bestehen, daß technischer Fortschritt Unruhe erzeugt; es erhebt sich sogar die Frage, ob technische Neuerungen nicht geradezu zwangsläufig zu Krisen führen müssen. weil originäre Innovationen ihrem Wesen nach zunächst immer sozial unverträglich sind. Sie richten sich nämlich gegen vorhandene Besitzstände an Ressourcen, an Arbeit und 'know-how'; sie zerstören oft mühsam eingependelte Gleichgewichte. Zweifellos ist mit der Mikroelektronik eine neue Dimension in der Entwicklungsgeschichte erreicht. Über viele Jahrtausende hinweg hat der Mensch Werkzeuge entwickelt und eingesetzt, die vornehmlich seine physischen Möglichkeiten vervielfacht haben. In den letzten Jahrzehnten sind mit der Hard- und Software der Mikroelektronik neue Hilfsmittel hinzugekommen, die sein Selektions-, Systematisierungs- und Speichervermögen ins Millionenfache gesteigert haben.

Ihre neuen und noch unausgeloteten Wirkungsdimensionen weckten vielfältige Ängste und so wurde gerade die Mikroelektronik vor allem von der Kuturkritik als Feind angesehen:

- Die Mikroelektronik werde den Trend zur Arbeitszerlegung weiter verschärfen und schließlich vor allem zu inhaltsleeren und sinnentleerten Tätigkeiten führen.
- Den Heerscharen mit inferioren Tätigkeiten beschäftigter Mitarbeiter (Dequalifizierung) würde eine nur kleine Gruppe hochqualifizierter und mächtiger Manager in zentralen Schaltstellungen gegenüberstehen (Polarisierung).
- Die Mikroelektronik - Computerisierung, Terminalisierung und Zentralisierung - mache die Menschen zu Sklaven ihrer eigenen technischen Schöpfungen.
- Materielle und geistige Verelendung seien die zwangsläufige, unkorrigierbare Folge des Einsatzes der Mikroelektronik.

Alle diese Prognosen sind weder in vollem Umfang noch im Trend eingetroffen. Heute besteht in folgendem ein erstaunlich breiter Konsens in unserer Gesellschaft:

- Arbeitsplätze werden nicht gefährdet, wenn Hoch- und Spitzentechnologien eingesetzt werden, sondern wenn zu lange mit herkömmlichen Verfahrensweisen hergestellte Produkte auf alten Märkten untergebracht werden

müssen. In der Anwendung der Mikroelektronik liegen große Chancen für den Arbeitsmarkt, denn sie ist die entscheidende Basisinnovation, die auch in den nächsten Jahrzehnten weiterentwickelt und ihre Innovationskraft entfalten wird.
- Nicht zu viel, sondern zu wenig technischer Fortschritt gefährdet in den Unternehmen die Qualität der Produkte, die internationale Konkurrenzfähigkeit und damit Arbeitsplätze. Gerade in den hochtechnisierten, durchrationalisierten Arbeitsbereichen, in der Elektroindustrie, im Maschinenbau, in Banken und Versicherungen sind allein im letzten Jahr viele Zehntausende neuer und zusätzlicher Arbeitsplätze entstanden.
- Eine hohe Produktivität im industriellen Bereich schafft die Voraussetzung dafür, daß der beschäftigungsintensive Dienstleistungssektor wachsen kann. Die Beschäftigungsdynamik im marktwirtschaftlich organisierten Dienstleistungsbereich war erheblich.

Schlußfolgerung: Die Mikroelektronik hat in erheblicher Weise den derzeitigen Strukturwandel beeinflußt und damit Probleme, aber auch vielfältige, nie dagewesene Chancen geschaffen. Mit neuen Technologien sind neue Produkte und neue Arbeitsplätze entstanden.

Doch ein Qualifikationsschub mit umfassender Breitenwirkung ist die Voraussetzung für die Problemlösungsfähigkeit und Wettbewerbsfähigkeit unseres Landes. Weiterbildung muß daher in den nächsten 25 Jahren als vierter Bereich zu einem integralen und gewichtigen Bestandteil des gesamten Bildungssystems werden. Daraus ergibt sich die Notwendigkeit, die Erstausbildung auch aus der Perspektive der Weiterbildung zu betrachten und gegebenenfalls neu zu strukturieren. Die Frage nach tragfähigen Fundamenten unseres Bildungsgebäudes stellt sich neu, wenn künftig jedermann mit erheblichen Aufstockungen und baulichen Erweiterungen seines Bildungshauses und -haushaltes rechnen muß.

3. Eine neue Ära des industriellen Arbeitens

Den internationalen Konkurrenzkampf und den Wettbewerb der Systeme bestehen zu wollen, ist nur die eine mehr materielle Seite der Betrachtung, die ideelle Seite der neuen Techniken - jenseits von Effizienz, Produktivität und Wettbewerbsfähigkeit - wird viel zu wenig betrachtet: Gerade die Mikroelektronik bietet die Chance, mehr Entwicklungsmöglichkeiten und Freiräume für die Menschen zu schaffen. Die sich neu auftuenden Gestaltungs- und Spielräume sind faszinierend.

1970 hat das Sozialwissenschaftliche Forschungsinstitut Göttingen großes Aufsehen mit einer Studie 'Industriearbeit und Arbeiterbewußtsein' erregt. Die Professoren Kern und Schumann sahen die Arbeitsteiligkeit in Zukunft weiter fortschreiten, die Mitarbeiter mit immer uninteressanteren und anspruchsloseren Tätigkeiten beschäftigt (Kern/Schumann 1970). 1984 haben Kern und Schumann mit den Ergebnissen einer neuen Untersuchung unter dem Titel 'Das Ende der Arbeisteilung?' wiederum größte Aufmerksamkeit erzielt. Sie haben die 1970 vorgelegten Erkenntnisse revidiert (Kern/Schumann 1984). Zu ähnlichen Befunden wie die Göttinger Forscher kommen zahlreiche soziologische Forschungsinstitute und Wissenschaftler (z. B. Böckels 1980, Naschold 1985, Spur/Krause 1984, Mickler u. a. 1981), so auch das Institut der deutschen Wirtschaft, das im Auftrag des Bundesministeriums für Bildung und Wissenschaft ebenfalls eine großangelegte Betriebsuntersuchung über die Auswirkungen neuer Technologien auf Qualifikationsanforderungen, Unternehmensorganisation und Führungsverhalten vorgelegt hat (Göbel/Schlaffke 1987):

1. Neue Techniken, auch die Hard- und Software der Mikroelektronik, sind nicht 'intelligente', sie sind 'tote' Werkzeuge, die erst durch den Gestaltungswillen und die Zielsetzung des Menschen lebendig werden. Der Garant für den Bestand und die lebendige Entwicklung eines Unternehmens sind folglich nicht neue Techniken, neue Produkte oder neue Märkte, sondern innovative und kreative Mitarbeiter, die dank ihres Einfallsreichtums, ihrer Schöpferkraft und Phantasiefähigkeit in der Lage sind, auf neue Anforderungen und Probleme Antwort und Lösungen zu geben. Die Bedeutung des Mitarbeiters im Betrieb nimmt nicht ab, sondern ständig zu.

2. Das Konzept der menschenleeren Fabrik wird die Ausnahme bleiben. Selbst wenn es technisch und finanziell zu realisieren wäre, bleiben die Unternehmen auf die Intelligenz, Kreativität und das Umsetzungsvermögen ihrer Mitarbeiter angewiesen. Nur dadurch können die neuen 'Denkzeuge' auch intelligent eingesetzt werden. Der Zukunftstrend richtet sich nicht auf zentralgesteuerte Großsysteme, sondern auf Dezentralisierung und eigenverantwortlich gestaltete kleine Einheiten: 'Small is beautiful'.

3. Maschinen sind geduldig, fleißig, gegenüber Monotonie unempfindlich; sie übernehmen die Routinen. In dem Maße, in dem manuelle Tätigkeiten von Maschinensteuerungen, von Handhabungssystemen oder von CAD-Systemen übernommen werden, verschiebt sich die menschliche Tätigkeit zunehmend auf das Planen und Organisieren der Prozesse, das Überwachen und Warten der Anlagen - Aufgaben, bei denen eher die Fähig-

keiten des Menschen zur kreativen Problemlösung gefordert ist als die stumpfsinnige Bedienung der Apparate. Ein allgemeiner Trend zur Höherqualifizierung ist unübersehbar.

4. Isolierungen und Spezialisierungen weichen zunehmender Integration und Verzahnung früher getrennter Aufgabenbereiche. Die Unternehmen greifen zu neuen Formen der Arbeisstrukturierung. Der Trend der Vergangenheit, Arbeit immer weiter zu zerlegen, verlangsamt sich und wird in vielen Bereichen sogar rückgängig gemacht. Die neue Tendenz in Gegenwart und Zukunft heißt: Arbeitsbereicherung, Delegation von Verantwortung, die Zusammenschau von Einzelvorgängen und Vernetzung. Arbeitsplätze werden geschaffen, mit denen sich die Mitarbeiter eher identifizieren können, weil sie Entscheidungs- und Gestaltungsräume bieten. Die Smith-Taylor-Epoche ständig zunehmender Arbeitszerlegung geht vorüber.

5. Arbeitsabläufe, Arbeitsinhalte und Arbeitszeiten werden flexibler. Steigende Arbeitsproduktivität geht nicht zu Lasten des Arbeitnehmers, sie wird von der Maschine erbracht. Während rechnergesteuerte Maschinen automatisch arbeiten, können die Mitarbeiter planende, organisierende, gestaltende Aufgaben übernehmen. Die technischen Systeme lassen es aber auch zu, die Arbeit so zu gestalten, daß für Leistungsbeeinträchtigte sinnvolle und menschengerechte Aufgaben geschaffen werden können. Der Mensch wird nicht nur von den Laufzeiten der Maschinen unabhängiger, sondern auch die Anforderunsprofile lassen sich variabel gestalten.

6. Die Fertigung wird so flexibel, daß es zunehmend besser gelingt, individuell gestalte Produkte in kleinen Stückzahlen zu produzieren, ohne daß horrende Mehrkosten entstehen. Wir stehen am Ende des Zeitalters der Massenproduktion.

7. Betriebsorganisation und Hierarchien verändern sich. In dem Maße, in dem sich der Facharbeiter zum hochqualifizierten mitdenkenden und mitplanenden, selbständigen und problemlösenden Leistungsträger entwickelt, wird sich das Verhalten der Führungskräfte verändern. Der Vorgesetzte ist nicht mehr in erster Linie Aufgabenzuweiser und Kontrolleur, sondern Informationsvermittler und Diskussionspartner, der auch von den gesellschaftlichen Aspekten und Technologien wissen muß. Hierarchisch autoritäre Führung hat in modernen Unternehmen keine Zukunft.

Schlußfolgerung: Durch Dezentralisierung und Rücknahme der Arbeitszerlegung sind qualitativ höherstehende und damit auch attraktivere Aufgaben für die Mitarbeiter geschaffen worden; die Gestaltungsmöglichkeiten und -freiräume für den einzelnen sind in den Betrieben gestiegen. Dieser Trend wird sich zweifellos in den nächsten Jahrzehnten fortsetzen und verstärken, weil auf diesem Weg sowohl ökonomische Erfolge wie auch Mitarbeitermotivationen und Mitarbeiterzufriedenheit zu sichern sind.

Eine neue Ära, die Bestand hat, wird sich aber nur dann entwickeln, wenn mit verstärkten Bildungsanstrengungen, die allgemeine, beruflich-fachliche und überfachliche Qualifikation umfaßt, die unbedingt benötigten Grundlagen und Voraussetzungen geschaffen werden, um den Weg in eine Zukunft freier gestaltungsfähiger und eigenverantwortlicher Bürger zu ebnen.

4. Weiterbildung - zentrales Problemlösungsinstrument

'Neidsteuer', 'wg.', 'Glykol', 'Tschernobyl', 'Ausstieg', 'Aids' haben etwas Gemeinsames, sie waren 'Worte des Jahres'. Wenn man im Bereich der Wirtschaft nach einem herausragenden Wort suchen wollte, müßte eigentlich 'Weiterbildung' prämiert werden. Im Oktober 1987 hat das Institut der deutschen Wirtschaft eine empirische Untersuchung vorgelegt, die zeigt, daß umfassende Weiterbildung im bildungspolitischen Prioritätenkatalog der Unternehmen den ersten Platz einnimmt: 96 Prozent der befragten Betriebe sehen im Ausbau der Weiterbildung den entscheidenden Weg, die beruflichen Anforderungen der Zukunft meistern zu können (Göbel/Schlaffke 1987a).

Die bereits genannten empirischen Betriebsuntersuchungen des Instituts der deutschen Wirtschaft (Göbel/Schlaffke 1987) lassen schon heute folgende Entwicklungslinien erkennen, die sich in Zukunft noch weiter verstärken müssen, wenn man auch auf den Märkten des dritten Jahrtausends wettbewerbsfähig sein will:

1. Neben die Investitionen in neue Technologien werden verstärkt Investitionen in Weiterbildung treten müssen; dadurch werden sich Weiterbildungsbudgets erheblich erhöhen. Investitionen in neue Technologien ohne Investition in Weiterbildung bedeutet Ressourcenvergeudung. Konzepte langfristiger Produkt-, Personal- und Bildungsplanung gewinnen zunehmend an Bedeutung. Aus- und Weiterbildung werden verstärkt aufeinander abgestimmt und zunehmend in integrierten Konzepten miteinander verzahnt.

   Entsprechend den langfristigen Planungsrhythmen zur Einführung neuer Technologien werden auch die Konzepte der Weiterbildungsarbeit langfristig angelegt. An die Stelle kurzfristigen Reagierens tritt mehr und mehr eine strategische Planung.

2. Von der Mikroelektronik - als Werkzeug betrachtet - gehen zunächst klar zu beschreibende relativ leicht zu bewältigende Weiterbildungsanforderungen aus. Erst durch ihre Einbindung in die betrieblichen Abläufe entstehen mehrstufige und mehrschichtige Anforderungen. Sie beinhalten mehr nicht-technische als technische Komponenten.

   Die Weiterbildung muß - bei allen konkreten und notwendigerweise speziellen Qualifizierungsmaßnahmen - dafür Sorge tragen, daß Zusammenhänge erkannt und Verbindungslinien hergestellt werden können. Ein Spezialist ist erfolgreicher, wenn er auch über generalistische Fähigkeiten verfügt.

3. Der ganze Mensch wird gefordert. Kognitive Anforderungen nehmen zu. Handwerkliches Geschick hat nach wie vor hohen Stellenwert. Individuelle Gestaltungskraft, Kunst und Technik werden sich künftig stärker miteinander verbinden. Persönlicher Geschmack und unkonventionelles Design werden an Raum gewinnen. Kreativität, künstlerische Phantasie und Gestaltungskraft werden zu einem bedeutenden Produktionsfaktor.

4. Mikroelektronische Systeme greifen nicht nur in das Qualifikationsgefüge eines Unternehmens, sondern wirken auch auf das Organisationsgefüge ein. Dies betrifft insbesondere das Verhältnis zwischen Mitarbeitern und Vorgesetzten. Die Fachqualifikationen sind wichtig für sachkompetente Entscheidungen, die personalen Qualifikationen sind entscheidend für die Mitarbeiterführung. Der Stellenwert überfachlicher Qualifikationen steigt.

   Die Einführung neuer technischer Systeme verlangt von einer Führungskraft nicht nur die Verbindung von Sachkompetenz mit personalen Qualifikationen, sondern auch die Fähigkeit, in komplexen Systemen zu denken und mehrdimensionale Sachverhalte zu strukturieren und organisatorisch umzusetzen.

5. Die betriebliche Weiterbildung hat sich nicht nur um inhaltliche Problemlösungen zu kümmern, sondern muß auch - entsprechend den unterschiedlichen Zielgruppen - differenzierte pädagogische Konzeptionen bieten. Weiterbildung muß jenen Gruppen verstärkte Angebote machen, die aufgrund ihrer Vorbildung Schwierigkeiten haben, die Möglichkeiten neuer Technologien für sich zu nutzen.

6. Die nach Quantität und Qualität gewachsenen Weiterbildungsaufgaben können nicht allein mit traditionellen Unterrrichtsformen gelöst werden. Eigenständiges, in Selbstverantwortung gesteuertes Lernen gewinnt an Bedeutung. Jeder einzelne muß wissen, daß Weiterbildung nicht nur eine Bringschuld der Unternehmen ist, sondern daß er eigenverantwortlich für seine Leistungs- und Einsatzfähigkeit mitsorgen muß.
7. Schon heute ist ein Trend erkennbar, daß Weiterbildung Theorie und Praxis in einem integrierten Konzept vereinen muß. Neben dem theoretischen Lernen spielt das praktische Üben am Arbeitsplatz eine große Rolle, Verfahren des 'Training on the job' nehmen zu und sorgen dafür, daß die Betroffenen ihre gewohnte Umgebung nicht verlassen müssen. Wenn Weiterbildung nahe am Arbeitsplatz geschieht, ergibt sich der Vorteil, daß eine genaue Bedarfsanalyse und folglich eine bedarfsgerechte Bildung möglich ist. Neue Methoden und Formen der Weiterbildung werden sich auch aus der Nutzung der Kommunikations- und Informationstechnologien entwickeln. Gerade sie eröffnen die Chance, Lernen unabhängig von Ort und Zeit zu gestalten. Von der Bildplatte über die Kabelkommunikation bis zum Großrechner sind neue Bildungsträger und -wege vorhanden, die neue Lehr- und Lernmethoden verlangen.

Schlußfolgerung: Weiterbildung bezeichnet einen ständigen Entwicklungsprozeß und das erzielte Ergebnis in gleicher Weise; eine präzise zu definierende erreichbare oder zu erreichende Grenze gibt es in diesem dynamischen Prozeß nicht. Natürlich setzen Begabung, knappe Zeit und knappe Finanzen Grenzen, doch diese sind nicht unverrückbar zementiert, sondern sie lassen sich verschieben, und sie werden sich in Zukunft erheblich weiter verschieben.

Weiterbildung umfaßt nicht nur fachliche Bildung, also die Anpassung und Umschulung der Mitarbeiter, um mit neuen Geräten, Maschinen, Techniken umgehen zu können. Gefragt sind mehr und mehr überfachliche Qualifikationen, aber auch gesellschaftsbezogene und gesellschaftspolitische Einsichten (vgl. Görs/Schlaffke 1982). Extrafunktionales und Funktionales, Überfachliches und Fachliches lassen sich nicht säuberlich trennen, sondern sie bedingen sich in der Praxis. Weiterbildung ist eine bedeutende und tragende Säule der Unternehmenskultur. Ein Unternehmen ohne Bildungsarbeit ist ein Unternehmen ohne Kultur und Zukunft.

5. Neue Zielgruppen unter den Nachfragern, wachsende Kooperationsbereitschaft der Anbieter

Die Weiterbildungsarbeit der Wirtschaft ist ohne Partnerschaft zu vielfältigen außerbetrieblichen Bildungsträgern nicht denkbar. Nach Untersuchungen des Instituts der deutschen Wissenschaft gibt es fünf typische Kooperationspartner (vgl. Winter/Tholen 1979):

1. Private Weiterbildungseinrichtungen von Verbänden und Kammern der Wirtschaft,
2. private kommerzielle Träger der Weiterbildung (es gibt mehrere hundert), aber auch gemeinnützige Institute,
3. öffentliche Träger: Hochschulen, Volkshochschulen und Einrichtungen des Fernunterrichts; aber auch die Bundesanstalt für Arbeit, die 1987 mehr als 6 Milliarden vornehmlich für die Qualifizierung der Arbeitslosen ausgegeben hat,
4. kirchliche und soziale Weiterbildungseinrichtungen,
5. gewerkschaftliche Weiterbildungseinrichtungen.

Es gibt keine Monopole im Weiterbildungsbereich. Die privaten Weiterbildungsinvestitionen der Wirtschaft und die öffentlichen Mittel sind in gleicher Weise wichtig. Die angebotenen Maßnahmen für unterschiedliche Zielgruppen und Niveauebenen ergänzen sich. Es fehlt nicht an Angeboten für jedermanns Interesse, eher an der Bereitschaft, die Vielfalt vorhandener Möglichkeiten mit Engagement, Leistungswillen und Durchhaltevermögen zu nutzen. Bildung läßt sich nicht wie ein Konsumgut an Bedürftige verteilen, sondern muß von jedem - nach seinen Möglichkeiten - erarbeitet und erworben werden. Die Anbieter auf dem Weiterbildungsmarkt stehen erfreulicherweise in einem gewissen Wettbewerb, finden sich aber auch zu Bündnissen zusammen, die nicht nur Vernunftehen, sondern oft auch Liebesbündnisse sind; das gilt für Kooperationen von Unternehmen mit Hochschulen, Akademien, Berufsschulzentren usw. Die Vielfalt der Anbieter sorgt für eine Vielfalt zielgruppengerechter und bedarfsgerechter Inhalte und Methoden. Ein breites Angebot allgemeinbildender, künstlerisch-musischer aber auch sportlicher Kurse sorgt dafür, daß die Familien- und Freizeitwelt abwechslungsreich und gehaltvoll gestaltet werden kann.

In der Vergangenheit war es in der betrieblichen Weiterbildung üblich, überwiegend technische und kaufmännische Angestellte und Führungskräfte zu schulen, in Zukunft muß dafür gesorgt werden, daß die an- und ungelernten Mitarbeiter in den Unternehmen den Anschluß an die technische Entwicklung behalten und sich entsprechend der veränderten Anforderungen weiterqualifizieren können. Für diese Gruppen bedarf es spezifischer Schulungsmaßnahmen, d. h. besonders motivierende psychologische und methodisch didaktische Konzepte müssen entwickelt werden.

Die Einführung der Datenverarbeitung in eine Vielzahl neuer Büroberufe hat neue Probleme aber auch neue Chancen für Frauen gebracht. Allgemeinbildung, berufliche Erstausbildung und Weiterbildung müssen zusammenwirken, um Frauen zum Umgang mit neuen Techniken zu motivieren und sozialisationsbedingte Abwehrhaltungen abzubauen. Gerade die Schlüsseltechniken unserer Zeit eröffnen ihnen neue Betätigungsfelder, wenn sie über die entsprechenden Qualifikationen verfügen.

Schlußfolgerung: Der Weiterbildungmarkt ist durch Angebots- und Nachfragevielfalt geprägt und nicht transparent genug. Die Versuche von Anbietern, Unternehmen und Kommunen, Wegweiser und Pfade durch das Weiterbildungsdickicht zu schaffen, bleiben noch unzureichend. Doch schon in naher Zukunft werden zentrale und regionale elektronische Datenbanken dafür sorgen, daß Interessenten bequem über ein Terminal erfahren können, wo welche Inhalte und Methoden für welche Zielgruppen mit welcher Kursdauer zu welchen Preisen angeboten werden.

6. Mehr Transparenz im Bereich von Kosten und Nutzen beruflicher Weiterbildung

Während die Sachinvestitionen der Unternehmen statistisch genau erfaßt sind, wissen wir über die Qualifizierungsinvestitionen erstaunlich wenig. Einige große, in ihrer Bildungsarbeit vorbildliche Unternehmen weisen in ihren Geschäftsberichten überhaupt keine Kosten für Aus- und Weiterbildung auf. Es ist in unserer Zeit, in der zahllose Institute auch noch den abwegigsten und kuriosesten Fragestellungen Untersuchungen widmen, fast unfaßbar, wie wenig wir über Kosten und Nutzen von Weiterbildung wissen.

Dennoch wird allenthalben im politischen Raum nach neuen Finanzierungsmodellen der Weiterbildung gerufen. Doch solche Forderungen aufzustellen, ähnelt dem Verhalten eines Lottokönigs, der sich ein neues Auto bestellt, ohne das vorher Georderte überhaupt kennengelernt zu haben. Die gegenwärtig vorliegenden Kostenuntersuchungen sind alle umstritten; vor allem methodische und begriffliche Probleme lassen Vergleiche zwischen unterschiedlichen Untersuchungen kaum zu. Die letzte gründliche Arbeit, die im Bereich der Bildungskostenrechnung wissenschaftliche Pionierleistungen vollbracht hat, stammt aus den frühen 70er Jahren. Doch seitdem haben sich die Strukturen der Weiterbildungsarbeit in den Unternehmen total gewandelt. Mit den damaligen Instrumenten lassen sich keine befriedigenden Ergebnisse mehr erzielen. Bevor über neue Finanzierungsmodelle diskutiert werden kann, muß zunächst mit gründlicher Forschungsarbeit Klarheit darüber geschaffen werden, wer heute wen - mit welchen Kosten und zu welchem Nutzen - weiterbildet.

Allerdings darf nicht das Mißverständnis aufkommen, daß über die Weiterbildungsfinanzierung und die Weiterbildungskosten vollständiges Unwissen herrscht (vgl. Falk 1982). Unbestritten ist, daß die Wirtschaft der größte Financier beruflicher Umschulung und Fortbildung ist. Nach den letztverfügbaren Daten einer Sonderbefragung zum Mikrozensus ergibt sich, daß rund ein Drittel des Teilnehmeraufkommens in der beruflichen Weiterbildung auf die Betriebe entfällt. In staatlichen Einrichtungen findet nur ungefähr ein Viertel der Maßnahmen statt. Der Rest verteilt sich auf eine Vielzahl privater Träger, Verbände, Kammern, Bildungswerke von Arbeitgebern und Gewerkschaften. Aber auch hier treten oft die Betriebe als Financiers auf, wobei die Förderung sowohl institutionell sein kann, beispielsweise durch Beiträge an Verbände, als auch individuell, beispielsweise durch die Entsendung eigener Beschäftigter zu externen Veranstaltungen.

In politischen Diskussionen um die Berufsbildung wird vielfach darüber geklagt, daß der Einsatz der Mittel nach den Anforderungen der betrieblichen Bedürfnisse erfolge und nicht nach den Grundsätzen der Chancengleichheit. Der Bildungsurlaub, der von den Betrieben Freistellungen und oft genug auch Kostenübernahme verlangt, sei das bessere Instrument, weil jedermann die von ihm selbst gewünschte Bildung - und nicht nur betriebsspezifische berufliche Qualifikationen - erhalte.

Nichts gegen mehr Bildung für jedermann! Aber angesichts der immer geringeren Arbeitszeiten stellt sich die Frage, ob hiervon noch mehr Zeit für die Freizeitbildung weggenommen werden kann. Überhaupt ist in der Diskussion um die Flexibilisierung der Arbeitszeit die Frage zu kurz gekommen, was mit der zusätzlichen freien Zeit geschieht. Da die Forderung nach sinnvollen Freizeitbeschäftigungen immer lauter wird, muß es verwundern, wenn diese Zeit nicht auch zur allgemeinen und persönlichen Weiterbildung genutzt werden soll. Zudem muß bei der Diskussion um die Finanzierung der Weiterbildung auf die Kosten verwiesen werden. Nach Berechnungen verschiedener Arbeitgeberorganisationen müßten für den bezahlten Bildungsurlaub bei voller Inanspruchnahme von 7 bis 10 Tagen rund 5 bis 5,5 Milliarden DM aufgebracht werden. Darüber hinaus hätte die öffentliche Hand eine Milliarde DM aufzuwenden. Berücksichtigt werden muß auch, daß Bildungsurlaub eine externe Weiterbildung ist. Die direkten Kosten für externe Weiterbildung liegen aber mehr als dreimal so hoch wie bei interner Weiterbildung (vgl. Falk 1987).

Neuerdings wird in Politik und Praxis darüber diskutiert, mit Weiterbildungstarifverträgen Instrumente zu entwickeln, um so die notwendigen Qualifikationserweiterungen zu schaffen. Intensive Gespräche zwischen den Sozialpartnern sind auf diesem Gebiet besonders wichtig, denn auf dem Bildungssektor sollte nicht ideologisiert und polarisiert, sondern nach partnerschaftlichen Lösungsmöglichkeiten gesucht werden. Tarifvertragliche Vereinbarungen über die betriebliche Weiterbildung erfordern jene Sozialpartnerschaft, die z. B. bei der Neuordnung der Metall- und Elektroberufe bewiesen wurde. Mit Tarifverträgen könnten auch die 'Vermeidungstypen' unter den Betrieben und den Arbeitnehmern auf den Weg der beruflichen Bildungstugend geführt werden.

Schlußfolgerung: Auf dem Gebiet der Kosten und Nutzen von beruflichen Weiterbildungsinvestitionen muß in den nächsten Jahren und Jahrzehnten intensive Forschungsarbeit geleistet werden. Die hohen privaten und öffentlichen Investitionen verlangen einen rationellen Einsatz, denn die zu bewältigenden Aufgaben sind zu groß, als daß sich unsere Gesellschaft Ressourcenvergeudung leisten könnte.

7. Zusammenfassung

Wirtschaft und Technik, Forschung und Entwicklung sind in ihren negativen und positiven Auswirkungen unser Schicksal. Der Trend zur zunehmenden Verkürzung der Innovationszeit, jener Zeit, in der Erfindungen vervollkommnet und für Industrie nutzbar gemacht werden, geht zukünftig noch rascher voran als in den vergangenen Jahren. Er verlangt immer veränderte und neue Fertigkeiten, Fähigkeiten und Kenntnisse. Nur der vorbereitete, informierte und ausreichend qualifizierte Mitarbeiter fühlt sich veränderten Anforderungen gewachsen und kann neue Aufgaben mit Zuversicht und Engagement erfüllen. Er muß wissen und akzeptieren, daß er in einem dynamischen Prozeß stehen und leisten muß, und daß jedes statische Beharren auf dem bislang Erreichten seine berufliche Zukunft unsicherer machen wird. Allgemeine, fachliche und überfachliche Bildung gelten aus guten Gründen als geeignete und wichtige Instrumente, die Probleme und den einschneidenden strukturellen Wandel in unserer Industriegesellschaft bewältigen zu helfen.

Weiterbildung kostet Geld, fordert Engagement von Bildungsanbietern und ihren Nutznießern und verlangt Gestaltungskraft und -möglichkeiten. Das sozialistische Motto 'Vertrauen ist gut, Kontrolle ist besser' muß aus der Bildungsarbeit verschwinden. Pädagogik braucht Freiräume, Entwicklungsmöglichkeiten und stete Offenheit für das Neue. Kasuistisch bis ins kleinste Detail reglementierte Weiterbildungsmaßnahmen sind verfehlt, weil sie unflexibel sind und ihre zeitgemäße Gültigkeit verlieren. Eine staatlich reglementierte, bürokratisierte Weiterbildung wäre der Ruin der Unternehmen, die sich rasch, flexibel und phantasiereich neuen Gegebenheiten anpassen müssen.

Die Weiterbildung läßt sich nicht in der Form strukturieren und organisieren wie andere Bildungsgänge, wenn die nötige Mobilität erhalten werden soll. Eine auf die vielfältigen individuellen Bedürfnisse ausgerichtete Weiterbildung kann nur funktionsfähig sein, wenn sie auch ein Höchstmaß an Flexibilität besitzt. Sie entzieht sich somit weitgehend jeder verordneten vereinheitlichenden Regelung. Deshalb sollte der Staat seine Aufsichtspflicht auf das Notwendigste beschränken und den Wettbewerb der verschiedenen Träger nicht behindern. Nur so kann gewährleistet werden, daß eine Vielfalt von Inhalten, Methoden und Medien in den Programmen der verschiedenen Träger von Weiterbildungsveranstaltungen jeder möglichen Nachfrage entgegenkommt. Dies bedeutet aber zugleich eine Verpflichtung für die Träger von Weiterbildungsmaßnahmen, ihr Angebot offen darzustellen und den Bürger über alle Maßnahmen, die das Angebot umfaßt, zu informieren.

Literatur

Böckels, L. (Hrsg.): Beschäftigungspolitik für die achtziger Jahre. München/Wien 1980 (Sozialwissenschaftliche Reihe des Batelle Instituts)

Bullinger, H.-J./Lentes, H.-P./Hachtel, G.: Mikroelektronik im deutschen Maschinenbau - Istsituation, Tendenzen, Probleme - in: RKW-Handbuch Mikroelektronik, Berlin 1983

Dostal, W./Kamp, A.-W./Lahner, M./Seesle, W.P.: Flexible Fertigungssyteme und Arbeitsplatzstrukturen, in: Mitt AB 2/82, S. 182 - 191

Falk, R.: Kosten der betrieblichen Aus- und Weiterbildung - Repräsentative Erhebung für 1980, in: U. Göbel und W. Schlaffke (Hrsg.), Berichte zur Bildungspolitik 1982/83 des Instituts der deutschen Wirtschaft, Köln 1982, S. 63 - 172

Falk, R.: Weiterbildungskosten als gesellschaftliche und ökonomische Investition, in: U. Göbel und W. Schlaffke (Hrsg.), Beruf und Weiterbildung, Köln 1987, S. 93 - 107

Göbel, U./Schlaffke, W. (Hrsg.): Die Zukunftsformel. Technik - Qualifikation - Kreativität, Köln 1987

Göbel, U./Schlaffke, W. (Hrsg.): Berichte zur Bildungspolitik 1987/88 des Instituts der deutschen Wirtschaft, Köln 1987a

Görs, D./Schlaffke, W.: Die gesellschaftspolitische Bedeutung der Weiterbildung - aus der Sicht der Unternehmen und der Arbeitnehmer (=Ausbildung und Fortbildung), Bd. 23), Berlin 1982

Hinz, Horst: Die Strategie dezentraler Produktionskonzepte, in: congena texte 1'87, S. 8 ff.

Hölderlin, F.: Werke, Briefe, Dokumente, ausgewählt von Pierre Bertaux, München o. J.

Kern, H./Schumann, M.: Industriearbeit und Arbeiterbewußtsein, Frankfurt am Main 1970

Kern, H./Schumann, M.: Das Ende der Arbeitsteilung? Rationalisierung in der industriellen Produktion: Bestandsaufnahme Trendbestimmung. München 1984

Manske, F./Wobbe-Ohlenburg, W./Mickler, O.: Rechnerunterstützte Systeme der Fertigungssteuerung in der Kleinserienfertigung - Auswirkungen auf die Arbeitssituation und Ansatzpunkte für eine menschengerechte Arbeitsgestaltung, KfK-PFT 90, Kernforschungszentrum Karlsruhe 1984

Meyer, N./Friedrich, H.-R. (Hrsg.): Neue Technologien in der beruflichen Bildung. Ergebnisse einer Fachtagung des Berufsförderungszentrums Essen e.V. Köln 1984

Mickler, O./Pelull, W./Wobbe-Ohlenburg, W./Kalmbach, P./ Kasiske, R./Manske, F.: Industrieroboter; Bedingungen und soziale Folgen des Einsatzes neuer Technologien in der Automobilproduktion, Schriftenreihe 'HdA', Band 13, Frankfurt-New York 1981

Naschold, F. (Hrsg.): Arbeit und Politik. Gesellschaftliche Regulierung der Arbeit und der sozialen Sicherung. Schriften des Wissenschaftszentrums Berlin, Frankfurt-New York 1985.

Spur, G./Krause, F.-L.: CAD-Technik. Lehr- und Arbeitsbuch für die Rechnerunterstützung in Konstruktion und Arbeitsplanung. München-Wien 1984

Staudt, E.: Engpaß 'Anwendung der Mikroelektronik', in: BMFT (Hrsg.): Modernisierung der Volkswirtschaft in den achtziger Jahren, Schriftenreihe: Technologie und Beschäftigung, Band 4, Düsseldorf-Wien 1981, S. 146-163

Thomas, H. (Hrsg.): Lernen für ein neues Jahrhundert - Eine Studie der Europäischen Kulturstiftung, bearbeitet von Gabriel Fragnire. Frankfurt am Main, Berlin, München 1976

Winkler, H./Tholen, H. H.: Betriebliche Weiterbildung - Daten, Strukturen, Trends (= Beiträge zur Gesellschafts- und Bildungspolitik des Instituts der deutschen Wirtschaft, Nr. 44), Köln 1979

Hans Preiss

Zur Zukunft arbeitnehmerorientierter Weiterbildung

1. Weiterbildung in einer anderen Zukunft - von der Eindimensionalität der Auswege

In Krisen- und Wendezeiten stehen Zukunftsverheißungen wie Zukunftsängste besonders hoch im Kurs. Ob Aufbruch ins All oder Aufbruch ins Paradies - so die optimistische Fortschrittsvariante -, ob verkabeltes Leben oder Untergang des Abendlandes - so die Apokalypse -: an Kursbüchern ins 3. Jahrtausend besteht kein Mangel. Trotz dieser Gegensätzlichkeiten, das ist mein Eindruck, weisen die meisten der zur Zeit angebotenen Zukunftsvisionen indes ein Gemeinsames auf: ihren vorrangigen Bezug auf den technologischen Prozeß. Wo die einen technikkritisch die Bedrohung der Gesellschaft analysieren, stilisieren die anderen fortschrittsoptimistisch die Technik zur Voraussetzung der Emanzipation. Die sehr viel wesentlichere und wichtigere Frage, nämlich die nach dem komplexen Zusammenhang von wissenschaftlich-technischem Prozeß und gesellschaftlicher Entwicklung wird überhaupt nicht mehr gestellt. Anders formuliert: Bei allen Überlegungen über das Vorstellbare, Wünschbare und Machbare mangelt es an Entwürfen, die Zukunft nicht nur technisch deuten, sondern die gestiegene Formenvielfalt von Lebensverhältnissen zur Kenntnis nehmen und darauf neue, zukunftsweisende Gesellschaftskonzeptionen umreißen.

Was hat das mit Bildung, vor allem mit Prognosen über die Weiterbildung im Jahre 2000 oder 2025 zu tun? Meines Erachtens viel. Denn würde man den globalen, eindimensionalen Visionen folgen, dann wäre es mühelos, die neuen Herausforderungen zu formulieren, denen die Weiterbildung in Zukunft Genüge zu leisten hat. Wir als Gewerkschaften haben jedoch Bildung stets im Kontext gesellschaftlicher Prozesse betrachtet und deshalb erfordern Aussagen über die Zukunft von Bildung und Weiterbildung im Grunde genommen den Anspruch auf eine projektive Gesellschaftstheorie.

Zukunft - das war vor noch nicht allzu langer Zeit die Vorstellung, zu der der Mythos, alles sei machbar, ebenso gehörte wie die Zuversicht, daß Neuerungen immer Besserungen sein würden und die Menschheit automatisch ihrer Beglückung und Befriedigung entgegeneile. Die Erfahrungen der beiden

Weltkriege, die Folgen des Faschismus, das nukleare Wettrüsten und die derzeitigen Umweltbedrohungen haben von diesem Wunschtraum wenig übriggelassen. Daraus sollte man nicht den Umkehrschluß ziehen, daß alles Neue schlecht sei. Man sollte aber daraus lernen, vorsichtiger mit der Bekundung von 'Heilsbotschaften' umzugehen. Denn angesichts einer neuen Aufbruchstimmung, die derzeit nicht nur die Technik, sondern auch die Weiterbildung ereilt, drohen obwaltende Euphorien leicht in Verheißungen umzuschlagen und drohen Formeln, wie ein unlängst vom Institut der Deutschen Wirtschaft betiteltes Buch 'Mit Technik und Bildung zu Erfolg und Freiheit', wieder Schlagzeilen zu machen. Solche Schlagzeilen mögen sich vielleicht gut verkaufen, doch ich denke, uns stünde es gut an, aus Zukunftsvisionen der Vergangenheit zu lernen und die liegen für die Weiterbildung nur knapp 20 Jahre zurück.

Damals - Ende der 60er Jahre - wurde unter dem Anspruch von 'Emanzipation und Demokratisierung', unter dem Postulat der 'Notwendigkeit lebenslangen Lernens' und unter dem Ansinnen nach 'gleichen Bildungschancen für alle' nicht nur der Ausbau des Bildungswesens, speziell der Weiterbildung gefordert, sondern auch deren innere Reform geplant. Weiterbildung, vor allem die politische, galt als geeignetes Vehikel, um den geforderten Aufklärungs- und Reformprozeß rasch voranzutreiben, weil erwartet wurde, sie könne binnen kurzer Frist das subjektive Potential für Emanzipations- und Demokratisierungsprozesse innerhalb der gesamten Gesellschaft entscheidend vergrößern. Weiterbildung, die allgemeine und berufliche, galt aber auch als pädagogisches Feld, auf dem es am ehesten gelingen könnte, Benachteiligungen des primären und sekundären Bildungssystems und Behinderungen der laufenden 'bildungsfeindlichen' Sozialisationsprozesse im Alltag zu kompensieren. Darüber hinaus sollte sie die Anpassungsfähigkeit der Individuen an wechselnde soziale, politische und ökonomische, insbesondere aber an wechselnde qualifikatorische Anforderungen erhöhen helfen. Diese teilweise widersprüchlichen Erwartungen haben sich später als Falle erwiesen.

Bei Adorno in der 'Negativen Dialektik' heißt es: 'Auschwitz (hat) das Mißlingen der Kultur unwiderleglich bewiesen. Daß es geschehen konnte inmitten aller Tradition der Philosophie, der Kunst und der aufklärenden Wissenschaften, sagt mehr als nur, daß diese, der Geist, es nicht vermochte, die Menschen zu ergreifen und zu verändern . . . Alle Kultur nach Auschwitz, samt der dringlichen Kritik daran, ist Müll' (Adorno 1966, S. 357). Diese Kritik sollten wir uns in Erinnerung rufen, denn sie gibt Anlaß zum Nachdenken, aber sie mündet nicht in Resignation. 'Die Dialektik der Aufklärung' wirft den Begriff der Vernunft nicht auf den Müll der Geschichte, sondern versucht eine Rettung, auch wenn Gewißheit fehlt. Doch gerade weil es an dieser Gewißheit mangelt, sollte der Glaube an die automatische Menschlichkeitsentwicklung in der Weiterbildung nicht wieder fröhliche Urstände feiern. Aus dem gleichen Grunde halte ich aber auch nichts von apokalyptischen Szenarien, die allein Zukunftsängste neu schüren. Ich bin vielmehr der Ansicht, daß es bei allem Negativen auch anderes gegeben hat und künftig geben wird. So sehe ich auch in der gesellschaftlichen Dynamik von Tendenzen und Gegentendenzen gewisse Chancen für eine relative Autonomie des Bildungswesens einschließlich des Weiterbildungssystems gewahrt. Das Bildungswesen ist in der Lage, Eigenverantwortlichkeiten zu entwickeln, eigenen Orientierungen zu folgen und seinen Funktionen eigene Gestaltungsmöglichkeiten zugrunde zu legen - zumal und vielleicht gerade -, weil die gesellschaftlichen Anforderungen an Bildung und Weiterbildung widersprüchlich sind. Ich gebe allerdings zu: An der Annahme einer relativen Autonomie, einschließlich der Idee obwaltender Rationalität im Bildungsbereich festzuhalten, mag angesichts der vorliegenden Prognosen über die Zukunft der Weiterbildung nicht immer einfach und erst recht bezogen auf die Zeitspanne bis zum Jahr 2000 möglicherweise utopisch sein. Denn nicht nur in Verlängerung des derzeitig Vorstellbaren, sondern auch in den Perspektiven des für die Weiterbildung Wünschbaren scheinen diejenigen Oberhand zu gewinnen, die schon immer der Auffassung waren, das Bildungssystem sei nichts anderes als ein ausführendes Organ ökonomischer Interessen, insbesondere im Hinblick auf die Qualifizierung der Ware Arbeitskraft und im Hinblick auf die Legitimation des Systems sozialer Ungleichheiten. Ich beziehe mich dabei auf zwei ernstzunehmende, wenn auch vorderhand gegenläufige Prognosen von Weiterbildung, die diese Funktionalisierung durchaus zu bestätigen scheinen.

Im gemeinten ersten Szenario gewinnen die wirtschaftlichen Anforderungen im Weiterbildungssystem unverblümt die Oberhand. Ausgehend von der Tatsache, daß Mikroelektronik, Biotechnologie, Laserstrahlen und Solarenergie in Zukunft revolutionäre Umwälzungen mit sich bringen, die das technische 'know-how' hinkünftig alle 5 Jahre verdoppeln werden, ist nicht nur lebenslanges Lernen im Jahr 2000 angesagt. Weiterbildung wird vielmehr zur Voraussetzung von Wettbewerbsfähigkeit und qualifikatorischer Anpassung schlechthin. Denn was den künftigen Qualifikationsbedarf anbelangt, werden laut 'Prognos' und Berechnungen des IAB im Jahr 2000 zwischen 60 und 84 Prozent aller Beschäftigten in irgendeiner Weise von neuen Techniken betroffen sein. Überdies wird der Anteil der unter dreißigjährigen Beschäftigten um ein Drittel sinken. Das bedeutet, daß der Strukturwandel im wesentlichen von der mittleren und älteren Generation bewältigt werden muß, von Menschen also, die ihre Erstausbildung heute bereits hinter sich haben und noch relativ wenig auf den Umgang mit neuen Techniken vorbereitet sind. Doch nicht nur die meist veralteten Berufsordnungen erfordern Weiterbildung. Viele Jugendliche haben in den vergangenen Jahren wegen der Misere am Ausbildungsmarkt eine Lehre in 'falschen', weil nicht zukunftsträchtigen Bereichen gemacht, um überhaupt erst einmal einen Fuß ins Berufsleben zu setzen.

Wer später nicht irgendwann ohne Job und ohne Aussicht auf einen neuen Arbeitsplatz auf der Straße liegen will, muß sich nicht nur auf neue Berufe mit besserer Perspektive einstellen, sondern für den ist in absehbarer Zukunft 'Pauken ohne Ende' angesagt. Noch im bildungspolitischen Programm der OECD war das Prinzip 'lebenslangen Lernens' getragen von der Idee der Gleichheit von Bildungschancen, der Aufhebung der Trennung von Allgemeinbildung und Berufsbildung und der fortschreitenden Emanzipation der Subjekte - und so liest es sich auch noch im Strukturplan des deutschen Bildungsrats von 1970. Heute, wo 'lebenslanges Lernen' wie selbstverständlich zur Zukunftsformel erhoben wird, ist von all dem nichts mehr zu erkennen. Was als Möglichkeit der Subjektivitätsentwicklung gedacht war - so hat unlängst Karlheinz Geißler treffend kritisiert -, 'ist zur Einschränkung und Behinderung der Subjekte geworden. Lebenslanges Lernen ist heute mit aller Doppeldeutigkeit, lebenslängliches Lernen, die lebenslange Angst um Kompetenz . . . die leidvolle Notwendigkeit immer schneller verfallender eigener Brauchbarkeit hinterher zu hetzen' (Geißler 1987, S. 20). War 'lebenslanges Lernen' ehemals ein bildungspolitisches Konzept, das zum Ziel hatte, zu sich selbst zu finden, so ist es in Zukunft der Gradmesser, um mit der Entwicklung von Technik und Strukturwandel Schritt zu halten. Weiterbildung wäre diesem Szenario folgend im Jahr 2000 eine Bringschuld, die jeder Arbeitnehmer als individuellen Beitrag zur Bewältigung qualifikationsbezogener Risiken zu leisten hat.

Das gegenläufige Szenario ist nicht weniger inhuman, denn es läuft auf neue Formen der Verdinglichung und systematischer Ausdifferenzierung hinaus. Zwar hat in diesem Szenario, das uns Computerwissenschaftler, u. a. der Informatiker Klaus Haefner seit geraumer Zeit zeichnen, das Beschäftigungs- und Arbeitssystem seine Führungsrolle gegenüber dem Bildungssystem verloren, weil es seine Bedürfnisse an Informationsverarbeitung und intelligentem Verhalten im Jahr 2000 zunehmend technisch lösen kann. Doch Weiterbildung ist weiterhin gefragt, dann allerdings mehr in Form von 'Bildungs-Beschäftigung', in Form von Freizeitbewältigung und theologischen Konzepten. Denn wo soll der Mensch hin, was bleibt ihm noch, wenn ihm bescheinigt wird, lediglich Symbole zu manipulieren und er erleben muß, daß sein automatischer Interaktionspartner dasselbe tut, nur viel behender?

Sicherlich, das Weiterbildungssystem wäre in diesem Szenario vom Schreckgespenst 'lebenslänglichen' Lernens befreit. Jeder Mann und jede Frau könnten danach lebenslange und lebenspraktische Glückseligkeit abrufen, zumal ja im angehenden Zeitalter der Informationstechnik tendenziell das gesamte Wissen der Welt allen Menschen zur Verfügung steht. Doch wozu brauchen sie dann noch Zugriffsmöglichkeiten, wenn sie das Denken verlernt haben und Bildung und Weiterbildung nicht mehr auf die Beteiligung aller am Prozeß der gesellschaftlichen Arbeit - nicht nur der Erwerbstätigkeit - gerichtet ist, sondern sozialpflegerische Beschäftigungstherapie zur Ruhigstellung der Massen bedeutet? Wir müssen uns die möglichen sozialen und gesellschaftlichen Folgen einer solchen Zukunftsaera vorstellen, um endlich zu akzeptieren, daß nicht alles Machbare zugleich das Wünschbare ist.

2. Gewerkschaftliche Perspektiven für eine Weiterbildung im Jahre 2000/2025 - Von den Etappen der Notwendigkeit zu den Bedingungen der Möglichkeit

Das Gemeinsame und Gefährliche der skizzierten Weiterbildungsszenarien verbirgt sich meines Erachtens hinter der Verabsolutierung sogenannter übergeordneter Sachzwänge - vor allem technischer und ökonomischer -, die an Perspektiven nichts weiter zu vermitteln vermögen als bestenfalls die Aussicht, daß das Bewußtseinselend unbegriffener Abhängigkeiten in Zukunft wieder Allgemeingut wird. Das Subjekt scheint hingegen in den Weiterbildungsvisionen des dritten Jahrtausends seine Rolle als kulturelle Leitfigur ein für allemal verloren zu haben, denn das Spannungsverhältnis zwischen Gesellschaft und Individuum akzentuiert zukünftig wieder eine neue Form des Zwiespalts von gesellschaftlicher Totalität und individueller Ohnmacht.

Ich wehre mich nicht nur gegen derlei Vorstellungen totalisierender und damit tendenziell auch totalitärer Ordnungen, die uns im Namen des technischen Wandels und angesichts des Übergangs in die Postmoderne nichts anderes als die Botschaft verkaufen wollen: Wir haben sowieso keine Wahl, der Fortschritt läßt sich nicht aufhalten, denn der Computer ist bereits abgefahren! Ich betrachte es - im positiven Sinne - auch als Ironie des Schicksals, daß in der Konkurrenz um die künftige Hegemonie naturwissenschaftlicher Definitionen des Menschen die Sozialwissenschaft das Individuum gerade wiederentdeckt hat. Dies beruht indes nicht auf ihrer Erfindungsgabe, sondern ist Ausdruck der gesellschaftlichen Praxis, vor allem der neuen politischen und kulturellen Bewegungen. In der Tat erheben diese neuen politischen und kulturellen Bewegungen den Anspruch auf mehr Individualität und Subjektivität. Doch das Subjektive bildet keinen Gegensatz zur Solidarität.

Ich meine, wenn wir über die Zukunft der Weiterbildung nachdenken - und dies sage ich nicht nur kritisch, sondern auch selbstkritisch - dann müssen wir dem Moment von Subjektivität künftig wieder mehr Bedeutung zukommen lassen. Ich meine damit nicht jene Welle von psychologisierenden und therapeutischen Methoden, die bereits heute in der Weiterbildung grassieren. Ich meine damit auch nicht eine Subjektbildung, die sich ausschließlich als Gegenbegriff zur Zweckbildung versteht. Sondern ich meine ganz einfach: wenn wir Arbeiter und Angestellte, Männer und Frauen, Jugendliche und ältere Menschen, künftig verstärkt für eine Weiterbildung gewinnen wollen, die mehr und anderes ist als die fatale Alternative zwischen lebenslänglicher beruflicher Anpassung oder zwanghafter Beschäftigungstherapie, dann muß Weiterbildung konkret verdeutlichen, daß sie etwas mit den persönlichen Bedürfnissen und Erfahrungen der Menschen zu tun hat.

Wir haben in der Vergangenheit manchmal den Fehler begangen, Subjektivität vorschnell dadurch abzutun, daß man ihr als Gegensatz das Politische gegenüberstellte. Die neuen sozialen Bewegungen zeigen indes: Das Persönliche kann auch politisch sein. Ansprüche an eine neue Qualität von Weiterbildung, die als Kontrapunkt zu den eben skizzierten Zukunftsvisionen dringend erforderlich ist, vermögen deshalb auch nur dann eine ernstzunehmende Alternative für die Zukunft zu beanspruchen, wenn sie die in den Erfahrungen der neuen politischen und kulturellen Bewegungen manifesten Entwicklungs- und Anspruchshaltungen aufgreifen und in weiterbildende Prozesse überführen. Wesentliche Momente dieses Entwicklungsniveaus sind durch Sozialstaat und Gewerkschaften mitgestaltete Lebensverhältnisse, erhöhtes Bildungsniveau, Individualisierungsschübe und - daraus resultierend - eine Neudimensionierung des Alltagsbewußtseins, die sich in veränderten und erhöhten Ansprüchen der Individuen an ihre Arbeit und die Gestaltung ihrer Lebensverhältnisse niederschlägt. Ich denke, wenn wir daran anknüpfen und diese Prozesse mit und durch Weiterbildung verstärken, dann hat Weiterbildung im Jahr 2000 und 2025 eine andere Perspektive als die Vorhergesagte.

Soll die Reflexion in der Moderne einen Sinn ergeben, dann sicherlich auch in der Weiterbildung. Doch vielfach denken wir nur vom System her, ohne daß die handelnden Subjekte, Personen, Gruppen und Institutionen - alle Kennzeichen einer demokratischen Gesellschaft - in zukünftigen Konzepten auftauchen. Zudem vernachlässigen die meisten der Konzepte jenes gesamtgesellschaftliche Merkmal, das die Sozialdemokratie und die Gewerkschaften historisch überhaupt erst geboren hat: die soziale Ungleichheit. Stattdessen wird mit den beschworenen neuen Herausforderungen und neuen Begrifflichkeiten vielfach davon abzulenken versucht, daß es noch immer sehr viele unbewältigte alte Herausforderungen und Probleme gibt - von der Demokratisierung des Bildungswesens angefangen bis hin zur Herstellung von Chancengleichheit.

Bildung im gewerkschaftlichen Verständnis ist deshalb nicht in erster Linie auf die Beherrschung von Detailwissen ausgerichtet, sondern hat die Entwicklung des Menschen in seinen individuellen und gesellschaftlichen Zusammenhängen zum Ziel. Eine bisher von uns nur ungenügend beachtete Entwicklung ist die private Vermarktung des gesellschaftlichen Bewußtseins und die mit fortschreitender Technik verbundene Tendenz, Menschen in Produktion und Privatbereich in die der Maschine eigenen Verarbeitungsweisen einzupassen. Das Mensch-Maschine-Verhältnis verändert sich mit der neuen Technik qualitativ. Auch das Denken und Fühlen der Menschen wird von diesem Prozeß zunehmend erfaßt. Die in der herrschenden Politik weitgehend unangefochtene Forderung, der Mensch habe sich an die aus den Produktionsverhältnissen kapitalistischen Wirtschaftens behaupteten Sachzwänge anzupassen, läuft zunehmend auf die Einübung von 'Maschine-Eigenschaften' hinaus: Eindeutigkeit, Berechenbarkeit, Widerspruchsfreiheit, Reproduzierbarkeit. Dieser maschinenhafte Regelmechanismus stülpt sich über die Gesellschaft, über Produktion und Privatbereich. Notwendige gesellschaftliche Veränderungen sind in diesem Prozeß nicht mehr möglich, wenn nicht gegengesteuert wird.

Diskussionen darum, wieviel berufliche, wieviel allgemeine und wieviel politische Bildung in Zukunft notwendig oder vertretbar ist, werden diesem Problem nicht gerecht. Vielmehr bedarf es eines Mehr an Orientierungs- und Handlungswissens, nicht allein in der beruflichen Perspektive, sondern auch für gesellschaftliche Auseinandersetzungen. Die Fähigkeit zu selbstbestimmter Teilhabe am gesellschaftlichen Leben, der Wille zu dessen demokratischer Gestaltung, das sind wesentliche Momente einer notwendigen Bildung, der durch mehr Mitbestimmung im Weiterbildungssystem Geltung verschafft werden muß. Welche Bedeutung jedoch die Konservativen einer von ihnen nicht kontrollierten Bildung beimessen, zeigt sich exemplarisch am Widerstand gegen die Bildungsurlaubsgesetze in Hessen und in Nordrhein-Westfalen. Da werden demokratisch beschlossene Bildungsurlaubsgesetze boykottiert und schlichtweg als verfassungswidrig bezeichnet. Die Auseinandersetzungen um diese Gesetze geben Aufschluß nicht nur über das Verhältnis der Konservativen zur demokratischen Bildung, sondern auch über ihr Demokratieverständnis insgesamt.

In bezug auf die Entwicklungslinien der Weiterbildung bis zum Jahr 2000 denke ich deshalb: Wir benötigen für die bis dahin noch verbleibenden

12 Jahre nicht allein neue Herausforderungen, sondern wir sollten erst einmal die alten annehmen und bewältigen. Dazu gehört die Verwirklichung einer arbeitnehmerorientierten Weiterbildung und für diese gilt es bis zur Jahrtausendwende die politischen Rahmenbedingungen zu verbessern. Damit ist nicht notwendig eine generelle Verstaatlichung der Weiterbildung gemeint. Doch muß es in Zukunft Organisationsmodelle geben, die neben der Qualität zugleich mehr Mitbestimmung in der Weiterbildung sichern. Ferner sind die materiellen Voraussetzungen dafür zu schaffen, daß alle interessierte Bürger künftig an Weiterbildung partizipieren können. Dazu bedarf es nicht nur einer gesetzlichen Regelung der Finanzierung, sondern auch eines Ausbaus des Weiterbildungsangebots. Neben den bestehenden öffentlichen Weiterbildungseinrichtungen sind in dieser Aufgabe vor allem die Hochschulen gefordert. Als Gewerkschaften wehren wir uns jedoch dagegen, den Kreis derjenigen, die Zugang zur Weiterbildung an den Hochschulen haben sollen, auf die Minderheit der formal Studienberechtigten zu beschränken. Im Interesse des Abbaus sozialer Benachteiligungen ist vielmehr die Öffnung der Hochschulen und ihrer Weiterbildungsangebote für breite Bevölkerungskreise erforderlich.

Die konkreten Forderungen der Gewerkschaften für die Weiterbildung im Jahr 2000 lauten:

- für alle Erwachsenen gilt es ein Recht auf Weiterbildung durchzusetzen;
- Weiterbildung umfaßt allgemeine, berufliche und politische Inhalte. Jeder sollte deshalb auch einen Anspruch auf Bildungsurlaub haben;
- bislang benachteiligte Arbeitnehmergruppen sind insbesondere bei der beruflichen Weiterbildung bevorzugt zu fördern;
- Weiterbildungsqualifikationen müssen auch auf dem Arbeitsmarkt verwertbar sein und zu öffentlich anerkannten Abschlüssen führen.

Solange die Bundesregierung die berufliche Weiterbildung bewußt aus ihrem Politikkonzept ausspart und die Spielregeln dieses Sektors der Markt- und Unternehmermacht überläßt, müssen die Gewerkschaften darüber hinaus in Zukunft auch auf tarifvertragliche Konzepte in der Weiterbildung setzen. Denn nur so kann der Anspruch aller Arbeitnehmer auf Weiterbildung realisiert, können Qualitätsstandards gesichert und die Beschäftigten vor dem Verlust ihrer beruflichen Qualifikation geschützt werden.

Langfristig - also mit Blick auf das Jahr 2025 - denke ich allerdings, daß die Probleme der Weiterbildung durch Tarifverträge und Betriebsvereinbarungen allein nicht hinreichend wirksam anzugehen sind. Diese Lage ist meines Erachtens nur durch eine konzentrierte Novellierung der geltenden gesetzlichen

Regelungen zu ändern. Maßnahmen, die im Blick auf die Zukunft zu diskutieren sind, betreffen unter anderem das AFG, die Steuerpolitik und die Arbeitszeitregelungen. Nach meiner Auffassung sollte ein allgemeiner, bundesweiter Rechtsanspruch auf genügend Weiterbildung ein Kern der gesamten Reform werden. Dieser Anspruch müßte neben der Sicherung des Arbeitsplatzes und den Modalitäten der Finanzierung auch den Umfang der gesetzlichen garantierten Weiterbildungszeit regeln. Gestützt auf Berechnungen der Veraltenszeit relevanter Wissensbestände hat Friedrich Edding unlängst einen Weiterbildungsbedarf von drei Jahren je Erwerbstätigen und gesamter Erwerbsdauer errechnet (vgl. Edding 1987, S. 8); das beläuft sich auf 4 Stunden pro Woche. Ich weiß nicht, an welchen Kriterien sich ein solcher Bedarf orientiert, doch ich kann mir vorstellen, daß angesichts des vorhandenen gesellschaftlichen Reichtums auch ein Mehr an garantierter Weiterbildungszeit im Jahr 2025 vorstellbar ist. Und ich halte dies sogar für erforderlich, denn die gesellschaftliche Relevanz der Weiterbildung liegt in der Zukunft eben nicht in ihrer immer engeren Verknüpfung mit technischen Prozessen und wirtschaftlichem Nutzen. Sie liegt vielmehr darin, auch und gerade zu diesen Prozessen eine kritische Distanz zu gewinnen, Autonomie herzustellen, nicht allein weil es die Aufklärung so fordert, sondern weil Selbständigkeit der Individuen wichtiger ist als schnell veraltendes Wissen. Geboten ist deshalb in der Weiterbildung der Zukunft mehr Vielfalt, die auch das Einzelne und Besondere ermöglicht. Denn gültig scheint mir immer noch die 'Assoziation' bei Marx, 'worin die freie Entwicklung eines jeden die Bedingung für die freie Entwicklung aller ist' (vgl. Marx 1953, S. 548).

Die Erwartung auf eine Antwort nach dem Neuen in der 'Weiterbildung 2025' muß ich enttäuschen. Die Spurensuche ist uns allen aufgegeben. Ich kann nur ein methodisches Prinzip benennen, dem die Weiterbildung der Zukunft folgen sollte, nämlich ausreichende Bedingungen der Möglichkeit von Erfahrungen zu schaffen, denn nur dadurch kann Neues entstehen. Man muß es aber auch entstehen lassen und nicht auf vermeintliche Sachzwänge zurechtstutzen. Lassen sie mich - wo doch heute 'Philosophien' wieder gefragt sind - mit einem Philosophen enden. Der Mut, autonom zu denken, bedeutet für Kant 'alles', auch vorgegebene Traditionen, auf ihre Vernünftigkeit hin zu befragen und jene Lebensverhältnisse zu verändern, die sie behindern. Diesen Mut sollte die Weiterbildung befördern - doch vielleicht nicht erst im Jahre 2025.

Literatur:

Adorno, Th. W.: Negative Dialektik, Frankfurt/M. 1966

Edding, F.: Lernen menschlich - Überlegungen einer menschengerechten Ordnung der beruflichen Weiterbildung. Beitrag zur Tagung berufliche Weiterbildung. Akademie Tutzing, Oktober 1987

Geißler, Kh.: Die Weiterbildungsoffensive - der Marsch in die systematische Bewirtschaftung des Menschen - Hektografiertes Manuskript 1987

Marx, K.: Manifest der kommunistischen Partei, in: Landshut, S. (Hrsg.): Die Frühschriften, Stuttgart 1953

Peter Meyer-Dohm

Zukunftssicherung durch betriebliche Bildungsarbeit*

Weiterbildung hat Konjunktur. Dieses Urteil drängt sich auf, wenn man aufmerksam die Presse und einschlägige Publikationen verfolgt, an Kongressen und Symposien teilnimmt und die Expansion des inner- und außerbetrieblichen Weiterbildungsmarktes beobachtet.

Was die grundsätzliche Bedeutung der Weiterbildung angeht, so sind sich die verschiedenen gesellschaftspolitischen Gruppen einig. Dieses zeigt schon die zwischen der Bundesregierung und den Sozialpartnern vereinbarte 'Qualifizierungsoffensive' (vgl. Böning 1988, S. 26), die eine scheinbar unumstrittene Botschaft verbreitet, nämlich, daß der Qualifikation eine Schlüsselrolle bei der zukünftigen Entwicklung auf dem Arbeitsmarkt zukommt. Vielfach glaubt man gar, über Qualifizierung wieder zur Vollbeschäftigung zurückkehren zu können. Aber ein breites Angebot an Qualifikationen schafft nicht automatisch die Nachfrage nach den Produkten, die von mit diesen Qualifikationen ausgestatteten Arbeitnehmern erzeugt werden können. Richtig ist, daß sich Qualifikationsdefizite als schwerwiegende volkswirtschaftliche Wachstumsbremse erweisen können und sich die individuellen Arbeitsplatzchancen durch den Erwerb weiterer marktgerechter Qualifikationen verbessern.

Diese Einschätzung wird auch von der Baseler Prognos AG in ihrem Gutachten 'Die Bundesrepublik Deutschland 1990 - 2000 - 2019' bestätigt, in dem die hohe Bedeutung der qualitativen Faktoren zur Sicherung des Wachstums weit über das Jahr 2000 hinaus hervorgehoben wird.

Aus der Vielzahl von Zukunftsaufgaben und neuen Entwicklungen im Bildungsbereich möchte ich drei Felder herausgreifen und im folgenden kurz erläutern:
- Förderung der Lernkompetenz der Mitarbeiter,
- Qualifizierung un- und angelernter Mitarbeiter,
- Notwendigkeit und Charakteristika eines lernenden Unternehmens.

1. Förderung der Lernkompetenz der Mitarbeiter

Angesichts der Veränderungen, die sich täglich u. a. im Bereich der eingesetzten Technologie, der Arbeitsorganisation, der Denk- und Verhaltensweisen, der ökonomischen und rechtlichen Rahmenbedingungen vollziehen,

* Diese Ausführungen wurden auf der Grundlage der Diskussionen nachträglich verfaßt. Da sie nach Umfang und Inhalt den Rahmen eines Diskussionsbeitrages sprengen, wurden sie den Referaten zugeordnet.

sowie der damit einhergehenden Wissensexplosion ist die ständige Anpassung der individuellen Qualifikation an die sich wandelnden Anforderungen für jeden Mitarbeiter ein Muß, um der Obsoleszens der einmal erworbenen Kenntnisse und Fähigkeiten entgegenzuwirken. Inzwischen ist allgemein anerkannt, daß die Vorbereitung auf einen Beruf, die berufliche Grundausbildung, nicht den beruflichen Bildungsprozeß abschließt, sondern ihn eigentlich erst einleitet. Arbeitsplatzbezogene Unterweisung, Weiterbildungsmaßnahmen und das Lernen im Vollzug des Arbeitsprozesses begleiten die berufliche Tätigkeit; sogar Umschulung ist keine ungewöhnliche Erscheinung mehr. Auf dieser Erkenntnis basiert auch die Forderung nach lebenslangem Lernen.

Damit aber das lebenslange Lernen, dessen es in unserer dynamischen Gesellschaft bedarf, nicht als 'lebenslängliches Pauken' verstanden wird - auf diese Gefahr haben Hans Preiss und Winfried Schlaffke in ihren Beiträgen eindringlich hingewiesen -, muß die Lernfähigkeit und -bereitschaft der Mitarbeiter gefördert werden. Arbeitnehmer, die nur widerwillig und aus Angst lernen, etwa weil sie befürchten, wegen mangelnder Qualifikation an den Rand des innerbetrieblichen Arbeitsmarktes gedrängt zu werden und Einkommenseinbußen hinnehmen zu müssen oder gar den Arbeitsplatz zu verlieren, werden in der Regel nur einen geringen Qualifizierungserfolg aufweisen. Solche lernungewohnten/lernunwilligen Mitarbeiter werden darüber hinaus Neuerungen stets mit Skepsis und Widerstand begegnen, statt diese auch als Chance zu begreifen bzw. solche Veränderungen gar zu initiieren.

Die Aufgabe der für Bildung Verantwortlichen kann sich also nicht allein darauf beschränken, Entwicklungen, die sich im Unternehmen und in der Umwelt abzeichnen, zu beobachten, ihre Bildungsrelvanz zu beurteilen und gegebenenfalls entsprechende Qualifizierungsmaßnahmen zu entwickeln (vgl. Meyer-Dohm 1987, S. 286 ff). Vielmehr muß die Lernkompetenz als Voraussetzung erfolgreicher Zukunftsbewältigung gezielt und möglichst frühzeitig veranlagt werden. Hier ist neben der Schule vor allem die betriebliche Erstausbildung gefordert, die auch in dieser Hinsicht - hier stimme ich Winfried Schlaffke zu - ein tragfähiges Fundament schaffen muß.

Mit dem 1. September 1987 haben wir bei Volkswagen ein neu entwickeltes Qualifizierungskonzept für Auszubildende eingeführt, das uns in besonderer Weise geeignet erscheint, die jungen Menschen für die Anforderungen der Zukunft zu rüsten. Hierzu zählen neben der bereits erwähnten Lernkompetenz vor allem Kreativität, Kommunikations- und Teamfähigkeit. Dem neuen Qualifizierungskonzept liegt ein ganzheitliches Kompetenzmodell zugrunde, das der Individual- und Sozialkompetenz neben der bislang dominierenden Fachkompetenz gleichrangige Bedeutung einräumt (Schneider 1988, S. 237 ff, Meyer-Dohm 1988).

Die Fähigkeit, zusammen zu arbeiten und gemeinsam die Verantwortung für eine in der Gruppe gefundene Entscheidung zu tragen, ist Grundlage der sozialen Kompetenz. Die immer komplexer werdenden Probleme machen in zunehmendem Maße die Zusammenarbeit von Mitarbeitern erforderlich. Zudem hat sich gezeigt, daß im Team erarbeitete Lösungen Einzelentscheidungen deutlich überlegen sind. Da die jungen Menschen in der Schule eher zum Einzelkämpfer erzogen werden, als daß Teamfähigkeit vermittelt wird, besteht auf diesem Gebiet Handlungsbedarf für die Unternehmen. Das neue Konzept sieht vor, daß die Team- und Kommunikationsfähigkeit als wesentliche Elemente der Sozialkompetenz gezielt ausgebildet werden durch die Zusammenfassung von Auszubildenden in Sechser-Gruppen, die gemeinsam in einem Umfeld arbeiten. Sie planen gemeinsam die einzelnen Arbeitsschritte, stimmen untereinander die Benutzung von Maschinen und Geräten ab, koordinieren Arbeiten zeitgerecht und helfen sich gegenseitig. In Kenntnis des 'geheimen Modells' der Erziehung, dem Vorbild, haben wir zudem Ausbilderteams gebildet, die teilautonom tätig sind und ihr Handeln durch ständige Absprachen und auf wöchentlich stattfindenden Teamkonferenzen miteinander abstimmen. Denn es gilt: Die Fähigkeit zum selbstbestimmten, selbstverantwortlichen und kooperativen Handeln kann nur von Ausbildern herangebildet werden, die ihrerseits entsprechend handeln - ganzheitliche Berufsausbildung als dynamischer Lernprozeß aus eigener Einsicht!

Die Ausbildung wird vom Grundsatz der Selbstaktivität der Auzubildenden geprägt, d. h. nicht das passive Nachvollziehen des vom Ausbilder dargebotenen Stoffes, sondern die selbständige Wissenserarbeitung unter Anleitung des Ausbilders, der mehr als Berater denn als 'Vormacher' fungiert, steht im Vordergrund. In verstärktem Maße werden komplexe Aufgaben gestellt, bei deren Bewältigung die Auszubildenden sowohl unterschiedliche Wege beschreiten als auch differenzierte Lösungen finden können und sollen. Treten Probleme auf, so gibt der Ausbilder - statt der Präsentation einer Lösung - lediglich Hinweise für die eigenständige Erarbeitung der Lösung durch den Auszubildenden, z. B. in Form von Literaturangaben. Auf diese Weise wird auch der Umgang mit Informationsmedien eingeübt und das in Zeiten der Wissensexplosion so wichtige Zugriffswissen vermittelt. Diese Elemente des Qualifizierungskonzeptes zielen - im Sinne der Ausführungen von Hermann Schmidt - auf die Förderung der Lernkompetenz und damit die langfristige Sicherung der Berufsfähigkeit unserer Mitarbeiter ab.

Das notwendige fachliche Fundament wird durch die Vermittlung einer breiten, auf die zukünftigen Anforderungen zugeschnittenen Grundqualifikation geschaffen, auf der im Bedarfsfall aufgebaut werden kann und die gleichzeitig die Zusammenarbeit mit auf angrenzenden Gebieten arbeitenden Fachleuten erleichtert. Denn nicht die Ausbilder hochspezialisierter, auf eine bestimmte Technik ausgerichteter und fixierter Mitarbeiter kann unser Ziel sein. Wir brauchen vielmehr Mitarbeiter, die die Fähigkeit haben, sich immer wieder neu zu spezialisieren. Der berufliche Bildungsprozeß wird mit der Berufsausbildung nicht abgeschlossen, sondern dadurch erst eingeleitet.

2. Qualifizierung un- und angelernter Mitarbeiter

Während die jungen Menschen nach dem Abschluß einer solchen zukunftsorientierten Ausbildung gut für die Zukunft gerüstet sind, wirft die Bewältigung des technischen Wandels, der sich in allen Unternehmensbereichen vollzieht, bei den un- und angelernten Mitarbeitern, die nicht über ein derartiges qualifikatorisches Fundament verfügen, Anpassungsprobleme auf. Arbeitsorganisatorische Änderungen - wie z. B. die Bildung der zur Zeit vieldiskutierten teilautonomen Arbeitsgruppen im Produktionsbereich, die über die Zuweisung eines größeren Handlungsspielraums und mehr Verantwortung die Motivation und Leistung zu steigern versuchen - setzen ebenfalls Qualifizierung voraus.

Bildungsdruck wird auch durch die Forderung der Arbeitnehmerinteressenvertretung nach Breitenqualifizierung und der Berücksichtigung gerade der bislang benachteiligten Gruppen - zu denen zählen un- und angelernte Mitarbeiter, weibliche Beschäftigte und ausländische Arbeitnehmer - bei Fortbildungsveranstaltungen erzeugt (vgl. Heimann 1987, S. 90 ff).

Durch die Festschreibung eines bestimmten Mindestumfangs an Qualifizierung in Tarifverträgen soll sichergestellt werden, daß jeder Mitarbeiter in den 'Genuß' von Bildungsmaßnahmen kommt. Gleichzeitig erhofft man sich auch positive Beschäftigungswirkungen, da die Zahl der geleisteten Arbeitsstunden durch die in der Arbeitszeit durchzuführende Qualifizierung reduziert wird und somit bei gleichbleibendem Output neue Mitarbeiter eingestellt werden müssen. Dabei ist jedoch zu berücksichtigen, daß die Planung und Durchführung von Fortbildungsmaßnahmen wie auch die Freistellung von der Arbeit einen beträchtlichen Kostenfaktor darstellen, dem bei einem im Wettbewerb stehenden Unternehmen auf jeden Fall auch ein entsprechender Nutzeffekt gegenüberstehen muß. Dies setzt voraus, daß die vermittelten Weiterbildungsinhalte in der Praxis auch eingesetzt werden können. Werden die neu erworbenen Fähigkeiten und Kenntnisse nicht abgerufen, so führt dies zur Frustration der Mitarbeiter.

Wenngleich die konjunkturelle Lage und der scharfe Wettbewerb in der Automobilindustrie dämpfend auf die Forderung nach kostenintensiver Weiterbildung für alle Mitarbeiter wirken, so besteht doch aus ökonomischen Gründen die Notwendigkeit, einzelfallbezogene bedarfsgerechte Qualifizierungsmaßnahmen - z. B. am Arbeitsplatz und nicht unbedingt in Form von Seminaren - mit den un-/angelernten Mitarbeitern/-innen durchzuführen.

Erfahrungen mit der Qualifizierung dieser Zielgruppe liegen bislang in nur sehr geringem Maße vor. Da Bildungsmaßnahmen dann die größte Effizienz versprechen, wenn sie auf die individuellen Lernvoraussetzungen und -fähigkeiten der Teilnehmer abstellen, bildet die Analyse dieser Faktoren die notwendige Vorstufe für eine wirksame Qualifizierung der Un- und Angelernten. An diesem Punkt setzt ein vom Recklinghauser Forschungsinstitut für Arbeiterbildung bei Volkswagen durchgeführtes HdA-Grundlagenprojekt an. Im Rahmen dieses umsetzungsorientierten und betriebskooperativen Forschungsvorhabens soll geklärt werden,

- welche beruflichen Fähigkeiten, Fertigkeiten, Kenntnisse und Lerninteressen Montagearbeiter/-innen besitzen und
- welche lebensgeschichtlichen sowie inner- und außerbetrieblichen Erfahrungen auf ihre Lernfähigkeit und Lernbereitschaft von prägendem Einfluß sind (vgl. Lacher u. a.).

Zur Erfassung der lebensgeschichtlichen Lernerfahrunegen wurden themenzentrierte Intensivinterviews auf der Basis eines offenen, Erzählanreize bietenden Befragungsleitfadens durchgeführt. Die Auswahl der Interviewpartner/-innen erfolgte nach einem gestuften Quotenauswahlverfahren, bei dem Kriterien wie Alter, Geschlecht, Nationalität, Familienstand, Schul- und berufliche Bildung Berücksichtigung fanden. Bei der Auswertung stellte man fest, daß die Gruppe der Montagearbeiter/-innen über umfangreiche außerbetriebliche Bildungserfahrungen verfügt, auf denen im Bedarfsfall die betriebliche Qualifizierung aufbauen kann. Es zeichnen sich nach einer ersten Analyse vier Bildungstypen ab, die deutlich hinsichtlich ihrer dominanten Bildungsmotivation differieren. Diese Ergebnisse zu erhärten und Zuammenhänge zwischen den einzelnen Faktoren aufzuzeigen, ist das Ziel der repräsentativen Befragung von 400 mittels Zufallstichprobe ermittelten Mitarbeitern des Montagebereichs. Aufbauend auf dieser qualitativen und quantitativen Beschreibung der Ist-Qualifikationen und der Bildungstypen

- kann geprüft werden, ob die vorhandenen Qualifikationen ausreichen zur Bewältigung der sich abzeichnenden Veränderungen der Arbeitsaufgaben und

- kann ggfs. eine zielgruppenspezifische Planung und Durchführung der Qualifizierungsmaßnahmen erfolgen hinsichtlich
  - des (möglichst homogenen) Teilnehmerkreises,
  - der zu ermittelnden Inhalte (evtl. Planung von Vorschaltkursen, um die Teilnehmer auf den gleichen Stand zu bringen),
  - der organisatorischen Rahmenbedingungen,
  - der den jeweiligen Lerntyp und die Motivation berücksichtigende Ansprache der Teilnehmer vor und während der Bildungsmaßnahme.

Es ist unstrittig, daß die zielgruppenspezifische Gestaltung von Qualifizierungsmaßnahmen wesentlich zur Effizienzsteigerung beiträgt, wenngleich das Ausmaß der Erfolgsverbesserung nicht genau ermittelbar ist. Aufgrund der fehlenden Quantifizierbarkeit des Erfolges von Bildungsmaßnahmen besteht die Neigung, die Leistung des betrieblichen Bildungswesens lediglich an Größen wie Seminarstunden, Teilnehmertage zu bemessen. Damit wird eine Politik gefördert, die auf eine Maximierung des Outputs, d. h. der Veranstaltungen, abzielt und zu Lasten einer umfassenden Vorbereitung, insbesondere was die - zeit- und kostenintensive - Berücksichtigung der Spezifika der jeweiligen Zielgruppe angeht. Von den Ergebnissen des Forschungsprojektes erhoffen wir uns das notwendige Fundament für die Planung effizienter Maßnahmen zur Qualifizierung der Un-/Angelernten.

3. Notwendigkeit und Charakteristika eines lernenden Unternehmens

Zur Bewältigung der (qualifikatorischen) Anforderungen der Zukunft reicht es allerdings nicht aus, daß eine organisatorische Einheit, nämlich das betriebliche Bildungswesen, mehr Bildungsmaßnahmen für mehr Mitarbeiter durchführt und die Lernkompetenz möglichst frühzeitig zu stärken versucht. Das Unternehmen als Ganzes muß sich vielmehr als in einem ständigen Lernprozeß stehend, als 'learning company' begreifen (vgl. Kappler 1972 und Grochla 1978).

Das Unternehmen vermag sich nur darum im Wettbewerb zu behaupten, weil es ein lernendes System ist. Anpassung an Datenänderungen, Gestaltung von Marktchancen, Aktion und Reaktion sind Ausdruck und Ergebnis von Lernprozessen. Um die Konkurrenten übertreffen zu können, muß ein Unternehmen schneller als seine Wettbewerber lernen, muß das Lernen als strategischer Erfolgsfaktor (vgl. Stiefel/Belz 1987) verstanden werden. 'Gesellschaften, die schnell lernten, blühten auf . . . Andere Gesellschaften wiederum - von denen manche über Reichtum und Macht verfügten - lernten langsam:

Sie hatten kein Gespür für sich anbahnende Veränderungen und gingen unter' (Botkin/Elmandjra/Malitza 1981, S. 30).

Wodurch zeichnet sich ein lernendes Unternehmen aus? Lassen Sie mich einige mir wichtig erscheinenden Elemente skizzieren:

- qualifizierende Arbeitsplatzgestaltung,
- systematischer Arbeitsplatzwechsel,
- der Vorgesetzte als Lernanreger und Personalentwickler,
- kooperativer Führungsstil,
- lernfreundliche Unternehmenskultur.

Die Mitarbeiter lernen laufend im Vollzug des Arbeits- und Entscheidungsprozesses. Dieses Lernen 'on the job' wird in der Literatur auch als natürliches Lernen bezeichnet in Abgrenzung zu dem durch arbeitsplatzferne Bildungsmaßnahmen indizierten Lernen (Stiefel/Belz 1987, S. 51).

Lernen am Arbeitsplatz vollzieht sich häufig ungeplant und unsystematisch durch Beobachtung von Kollegen und Vorgesetzten sowie bei der Erledigung der eigenen Arbeit. Diesem unbeabsichtigten, funktionalen Lernen durch Zusehen und Nachmachen wird heute durch Komplexität der Technologie und Arbeitsaufgaben Grenzen gesetzt. Zudem zielt Lernen immer weniger auf eine Einführung in die bestehende Praxis ab, sondern auf die Bewältigung der sich immer rascher vollziehenden arbeitsorganisatorischen und technischen Veränderungen. 'Lernen dient der Vorbereitung und Gestaltung von ökonomisch-betrieblichem Wandel' (Decker 1985, S. 80). Das bedeutet allerdings nicht, daß die Kenntnisse und Fähigkeiten, die zur Erledigung neuer bzw. komplexer Aufgaben notwendig sind, nur in speziellen Weiterbildungsveranstaltungen fern vom Arbeitsplatz erlernt werden können. Ein solcher gesteuerter, methodisch und didaktisch strukturierter Lernprozeß kann ebenfalls am Arbeitsplatz stattfinden, z. B. in Form der Unterweisung, durch Zuweisung von Sonderaufgaben oder Lernen durch Lernpartnerschaften und Mitarbeiterbesprechungen (Decker 1988, S. 204 f).

Das intentionale Lernen muß fester Bestandteil der Arbeit werden. Bei den sich bereits abzeichnenden neuen Entwicklungen im Bereich der Arbeitsorganisation sollte daher der Forderung nach qualifizierender Arbeitsgestaltung verstärkt Rechnung getragen werden (Duell/Frei 1986, S. 11).

Arbeitsplatzorientierte Bildungs- und Unterweisungsarbeit, die in einem unmittelbaren Bezug zur Praxis steht und quasi 'vor Ort' stattfindet, läuft am wenigsten Gefahr, daß das gelernte Wissen nicht angewendet bzw. übertragen werden kann, denn sie orientiert sich direkt an der Praxis und wird von der Praxis selbst direkt befruchtet; es ist in der Regel unmittelbar erkennbar, in welchem Zusammenhang das Gelernte mit der verlangten Anwendung steht. Dadurch, daß der Praxisbezug des zu Lernenden evident wird, erhöht sich auch die Motivation der Mitarbeiter.

Nicht von ungefähr ist betriebliche Bildungsarbeit zunächst in den Arbeitsprozeß verwoben gewesen, wie ein historischer Rückblick zeigt: Lernen durch Mitarbeit, durch Zuschauen und Nachmachen stand im Vordergrund. Die Ausgliederung der Bildungsarbeit aus dem Arbeitsprozeß und die räumliche Trennung davon ist eigentlich erst das Ergebnis einer Professionalisierung in der Wissensvermittlung. Die Spezialisierung auf das Pädagogische wird dann später als eindeutiger Vorteil angesehen: Ungestört vom Arbeitsablauf kann konzentriert Wissen vermittelt werden. Dieses geschieht nicht selten auf dem Wege über Abstraktion und Theorie, womit auch eine geistige Entfernung zwischen Lernfeld und Funktionsfeld entsteht, die das Transferproblem in Erscheinung treten läßt.

Der Forderung nach Verstärkung des praxisintegrierten Lernens liegt die Einsicht zugrunde, daß die Trennung von Arbeit und Lernen ein Produkt jener Arbeitsteilung ist, deren Folgen am stärksten in taylorisierten Arbeitsorganisationen zu beobachten sind. Die Förderung von Kleingruppenaktivitäten (Qualitätszirkel, Lernstatt, Werkstattkreise usw.), die die Problembewältigung aus darauf spezialisierten Bereichen in die Gruppen zurückholt und sie zu einer Aufgabe der Betroffenen macht, löst Lernprozesse aus und stellt somit eine Möglichkeit dar, Lernen zum integrierten Bestandteil der Arbeit zu machen.

4. Lernen als Element der Personalentwicklung

Im Laufe seines Arbeitslebens übt jeder Mitarbeiter Tätigkeiten an vielfach sehr unterschiedlichen Arbeitsplätzen aus. Der Arbeitsplatzwechsel kann auch gezielt als Instrument der Personalentwicklung eingesetzt werden. Dies wird besonders deutlich bei Job-Rotation-Programmen, bei denen Mitarbeiter innerhalb von Monaten oder wenigen Jahren eine Vielzahl von Arbeitsplätzen und -bereichen kennenlernen.

Auf diese Art und Weise verbreitern sie ihr fachliches Fundament und erwerben vor allem ein Überblicks- und Zusammenhangswissen, das angesichts einer zunehmenden Vernetzung der Systeme unabdingbar für die (interdisziplinäre, abteilungsübergreifende) Beantwortung komplexer Fragestellungen ist.

Neben dem Abbau von dem Unternehmenswohl so schädlichen Bereichsegoismen durch ein besseres Verständnis für die Interessen und Probleme anderer Abteilungen fördert ein häufiger Arbeisplatzwechsel auch die Anpassungsfähigkeit der Mitarbeiter. Zum Umgang mit ständig neuen Kollegen und Vorgesetzten gezwungen, wird insbesondere die Kooperations- und Kommunikationsfähigkeit geschult.

Neben der zeitweisen Entsendung in besonders lernanregende 'Musterabteilungen' (vgl. Stiefel/Belz 1987, S. 59) sollte die Auswahl der in das Job-Rotation-Programm einbezogenen Arbeitsplätze/ -bereiche in Abhängigkeit von der zukünftigen Position des jeweiligen Mitarbeiters und den dafür erforderlichen Kenntnissen erfolgen. 'Lernen als strategischen Erfolgsfaktor im Unternehmen zu konzipieren, heißt . . . auch, Laufbahnmuster zu schaffen, die das Lernen wachhalten und fördern' (ebd. S. 62). Dies bedingt insbesondere eine nicht zu lange Verweildauer auf den einzelnen Positionen. So ist der typische Laufbahnweg einer Führungskraft in einem High-Tech-Unternehmen gekennzeichnet durch einen häufigen Wechsel zwischen den Geschäftsbereichen - also kein 'Kaminaufstieg', keine 'Röhrenkarriere' innerhalb einer bestimmten Funktion -, eine kurze Verweildauer auf den einzelnen Arbeitsplätzen und das Erreichen oberer Führungspositionen in einem relativ frühen Alter (vgl. Kanter 1985, S. 17 ff).

Diese Forderung nach nur kurzzeitigem Verbleiben auf einem Arbeitsplatz kann in Konflikt mit den Interessen der Vorgesetzten stehen, die dazu neigen, eingearbeitete Mitarbeiter zu präferieren. Der bei neuen Mitarbeitern sicher erforderliche Einarbeitungs- und erheblich höhere Steuerungsbedarf wird im Idealfall jedoch mehr als ausgeglichen dadurch, daß einerseits diese Mitarbeiter neue Ideen einbringen und so befruchtend wirken und andererseits langfristig qualifiziertere Mitarbeiter zur Verfügung stehen.

Angesichts der Notwendigkeit zu ständiger (Weiter-)Qualifizierung - als Folge und Voraussetzung für den sich im Unternehmen und in der Umwelt vollziehenden Wandel - gewinnt die Aufgabe der Vorgesetzten, seine Mitarbeiter zu entwickeln, an Bedeutung.

Dem Vorgesetzten fällt im Rahmen der Personalentwicklung seiner Mitarbeiter eine entscheidende Rolle zu:

- Er muß die Ist-Qualifikation seiner Mitarbeiter feststellen und durch einen Vergleich mit der Soll-Qualifikation die Qualifikationsdefizite ermitteln (Qualifikationsanalyse).

- Ausgehend von der Qualifikationsanalyse hat der Vorgesetzte zu entscheiden, auf welche Weise etwaige Defizite zu beseitigen sind.
- Im Falle der 'Qualifizierung off the job' beschränkt sich die Aufgabe des Vorgesetzten darauf, die geeignete Fort-/Weiterbildungsveranstaltung auszuwählen und den Einsatz der im Seminar erlernten Kenntnisse und Fähigkeiten am Arbeitsplatz zu fördern, während bei praxisintegrierter Qualifizierung der Vorgesetzte diese selbst durchführt bzw. dafür verantwortlich ist.

In einer Reihe von Führungsgrundsätzen industrieller Unternehmen - so auch bei Volkswagen - wird festgeschrieben, daß es Aufgabe des Vorgesetzten ist, seine Mitarbeiter

- 'für die von ihnen wahrzunehmenden Aufgaben anzuleiten sowie ihre berufliche Leistungsfähigkeit zu erhalten und zu verbessern (fachliche Qualifikation),
- zu selbständigem Arbeiten, sachlichem Zusammenarbeiten und - soweit Führungsaufgaben wahrzunehmen sind - zu kooperativem Führen anzuhalten (überfachliche Qualifikation).

Von allen Mitarbeitern wird Bereitschaft zu weiterer Qualifizierung erwartet.'

Solche Bestimmungen setzen auf seiten des Vorgesetzten voraus, daß er sich der Pflicht zur Entwicklung der ihm unterstellten Mitarbeiter bewußt ist und zugleich über die notwendigen Kenntnisse und Fähigkeiten auf dem Gebiet der Personalentwicklung verfügt.

Gemäß den Richtlinien vieler Unternehmen gehört die Qualifizierung der unterstellten Mitarbeiter zwar zu den wichtigsten, nicht delegierbaren Aufgaben des Vorgesetzten, in der Praxis genießt die Personalentwicklung vielfach eine im Vergleich zu anderen (kurzfristig drängenden) Aufgaben nur geringe Priorität (vgl. Thiele 1982, S. 167). Der Vorgesetzte wird daher kaum fortlaufend systematische und umfassende Analysen des Qualifizierungsbedarfs vornehmen. Es besteht die Gefahr, daß die Erhebung des Bedarfs lediglich ein Nebenprodukt der täglichen Arbeit und der dabei erfolgenden Beobachtungen darstellt und somit eher zufälliger, wenig geplanter und unvollständiger Art ist.

Wesentlicher als ein u. U. unzureichendes Bewußtsein um die Notwendigkeit von Bedarfsanalysen erscheint mir allerdings die fehlende Fähigkeit vieler Vorgesetzten zu sein, die Bildungsrelvanz von sich abzeichnenden Entwicklungen frühzeitig zu erkennen. Die Feststellung der sich aus technischen oder organisatorischen Veränderungen ergebenden neuen Anforderungen stellt eine schwierige Aufgabe selbst für das Bildungswesen dar. Von daher ist es verständlich, wenn sich der Vorgesetzte - als Nichtfachmann auf diesem Gebiet - häufig bereits mit der Qualifikationsanalyse überfordert fühlt.

Die Auswahl der geeigneten Maßnahme erfordert umfangreiche Kenntnisse über Art und Einsatzmöglichkeiten der in der jeweiligen Situation bestehenden Alternativen (vgl. Cramer 1987, S. 159 ff). Fehlende Fähigkeiten eines Mitarbeiters können beispielsweise durch institutionalisierte Weiterbildungsmaßnahmen, aber auch durch Unterweisung am Arbeitsplatz oder Selbststudium erworben werden; das Problem kann u. U. auch durch die Umsetzung des Mitarbeiters, die Veränderung von Arbeitsabläufen oder die Neuordnung von Kompetenzen gelöst werden. Fehlen Erfahrungen mit Qualifizierungsmaßnahmen oder liegen nur negative vor, so wird ein Problem u. U. nicht als durch Weiterbildung lösbar erkannt. Die Fort-/Weiterbildung wird umgekehrt aber auch als Allheilmittel für jedes betriebliche Problem einzusetzen versucht, insbesondere wenn der Mut fehlt, problemadäquate, aber unliebsame, möglicherweise Widerstand provozierende Entscheidungen zu treffen.

Was die Durchführung von Qualifizierungsmaßnahmen am Arbeitsplatz angeht, so fehlen dem Vorgesetzten häufig die pädagogischen Fähigkeiten, die Zeit und die Bereitschaft, die systematische Entwicklung und Förderung der Mitarbeiter durch Anleitung, gemeinsame Besprechungen usw. in stärkerem Umfang selbst zu übernehmen, so daß diese Aufgabe lieber den Spezialisten übertragen wird. Aber selbst die Beurteilung standardisierter Bildungsmaßnahmen scheitert häufig am fehlenden fachlichen Wissen. Stark vernachlässigt wird auch von den meisten Vorgesetzten die 'Nachbereitung' von Seminaren durch Gespräche mit dem betreffenden Mitarbeiter und die Schaffung der Voraussetzungen, die erst den Transfer des im Seminar gelernten Wissens an den Arbeitsplatz ermöglichen. Die Vorgesetzten sehen ihre Aufgabe zu häufig nur darin, die Mitarbeiter zu Fort- und Weiterbildungsveranstaltungen zu entsenden, ohne sich ihrer Verantwortung und ihres möglichen Beitrages für die Anwendung der neu erworbenen Fähigkeiten in der Praxis - und damit für den Weiterbildungserfolg - bewußt zu sein.

Das 'Qualifizieren der Mitarbeiter' wird in der Ausbildung zur Führungskraft in der Regel noch nicht vermittelt. Offensichtlich geht man von der Annahme aus, daß ein Vorgesetzter selbst durch Qualifizierungsprozesse gegangen ist und von daher über genügend Informationen verfügt. Das 'Denken in Humanressourcen', die Stärkung der Innovationskraft und der Leistungsfähigkeit eines Unternehmens durch die Qualifizierung von Mitarbeitern, wird noch nicht als eine Aufgabe des Vorgesetzten angesehen, die einer spezifischen Vorbereitung bedürfte. Es zeichnet aber - notwendigerweise - ein Umdenken ab.

Die Personalentwicklung muß integraler Bestandteil der Führungskräfteschulung werden; der Vorgesetzte sollte über das Was und Wie der Investitionen in Humanressourcen ebensogut informiert werden, als es bei den Investitionen in Sachkapital in der Regel der Fall ist. In diesem Zusammenhang sei darauf verwiesen, daß an der Technischen Universität Braunschweig seit Wintersemester 1986/87 mit Unterstützung der Volkswagen AG ein Weiterbildungsstudium 'Personalentwicklung im Betrieb' für Praktiker durchgeführt wird, dem genau diese Intention zugrunde liegt.

Ein (kooperativer) Führungsstil, der sich dadurch auszeichnet, daß die Selbständigkeit der Mitarbeiter durch die Übertragung von Aufgaben und Kompetenzen zur eigenverantwortlichen Erledigung gefördert wird, erscheint besonders geeignet für die persönliche Entwicklung der Arbeitnehmer. Durch die Beteiligung an Entscheidungsprozessen wird nicht nur das Potential der Mitarbeiter genutzt, sondern diese werden auch - durch die Akzeptanz als kompetente Partner - in ihrem Bemühen bestärkt, sich selbst weiterzubilden, um sich noch mehr einbringen zu können. Durch die erlebte Führungskultur sollen Mitarbeiter zur Veränderung, zur eigenen Fortentwicklung angeregt werden. 'Soll Lernen . . . ein strategischer Erfolgsfaktor werden, dann muß Lernen nicht als Funktion von Training, sondern als Funktion von Führung gesehen werden' (vgl. Stiefel/Belz 1987, S. 51).

Leistungsfähige Unternehmungen verfügen über eine Unternehmenskultur, die die Lernfähigkeit fördert. Analysiert man diese Unternehmenskultur genauer, dann zeigt sich, daß der Bildungsarbeit besondere Bedeutung beigemessen wird und die Entwicklung der Mitarbeiter gefördert und honoriert wird (vgl. ebd. S. 58). Denn: 'Ein Unternehmen kann eben nicht auf der einen Seite ein System der Leistungsbeurteilung einführen, das die individuelle Mitarbeiterleistung favorisiert, und auf der anderen Seite ein Beförderungssystem für Führungskräfte haben, in das bei Nachfolgenominierungen die 'politische Restgröße' den höchsten Stellenwert hat.' (Stiefel/Belz, S. 58)

Darüber hinaus aber scheint es für den Mitarbeiter nicht schwer zu sein, sich mit dem Unternehmen zu identifizieren und sich mit seiner vollen Leistung einzubringen. Ein dynamisches Unternehmen wird nur überleben, wenn 'Denkbereitschaft und Denkfähigkeit als Bildungsziel' integraler Bestandteil der Unternehmenskultur werden und tätige Anerkennung finden. Nur ein lernendes Unternehmen besitzt die 'Befähigung zu ständiger Neuorientierung in einer flüssig gewordenen Welt des Wissens' (Behrendt 1963, S. 124).

Literatur

Behrendt, R. R.: Dyamische Gesellschaft. Über die Gestaltbarkeit der Zukunft. Bern/Stuttgart 1963

Böning, E.: Qualifikationsoffensive fortsetzen, in: IBW (Informationen Bildung Wissenschaft) 2/1988

Botkin, J. W./Elmandjra, M./Malitza, M.: Das menschliche Dillema. Zukunft und Lernen. 4. Aufl., Wien u. a. 1981

Cramer, B.: Marketing für innerbetriebliche Weiterbildungsveranstaltungen, Frankfurt a. M. 1987

Decker, F.: Aus- und Weiterbildung am Arbeitsplatz. Neue Ansätze und erprobte berufspädagogische Programme. München 1985

Duell, W./Frei, F.: Leitfaden für qualifizierende Arbeitsgestaltung, Köln 1986

Grochla, E.: Lernprozesse im Rahmen der Organisationsplanung und Organisationsentwicklung, in: H. Albach/W. Busse von Colbe/H. Sabel (Hrsg.), Lebenslanges Lernen, Wiesbaden 1978

Heimann, K.: Weiterbildung per Tarifvertrag, in: Lernfeld Betrieb, Februar 1987, Heft 3, S. 90 ff

Kanter, R. M.: Organization structures, career structures, and innovation in high technology firms, in: H. J. Kurtz/R. Th. Stiefel, (Hrsg.): Laufbahn und Laufbahngestaltung, München 1985, S. 17

Kappler, E.: Systementwicklung - Lernprozesse in betriebswirtschaftlichen Organisationen, Wiesbaden 1972

Lacher, M./Neumann, D./Rubelt, J./Schuler, M.: Die Fort- und Weiterbildung von Montagearbeitern/-innen. Voraussetzungen und Perspektiven am Beispiel der Volkswagen AG. Zwischenbericht.

Meyer-Dohm, P.: Konzepte industrieller Aus- und Weiterbildung am Beispiel der Volkswagen AG, in: H. Lamszus/H. Sanmann: Neue Technologien, Arbeitsmarkt und Berufsqualifikation, Bern/Stuttgart 1987, S. 236 ff

Meyer-Dohm, P. (Hrsg.): Berufliche Qualifizierung - Eine Investition in die Zukunft, Wolfsburger Hefte, Beiträge zur Unternehmenskultur 3, Wolfsburg 1988

Schneider, P.: Neuorientierung der Berufsausbildung in der Industrie, in: Meyer-Dohm, P./Tuchtfeldt, E./Wesner, E. (Hrsg.): Der Mensch im Unternehmen. Festausgabe zum 65. Geburtstag von K.-H. Briam, Stuttgart/Bern 1988, S. 237 ff.

Stiefel, R.Th./Belz, O.: Lernen als strategischer Erfolgsfaktor, in: Jahrbuch der Absatz und Verbrauchsforschung, 1/1987, S. 47 ff

Thiele, A.: Untersuchung zur betriebsbezogenen Weiterbildung von Führungskräften, Köln 1982

IV. Diskussionsbeiträge

Ulrich von Alemann

Ist die Jugend unpolitisch? Zwei Anmerkungen zur Paradoxie des Offenkundigen

Wer über die Zukunft nachdenkt, kommt an der Jugend nicht vorbei. Das systematische Zukunftsforschen kann die Jugend den Erwachsenen überlassen, denn sie wird es schon noch rechtzeitig erleben. Ist das schon eine erste Paradoxie: Die Jungen denken weniger an die Zukunft als die Alten, die diese selbst nicht mehr erleben? Vielleicht ist das weniger paradox als vielmehr recht pragmatisch. Denn in der absehbaren Zukunft werden die heutigen Erwachsenen immer stärker von der handelnden Rolle im Erwerbsleben und in der Gesellschaft zu einer passiven Rolle als Rentner, Pensionäre und Zuschauer übergehen; die Erwachsenen von heute werden diese ihre Zukunft immer weniger gestalten können, während die Jugendlichen dann viel mehr als heute selbst ihr Schicksal in die Hand nehmen können.

Es geht mir bei diesen kurzen Anmerkungen um die Begriffe, um 'Jugend' und 'Politik', die beide auf diesem 'Forum Zukunft' immer wieder in völlig unterschiedlichem Kontext angesprochen wurden. Beide Begriffe veranlassen mich auf dem Hintergrund der von Hans-Günter Rolff präsentierten Daten zur 'Zukunftsverantwortung des Staates' zu je einer zunächst paradox anmutenden Überlegung.

1. Die Jugendlichen unterscheiden sich stärker als je von der Welt der Erwachsenen - die Jugend ist weniger als je ein sinnvoller Sammelbegriff

Das Alter macht den Unterschied - so erscheint es auch in den Daten aus Rolffs Beitrag. In den Tabellen, die Alter und Beruf zusammen präsentieren, ist die Signifikanz der Variable Lebensalter jeweils deutlich höher als der Beruf. Sind wir auf dem Weg von der Klassen- und Schichtengesellschaft zur Alterskohortengesellschaft? Man sollte vorsichtig sein mit vorschnellen Erklärungen und Generalisierungen. Gerade die Jugendforschung einschließlich der Wertwandelforschung ist reichlich überladen mit griffigen Etiketten - von Schelskys 'skeptischer Generation' der fünfziger bis zur 'Nullbock-Generation' zu Anfang der achtziger Jahre. In der Jugendforschung schlägt die Sinuskurve zwischen optimistischen und pessimistischen Höhen und Tiefen der Trendschätzer besonders rasch um.

Das scheinbar offenkundige Generationen-'gap' wird nämlich durch eine zweite Beobachtung konterkariert: Es wird immer schwerer, von 'der' Jugend zu reden, sie begrifflich und empirisch zu packen. In der Jugendpolitik und in der Jugendforschung herrscht weitgehend Uneinigkeit über die Definition 'des' Jugendlichen, ob von 16 bis 35, wie am weitestgehenden die Jugendorganisationen der Parteien, oder von 15 bis 24 Jahren, wie in der Infratest-Untersuchung von Rolff und auch der Shell-Jugendstudie. Theorien vom Verlust der Kindheit bis zum Entstehen der Postadoleszenz demonstrieren mehr die Unsicherheit der Jugendforschung als daß sie klare Erklärungen zur Hand geben. Die schnelle Frequenz von Erklärungsmodellen und Paradigenmoden soll aber nicht den Jugendforschern als wissenschaftliche Unfähigkeit angekreidet werden. Konjunkturforschung der Ökonomie, die so stolz auf ihre vermeintlich härteren Daten und ökonometrischen Modelle ist, bringt auch nicht viel zuverlässigere Prognosen. Es liegt am Gegenstand: Die Jugend ist durch die Pluralisierung von Lebenslagen und Lebensstilen immer schwerer auf einen Nenner zu bringen. Zwischen dem arbeitslosen Hauptschulabsolventen im nördlichen Ruhrgebiet und dem jungen Bankangestellten auf der Düsseldorfer Königsallee klaffen Welten. Diese Lücken hat es im sozialen Status immer gegeben, aber sie werden durch Lebensstile in Konsum, Freizeitverhalten, Musik und Einstellungen heute eher noch verbreitert. Dazu kommen Differenzen zwischen den Geschlechtern. Mädchen und junge Frauen werden selbstbewußter, eigenwilliger und eigensinniger, da sie den Willen zur eigenen Sinnerfüllung ihres Lebens verstärken.

Die Jugend hebt sich stärker gegenüber manchen Bereichen und Einstellungen der Erwachsenen ab - das scheint offenkundig. Aber gleichzeitig wird es analytisch immer riskanter, von der Jugend als genereller Kategorie zu sprechen, da die interne Pluralität von jugendlichen Lebenslagen und Lebensstilen ansteigt.

2. Die Jugendlichen entfernen sich immer stärker von der Politik der Erwachsenen - die Jugend ist politischer, als es die heutigen Erwachsenen seinerzeit gewesen sind

Galt die erste Anmerkung dem Jugendbegriff, so widmet sich diese zweite dem Politikbegriff. Dem politisch engagierten Demokraten erscheinen einige Ergebnisse, die Hans-Günter Rolff referiert, deprimierend. Bei der Frage nach Bereichen, in denen man in Zukunft aktiver werden möchte, rangiert stärkeres politisches oder gewerkschaftliches Engagement auf dem vorletzten Platz. Auf die Frage, wie wichtig bestimmte Dinge im Bildungswesen zu lernen seien, schneidet politisches Bewußtsein weit abgeschlagen auf dem letzten Platz ab. Diese Ergebnisse beziehen sich allerdings auf alle Befragten, nicht auf die Jugendlichen allein. Aber die Shell-Jugendstudie bestätigt die Annahme, daß Jugendliche unter zwanzig Jahren sich weniger für Politik interessieren als Erwachsene und auch als ältere Jugendliche ab 21 Jahren.

Die Frage ‘ist die Jugend unpolitisch?’ wäre falsch gestellt, weil viel zu pauschal. Es handelt sich um ein Problem des Politikbegriffs und des Politikmodells. Die Politik der professionellen Politiker, die Politik der organisierten Parteien verliert zunehmend an Kredit. Die Berichte der Medien über Skandale der Parteienfinanzierung in der Flick-Affäre, über Wahlkampfmanipulation in der Barschel-Affäre, über Korruption in der städtischen Politik, ob in Berlin, Hamburg oder Hamm, oder bei der Atommüllentsorgung durch Hanauer Firmen schaffen ein Klima des plausiblen und berechtigten Mißtrauens in die politische Problemlösungskapazität, auch wenn es sich natürlich immer wieder um Einzelfälle handelt. Wenn Einzelfälle aber zu zahlreich werden, geraten sie nicht nur in den Hinterkopf des Zeitungslesers, sondern auch für den Sozialforscher in den Bereich der statistischen Signifikanz.

Aber es handelt sich nicht um ein Problem der politischen Moral, das man mit dem Gelöbnis zu mehr Glaubwürdigkeit in der Politik schnell beheben könnte. Der Politikbegriff muß breiter als die Berufspolitik definiert werden, denn er umfaßt auch die in allen Umfragen unter Jugendlichen hoch bewerteten Aktivitäten im Bereich Umwelt und Arbeit. Wendet man einen solchen weiteren Politikbegriff an, der konkrete gesellschaftliche Gestaltungsaufgaben von Gegenwart und Zukunft sowie das Interesse daran und die Beteiligungsbereitschaft mit umfaßt, dann ist die Jugend keineswegs unpolitisch, sondern höher motiviert und engagiert, als es die meisten Erwachsenen in ihrer Jugendzeit waren.

Aber nicht nur der Politikbegriff, sondern auch unterschiedliche Politikmerkmale machen einen Unterschied. Die Politikwissenschaft hat hier besonders die Unterscheidung von konventionellem (Wahlbeteiligung, Parteiarbeit) und unkonventionellem politischem Verhalten (Bürgerinitiativen, Demonstrationen etc.) entwickelt. Eine neuere Untersuchung von SINUS zeigt die Einstellungen Jugendlicher zu Möglichkeiten der Einflußnahme auf die Politik (vgl. Tab. 1).

Die Ergebnisse demonstrieren deutlich, daß konventionelle Partizipation bei Jugendlichen mitnichten abgemeldet ist. Die klassischen Formen politischer Beteiligung verlieren nicht völlig an Bedeutung, sie werden weiter genutzt,

Tab. 1:
Möglichkeiten der Einflußnahme auf die Politik
Urteile der 15- bis 30jährigen
Prozentwerte wirkungsvoll / nicht wirkungsvoll

An Wahlen teilnehmen*)	81 / 14
Bei Bürgerinitiativen und Selbshilfegruppen mitmachen	69 / 20
In der Gewerkschaft, in Betriebs- und Personalräten mitarbeiten	67 / 19
In eine Partei eintreten und mitarbeiten	57 / 28
Bei Unterschriftenaktionen mitmachen	56 / 31
An genehmigten Demonstrationen teilnehmen	45 / 43
Über persönliche Kontakte und Beziehungen Einfluß nehmen	38 / 41
Häuser, Fabriken besetzen	15 / 70
An spontanen Demonstrationen teilnehmen	14 / 68
An gewaltsamen Aktionen teilnehmen	3 / 85

*) Die Reihenfolge der Aktionsformen wurde bei der Befragung in anderer Formation vorgegeben. Sie wurde für diese Tabelle entsprechend der Höhe von Nennungen für 'wirkungsvolle' Maßnahmen geordnet.

Quelle: SINUS-Institut, Die verunsicherte Generation, Stuttgart 1985, S. 55

verändert (z. B. auch durch neue Parteien wie die GRÜNEN), ergänzt und umgeschichtet. Es muß aber vor zu euphorischer Interpretation dieser Daten gewarnt werden. Das positive Urteil über die Wirkung von Aktionsformen sagt nicht viel über tatsächlich eingebrachte Aktivitäten. Sonst könnten sich nach diesen Ergebnissen die Parteien und Gewerkschaften vor jugendlichen Mitgliedern kaum retten. Bekanntlich ist das Gegenteil der Fall. Die aktive Mitarbeit von Jugendlichen in den traditionellen Parteien geht deutlich zurück. Dies betrifft ebenfalls gesellschaftliche Großverbände wie die Gewerkschaften, die große Organisationsverluste bei Jugendlichen beklagen.

Aber die Daten von Hans-Günter Rolff verweisen uns darauf, daß nicht nur der politische Bereich im weitesten Sinne, sondern daß überhaupt organisiertes gesellschaftliches Verhalten weniger attraktiv geworden ist. Denn gemäß seiner Frage nach Bereichen, in denen man in Zukunft aktiver werden möchte, landete politisches und gewerkschaftliches Engagement auf dem vorletzten Platz. Aber noch dahinter rangierte auf dem letzten Platz das Engagement in Vereinen allgemein. Ist also Tucholskys Spottvers - 'Hier lebe ich. Und will auch einst begraben sein, in mein' Verein' - nicht mehr aktuell in der Bundesrepublik? Erstmals öffentliche Plakatwerbung des Deutschen Sportbundes für den Vereinssport weist ebenfalls auf eine gewisse Organisationsmüdigkeit hin.

Das Sinus-Institut hat 1985 nicht nur nach den Einstellungen von Jugendlichen zu Gruppen und Organisationen, sondern auch nach dem tatsächlichen Verhalten gefragt. Die Ergebnisse werden in der folgenden Tabelle wiedergegeben.

Tab. 2:
Verhalten und Einstellungen von Jugendlichen zwischen 15 und 30 Jahren in der Bundesrepublik im Jahr 1982 zu Gruppen und Organisationen in % (nach Sinus-Institut 1985, S. 230 ff.)

N = 2012
1 = Umweltschützer, 2 = Bürgerinitiativen, 3 = Amnesty International, 4 = Selbsthilfegruppen, 5 = Friedensbewegung, 6 = Jugendzentrumsinitiativen, 7 = Atomkraftgegner

	1	2	3	4	5	6	7
Mache ich mit, gehöre dazu	9,7	4,0	2,1	2,9	11,2	4,3	8,0
Gehöre ich nicht dazu, finde ich aber gut	73,8	66,5	66,3	65,8	63,9	52,5	37,0
Gefällt mir nicht, lehne ich ab	1,4	3,6	4,6	3,7	5,0	4,2	33,0
Das sind Gegner von mir	0,3	0,2	0,7	0,7	0,4	0,6	5,0

N = 2012
1 = Schülermitverwaltung / ASTA, 2 = Kirchliche Jugend, 3 = Gewerkschaftsjugend, 4 = Landjugend, 5 = Junge Union, 6 = Jungsozialisten, 7 = Jungdemokraten

	1	2	3	4	5	6	7
Mache ich mit, gehöre dazu	5,1	8,6	3,5	2,7	1,6	0,8	0,6
Gehöre ich nicht dazu, finde ich aber gut	55,8	35,1	33,9	31,4	18,6	17,8	16,4
Gefällt mir nicht, lehne ich ab	3,1	8,2	7,9	5,7	19,8	17,2	16,1
Das sind Gegner von mir	0,6	1,0	1,0	0,4	5,2	2,7	2,2

Anmerkung:
Die Prozentzahlen addieren sich nicht zu 100, da die Antwortgaben: 'Ist mir egal/kenne ich nicht/keine Antwort' weggelassen wurden. Die Frage lautete: 'Hier ist eine Reihe von Gruppen und Organisationen, die bestimmte Ziele verfolgen. Mich würde interessieren, wie Sie zu den einzelnen Gruppen stehen bzw. was Sie von diesen Gruppen halten?'

Zu ihrem Engagement bekennen sich die Jugendlichen zu jeweils ca. 10 Prozent nur gegenüber Friedensbewegungen, Umweltschutz, kirchlicher Jugend und Atomkraftgegnern. Am weitesten abgeschlagen rangieren die drei Jugendverbände der politischen Parteien. Bei den persönlichen Einstellungen sieht das Bild ähnlich aus: am Ende rangieren wieder die drei politisch organisierten Jugendverbände.

Das Politikmodell langfristiger Organisationszugehörigkeit mit Mitgliedsbuch und Beitragszahlung - ob in Partei oder Verein - ist in die Defensive geraten. Das spontane, konkrete, sachbezogene Engagement erhält Vorrang. Man kann es auch skeptischer formulieren: Wie das kommerzielle Bodybuilding-Studio die Ware Fitness effektiver verkauft als der Turnverein, so bringt die politische Aktionsgruppe die Ware Partizipation zielgruppengerechter, konkreter und schneller konsumierbar auf den Markt der politischen Möglichkeiten als die Parteiorganisation oder der Gewerkschaftsbund.

Mein Fazit lautet deshalb: Die Jugend ist nicht unbedingt unpolitischer, aber jedenfalls unberechenbarer geworden. Ob Partizipation nach der Devise 'Politik hier und jetzt' auch langfristig Zukunftsprobleme besser bewältigen wird, diese Frage wage ich nicht zu beantworten.

Rainer Mackensen

Zur Bedeutung von Zeit- und Handlungsdimensionen in Szenarien

Entwicklung der Arbeits- und Ausbildungsformen

Eine der zentralen Thesen von Burkart Lutz ist, daß die beobachtbaren Entwicklungen der Arbeits- und auch der Ausbildungsformen derart widersprüchlich sind, daß daraus auf eine künftige Entwicklung nicht eindeutig geschlossen werden kann. Da wir nicht sicher wissen könnten, welche Arbeitsformen künftig vorherrschen würden, seien auch keine Aussagen über die erforderlichen Qualifikationen zu machen, und also sei es nicht möglich, aus den gegenwärtigen Tendenzen in der Arbeitswelt auf Leitlinien eines künftigen Bildungswesens zu schließen.

Unterstellt man die Richtigkeit dieser These, stellt sich die Frage, was man angesichts der genannten Ungewißheit dennoch über die Zukunft wissen könne und auch tatsächlich weiß. Etwas, das wir sicher wissen, ist beispielsweise, daß alle Aussagen über Zustände und Verläufe - und das gilt selbstverständlich nicht nur für die von Burkart Lutz vorgetragenen - eine zeitliche Dimension haben. Bestimmte Tatsachenaussagen gelten stets für eine gewisse Frist. Und diese Frist ist für alle Aussagen nicht notwendigerweise dieselbe. Vielmehr läßt sich darüber nachdenken, für welchen Zeitraum die eine oder andere Aussage gelten soll oder kann. Wie lange dauern also die von Burkart Lutz geschilderten Prozesse? Wann könnten sich die einander ausschließenden Szenarien, die er dargestellt hat, realisieren?

Burkart Lutz hat zwei Szenarien entworfen, von denen ich das eine das 'arbeitsteilige', das andere das 'effiziente' nennen will. Das 'arbeitsteilige Szenario' leitet er allein von der konventionellen Struktur unserer Bildungseinrichtungen ab; von ihr nimmt er - mit gutem Grunde - an, daß sie nur schwerfällig und also langsam veränderlich sei. Während an sich wünschenswert und erforderlich sei, daß das Bildungssystem unter den Bedingungen neuerer Produktionstechniken und Organisationsformen eine neue Art von Allgemeinbildung vermitteln müsse, sei es im Gegenteil auf Spezialisierung angelegt. Dieses Bildungswesen habe sich auch unter wechselnden Politiken als in erster Linie selektiv für berufliche Leistungserwartungen etabliert und sei also ein Instrument einer 'Perpetuierung der sozialen Ungleichheit'. Wenn man hiervon ausginge und also dieses Szenario sich realisieren würde, so sei ein erheblicher Verlust an Wohlstand zu erwarten, weil die in einem solchen Bildungssystem produzierten beruflichen Qualifikationen nicht darauf angelegt seien, primär zu einer optimalen Nutzung der Produktivitätsreserven zu führen. Vielmehr würden sie die konventionellen, also die hierarchischen Strukturen auch in der Produktion verstärken. Diese aber würden eher eine Wahrung der Besitzstände als eine Ausnutzung der internen Konkurrenzvorteile bewirken. Wenn demgegenüber - so argumentiert er - externe Konkurrenzen entstünden, was in jedem Falle wahrscheinlich sei, dann könne eine solche Entwicklung für die Volkswirtschaft gefährlich werden.

Lutz argumentiert in diesem Falle mit einer Figur, die wir in der Soziologie als 'Unterschichtung' kennen und die meint, daß die Etablierten sich der erforderlichen Entwicklung qualitativ nicht anzupassen brauchen, weil sie andere für die Erhaltung ihres Wohlstandes arbeiten lassen können. Diese Strategie ist aber nur kurzfristig befriedigend, weil sie die Aufrechterhaltung der Konkurrenzfähigkeit vernachlässigt.

Das 'effiziente Szenario' beruht demgegenüber auf dem Prinzip der Dynamik der Produktionsbedingungen und dem Zwang zur Effizienz, dem sie unterliegen. Sein Vorteil besteht vermeintlich in der Aufrechterhaltung der Konkurrenzfähigkeit; dieser geht aber zu Lasten der Arbeitsteiligkeit: Die produktive Arbeit kann unter verbesserten Bedingungen von wenigen geleistet werden; den übrigen bleibt nur noch 'ein bißchen Arbeit und ein bißchen Genuß' - sprich: Freizeitkonsum -, so daß 'ein Lebenssinn, wenn er überhaupt gefunden werden kann, außerhalb der Arbeit gesucht werden muß'.

Welchem der beiden Szenarien er die größere Wahrscheinlichkeit zusprechen soll, vermag Lutz nicht zu sagen. Deshalb empfiehlt er der Politik ein deutlicheres Bekenntnis zur Zukunftsunsicherheit. Dem ist zuzustimmen. Allein: Auch die Feststellung von Unsicherheit hat Informationswert. Und wir haben in den letzten 25 Jahren - seit Churchman - gelernt, rational über das Handeln unter der Bedingung der Unsicherheit nachzudenken. Wir wissen zum Beispiel, daß alles Handeln mehr oder weniger unter dieser Bedingung steht. Dennoch ist Handeln offenbar möglich, nicht unsinnig und sogar vielfach begründbar.

Beide Szenarien beruhen auf der These, daß das Bildungssystem relativ inflexibel sei. Man könnte sich durchaus vorstellen, daß die Szenarien nicht zeitparallele Alternativen darstellen, sondern daß ihnen eine bestimmte zeitliche Sequenz zugeordnet werden könnte. Die technologische Entwicklung, aus der Lutz das 'Effizienzszenario' ableitet, setzt sich - wie er weiß - in der Praxis der produzierenden Unternehmungen nicht so schnell durch, wie es einmal den Anschein hatte. Die Wirkungen werden deshalb noch etwas länger auf sich warten lassen. Zunächst hätte man es also noch mit dem selektiven Bildungssystem und mit einer entsprechend arbeitsteiligen Produktion zu tun. Während der so verstreichenden Zeit könnte sich vielleicht die zuvor als erforderlich erklärte Umorientierung des Bildungswesens auf eine breitere Allgemeinbildung doch noch realisieren (lassen). Damit ergäbe sich für die Wahrscheinlichkeit der Szenarien die zeitliche Abfolge: Arbeitsteilungsszenario - Effizienzsszenario - Allgemeinbildungswesen.

Diese ad-hoc formulierte Hypothese soll lediglich eine Anregung sein, einmal darüber nachzudenken. Jeder, der mit professionellen Szenarien gearbeitet hat,weiß, daß sie verantwortungsbewußt nur mit einem gewissen Zeitaufwand hergestellt werden können. Manchmal kann das Ergebnis dennoch einer schnell hingestrichelten Skizze ähneln. Es scheint sich dann kaum von einer spontanen Idee zu unterscheiden, die von nur einer These ausgeht und daraus weitreichende Folgerungen zieht. Ein professionellles Szenario zeichnet sich aber dadurch aus, daß es die Entwicklungstendenzen auch anderer Faktoren und die Nebenwirkungen aller beteiligten Komponenten wirklich zu durchdenken sucht und ihre Verknüpfungen tendentiell widerspruchsfrei zu konstruieren unternimmt.

Ähnlich ließe sich an die ebenso brilliante und konsequente wie schauerliche Vision von Frau Beck-Gernsheim die Fragen richten: Welcher Zeitraum müßte für den Weg von den ursprünglichen Innovationen der Gentechnologie bis zu ihrer Diffusionsreife und von dieser bis zur tatsächlichen allgemeinen Verbreitung veranschlagt werden? Es gibt zur rationalen Diskussion solcher Fragen Anhaltspunkte - natürlich keine direkt übertragbaren 'Gesetzmäßigkeiten'. Der Vergleich mit anderen Innovationsprozessen würde immerhin verdeutlichen, welche Phasen ein solcher Vorgang zu durchlaufen hat. Und selbst wenn man eine erhebliche Phasenbeschleunigung unterstellt, käme man doch zu plausiblen zeitlichen Untergrenzen für die Realisationsmöglichkeit eines derartigen Szenarios. Daß die allgemeine Annahme einer Phasenbeschleunigung technologischer Innovationen auch bezweifelt werden kann, zeigt sich - nur als Beispiel - an der Entwicklung der friedlichen Nutzung der Atomenergie: Die Prognosen mußten immer wieder zeitlich gedehnt werden; heute wagt sie kaum einer mehr.

Die explizite Berücksichtigung der Zeitdimension in Szenarien hat eine eminente Bedeutung. Denn 'Kausalitätsketten' sind stets in Szenarien zu unterstellen - so dubios auch der Begriff der Kausalität ist. Sie beruhen auf

Zeitabfolgen. Die behaupteten Zusammenhänge erscheinen anders, wenn man sich über die sachimmanenten Abfolgen der unterstellten Wirkungssequenzen Gedanken macht. Vielleicht noch wichtiger (und dennoch in den allermeisten prognostischen Arbeiten übersehen oder doch vernachlässigt) ist die unbestreitbare Tatsache, daß sich in dem zu unterstellenden Zeitverlauf der betrachteten Innovationsentwicklung auch die Randbedingungen ändern können.

Zu diesen gehören in dem Gedankengang von Frau Beck-Gernsheim ganz wesentlich die Verhaltensmuster. Sie unterstellt eine bestimmte Moral, die sie überzeugend der Gegenwart entnimmt, dann aber als konstant extrapoliert. So einleuchtend die Gedankenführung ist: Sie weiß so gut wie jeder, daß Verhaltensmotivationen überaus variabel sind. Wir haben bislang nur schwache Anhaltspunkte für die zeitlichen 'Gesetzmäßigkeiten' dieser Veränderungen. Einer von ihnen ergibt sich aus der Kohortenbetrachtung: Werden unsere Enkel so denken wie wir? Bestimmt nicht - das gehört zu den Dingen, die wir eindeutig wissen; auch wenn wir nicht wissen, wie sie anders denken und handeln werden.

Einen Schritt weiter: Was rechtfertigt die Annahme, daß der gegenwärtig vorherrschende (und von Frau Beck-Gernsheim extrapolierte) egozentrische Individualismus in Zukunft unverändert gelten wird? Mit Recht stützt sie ihn auf Strukturmerkmale der gegenwärtigen Gesellschaft - aber sind diese konstant? Wir kennen keine historische Gesellschaft, die ohne kollektive Moralvorschriften zur Gewährleistung des Überlebens der jeweiligen Gesellschaftsform und ohne deren institutionelle Sicherung lange hätte bestehen können. Daraus könnte man (nicht allein, aber eben alternativ) auch schließen, daß diese - als dauerhaft unterstellte - Gesellschaft entweder an Auflösungserscheinungen zugrundegehen oder aber sich eine entsprechende moralische Instanz schaffen wird.

Wenn man Szenarien diskutiert, darf kein Gedankengang tabuisiert werden - auch nicht der des Endes der eigenen Gesellschaft. Dieses ist freilich in den meisten Fällen nichts anderes als deren Auflösung in eine andere Kultur hinein. Das ist schließlich nichts Ungewöhnliches. Der Untergang Roms ist eine historische Tatsache; und Nietzsche und Spengler haben vom Untergang auch des Abendlandes gesprochen: Wer wagt zu behaupten, daß dieser unmöglich sei? Andererseits: Wer wagt zu behaupten, daß nach dem theologischen, dem metaphysischen und dem positiven Zeitalter - um nur der Einfachheit halber die Comte'schen Kategorien zu verwenden - nicht noch ein anderes Zeitalter kommen könne? Frau Beck-Gernsheim hat das positive Zeitalter festgeschrieben. Wenn man mit Blumenberg oder Durand davon ausgeht, daß der Glaube an Gott und Kirche durch den Glauben an Wissenschaft und Staat abgelöst worden sei, dann muß man auch zur Kenntnis nehmen, daß gerade dieser Glaube in den vergangenen Jahrzehnten ins Wanken geraten ist.

Wird es keinen Nachfolgeglauben geben? Wie könnte er aussehen? Kenneth Boulding hat an Beispielen nachgewiesen, daß in den letzten Jahrzehnten eine globale Moral entsteht, denen sich die Völker und Staaten nicht entziehen können, obgleich es keine Institutionen gibt, die die Macht haben, wirksame Sanktionen zu verhängen. Es gibt demnach auch weiterhin wirksame soziale Sanktionen, die der förmlichen Institutionalisierung nicht bedürfen. Auch ohne die Inhalte zu kennen und ohne deren institutionelle Sicherung auch nur zu erwägen, muß man doch auch in die Überlegung einbeziehen, daß sich wieder übergeordnete Orientierungsinstanzen etablieren könnten, die einer Katastrophe - wie der von Frau Beck-Gernsheim geschilderten - entgegenwirken könnten. Natürlich weiß sie, daß Talcott Parsons dekretiert hat, daß die Überlebenschance von sozialen Handlungssystemen an die Bewältigung von vier funktionalen Erfordernissen gebunden sei, unter denen eine die Garantie der Erhaltung von Deutungsmustern ist; sie wurde früher von Religionen übernommen. Wir bezeichnen die Institutionalisierung dieser Funktion als Kultur. Hat sich Parsons hier geirrt? Auch Luhmann, der ohne ein solches Axiom auskommt, denkt in 'sich selbst erhaltenden Systemen'. Man kann die Luhmann'schen Theoreme durchaus auf die Realität anwenden; dann kommt man zu anderen Ergebnissen als Frau Beck-Gernsheim. - Aber man muß gar nicht so theoretisch vorgehen. Die Beobachtung der sozialen Entwicklungen genügt schon: Vielleicht sind ja die 'Friedensbewegung', die 'Ökologiebewegung' und andere 'neue soziale Bewegungen', die eine so erstaunliche Breitenwirkung gezeigt haben, daß sie sich gewissermaßen durch ihre Aktionen selbst in die Allgemeinheit auflösen, Vorboten der Entstehung einer derartigen neuen 'moralischen Instanz'.

Die Handlungsdimensionen

So führt allein schon die Einführung der Zeitdimension zu mindestens alternativen Entwicklungspfaden und -bildern. Eine andere ist die Handlungsdimension. Sie ist identisch mit einem Entscheidungszwang. Auch Nichthandeln ist Handeln; und auch die Entscheidung, nicht zu handeln, ist eine Entscheidung. Dem kann man nicht entgehen, wenn man Verantwortung trägt. Politisches Handeln muß schon deshalb jetzt geschehen. Es will auch gerade verhindern, daß sich Horrorszenarien verwirklichen. Zukunftsforschung ist deshalb wesentlich handlungsorientiert; Szenarien sollen nicht zuletzt aufzeigen, was ohne eingreifendes politisches Handeln geschehen würde - und was geschehen könnte, wenn auf die eine oder andere Weise gehandelt wird. Das gegenwärtig anstehende politische Handeln muß sich in erster Linie an den für die zunächst bevorstehenden Verhältnissen orientieren; und diese sind verhältnismäßig klar zu übersehen, weil sich in den fraglichen kurzen Zeitspannen nur wenige der maßgeblichen Faktoren gravierend verändern. Folgt man dem guten alten Popper in seinem Prinzip des 'piecemeal engineering', dann ist solches Handeln auch gerechtfertigt, weil die Eingriffe nur punktuell sind. Man muß - und man kann - die Konsequenzen der gegenwärtigen Verhältnisse und des anstehenden Handelns verhältnismäßig deutlich aufzeigen, jedenfalls für eine überschaubare Frist. Aber man muß - und kann bis zu einem gewissen Grade - auch die Neben- und Langfristfolgen bedenken. Nicht alle ganz genau; aber diejenigen, die man aufzeigen kann, sind schon gewichtig genug. Man sollte wenigstens nicht zu bedenken unterlassen, was man doch bedenken kann, auch wenn das zugestandenermaßen nicht viel und ganz gewiß nicht genug ist.

Diese Überlegungen lassen sich übertragen auf die Zukunft des Bildungssystems. Die Kosten des Bildungswesens steigen. Sie steigen insbesondere unter den gegebenen Bedingungen pro Kopf erheblich, weil die Zahl der Köpfe der nachwachsenden Generationen, die im konventionellen Bildungswesen zu bedenken sind, abnimmt. Sie steigen darüber hinaus aber auch, weil der Bereich dieses Bildungswesens auf weitere Köpfe ausgedehnt werden muß und wird; man nennt das Fortbildung. Die Kosten steigen weiterhin besonders stark in den ländlichen Gebieten, weil dort die Einwohnerzahlen noch stärker zurückgehen als in den Städten. Dort kann man die Folgen bereits wahrnehmen: Die Einrichtungen des Bildungswesens werden zurückgenommen, konzentriert; sie werden seltener, schwerer erreichbar. Der Klient, der sie in Anspruch nehmen will oder muß, muß mehr aufwenden - mehr Zeit, mehr Geld. Die Kosten steigen also sowohl für die öffentliche Hand wie auch für den Benutzer. Da dieser mit seinen Steuern die öffentliche Hand finanziert, steigen sie für ihn doppelt. Dies ist gewiß kein unerheblicher Sachverhalt; und er hat Folgen. Die Leistungsfähigkeit des Bildungswesens kann nicht unbetroffen bleiben. Was bedeutet die Rücknahme der personellen und sachlichen Ausstattung der Einrichtungen des primären, sekundären und professionellen Bildungswesens für die Entwicklung der allgemeinen Bildung und der beruflichen Qualifikation? Was bedeutet darüberhinaus eine der unausweichlichen Nebenwirkungen dieser 'Anpassungsmaßnahmen': die personelle Überalterung der Lehrkörper? Ich wage nicht, diese Fragen zu beantworten; aber stellen möchte ich sie doch dürfen.

Das ist zunächst nur ein quantitativer Gesichtspunkt, der allerdings - wie so oft - nicht ohne qualitative Auswirkungen bleibt. Ich will doch aber auch versuchen, eine inhaltliche Aussage über die Entwicklung des Bildungswesens zu machen. Ich will dabei nur von der These ausgehen, die Burkart Lutz hier vertreten hat: von der These der notwendigen Zukunftsunsicherheit. Wenn diese These stimmt, muß man aus ihr doch nicht nur folgern, daß Politiker etwas weniger sicher sein sollten in Bezug darauf, was uns in der Arbeitswelt erwartet; man müßte dann doch auch folgern, daß sich das Bildungswesen darauf einstellen sollte. Denn offenbar kann man bestimmte Bildungsinhalte nur dann für erforderlich erklären, wenn man auch bestimmte Ausbildungsziele angeben kann. Kann man das nicht, dann wird man daraus nicht schließen dürfen, daß es besser wäre, Überflüssiges oder Veraltetes als gar nichts zu lernen. Man wird nach den Lerninhalten zu fragen haben, die den Auszubildenden am ehesten in den Stand versetzen könnten, mit der Unsicherheit zu leben und sich in angemessener Zeit jeweils mit demjenigen Wissen auszustatten, das sich dann kurzfristig als erforderlich erweist. Diese Lerninhalte werden aber definitionsgemäß auf der Ebene der Generalia oder der Metawissenschaften liegen. Daniel Bell hat deshalb auf eine ähnliche Frage geantwortet, die allgemeinbildenden Einrichtungen müßten sich künftig wohl stärker auf die Vermittlung einer allgemeinen Problemlösungskompetenz konzentrieren. Oder, um mit Karl Deutsch zu sprechen, auf die Fähigkeit, in einer unbekannten und unübersichtlichen Umwelt Muster zu erkennen; man kann auch an die Qualifikation der Sozialanthropologen denken, Kulturen zu entschlüsseln, oder an die der Linguisten, unbekannte Texte zu entziffern. Ich benutze hier diese verschiedenen Ausdrücke nur, weil sich mit jedem von ihnen ganz spezifische Vorstellungen von bestimmten Fähigkeiten und Fertigkeiten verbinden, die zweifellos erlernt werden müssen und sicherlich auch erlernbar sind. Es wäre also durchaus möglich, aus der Feststellung, daß die Zukunft (in einem noch viel prägnanteren Sinne als früher) unbekannt und unsicher ist, Aufgabenstellungen für das Bildungswesen abzuleiten. So müßte man folgern, daß etwa die Wissenschaftstheorie oder die Methodologie von zunehmender Bedeutung sein werden, während das Erlernen der Wissenschaftsinhalte oder -methoden nicht von derselben Bedeutung sein kann, weil sich diese Inhalte und Methoden sehr schnell verändern, notfalls nachzuschlagen sind und überhaupt ständig erneuert werden und für jeden Benutzer erneuert werden müssen.

Die Einstellung auf den Wechsel - Kreativitätstraining

Wenn die Problemlösungsstrategien und damit die Metaebenen des Wissens an Bedeutung gewinnen werden, dann auch die Einstellung auf den Wechsel. Burkart Lutz hat selbst darauf hingewiesen, daß mit einer stereotypen Gestaltung und kontinuierlichen Entfaltung des Lebenslaufs in Zukunft immer weniger zu rechnen sein werde. Das generelle Muster des Lebenslaufes, das uns noch vor Augen steht und auf das hin die Lehrpläne unserer Schulen ausgelegt sind, verliert an praktischer Bedeutung. Bildung wird daher auch bedeuten müssen: des Wechsels gewärtig und für seine Bewältigung ausgerüstet sein. Und mit diesen Anforderungen an das Bildungswesen eng verknüpft ist die, die bei Herrn Zinnecker schon anklang: nach Kreativitätstraining. Denn da alle Routinen in absehbarer Zeit automatisierbar sein werden, bedarf es in ganz neuer Weise der Phantasie. Dieser Punkt erscheint mir bedeutsam genug, ihn etwas zu kommentieren.

Für das Kreativitätstraining sehe ich drei Aufgaben. Zunächst werden wir lernen müssen, die automatisierten Routinen zweckmäßig - zielorientiert und sparsam - einzusetzen; das ist eine Qualifikation, die noch kaum trainiert wird. Der Mitteleinsatz für gegebene Zwecke wird vielfach nur als Routine trainiert; das vernachläßigt die Fähigkeit zur Optimierung, weil diese nicht mehr als Routine geleistet werden kann, sondern Beherrschung der Methoden voraussetzt. Diese Fähigkeit ist jedoch nicht nur aus arbeitsökonomischen Gründen wichtig und wird das immer mehr; sie ist bei einem Wechsel der Zwecke ganz unerläßlich, weil dann ja gerade die konventionellen Routinen nicht mehr optimal geeignet sind. Das ist das Problem und die Chance der gegenwärtigen Software-Entwicklung.

Dann aber werden wir uns auch mehr um die Ziele selbst bemühen müssen, weil sie nicht mehr ohne weiteres vorausgesetzt werden können, und auch kümmern können (wenn das etwa von den Organisationen der Produktion, der Arbeit und der Verwaltung gestattet werden sollte, statt die absehbaren Produktivitätssteigerungen unverzüglich konsumtiv in Stelleneinsparungen, Arbeitszeitverkürzungen und Wohlstandssteigerungen oder gar in öffentliche Aufgaben umzumünzen), eben weil wir von der Masse der bisher das Leben ausfüllenden Tätigkeiten entlastet werden. Schließlich werden wir - was mir als das Schwierigste erscheint - sogar lernen müssen, unsere Kreativität in Routinen zu übersetzen. Denn Kreativität ist sehr aufwendig, zeitraubend und kostenintensiv; und wir werden uns nur sehr wenig - angesichts der ungeheuren künftigen Aufgaben: viel zu wenig - davon leisten können, wenn wir uns nicht der möglichen Hilfsmittel bedienen.

Lassen Sie mich diesen Punkt etwas veranschaulichen: Früher entstand Kreativität als Nebenprodukt von handwerklichen Tätigkeiten. Während man gewohnten Tätigkeiten nachging - der Bauer dem Schnitzen der Löffel, die Bäuerin dem Richten der Wäsche im Winter, der Schuster dem Anheften der Sohle -, hatte man Muße und Anregung, über die Beschwernisse des Alltags nachzudenken; da fiel einem dann wohl ein, was man besser machen könnte. Das gilt genauso für die Verbesserungsvorschläge aus den Belegschaften der

Produktion und auch für ganz andere Arbeitsbereiche: Max Weber empfahl dem Soziologen -sinngemäß-,'täglich viele tausend Rechnungen im Kopf durchzuführen - man wälzt das nicht ungestraft auf technische Hilfskräfte ab! Dabei fällt einem dann vielleicht auch etwas ein . . .' Noch heute denkt der Architekt am Reißbrett. Gerade diese Art der kreativitätsunterstützenden Tätigkeiten wird uns immer mehr abgenommen. Sie unterstützten die Kreativität, weil sie unumgänglich und gerade deshalb Routine waren; und weil sie dies waren, ermöglichten sie die zur Kreativität erforderliche aktive Muße - und werden uns aus demselben Grunde abgenommen. Man kann aber nicht an und für sich, ganz konzentriert und nichts anderes als kreativ sein. Vielmehr wird man bei als kreativ intendierten Arbeiten vieles tun müssen, das eben noch nicht Routine und mechanisiert oder automatisiert ist und sein kann, weil es in den innovativen und tendentiell kreativen Zusammenhang gestellt ist. Solche Tätigkeiten sind gerade für die Kreativität notwendig, weil sie ebenso anregen wie freisetzen. Sie regen aber bei intentional kreativen Tätigkeiten zu stark an - genauer: absorbieren -, wenn sie nicht routiniert sind; sie lassen dann zu wenig Muße zu.

Ich kann diese allgemeine Aussage am ehesten am eigenen Metier erläutern - im Anschluß an Weber's Bemerkung, wenn ich einmal unterstelle, daß Forschung zu einem wesentlichen Anteil kreativ sein sollte. Bei Forschungsarbeiten sind die analytischen - z. B. statistischen - Routinen eben deswegen zwar einsetzbar, aber nicht ausschließlich zu verwenden, weil neue Fragestellungen bearbeitet werden. Diese verlangen auch unkonventionelle Vorgehensweisen, also Nicht-Routinen. Solche speziellen Experimentalanordnungen verursachen oft einen methodischen Aufwand, der die Aufmerksamkeit solcherart bindet, daß man diese nicht zugleich dem inhaltlichen Problem zuwenden kann. Deshalb ist man bestrebt, die Methodenaufgabe so zu lösen, daß man sie als Routine handhaben kann. Erst dann gewährt die Arbeit am Experiment ausreichend Muße, um die freie Assoziation zuzulassen, die man Kreativität nennt. Damit hätten wir bereits einige neue inhaltliche Aufgabenstellungen für das künftige Bildungswesen angesprochen, die sicher nicht einfach didaktisch umzusetzen und wohl kaum aus den gegenwärtigen Lehrzielen und Bildungsplänen heraus zu erfüllen sind.

Multikulturelle Orientierung

Es scheint weiter symptomatisch, daß das Bildungsproblem der Ausländer nicht thematisiert wurde. Nicht daß wir hier sämtliche absehbaren Probleme des Bildungswesens zugleich ansprechen sollten. Aber die Ausländerfrage ist nicht nur - wie offenbar unreflektiert unterstellt wird - ein didaktisches Problem der Eingliederung. Sie ist ein Grundsatzproblem des künftigen Bildungswesens. Wenn in bestimmten Stadtgebieten ein Fünftel, Viertel, Drittel oder mehr der Schüler Ausländer sind, dann stellen sich dort bestimmte didaktische Probleme der Realisierung des gegebenen Schulprogramms. Wenn aber die Fluktuation zunimmt und zum Dauerzustand wird, dann ist es damit nicht getan: Nicht nur das Leben der Ausländer in unserem Land, sondern das Leben mit Ausländern überhaupt wird zur Aufgabe des gesamten Schulwesens, eben gerade nicht nur bei ausländischen Schülern.

Die Beobachter der internationalen Wanderungsszene sind sich einig, daß dieser Aspekt in den nächsten ein oder zwei Jahrzehnten zunehmende Bedeutung erhalten wird. Er hat bei unseren Nachbarn - in Frankreich, Großbritannien, den Niederlanden - bereits dramatisches Gewicht. Die Integration der Europäischen Gemeinschaft nimmt zu; die Harmonisierung der Märkte wird einer andauernden Nationalisierung der Ausländerprobleme kaum förderlich sein. Die Freizügigkeit der Wohnsitzwahl wird, wenn das Wirtschafts- und Sozialniveau nicht vollständig zu egalisieren ist, Wanderungstendenzen auslösen. Das Zusammenwachsen der Europäischen Gemeinschaft selbst verlangt eine stärkere Orientierung des Bildungswesens an der künftigen multikulturellen Wirklichkeit des Gemeinwesens; die erwartbare übernationale Mobilität trägt diese Multikulturalität ins eigene Land.

Darüber hinaus verursacht die zunehmende Binnenintegration der Gemeinschaft ein akzentuiertes Wirtschafts-, Sozial- und Kulturgefälle jenseits ihrer Grenzen - das ist nun einmal die Wirkungsweise von allen Grenzen, wie schon Simmel beobachtete. Und auch dieses Gefälle wird Wanderungstendenzen entstehen lassen, wie das immer durch ein solches Gefälle geschieht. Wir werden dadurch sowohl mit den Problemen der Nachbarn der Gemeinschaft praktischer konfrontiert werden, wie sie auch indirekt oder direkt im eigenen Lande erfahren. Wie das geschehen kann, ist an der gegenwärtigen Agrarkrise deutlich abzulesen. Deshalb erscheint es mir ausgeschlossen, über die Zukunft des Bildungswesens zu sprechen, ohne die Frage zu berühren, ob dieses Bildungswesen wie bisher vorwiegend monokulturell (sprich: nationalkulturell) orientiert sein kann. Das zusammenwachsende Europa in einer international verflochtenen Welt verlangt seine multikulturelle Orientierung.

Rolf Kreibich

Zukunftsforschung und Politikberatung

Die Ausführungen von Elisabeth Beck-Gernsheim sind außerordentlich überzeugend, weil das angesprochene Beispiel typisch dafür ist, wie der Prozeß der fortschreitenden Industrialisierung von Wissenschaft und Technik verläuft. Hier spielt sich genau jene Dynamik ab, die wir seit der Entwicklung der modernen Wissenschaft und Technik, insbesondere seit deren Nutzung im Rahmen der industriellen Revolution beobachten können. Die Möglichkeiten wissenschaftlich-technischer Innovationen werden industrialistisch verwertet, ohne daß die längerfristigen Ziele und die Randbedingungen expliziert werden - natürlich auch nicht ihre Wirkungen und Folgen.

Heute hat dieser Prozeß, ganz offenbar weil er im Hinblick auf die Erzielung kurzfristiger Verwertungsziele so hoch effizient und erfolgreich war, bereits eine Eigendynamik angenommen, die atemberaubend ist. Wir fragen ja schon gar nicht mehr nach den Zielen, dem Sinn und dem Bedarf, sondern suchen krampfhaft nach Anwendungen der neuen wissenschaftlich-technischen Innovationen. Diese werden dann in einem Rationalisierungsprozeß einer wie auch immer gearteten gesellschaftlichen Ethik angepaßt. Vor diesem Hintergrund ist es auch zu begrüßen, daß Elisabeth Beck-Gernsheim den Begriff der Fortpflanzungstechnologie benutzt, weil dieser genauer an die tatsächlichen Mechanismen heranführt, als die in den bisherigen Diskussionen belegten Begriffe Gentechnologie und Biotechnologie. Ich will damit noch einmal unterstreichen, daß es heute gar nicht in erster Linie um die spektakulären Möglichkeiten geht, die in der Öffentlichkeit in Zusammenhang mit der Gentechnologie - oder auf einem anderen Gebiet etwa mit dem Begriff 'Künstliche Intelligenz' - diskutiert werden. Es geht vielmehr um die alltäglichen, heute schon im Gang befindlichen Schritte und Vorbereitungen der immer weiteren Verwertung von wissenschaftlich-technischen Innovationen mit zweifelhaften Zielen und gegebenenfalls katastrophalen Folgen. Und das Kritische daran ist ja, daß wir alle daran beteiligt sind, an vorderster Stelle wir Experten, also Wissenschaftler, Techniker, Ärzte usw. Bei jedem einzelnen Schritt spielt eine Reihe von Faktoren mit, so etwa die Faszination der technischen Realisierung, Statusprobleme, aber natürlich auch die ganz nüchternen Gewinnerwartungen.

Nehmen wir das Beispiel riskanter Operationen in der Medizin. Aus den Vereinigten Staaten ist bekannt, daß ganz sicher mindestens zehn Prozent solcher Operationen überflüssig und schädlich sind. Die Dunkelziffer ist vermutlich noch viel höher. Das dürfte in der Bundesrepublik nicht viel anders sein. Man sollte gerade im Zusammenhang mit den Eingriffen im Rahmen der Fortpflanzungstechnologie nicht unterschätzen, welcher Sog entstehen kann, wenn wir in etwa 20 Jahren doppelt so viele Ärzte ausgebildet haben werden wie heute. Oder denken wir an die Möglichkeiten im Bereich des Versicherungssystems. Es muß nicht allzu lange dauern, dann können wir vermutlich unsere Kinder im Hinblick auf ihre physischen, geistigen und psychischen Anlagen versichern. Und so etwas beginnt ja ganz simpel. Da ist zunächst der Makel einer Hasenscharte, wie es Frau Beck-Gernsheim zutreffend ausgeführt hat. Dann kommt die Nase und irgendwann einmal das Gehirn.

Zusammengefaßt, diese Prozesse der Verwertung von wissenschaftlich-technischen Innovationen beginnen nicht erst bei der unmittelbaren Genmanipulation, sondern sind schleichende Prozesse, die alltäglich stattfinden und immer mit edlen Motiven und spezifischen Notlagen begründet werden. Wenn wir also steuern wollen, dann muß das sehr früh in diesem Prozeß erfolgen und dann dürfen auch keine Scheinbarrieren wie 'Wissenschaftsfreiheit' oder 'Ärztlicher Verantwortungsraum' Tabuzonen begründen.

Diese Forums-Reihe ist ein Dialog von Zukunftswissenschaft und Politik. Dazu noch einige Anregungen und generelle Anmerkungen: Durch die Anliegen des von der politischen Praxis angeforderten Beratungsbedarfs wird deutlich, daß die heutigen Anforderungen an Wissenschaft, Bildung und Technikentwicklung nicht allein aus der Vergangenheit abgeleitet werden können, sondern auf wünschbare und verantwortbare Zukunftsgestaltungen hinzielen müssen. Ich glaube, daß hier ein grundlegendes Problem der wissenschaftlichen Politikberatung ganz allgemein liegt. Etwas verkürzt und wohl wissend, daß die Realität komplex und die Probleme stark vernetzt sind, läßt sich die Situation wie folgt skizzieren:

Die Wissenschaft, d. h. die allgemein anerkannte etablierte, empirisch-kausalanalytische Wissenschaft, beruht auf der Analyse und Nutzung von Vergangenheitsdaten. Für das Zukunftshandeln werden hieraus, weitgehend kausal-linear Prognosen und Perspektiven abgeleitet. Diese werden dann als Zukunftsdaten ausgewiesen und bestimmen mehr oder weniger die politische Planung und das politische Entscheidungshandeln. Vieles davon erscheint recht plausibel, zumindest auf den ersten Blick, weil wir an diese Denk- und Handlungsformen gewöhnt sind. Besonders die deutsche Wissenschaftstradition hat die linear-kausale Betrachtungsweise und ihre Fortschreibung in die Zukunft gefördert. Die Politik und die Wirtschaft benutzen sie im Sinne ihrer kurzfristigen Entscheidungshorizonte und als Legitimationsgrundlage für das Gestaltungshandeln.

Wir wissen heute, welche Folgen mit den horrenden Fehlprognosen dieser traditionellen Trend-Prognostik verbunden sind. Zu erinnern ist vor allem an die gigantischen Wirtschaftswachstums-, Energie-, Stahl- oder Schiffskapazitätsprognosen der sechziger und siebziger Jahre. Wäre die reale Entwicklung etwa den Energieprognosen gefolgt, dann würden wir heute schon fast das Doppelte der tatsächlichen Energiemenge verbrauchen müssen. Das wäre von der Umweltbelastung kaum vorstellbar. Aber noch nicht einmal transportmäßig wären diese Mengen zu bewältigen. Eine simple Hochrechnung der Folgen auf das Jahr 2010 oder 2020 hätte ausgereicht, um diese Prognosen als politisches Hasardspiel zu entlarven und ad absurdum zu führen. Gleiches gilt für den Stahlbereich, den Schiffbau oder die Landwirtschaft. Heute schockiert weniger, daß diese Prognosen nicht eingetroffen sind, sondern daß sie im Prinzip gar nicht eintreffen konnten. Gleichwohl wurden sie lange Zeit als politische Planungsgrundlage für Regierungsprogramme benutzt.

Worauf ich hinaus will: Hätte man damals nur wenige außerökonomische Faktoren und Zusammenhänge in die Zukunftsbilder einbezogen, dann wäre klar geworden, daß wir auf diesem Pfad gar keine Zukünfte mehr zu erwarten hätten, denn die irreversiblen Schäden der Umwelt würden das verhindern.

Nun hat Christoph Zöpel auf ein sehr interessantes Paradoxon alltäglicher Diskussionen über die Relevanz von Wissen für Entscheidungshandeln hingewiesen. Tatsächlich kann man zum gleichen Problem häufig die gegensätzlichen Formeln hören: 'Das hätten die alten Griechen auch schon so gesehen' und 'Wir stehen vor einem völlig neuen Phänomen, das ganz neue Wege und neue Lösungen erfordert'. Das Paradoxe ist nun wirklich, daß man in unterschiedlichen Kontexten geneigt ist, zum gleichen Problem beide Formeln anzuerkennen.

Ich vermute, daß der Grund dafür im Methodischen liegt und daß beide Formeln eine gewisse Hilflosigkeit signalisieren, das jeweilige Problem in eine operationale Form zu bringen, insbesondere im Hinblick auf die Transformation von wissenschaftlichem Wissen in politischen Entscheidungen. Da dieses Paradoxon vor allem bei der Beurteilung von mittel- und langfristigen Zukunftsfragen häufiger in Erscheinung tritt, vermute ich weiter, daß es eng damit zusammenhängt, wie wir nach wie vor Wissenschaft und Politikberatung betreiben - sowohl methodisch wie institutionell. Zukunft wird nach wie vor aus Vergangenheitsdaten projiziert. Das gilt für naturwissenschaftliches Wissen genauso wie für geistes- und sozialwissenschaftliches Wissen und die Technik. Aber wir stellen fest, daß sowohl die darauf basierenden globalen Modelle auf der einen Seite wie die Trendextrapolationen auf der anderen Seite weitgehend gescheitert sind.

Demgegenüber haben jene methodischen Ansätze an Boden gewonnen, die mehr auf qualitative Argumente, auf die Explizierung der Ziele, Prämissen und Rahmenbedingungen, auf die Darstellung von Zusammenhängen, Funktionsbeziehungen, Rückkopplungen sowie auf Möglichkeiten, Wünschbarkeiten und Abschätzungen von Trends und Bandbreiten beruhen sowie auf der Entwicklung pragmatischer Handlungskonzepte unter Einbeziehung der Betroffenen und Beteiligten. Wir sollten vielmehr auch normativ vorgehen, phantasievoll wünschbare Zukunftszustände entwerfen und dafür Strategien und Instrumente entwickeln, die politisch gangbar und machbar sind. Dafür könnten etwa die Szenariotechnik, die Risikoanalyse, die Technikfolgeabschätzung, die Technologiebewertungsforschung, Zukunftswerkstätten und andere qualitative und quantitative dynamische Methoden genutzt werden.

Besonders wichtig ist aber, daß die Zukunftsforschung und die Langfrist-Politikberatung auch institutionell eine feste Grundlage erhalten. Die heutige Situation ist dadurch gekennzeichnet, daß wir etwa 1 300 Institutionen in der Bundesrepublik haben, die sich mit der wissenschaftlichen Erarbeitung oder Bearbeitung von historischen Daten befassen: Institute, Dokumentationseinrichtungen, Museen usw. Demgegenüber gibt es keine öffentlich geförderten Institutionen der Zukunftsforschung und Zukunftsgestaltung. Vergleicht man das mit der Situation in anderen europäischen Ländern, etwa in Frankreich, der Schweiz oder Schweden oder gar mit der Situation in Nordamerika, dann ist das ein absolut unhaltbarer Zustand.

Es wäre wünschenswert, wenn in der Folge des ‘Forums Zukunft’ drei Problembereiche mit aufgegriffen würden: Erstens, welche wissenschaftlichen Methoden und Techniken eignen sich besonders für die Gestaltung unserer Zukunft? Hierbei geht es vor allem um geeignete Ansätze, die normativ wünschbaren Zukunftsbilder mit der komplexen vernetzten Realität so zu erfassen, daß prinzipiell politisch machbare Lösungen und Lösungsstrategien darauf aufgebaut werden können. Dazu bedarf es zweitens solider öffentlich geförderter Einrichtungen der Zukunftsforschung und Zukunftsgestaltung, die Disziplinen übergreifend arbeiten. Und dann müssen drittens auch neue Formen des Dialogs und der Kooperation zwischen Staat und Wissenschaft, speziell auch der Zukunftswissenschaft, gefunden werden, die langfristige Politikberatung und Zukunftsgestaltung im Sinne wünschbarer Zukunftsbild-Beschreibungen ermöglichen. Dabei geht es um permanente Rückkopplungsprozesse, in denen die Zukunftsbilder selbst ständig überprüft und verändert werden und in denen sich die Lösungsstrategien ständig den wandelnden komplexen Veränderungen in der Gesellschaft annähern. Auf diese Weise würden wir keinen neuen statischen Idealmodellen nachjagen, sondern Ideale und Realität anzunähern versuchen, und zwar so, daß wir für die Zukunft Optionen erhalten und für die nächsten Generationen nicht alles zubetonieren.

Ich glaube, daß ein solches Denken und Handeln speziell für die deutsche Wissenschaft und Politik gleichermaßen revolutionär ist, wenn es sich dabei nicht nur um schöngeistige Diskurse handelt, sondern wenn dadurch langfristiges politisches Gestalten tatsächlich beeinflußt werden soll.

Knut Nevermann

Schulpolitik als Hebammenkunst

Die Diskussion von Szenarien ist fruchtbar, weil sie Orientierungen vermittelt und zwingt, in Alternativen zu denken. Aber Szenarien sind auch gefährlich, weil sie allzu oft die Schwierigkeiten der Reformverwirklichung nicht berücksichtigen. Denn das Problem der Zukunft, auch der Szenarien und Perspektiven, ist ja die zur Gegenwart geronnene Vergangenheit; es gibt keine tabula rasa, sondern nur eine mehr oder weniger akzeptable Vorgeschichte und Gegenwart. Gerade die Schulreformer können ein Lied davon singen, von den großen Erfolgen, aber auch von den unbeeinflußbaren Rahmenbedingungen, den kontraintuitiven Effekten, den halbherzigen Reformvorhaben, also von einer vielgestaltigen Landschaft, in der einige Ruinen wirklich nicht zu übersehen sind und jedem neuen Reformszenario im Wege stehen.

Zwei Ruinen seien hervorgehoben, um die Frage genauer diskutieren zu können, wie Schulreform innovationsstrategisch heute überhaupt noch denkbar ist.

1. Strukturruine Sekundarstufe I

Da ist zum einen die Strukturruine der Sekundarstufe I, in der mehrere Schulformen miteinander in einem ruinösen Wettbewerb um weniger gewordene Schüler stehen. Schon die Frage nach der Zahl der Schulformen ist umstritten: Man spricht von zwei (gegliedertes versus integriertes System), von vier (Haupt-, Real-, Gesamtschule und Gymnasium) oder von fünf (Sonderschule) Schulformen. Wie dem auch sei, unbestreitbar handelt es sich um eine strukturelle Reformruine: Mit einer Hauptschule, die allmählich 'ausgepowert' wird, mit einer Realschule, die sich ihrem Leistungsniveau nach immer mehr zu einer Hauptschule entwickelt, mit dem Gymnasium, der teuersten 'Gesamtschule' der Gegenwart, und einer veränderten Schülerpopulation, mit der Gesamtschule, an der noch vielerlei Hoffnungen hängen, die sich aber noch durchsetzen und etablieren muß. Wie kann man angesichts einer solchen Strukturreformruine noch von Reformen reden, wie kann man das Resignieren der Beteiligten verändern, die, egal in welcher Schulform, mit dem Rücken zur Wand gegen die anderen Schulformen kämpfen? Entmutigt werden alle, Schüler und Lehrer, Schulträger und Kommunalpolitiker, Eltern und die Öffentlichkeit. Maß muß kein Prophet sein, um vorauszusehen, daß das Ansehen der Schulpolitik noch weiter schrumpfen wird, wenn wieder über Standorte, über Schulschließungen und über Zusammenlegungen gestritten werden muß.

Die klassische Antwort der Reformer ist bekannt: Die Strukturruine muß - wie in den meisten anderen hochindustrialisierten Ländern - zu einem einheitlichen Gesamtschulsystem umgebaut werden, das in sich hinreichend differenziert ist, um als einzige Schulform in der Sekundarstufe I fungieren zu können. Es spricht allerdings viel, eigentlich alles dafür, daß diese Position Verbalradikalismus bleiben wird. Denn für jeden Bildungspolitiker würde es bedeuten, sich freiwillig auf einen Schleudersitz zu begeben, wenn er sich für die Gesamtschule als einziger Schulform einsetzen würde. Eine solche Strategie wäre im übrigen weder politisch noch pädagogisch sinnvoll und klug, schon allein deshalb, weil sie nur gegen den erbitterten Widerstand eines größeren Teils der Eltern durchgesetzt werden könnte. Dies aber hätte - und dies muß man sich deutlich klarmachen - auch mit einer demokratischen Politik nichts mehr zu tun. Dennoch müssen in absehbarer Zeit Ideen entwickelt und Wege gefunden werden, in denen das Gegeneinander der Schulformen der Sekundarstufe I zu einem stärkeren Miteinander und Aneinander verändert wird. Dies wird unterrichtsorganisatorische Veränderungen im Gymnasium ebensowenig ausschließen wie Zusammenlegungen von Schulen.

In aller Vorsicht möchte ich ganz allgemein formulieren: Vielleicht gibt es zum Erreichen des Zieles eines stufenmäßig (horizontal) gegliederten, also vertikal integrierten Schulsystems grundsätzlich zwei Wege: Den Weg der direkten Integration (durch allgemeine Einführung der Gesamtschule) und den Weg, der über eine starke Ausdifferenzierung und Diversifikation einen strukturellen Zwang schafft, zu neuen Formen einer inhaltlichen und dann auch organisatorischen Kooperation, Vernetzung, Angleichung und möglicherweise schließlich Integration zu gelangen. Es wäre dann für die nahe Zukunft nicht mehr in erster Linie entscheidend, welche Schulform ein Schüler besucht und zu welcher Schulform eine Schule gehört, sondern welches Profil und welches Programm, welches Klima und welche Qualität diese Schule hat. In diese Richtung deuten bereits einige empirische Untersuchungen, so wenn nachgewiesen wird, daß für die Leistungsfähigkeit einer Schule ihre individuelle Qualität wichtiger ist als ihre Schulformzugehörigkeit. Damit würde sich eine Entwicklungsperspektive andeuten, in der sich die Sekundarstufe I in eine neue Form von Einheit in der Mannigfaltigkeit ausdifferenzieren könnte.

2. Curriculare Ruine der inneren Schulreform

Neben die Strukturruine der Sekundarstufe I könnte man zum anderen die curriculare Ruine der inneren Schulreform stellen. Bei genauer Betrachtung haben sich die Bemühungen um eine innere Schulreform, um eine Pädagogisierung des Alltags in Schule und Unterricht letztlich an jener altehrwürdigen Tradition der deutschen Schule die Zähne ausgebissen, die man als Hegemonie der Fach- und Buchorientierung bezeichnen könnte. Eine gute Schule ist eine Schule, die einen guten Fachunterricht anbietet. Dies ist die Tradition, und sie ist auf den ersten Blick auch richtig. Denn mit einem schlechten Fachunterricht läßt sich in der Tat keine gute Schule machen. Aber andererseits wissen wir aus einer Fülle von Untersuchungen, vor allem allerdings aus England und Amerika, welches die Bedingungen sind, die erfüllt sein müssen, um die Qualität der Schule zu verbessern. Dabei kann sich das Kriterium der Güte einer Schule nicht nur auf die Schulleistungen der Schüler beziehen. Es liegt auf der Hand, daß gute Schulleistungen und gute erzieherische Wirkungen häufig miteinander zusammenhängen. Schüler, 'die sich in der Schule wohlfühlen und eine positive Einstellung zu Schule und Lehrer haben, (zeigen) auch eher gute Schulleistungen'. Im Anschluß an Haenisch kann man zwei Merkmalskomplexe unterscheiden, die für die Güte einer Schule von Bedeutung sind. Die Merkmale der Atmosphäre und des Klimas sowie der Erwartungen und Einstellungen einerseits und die Merkmale auf organisatorischer, curricularer und struktureller Ebene andererseits. Zu den Einstellungen und zum Klima zählen die positiven Erwartungen an die Schüler (dies könnte sogar die Schlüsselvariable sein), die Kooperation der Schüler mit der Schule, die Zielorientierung und Transparenz des Unterrichts. Hinsichtlich der Struktur der Organisation werden betont die Stabilität und Kontiuität des Kollegiums, das vorbildliche Verhalten, auch die Pünktlichkeit, das schuleigene Schulprogramm, die schulinterne Lehrerfortbildung, die Elternarbeit. Natürlich hat der Schulleiter (und die noch immer viel zu seltene Schulleiterin) eine besondere Bedeutung für die Qualität der Schule, er muß - immer noch im Anschluß an Haenisch - ein optimistischer Impulsgeber sein, sollte pädagogikzentriert sein, einen engen Kontakt zu den Lehrern haben und mit seinem Umfeld kooperieren.

Auch die Lehrerinnen oder Lehrer lassen sich skizzieren, die häufig in einer guten Schule angetroffen wurden: Er bzw. sie ist schülerorientiert, schafft ein warmes Unterrichtsklima, gibt häufig Rückmeldungen an die Schüler, strukturiert den Lehr- und Lernprozeß, überblickt das Klassenleben und bemüht sich um intensive Zeitnutzung.

Genau genommen ist nicht einmal umstritten, was eigentlich eine gute Schule ist. Es ist schwierig, aber wir können die Bedingungen angeben, die erfüllt sein müssen, um die Qualität einer Schule zu verbessern. 'Eine gute Schule ist eben kein System, das sich aus einer Vielzahl von 'Einzelkämpfern' zusammensetzt, sondern sie stellt sich als zusammenhängendes Ganzes dar' (Haenisch). Aber aller Erkenntnis zum Trotz konnte sich die Hegemonie der Fach- und Buchorientierung erhalten. Alle Reformansätze, vom projektorientierten Arbeiten über das schuleigene Schulprogramm bis zur schulinternen Lehrerfortbildung, prallen letztlich auf diese traditionelle Hegemonie. Es ist deshalb schon sinnvoll, wenn neuere Reformansätze mit den Begriffen 'Gestaltung des Schullebens und Öffnung der Schule' zusammengefaßt werden.

3. Erfahrungen mit der Schulreform

Zu der strukturellen Ruine und den curricularen Problemen kommen schließlich die Erfahrungen hinzu, die die Lehrer in den letzten fünfzehn Jahren mit der Schulpolitik und der Schulreform gemacht haben. Letztlich hatten sie die Ambivalenzen, Halbherzigkeiten und Überforderungen durch die Reformer auszubaden. Schon zu Beginn des Reformprozesses wurden die Unsicherheit, Unzufriedenheit und Resignation der Lehrer übrigens als Problem von den Reformern selber klar erkannt: 'Lehrer wehren sich gegen Reformen am grünen Tisch, kritisieren die graue Theorie der Wissenschaft und verlieren den Glauben daran, daß theoretisch entwickelte Reformen überhaupt etwas an der Misere ihres Schulalltags ändern können . . . Wissenschaftler entziehen sich den Anforderungen praktischer Entwicklungsarbeit, entwerfen jeweils neue Theorien und Programme für Reformen des Unterrichts, ohne sich auf ein ernsthaftes Engagement zu deren Verwirklichung einzulassen. Schulverwaltungen sehen sich überfordert durch das quantitative und qualitative Ausmaß von Reformen . . . Manche Politiker erhoffen sich von Medientechnik und Bildungstechnologie den entscheidenden Beitrag zur Verbesserung des Bildungswesens' (Bildungskommission 1973). Daraus wurden damals Konsequenzen gezogen. Die Bildungskommission verlangte, daß die Lehrer nicht alleingelassen werden, sondern durch Regionale Pädagogische Zentren in ihrem Engagement unterstützt werden sollten. Das Stichwort hieß: Praxisnahe Curriculumentwicklung. Dieses Konzept einer praxisnahen Curriculumentwicklung sei darauf angewiesen,

'- das Interesse der Beteiligten zu gewinnen, in Bindung an die erklärten Leitvorstellungen und Verfahrensmerkmale der Rahmenrichtlinien soziale Wirklichkeit zu gestalten;

- geplante Arbeitsergebnisse nicht festzuschreiben, sondern mit den Beteiligten zu entdecken, zu erkunden und auszuhandeln;

- Handlungsmodelle, die entwickelt werden, offenzuhalten für lebensgeschichtliche und situative Bedingungen der Beteiligten;

- die Lernwirksamkeit und Übertragbarkeit solcher Handlungsmodelle zu erproben und zu kontrollieren'.

Es ist schon überraschend, wie nahe die Bildungskommission vor fünfzehn Jahren den heutigen Diskussionen um eine Öffnung der Schule, um community education, um Gemeinwesenorientierung war. Die Bildungskommission versuchte, ein technokratisches oder technologisch verkürztes Verständnis der Schulreform im allgemeinen und der Curriculumreform im besonderen zurückzuweisen. Die inhaltliche Reform sollte sich an den Begriffen der 'Offenheit' und der 'Beteiligung der Betroffenen' orientieren. Dies alles führte notwendigerweise zu der Empfehlung, dezentrale Hilfs- und Serviceeinrichtungen zu institutionalisieren. Nur auf dieser Ebene könne eine praxisnahe Curriculumentwicklung stattfinden, die folgende Kriterien erfüllt: Beteiligung der Betroffenen, Spielraum für Curriculumentwicklung, Gruppen als Träger der Curriculumentwicklung, die Verbindung von Entwicklungsarbeit und Wissenschaft, die Verbindung von Curriculumentwicklung und Beratung, die Offenheit für alle Schularten und -stufen, die Rotation der Mitarbeiter der Regionalen Pädagogischen Zentren, die Kooperation der Entwicklungsgruppen usw. In der Empfehlung werden auch Probleme antizipiert, die sich daraus ergeben, daß eine derartige praxisnahe, partizipatorische, offene Curriculumentwicklung in einem Schulwesen geschieht, das von einer Schulaufsicht gesteuert und kontrolliert wird, die grundsätzlich auf ein umfassendes Aufsichtsrecht zurückgreifen kann. Die Empfehlungen gehen deshalb davon aus, daß die Regionalen Pädagogischen Zentren über eine relative Autonomie verfügen müssen, um offen zu sein für Partizipation, für Innovation, für unmittelbaren Kontakt in Schulen etc. Die Regionalen Pädagogischen Zentren sollten also neben der Schulaufsichtsbehörde institutionalisiert werden, um die Aufgaben der Curriculumentwicklung, der Lehrerfortbildung und -beratung wahrnehmen zu können, ohne ihrerseits mit irgendwelchen Kontroll- und Aufsichtsaufgaben belastet zu sein. Mitgedacht war auch, entsprechend der im selben Jahr erschienenen Empfehlungen 'Zur verstärkten Selbständigkeit der Schule und Partizipation der Lehrer, Schüler und Eltern' eine größere, relative Autonomie der einzelnen Schule, die in Kooperation mit den Regionalen Pädagogischen Zentren die innere Schulreform vorantreiben sollte.

Obwohl es in der letzten Zeit wieder einige Ansätze gibt, diese dezentralisierten Serviceeinrichtungen im Rahmen einer schulnahen Lehrerfortbildung zu reaktivieren, so muß man doch zugeben, daß die Empfehlungen der Bildungskommission letztlich - nach einigen Versuchen - ein Staatsbegräbnis erhielten. Die Lehrer wurden im wesentlichen alleingelassen, so daß es heute mehr als damals gilt, daß sie sich gegen Reformen am grünen Tisch wehren. Insofern kann es keine Reform geben, die innovationsstrategisch von oben nach unten verläuft, in der Konzepte entwickelt, Planungsschritte vereinbart und - wie komplex und geschickt auch immer - implementiert werden. Die Handlungsmöglichkeit 'Planungsimplementation' existiert für die Schulpolitik nicht mehr.

4. Back to basis

Wenn es überhaupt noch eine Schulpolitik geben kann, die sich sowohl den strukturellen als auch den curricularen Problemen stellen und die Lehrer als eigentliche Träger der Reform einbeziehen will, so kann es sich nur darum handeln, vorhandene Ansätze in der Schule zu unterstützen, Lehrerinnen- und Lehrergruppen zu helfen, ihnen Hindernisse aus dem Weg zu räumen, Anregungen und Kontakte zu vermitteln, Vorhaben zu fördern und zu honorieren. Und da gibt es in der Tat auch viel zu tun, weil sich in den Schulen, an der Basis sehr viel mehr bewegt, als wir normalerweise wahrnehmen. Die oft als grau kritisierte Staatsschule ist bei genauerer Betrachtung sehr bunt, voller Ideen, Initiativen, Versuche. Natürlich nicht in allen, aber in vielen Schulen überwinden Lehrerinnen und Lehrer aus eigener Kraft ihre Resignation, ihre Reformmüdigkeit, ihre Obrigkeitsphobie. Dies alles paßt gut in die basisdemokratischen Vorstellungen, an die schon die Bildungskommission in den beiden genannten Empfehlungen anknüpfte. Nicht back to basics, sondern back to basis wäre die Parole. Eine derart basisorientierte Innovationsstrategie könnte sowohl einen Beitrag zur Überwindung der Strukturruine in der Sekundarstufe I leisten (indem sie zur Ausdifferenzierung beiträgt) als auch zur Weiterentwicklung der Schulqualität und des Schullebens (weil sie die eigentlichen Träger der Reform aktiviert und unterstützt). Nicht mehr zeugen und gebären, sondern entbinden ist Gegenstand der Politik geworden. Die Kunst der Politik hat sich gewissermaßen zu einer Art Hebammenkunst verändert.

Ulrich Battis

Zur Zukunft der Hochschulen

1. Die Vergangenheit der deutschen Universität

Das bildungspolitische Credo der siebziger Jahre - mehr Berufsbezug oder auch mehr Praxisbezug der Hochschule, weg vom Humboldtschen Ideal - beruht m. E. auf einer selektiven Wahrnehmung der Humboldtschen Universität. Schon vor von Humboldt wurden die drei klassischen Fakultäten durch ihren Berufsbezug definiert. Sie bereiten mit staatlicher Förderung und Aufsicht auf die Praxis mehr oder weniger obrigkeitlich geregelter Eliteberufe vor, die theologische Fakultät die Theologen, die juristische die Juristen und die medizinische die Mediziner. Von Humboldt hat dafür gesorgt, daß die 'Artistenfakultät', die bis dahin noch freischwebend und vielleicht etwas ratlos - eben wie Artisten - operierte, auch einen berufsbezogenen Akzent erhielt, und zwar durch die Ausrichtung auf die Lehrerausbildung. Augenfällig abgeschlossen wurde diese berufsbezogene Ausrichtung dadurch, daß die Universitäts- und Staatsprüfungen - letztere für die Absolventen der philosophischen Fakultät die Regel - den Zugangsregelungen des öffentlichen Dienstes zugeordnet wurden. Das Preußen der beamteten, liberal-konservativen Reformer fixierte diese Zuordnung in Laufbahnverordnungen, die im wesentlichen bis heute gelten, in den siebziger Jahren (dieses Jahrhunderts) im Zuge der steckengebliebenen Reform des öffentlichen Dienstes kaum durchlässiger geworden sind als zuvor.

Beflügelt vom Humboldtschen Bildungsideal ignorieren die Hochschulen nur zu gern die prosaische Kehrseite der Humboldtschen Reform. Wie sehr diese Vergangenheit in der Gegenwart wirkt, erleben wir ganz aktuell in Nordrhein-Westfalen. Landauf, landab wird der Entzug der Lehrerausbildung als Zerstörung der Philosophischen Fakultät gebrandmarkt. Diese Gleichsetzung mag manchen eher an die Vorstellungen der Reformer der siebziger Jahre als an von Humboldt erinnern.

2. Forschung

Nun zur Forschung. So traurig, wie Ernst-Ulrich von Weizsäcker die Lage schildert, so traurig ist sie nun doch nicht, auch wenn vieles ausgewandert

(Max-Planck-Institute etc.) oder überproportional gewachsen ist (Industrieforschung). Sicherlich ist die Hochschulforschung im Zuge der Überlastpolitik im Vergleich zur Lehre zu sehr in den Hintergrund getreten. Das muß und wird sich ändern. So unbeweglich, oder genauer, so schwerfällig wie Universitäten bei institutionellen (nicht inhaltlichen) Änderungen der Lehre sind, so flexibel können sie in der Forschung reagieren. Dafür gibt es ein nordrhein-westfälisches Beispiel jüngeren Datums, allerdings aus der ausgelagerten, nur in der Lehre mit der Hochschule verbundenen Institutsforschung. Ich meine die geradezu atemberaubende Umstellung der Kernforschungsanalage Jülich. Innerhalb eines halbes Jahres ist es gelungen, den Riesenapparat von Kernforschung auf Umwelttechnologie umzustellen - ohne daß beides, wie dies gelegentlich geschieht, ineinsgesetzt worden wäre. Ohne die Umstellung wären nur noch geringe staatliche Mittel geflossen.

Das Beispiel läßt sich übertragen, wie immer cum grano salis. In den meisten (nicht allen) Disziplinen gilt der Drittmittelanteil als der wichtigste Gradmesser für die Qualität der Forschung. Anders als dies in der Öffentlichkeit oft dargestellt wird, kommen die Drittmittel überwiegend nicht aus der Wirtschaft. Dieser Anteil sollte m. E. durchaus größer werden, solange die Freiheit der Forschung, insbesondere ihre Öffentlichkeit, konkret, die Freiheit zur Veröffentlichung der Forschungsergebnisse, gewahrt bleibt, was in praxi nicht immer der Fall ist. Vielmehr sind die von den Hochschulen eingeworbenen Drittmittel zum ganz überwiegenden Teil staatliche Mittel, die zu einem Gutteil allerdings über die DFG und andere selbstverwaltete Einrichtungen, z. B. Stiftungen, verteilt werden. Das Beispiel Jülich zeigt nun, daß ein gezielterer Einsatz der unmittelbaren oder der mittelbaren staatlichen Drittmittel geeignet ist, rascher Ziele zu verwirklichen, die gesellschaftlich und deshalb auch politisch wünschenswert sind. Damit soll und darf weder die politische oder gar parteipolitische Instrumentalisierung der Wissenschaft noch die Umsteuerung der Universitätsforschung von der Grundlagenforschung zu mehr anwendungsbezogener Forschung propagiert werden. Doch der Vergleich mit dem zielgenaueren Einsatz der Drittmittel aus der Wirtschaft zeigt, daß die Politik ihrer Zukunftsverantwortung durch gezieltere Anwendung der Handlungsinstrumentarien der Forschungsförderung besser gerecht werden kann. Der gezieltere Einsatz staatlicher Drittmittel an Hochschulen ist zudem der Freiheit der Wissenschaft und damit auch der Qualität ihrer Ergebnisse förderlicher als der Ausbau institutionalisierter eigener Ressortforschung. Auf die skizzierte Weise würde die meines Erachtens bisher zuwenig bewußte Verantwortung aller Ressorts - nicht nur des Ministers für Wissenschaft und Forschung - für die Hochschulforschung deutlicher.

3. Weiterbildung

Erlauben Sie mir noch eine dritte Bemerkung. Wenn von der Zukunft der Hochschule die Rede ist, dann darf die Weiterbildung nicht im Schatten bleiben. Berufsbezogene wissenschaftliche Weiterbildung ist eine personalbezogene Ergänzung der vorhandenen Formen der Kooperation von Hochschulen und Wirtschaft. Sie blüht nicht im Verborgenen, sondern ist Teil des offenen Weiterbildungsmarktes, eines wachsenden Marktes, dessen Spielregeln noch nicht festliegen. Wie auf anderen Märkten auch, hat der Staat zunächst eine Kontroll- und auch eine Koordinationsfunktion. Schließlich geht es auch um die Gewährleistung beruflicher Chancengleichheit.

Entgegen manchen Äußerungen von interessierter Seite findet berufsbezogene wissenschaftliche Weiterbildung in erheblichem Umfang statt an Außen- und An-Instituten von Hochschulen, z. B. dem Haus der Technik in Essen oder der Akademie für wissenschaftliche Weiterbildung der Universität Karlsruhe. Wissenschaftliche Weiterbildung findet darüber hinaus statt, wenn öffentliche Träger der Weiterbildung, wie die Industrie- und Handelskammern oder privatrechtlich organisierte Träger - wie die im Wuppertaler Kreis zusammengeschlossenen - Hochschullehrer für ihre Veranstaltungen engagieren. Allen diesen Formen gemeinsam ist, daß die Hochschullehrer eine Nebentätigkeit ausüben.

Wenn Hochschulen als Institution Weiterbildungsmaßnahmen wahrnehmen, dann können und dürfen dies nur solche sein, die sich aus ihren wissenschaftsorientierten Aufgaben in Forschung und Lehre ableiten lassen, zu denen andere Träger selbst nicht oder nur in Kooperation mit Hochschulen und ihren Mitgliedern in der Lage sind. Hochschulen besetzen dann bisher freigebliebene oder verhindern den Verlust angestammter Felder oder führen verlorene Felder in ihre Zuständigkeit zurück.

Daß Weiterbildung anders als Erstausbildung nicht kostenlos erfolgt, ist entschieden. Die Hochschulen dürfen und müssen Entgelte erheben. Natürlich sind diese Entgelte nicht kostendeckend. Wann bewegen sich öffentliche Dienstleistungen schon kostendeckend auf dem Markt? Jedenfalls dürfen durch Weiterbildungsangebote den Hochschulen und damit letztlich den Steuerzahlern keine zusätzlichen Kosten entstehen. Das schließt nicht aus, daß bestimmte Teilnehmergruppen, beispielsweise Arbeitslose oder Hausfrauen oder umzuschulende Lehrer finanziell anders behandelt werden als z. B. aktive Führungskräfte in der Wirtschaft. Die Einnahmen aus der Weiterbildung können künftig den selben Stellenwert wie Forschungsdrittmittel erhalten.

Der Anteil eingeworbener Weiterbildungsmaßnahmen ist m. E. durchaus geeignet, ebenso wie der Drittmittelanteil an der Forschung ein Indikator wissenschaftlicher Reputation zu sein. Nehmen Hochschulen in eigener Kompetenz Weiterbildungsaufgaben wahr, so wird das Hochschulpersonal im Hauptamt tätig. Daraus folgt, erzielte Einnahmen sind kein privates durch Nebentätigkeit erzieltes Entgelt, sondern fließen der Hochschule zu. Im Hauptamt erbrachte Weiterbildung ist auf das Lehrdeputat anzurechnen. Letzteres ist zugleich ein Anreiz, Weiterbildung im Hauptamt statt in Nebentätigkeit auszuüben. Das allein wird aber nicht reichen. Die von der Hochschule angenommenen Mittel müssen abzüglich von Overheadkosten letztlich dem jeweiligen Lehrgebiet zufließen, sei es als Sachmittel oder als zusätzliches Personal.

Die elektronischen Medien ermöglichen es, gerade für die Weiterbildung notwendige, konzeptionell neue Lehrangebote zu entwickeln. Die neuen Lerntechniken werden nicht nur Unterschiede zwischen Präsenz- und Fernstudium abschleifen, sondern auch neue Perspektiven für eine europaweite Medienkooperation eröffnen. Ich denke z. B. an das neue Lerntechnologien entwickelnde Projekt 'Weiterbildendes Studium Informatik' der Fernuniversität. Die Weiterbildungsangebote der Hochschulen müssen darauf ausgerichtet sein, daß die europäische Wirtschaft und damit auch die europäische Gesellschaft zusammenwächst, daß für dieses Zusammenwachsen bisherige Kultur- und Sprachschranken überwunden werden müssen, z. B. auch durch ein europaweit zu empfangendes Fernsehbild, zu dem mehrere Sprachversionen zeitgleich ausgestrahlt werden. Schwächen des Mediums Fernsehen für die Vermittlung von Bildung lassen sich nicht zuletzt durch eine Verknüpfung mit den neuen elektronischen Medien beheben. Worauf es heute ankommt ist, daß in Kooperation von Hochschulen, Unternehmungen und anderen Trägern der Weiterbildung gemeinsam national und international die Chancen genutzt werden, die ein sich rasch entwickelnder Markt bietet.

Wilgart Schuchardt

Zur Zukunft der beruflichen Bildung

Unterscheiden sich die von Hermann Schmidt und Winfried Schlaffke entworfenen Szenarien zukünftiger beruflicher Bildung auch im einzelnen, so stimmen sie doch in ihrer Vision von anspruchsvollen Tätigkeiten überein, die auf der Basis eines verstärkten Einsatzes neuer, flexibler Techniken zukünftig vermehrt entstehen und zu einer allgemeinen Höherqualifizierung und zu verstärkten Weiterbildungsanstrengungen führen werden.

Meine Kritik richtet sich nicht gegen diese bildungspolitische Zielsetzung der entworfenen Szenarien, sondern zielt auf die Argumentationskette, die die Zukunft beruflicher Bildung (weitgehend) durch den Charakter neuer Technologien bestimmt sieht. Diese unterstellte Kausalität nimmt jedoch für bare Münze, was lediglich als potentiell vorhandene Möglichkeit im Charakter neuer Techniken angelegt ist: daß die Flexibilität programmierbarer technischer Systeme für neue Produktions- und Arbeitskonzepte genutzt wird, die für die Arbeitenden die Chance anspruchsvoller Tätigkeit und Höherqualifizierung beinhalten. Die vorgetragenen Zukunftsentwürfe unterstellen eine immanente, sich quasi zwingend durchsetzende Sachgesetzlichkeit und Rationalitätslogik neuer Techniken, die in einen Trend zur Höherqualifizierung münden. Dabei bleiben unterschiedliche gesellschaftliche Interessen, die sich an die Entwicklung von Technik knüpfen, ebenso ausgeblendet, wie die verschiedenen Arenen, in denen um die Gestaltung von Arbeit und Technik sowie die zukünftigen Bildungskonzepte gerungen wird.

Entwicklungslinien der Technisierung und Qualifizierung werden in den Szenarien nicht hinreichend als soziale Prozesse thematisiert. Indem die Möglichkeiten unterschiedlicher gesellschaftlicher Gruppen und Akteure, auf die Gestaltung von Arbeit und Technik Einfluß nehmen zu können, nicht näher analysiert werden, bleibt die mögliche Bandbreite technischer und beruflicher Entwicklung ausgeblendet.

Bezug nehmen die Zukunftsentwürfe nur auf einen Pol des (möglichen) technischen Gestaltungskorridors: auf den technischen 'Pfad ins Paradies' der Höherqualifizierung. Implizit erlangen Argumentationsmuster eines 'technologischen Determinismus' wieder Geltung, wenn auch diesmal unter der Flagge gesellschaftlich wünschbarer Zukünfte.

Bereits in den 20er Jahren formulierte der amerikanische Soziologe William Ogburn Vorstellungen über die gesellschaftliche Rolle von Technik, die bis in die 70er Jahre hinein wissenschaftliche Diskussionen wie öffentliches Bewußtsein prägten: Technischer Fortschritt als Ergebnis immer neuer Erfindungen sei die treibende Kraft sozialen Wandels. Dieses Denkmuster beruht im wesentlichen auf zwei Prämissen:

- Der technische Fortschritt ist weitgehend ein autonomer Prozeß, der wesentlich den Prinzipien technischer Rationalität und ingenieurwissenschaftlicher Logik folgt und sich in einer technisch optimierten Lösung vergegenständlicht, die nur 'one best way' kennt.

- Technischer Fortschritt dringt in Form (neuer) technischer Verfahren und Artefakte in die Gesellschaft ein und erzwingt somit neue Formen sozialer Strukturen und sozialen Handelns, unterwirft z. B. auf betrieblicher Ebene Arbeitsteilung, Aufgabenzuschnitt und die Qualifikationen der Beschäftigten Veränderungs- und Anpassungsprozessen.

Seit Mitte der 70er Jahre wird diese Sichtweise insbesondere in der sozialwissenschaftlich orientierten Technikforschung zunehmend kritisiert. Folgende Argumente, die sowohl auf theoretischen Überlegungen als auch umfassenden (international vergleichenden) empirischen Untersuchungsergebnissen basieren, stehen dabei im Vordergrund:

- Durch das Vordringen der arbeitsplatzbezogenen Datenverarbeitungstechnik - parallel oder auch in Konkurrenz zu zentralistisch eingesetzter EDV-Technik - wurde die Prämisse eines 'one best way' technischer Gestaltung in der Praxis in Frage gestellt. Deutlich wurde der Redundanzcharakter von Technik, der im Zuge technischer Innovation unterschiedliche Lösungen und Gestaltungsentwürfe möglich macht. Es wuchs die Erkenntnis, daß es wesentlich von sozialen Interessen und Selektionsprozessen abhängt, ob es zu einem breiten Spektrum (alternativer) technischer Lösungen kommt, oder ob bestimmte Techniklinien bereits in einem frühen Entwicklungsstadium ausgesondert und fallen gelassen werden. Diese Gestaltungsbandbreite technischer Systeme scheint im Zuge fortgeschrittener Automatisierung und des Einsatzes rechnergestützter Organisations- und Steuerungstechnologien eher zuzunehmen. Dadurch wird die Arbeitsorganisation zusehends weniger technisch und zeitökonomisch festgelegt, ein direkter Zusammenhang zwischen (lange Zeit vorherrschenden und noch lange nicht überwundenen) arbeitsteiligen Organisationslösungen und wirtschaftlicher Effizienz in Frage gestellt. Gründe hierfür liegen u. a. in veränderten Funktionsanforderungen menschlicher Arbeitsleistung in automatisierten Produktionsabläufen. Der Arbeitende tritt zunehmend in eine zeitliche und sachliche Distanz zum eigentlichen Fertigungsprozeß, in dem nun viele Funktionen selbstgeregelt ablaufen. Die verbleibenden Funktionen der Fertigungsplanung und -steuerung, des Einrichtens und Programmierens von CNC-Maschinen, die Funktionsüberwachung und Kontrolle können technisch wie arbeitsorganisatorisch vielfältig gestaltet werden.

- Untersuchungen in vergleichbaren Betrieben westlicher Industriegesellschaften belegen auch bei hoher Übereinstimmung in den technischen Strukturen eine erhebliche Gestaltungsbandbreite bei den praktizierten Formen der Arbeitsteilung, Arbeitsgestaltung, der Bündelung von Arbeitsaufgaben an einem Arbeitsplatz sowie des Personaleinsatzes und der Qualifikationsstruktur. Erklärbar werden diese unterschiedlichen Produktions- und Gestaltungskonzepte nur dann, wenn von einem Technikdeterminismus Abschied genommen wird, der die gesellschaftliche Entwicklung steuert. Vielmehr zeigt sich, daß diese Gestaltungsvielfalt nur durch die gesellschaftlichen Rahmenbedingungen und Sozialstrukturen des jeweiligen Landes, das Bildungs- und Beschäftigungssystem, die kulturellen Wertvorstellungen oder die historische Ausprägung der Beziehungen und Strukturen zwischen den Tarifparteien hinreichend erklärbar wird.

Wenn Schmidt und Schlaffke in ihren Zukunftsüberlegungen die Bedeutung neuer Techniken herausstellen, haben sie in dem Sinne Recht, daß in der prinzipiellen Gestaltungsoffenheit rechnergestützter Systeme (zentralistisches vs. dezentral-arbeitsplatzbezogenes Technikkonzept) eine neue Qualität von 'Technik als elastischem Potential' erkennbar wird. Dieser technische Gestaltungskorridor mit sehr unterschiedlichen Wirkungen auf Arbeitszuschnitt, Qualifikation, Dispositions- und Handlungsmöglichkeiten der Beschäftigten drängt jedoch nicht im Selbstlauf, wie bei Schmidt und Schlaffke implizit unterstellt, auf neue Arbeitsorganisationskonzepte der Teamarbeit und der Höherqualifikation. Zwar ist es richtig, daß unter dem Einfluß veränderer Markt- und Kundenbeziehungen eine Flexibilisierung betrieblicher Strukturen und in diesem Kontext der handlungskompetente Facharbeiter und -angestellte im unternehmerischen Interesse liegen. Angesichts der vorliegenden empirischen Untersuchungsergebnisse zu Technikeinsatz, neuen Produktionskonzepten und (betrieblichen) Qualifizierungsstrategien muß jedoch bezweifelt werden, ob diese Entwicklung des Handlungs- und Qualifikationspotentials für alle Beschäftigten gelten wird. Möglich ist auch, daß allein unternehmens- und marktstrategisch relevante Funktionen aufgewertet werden (Insellösungen). Technische Rationalisierungsstrategien der Prozeßbeherrschung und Kontrolle sind z. Z. weiter vorherrschend gegenüber Konzepten, die auf die Kompetenz, Kreativität und Gestaltungsfähigkeit der Beschäftigten vor Ort setzen.

Folgende Einflußgrößen des gegenwärtigen technischen und sozialen Wandels lassen m. E. eher Zweifel gegenüber den einseitig technikoptimistischen Bildungsszenarien von Schmidt und Schlaffke aufkommen:

Die Entwicklung und Gestaltung von Techniken und technischen Systemen erfolgen in der Regel fern von den Anwendern und Nutzern bei den Rechnerherstellern, in System- und Softwarehäusern, bei Maschinenherstellern und in ingenieurwissenschaftlichen Forschungsinstituten. In Unkenntnis der betrieblichen Strukturen der Arbeitsteilung, des verfügbaren Personals und der vorhandenen Qualifikationen werden die vorhandenen Ressourcen nicht hinlänglich genutzt. Mit fortschreitender Komplizierung der rechnergestützten Systeme finden technische Konzepte der Vorabplanung, der Zentralisierung von Disposition und Kontrolle, kurz der technischen Prozeßbeherrschung auch in den Branchen verstärkt Eingang, in denen das Potential vorhandener Facharbeiter den Abzug von Kompetenzen aus der Werkstatt eher kontraproduktiv erscheinen läßt. Zwar konnten aufgrund staatlicher Förderprogramme auch Hard- und Softwarelösungen entwickelt werden, die den weniger arbeitsteiligen Strukturen mittelständischer Unternehmen Rechnung tragen. Nicht zu übersehen ist jedoch die Tendenz, daß im Zuge weltweit operierender Hersteller technischer Systeme sich Konzepte durchsetzen, die nicht am Qualifikationspotential handlungskompetenter Facharbeiter und -angestellter orientiert sind, sondern auf das (universell nutzbare) Technikkonzept des 'Knöpfchen-Drückers' und der (weitgehend automatisierten) Prozeßkontrolle setzen.

Die einleitend aufgezeigten prinzipiell existierenden - unter Arbeits- und Qualifikationsgesichtspunkten positiven - Gestaltungsmöglichkeiten neuer Techniken müssen jedoch nicht allein durch das Nadelöhr gesellschaftlicher Formgebung von Technologien hindurch, um zur Realisierung zu gelangen, sondern unterliegen ebenso auf der konkreten Anwendungsebene den unterschiedlichen Interessen und Gestaltungsoptionen der betrieblichen Akteure. Untersuchungsbefunde verweisen auf die Durchsetzungskraft organisatorisch-struktureller Trägheitsmomente, die 'betrieblichen Machtkonstellationen als Nährboden arbeitsorganisatorischen Konservatismus' anhaften. Diese betrieblichen Konstellationen, die sich als Ergebnis früherer Rationalisierungs- und Formalisierungsprozesse und auf dem Hintergrund eingesetzter Technik, spezifischer Tätigkeits- und Qualifikationsstrukturen, eingespielter Lohn-/Leistungsrelation, Unternehmensphilosophie und industrieller Beziehungen herausgebildet haben, bestimmen ein Stück weit aus der Vergangenheit die Gegenwart und partiell die Zukunft, indem sie Chancen der Interessendurchsetzung unterschiedlicher betrieblicher Gruppen fördern oder begrenzen.

Betriebliche (Sozial-)Strukturen sind ein wichtiges Bestimmungsmoment (zukünftiger) Gestaltung von Arbeit, Technik und offensiver Qualifizierungs- und Bildungsstrategien. Bei der Mehrzahl betrieblicher Veränderungsprozesse zeigt sich, daß die Nutzung und Gestaltung von Technik, Arbeit und Qualifizierung Mustern folgt, die konservativer sind, als es die vorhandenen technischen Potentiale oder auch das ökonomische Rentabilitätsprinzip erlauben würden. Das Elastizitätspotential neuer Techniken wird primär zur Anpassung an bestehende betriebliche Strukturen und ausbalancierte Interessenkompromisse zwischen den betrieblichen Gruppen (Wahrung von Besitzständen) genutzt.

- Schmidt und Schlaffke ist zuzustimmen, wenn sie die Bedeutung beruflicher Bildung und betrieblicher Weiterbildung für die Bewältigung technischer Veränderungen herausstellen. Allerdings muß auch betont werden, daß es der Berufsbildung trotz der Modernisierung wichtiger Berufsbilder und Ausbildungsordnungen generell an einem Konzept der Zukunftsorientierung mangelt. Berufsbildung ist noch immer allein auf die Bewältigung des technischen Wandels ausgerichtet. Qualifizierung für die gestaltende Einflußnahme auf technische Veränderungen und die Re-Organisation der Arbeit im Sinne erweiterer Planungs-, Handlungs- und Entscheidungsmöglichkeiten findet in der Bundesrepublik (im Gegensatz zu entsprechenden Ansätzen in Skandinavien) noch nicht statt. (Berufs-)Bildung zur Bewältigung und Gestaltung (technischer und gesellschaftlicher) Zukunft darf sich jedoch nicht in Strategien der Anpassungsqualifizierung erschöpfen. Wichtig wäre neben dem Erwerb beruflicher und technischer Kenntnisse und Fähigkeiten ein innovatorisches Qualifikationspotential, das die Beschäftigten befähigt, Ansprüche an die Gestaltung ihrer Arbeit fachkompetent und interessenbewußt in betrieblichen Planungs- und Aushandlungsprozessen zur Geltung zu bringen.

Die betriebliche Weiterbildungspraxis ist von solchen Utopien gegenwärtig weit entfernt. Trotz einer zum Teil erheblichen Ausweitung von Weiterbildungsangeboten herrschen diskontinuierliche, reaktive und selektive Formen von Weiterbildung vor. Erst allmählich scheint sich in Teilen des aufgeklärten Managements die Erkenntnis durchzusetzen, daß vermeintliche Einsparungen im Bereich beruflicher Aus- und Weiterbildung kontraproduktiv sind, weil die teuren rechnergestützten Systeme nur unzureichend und suboptimal genutzt werden.

Mein Fazit lautet: Es ist wichtig und richtig, die mit neuen Techniken verbundenen Chancen für die Zukunft beruflicher Bildung herauszustellen. Allerdings muß betont werden, daß es keine einseitig technisch bestimmten Gestaltungsmuster für Arbeitsteilung und Qualifikationsentwicklung gibt, weder im positiven noch im negativen Sinn. Homogene Arbeitsteams und Höherqualifizierung sind ebenso möglich wie die Verbreitung eines 'rechnergestützten Taylorismus' (Lutz). Diese neue 'Offenheit' technischer und gesellschaftlicher Entwicklung ist mit dem Modell einfacher Wirkungsketten zwischen Technik und Bildung, Technik und Gesellschaft nicht zu erfassen. Notwendig sind Untersuchungskonzepte, die interdependente Wirkungszusammenhänge verdeutlichen und damit Ansatzpunkte für politisches Handeln aufzeigen, um bestehende Gestaltungsmöglichkeiten auch bildungs- und gesellschaftspolitisch zu realisieren.

Manfred Kaiser

Zum Denken in Perspektiven

Alle vorgestellten Beiträge enthalten in der einen oder anderen Form Aussagen über Perspektiven für das Bildungswesen. Die folgenden Anmerkungen bemühen sich, einige Gesichtspunkte des 'Perspektive-Begriffs' aufzuhellen, Anwendungsbezüge zum Bildungswesen herzustellen sowie ausgewählte Problembereiche für und Herausforderungen an Wissenschaft und Politik zu thematisieren.

Was sind 'Perspektiven'?

In der sozialwissenschaftlichen Literatur werden 'Perspektiven' als komplexe Muster von Werten, Einstellungen und Perzeptionen eingegrenzt, die - alle zusammengenommen - eine gewisse Ordnung von der Welt und ihren Teilen vermitteln. In diesem Sinn betonen sie bestimmte Aspekte bzw. Sichtweisen, sie lassen andere in den Hintergrund treten entsprechend der vorgegebenen Werteordnung, den Erfahrungen, den Urteilen und dem Selbstbild, das man von sich oder in bezug zu anderen Personen, Gruppen, Institutionen etc. hat. Personen in ähnlichen Situationen neigen dazu, gemeinsame Perspektiven zu entwickeln: Sie sehen die Welt ähnlich, bewerten sie ähnlich und haben Urteile darüber, was plausibel und machbar ist. Ergeben sich Änderungen, dann treten so lange Unsicherheiten auf, bis sich eine neue Perspektive bzw. eine Neudefinition der Situation herausentwickelt hat, die die Welt für Leute in der gleichen Situation subjektiv in ähnlicher Weise erfahrbar macht.

In Studien des sozialen Wandels und damit auch des Bildungswandels ist keine Frage fundamentaler als die nach Verständnis und Erklärung geänderter Perspektiven. Die 60er und 70er Jahre waren durch eine enorme Bildungs- und Hochschulexpansion gekennzeichnet, die unter dem Leitmotiv stand 'durch Bildung zum Aufstieg' oder 'Chancengleichheit durch Bildung' oder 'Leistung bzw. Mehrleistung durch Bildung' etc.. Bildungswerbung und -förderung, Einrichtung neuer und Ausbau bestehender Bildungsinstitutionen auf allen Ebenen, die Verstärkung der Lehrerausbildung, die Senkung des Lehrer-Schüler-Verhältnisses, reichhaltiger Mittelfluß ins Bildungswesen, verstärkte Befassung mit Fragen der Bildungsplanung und -politik sowie der Bildungsforschung usw. lieferten Grundlagen für euphorische Perspektiven des Bildungswesens, für Bildungs-, Berufs- und Lebensperspektiven einzelner Personen sowie Gruppen. Bei einem Überangebot an Absolventen bestimmter Bildungsgänge und Fachrichtungen einerseits und gleichzeitiger Unterversorgung von Absolventen in anderen Ausbildungsgängen bzw. Fachrichtungen andererseits scheint sich der einstmalige Bildungsoptimismus abzuschwächen und droht vielerorts in einen entsprechenden Pessimismus umzuschlagen.

Gerade Änderungen von Perspektiven haben vielfältige Anstöße für neue Bewegungen, die Gründung neuer, aber auch die Abschaffung alter Institutionen gegeben. Man kann sogar noch weitergehen: Geänderte Perspektiven sind möglicherweise eine notwendige Voraussetzung für Wandel in vielen Lebensbereichen und deren Verflechtungen, im Bildungswesen genauso wie in Arbeit und Beruf oder in der Freizeitgestaltung.

Drei Aspekte von Perspektiven, die insbesondere für das Bildungswesen und seine Entwicklung zu beachten sind, möchte ich im folgenden etwas ausführlicher erörtern.

1. Perspektiven, die die Identität von Gruppen beeinflußen

Die wohl stärkste Kraft, Bestehendes zu perpetuieren, ist die gemeinsame Zugehörigkeit zu einer Gruppe und die gemeinsame Perspektive. Diese kann je nach Geschlechts-, Bildungs-, Berufs-, Betriebs-, Familienzugehörigkeit strukturiert sein. Treten nunmehr Änderungen ein, ist es bedeutsam zu wissen, ob und in welchem Umfang neue Perspektiven welcher Art in der Lage sind, bestehende zu hinterfragen und ggf. zu modifizieren. Bezüglich des Bildungswesens gilt es in diesem Zusammenhang etwa folgende Fragen zu klären:

- Welches Bildungsverständnis herrscht in welchen Bevölkerungsgruppen mit welcher Intensität und welcher Verbreitung vor?
- In welchem Verhältnis stehen verschiedene Bildungsinstitutionen zueinander, und wo ist in diesem Geflecht Platz für eine neue Bildungsinstitution?
- Lassen sich bestehende Bildungsinstitutionen in welchem Umfang, in welcher Richtung, mit welchem Lehrkörper und welchen Rekrutierungsstrategien mit welcher Bezahlung etc. weiterentwickeln?
- Wie denken die Mitglieder einer Gesellschaft über eine bestimmte Bildungsinstitution, und in welchem Umfang identifizieren sie sich mit ihr?

- Von wem, welchen politischen Kräften und welcher Mittelausstattung wird eine Bildungsinstitution (langfristig) getragen, von welchen bekämpft?
- Im Falle einer geplanten Bildungsexpansion stellt sich die Frage, aus welchen Gesellschaftsschichten mit welcher Größenordnung Auszubildende bzw. Studierende rekrutiert werden können oder ob gesellschaftliche 'Abschottungsprozesse' welcher Art den quantitativen Ausbau des Bildungswesens beeinträchtigen.

2. Perspektiven, die Menschen mobilisieren

In den Perspektiven von Eltern, Auszubildenden, Schülern und Bildungspolitikern schichtete sich das Bildungswesen in den letzten zwei Dekaden immer mehr in Richtung besser- und höherqualifizierter Bildungsgänge um. Das Ergebnis bisher ist, daß die Zahl der Hochschulabsolventen und der Absolventen der dualen Ausbildungsgänge - sowohl relativ als auch absolut - gestiegen, während die Zahl der Un- und Angelernten erheblich zurückgegangen ist. Nach den Darlegungen von Hermann Schmidt soll die Zahl der letzteren Personengruppe langfristig von heute 17 Prozent auf 3 Prozent gesenkt werden. Im einzelnen gilt es hier folgende Fragen zu klären:

- Welche Interessen, Aspirationen, Anreize und Erwartungen sind in der Lage, solche Umschichtungsprozesse zu bewirken?
- Welche Vorteile und welche Nachteile gehen mit einem bestimmten Bildungsverhalten einher und vor allem welche Nettovorteile verspricht ein bestimmtes Bildungsverhalten, und wie fallen diese gegenüber anderen Bildungsstrategien bzw. -alternativen aus?
- Welche Verwertungsmöglichkeiten eröffnen sich für bestimmte Bildungsabschlüsse in welchen Lebensbereichen - in der Familie, in Arbeit und Beruf, als Staatsbürger, für die Freizeitgestaltung etc.?
- Inwieweit sind bestimmte Ausbildungsabschlüsse Vorausetzung für einen (beruflichen) Einstieg oder Aufstieg?
- Welche Erträge in Form von Erwerbseinkommen sind zu erwarten?
- Welche Arbeitsplatzbedingungen werden geboten, welche Weiterbildungsmöglichkeiten stehen offen, welche Versorgungschancen bieten sich?

3. Perspektiven, die sich auf Ideologien begründen

Wenn sich Bildungsverständnis und bestimmte Blickweisen hinsichtlich des Bildungswesens ändern, greifen Unsicherheiten Platz, die die Grundlage für

Ideologien bilden. Diese geben vor, nicht nur hinsichtlich der Aufrechterhaltung bestimmter Wertestandards 'wahr' oder 'richtig' zu sein, sondern vermitteln auch ein Bild über die künftige Wirklichkeit. So war die Formel vom 'Bildungsnotstand' und ihre Implikationen zu Beginn der 60er Jahre eine wichtige Triebkraft für Bildungswerbung und Ausbau von Bildungsinstitutionen in den frühen 70er Jahren. In Epochen des Wandels feiern Ideologien Blütezeiten, aber nur wenige gewinnen so großes Vertrauen und Akzeptanz, sind so wirksam, daß sie sich auch durchsetzen (können). Ideologien dieser Art verstärken oft die soziale Kontrolle, erfordern eine starke und aktive Regierung und Politik, bewirken mehr Verantwortung und Verantwortlichkeit, Solidarität und Gemeinschaft. Diese Ideologien werden von vielen angenommen, weil sie mit ihren Aspirationen, Interessen und ihrem (Selbst-)Verständnis im Einklang stehen.

An der Entwicklung des bundesdeutschen Hochschulwesens der letzten zwei Jahrzehnte kann die Wirksamkeit bestimmter Ideologien nachgewiesen werden, wie sie sich etwa in Postulaten nach Chancengleichheit, nach Praxisbezug oder nach Tätigkeitsfeldorientierung der Hochschulausbildung manifestieren. So öffneten sich die Hochschulen für bildungsfernere Schichten (z. B. für breite Teile der Landbevölkerung oder für das mittlere Bürgertum); mit den Fachhochschulen wurden neue Bildungswege im tertiären Bildungssystem mit dem Ziel eingerichtet, benachteiligte Bildungsgruppen verstärkt an einer Hochschulausbildung zu beteiligen; unter dem Druck, daß sich durch Hochschulausbildung Berufs-, Arbeits- und Lebensperspektiven ihrer Kinder verbessern dürften, ermöglichten Tausende von Eltern unterer Gesellschaftsschichten ihren Kindern einen Besuch gehobener Schulen. Sowohl Bundes- als auch Landesregierungen richteten z. T. neue Wissenschafts- und Bildungsministerien ein bzw. bauten bestehende aus, um den Hochschulneubau und -ausbau zu forcieren. Die öffentlichen Mittel für Bildungsausgaben sind sprunghaft angestiegen, mit ihnen Studienanfänger-, Studenten- und Hochschulabsolventenzahlen. Bildungs- und Hochschulpolitik sind plötzlich hohe Prioritäten eingeräumt worden. Soziale Verantwortlichkeit für und Solidarität mit den Studierenden drückten sich in großzügigen Stipendienprogrammen, einem Angebot an Überbrückungs- und Förderkursen, in der Neugestaltung der Oberstufe des Gymnasiums (Kollegstufe), in der Förderung bestimmter Begabungen, im Konsumverzicht vieler Eltern zugunsten eines Studiums ihrer Kinder usw. aus. Das Ergebnis dieser konzertierten Aktion von Staat, Politik, Eltern, Steuerzahlern, dem Lehrkörper an Universitäten - kurzum verschiedener gesellschaftlicher Gruppen - ist ein erhebliches Wachstum des Anteils der Absolventen mit Hochschulabschluß an der Erwerbsbevölkerung (= Akademikerquote) von knapp 3 % im Jahr 1960 auf ca. 10 % in 1987 mit weiteren Wachstumsperspektiven auf 16 - 17 % im Jahr 2000.

Die sprunghafte Expansion des Hochschulwesens - vor allem der Fachhochschulen - stellt gewiß eine Ausnahme in der langjährigen Entwicklung des Hochschulwesens in der Bundesrepublik dar. Der Bildungswandel vollzieht sich eher allmählich und häufig nicht nach stringenter Planung und Vorgabe. Belege hierfür liefern das Fachschulwesen oder die duale (Berufs-)Ausbildung. Dennoch erzeugen gerade auch in diesem Bereich neue Perspektiven und Aspirationen oft genug kollektive Handlungsmuster und -zwänge, um vermuteten Nachteilen oder gar Übeln rechtzeitig zu begegnen und neue Wege zu eröffnen. Gelegentlich sind solche Aktionen temporär oder sporadisch. Sind hingegen solche kollektiven Aktionen eher vereinheitlicht, dauerhaft und sind sie darüber hinaus in bestimmter Weise gekennzeichnet, verdienen sie das Attribut einer 'sozialen Bewegung'. Ihre hauptsächlichen Kennzeichen sind:

- *Eine typische Perspektive und Ideologie;* wie gezeigt, wurzelt die Bildungsbewegung der 60er und 70er Jahre in einer Neudefinition von Bildungsperspektiven etwa im Hinblick auf verbesserte Berufschancen, Arbeitsplatzsicherheit, Ansehen und Prestige, beruflichen Aufstieg, eine Kompensation produktiverer (gebildeter) 'human ressources' gegenüber einer relativen Rohstoffarmut in der Bundesrepublik Deutschland etc. Solche Ideologien zeigen denkbare Richtungen (möglicher Entwicklungen) und liefern dafür Orientierungen und Selbstrechtfertigungsgründe; sie entfalten aber auch Argumente für Offensiv- und Defensivstrategien (z. B. stärkerer Ausbau des Hochschulwesens in den 60er und 70er Jahren, stärkerer Ausbau der dualen Ausbildung und der Weiterbildung in den 80er und 90er Jahren); sie liefern auch Inspirationen und Hoffnungen.

- *Ein ausgeprägter Solidaritätssinn und Idealismus;* Solidarität und Idealismus spielen in vielen sozialen Bewegungen eine beachtliche Rolle, ungeachtet ob sie politisch oder religiös ausgerichtet sind, ob sie sich mit Umweltschutz oder der Frauenbewegung befassen, ob sie progressiv oder reaktionär ausgerichtet sind. Besonders bedeutsam sind sie zu Beginn einer solchen Bewegung. Gerade bei dem Realisierungsversuch der Gesamtschul- oder der Gesamthochschulidee ist von zahlreichen Einzelpersonen, Bildungspolitikern gleichwie von vielen gesellschaftlichen Gruppen Idealismus in verschiedenen Varianten demonstriert und praktiziert worden.

- *Handlungsorientierungen;* der 'Bewegungsbegriff' beinhaltet auch Handlungsanleitungen und -zwänge, wie sie etwa in Straßenprotesten oder der Verteilung von Traktaten zum Ausdruck kommen. Kleine Bewegungen erregen oft durch dramatische Aktionen manchmal besondere Aufmerksamkeit. Solidarität manifestiert sich häufig an der Teilnahme solcher Veranstaltungen. Im Gefolge der Bildungs- und Hochschulexpansion veranstaltete Studentenproteste und Studentenunruhen der späten 60er und frühen 70er Jahre und die daraus resultierenden Konsequenzen (z. B. Drittelparität in der Selbstverwaltung an den Hochschulen, Mitwirkungsanspruch bei der Berufung von Hochschullehrern durch die Studentenvertretung, Ideologisierung mancher Fachbereiche, Umsetzung der Gesamthochschulidee, Einrichtung hochschuldidaktischer Zentren etc.) legen hierfür nicht nicht nur mannigfaches Zeugnis ab, sondern verdeutlichen auch die Verschiedenartigkeit von Formen und Gruppierungen, von der sich gerade die 'Bildungsbewegung' genährt hat.

4. Operationalisierung des Perspektive-Begriffes

Perspektiven sind Zukunftsoptionen mit einer bestimmten Durchsetzungskraft bzw. -fähigkeit, Macht- und Herrschaftsausstattung. Damit spezifizieren bzw. erweitern sich die von Christoph Zöpel eingangs gestellten Fragen wie folgt:

- Welche Informationen können Wissenschaftler über das Bildungswesen und seine Perspektiven überhaupt liefern, welche kann nur der Politiker einbringen?
- Lassen sich politisch relevante und wissenschaftlich gewonnene Informationen auch miteinander verzahnen und zu in sich schlüssigen Aussagen zusammenfügen?
- Muß der Staat wirklich alle denkbaren 'alternativen Zukünfte' kennen oder kann er sich mit ausgewählten begnügen?
- Nach welchen Kriterien soll eine solche Auswahl von 'Optionen' für das Bildungswesen erfolgen?
- Welche der Optionen lassen sich am besten mit Ideologien welcher Art stützen?
- Mit welchen lassen sich Mehrheiten leichter oder schwerer finden?
- Beschränken sich die Möglichkeiten und Kompetenz von Wissenschaftlern nicht darauf, modellhaft oder im Sinne von Projektionen unter bestimmten Annahmen alternative Entwicklungen aufzuzeigen, und ist es nicht Aufgabe von Staat und Politik, die eine oder andere Option höher oder niedriger zu bewerten und der besser bewerteten zum Durchbruch zu verhelfen und die schlechter bewertete zu verhindern?

- Welche (politischen) Barrieren sind zu überwinden, wenn es die eine oder andere Option durchzusetzen gilt?
- In welchen Fristigkeitshorizonten werden Informationen vom Politiker benötigt, welche kann der Wissenschaftler mit welcher Genauigkeit und/ oder Verbindlichkeit überhaupt liefern?

Versucht man die Perspektiven des Bildungswesens zu operationalisieren, ist folgendes zu bedenken:

1. Es gibt keine generellen Perspektiven des Bildungswesens, sondern sie beziehen sich allenfalls auf einzelne Teile. Sie können sich darüber hinaus auf Institutionen und/oder Personen beziehen. So werden die Perspektiven der Schule und des Gymnasiums (z. B. unter Beachtung demographischer Wellenbewegungen) anders zu beurteilen sein als etwa die der Universitäten oder der Fachhochschulen. Die einstmals perspektivenreiche Gesamthochschule hat als Leitfigur im tertiären Bildungswesen ausgedient.

   Damit wird deutlich: Perspektiven sind Wandlungsprozessen unterworfen, sie können falsifiziert, aber auch bekräftigt werden. Sie sind umso stärker dem Wandel ausgesetzt, je mehr die Perspektiven einzelner Institutionen und/oder Personengruppen auseinanderklaffen und kontraproduktiv wirken. Mit der 'ideologiegefärbten' Formel, 'gleichwertige, aber andersartige Bildungsinstitutionen' zu sein, haben beispielsweise die Fachhochschulen und die 'traditonellen Universitäten' ihre Position im tertiären Bildungssystem stärken, die Gesamthochschule sich nicht als die Regelhochschule durchsetzen können. Wie anders wäre die Einführung der Gesamthochschulidee in der ersten rechtswirksamen Fassung des Hochschulrahmengesetzes und ihre Relativierung in der letzten Novellierung zu erklären? Oder die Einführung des Promotionsrechts an den Fachhochschulen hätte diese in erhebliche Konkurrenz zu den Universitäten gebracht, so daß sich diese durch die Einengung der Perspektiven der Fachhochschulen auf einem anderen Feld (z. B. Reservierung von Forschungsmitteln aus der Deutschen Forschungsgemeinschaft ausschließlich für Universitäten) hätten revanchieren können.

   Perspektiven von Bildungsinstitutionen hängen neben Art und Grad der Einbindung in das gesamte Bildungssystem auch von Konkurrenzverflechtungen und -intensitäten verschiedenster Art ab. Darüber hinaus sind Perspektiven einzelner Bildungsinstitutionen vor allem von den Planungen der Kultus- und Wissenschaftsbehörden, von den für sie verfügbaren Mitteln, von den Perspektiven des Lehrkörpers und der Administration, von denjenigen der Schüler und Studenten sowie von den Verwertungsmustern, die Bildungsgänge vermitteln, beeinflußt. Konkurrierende Perspektiven zwischen einzelnen Bildungsinstitutionen können die Gesamtperspektive des Bildungswesens auf 'Null' senken, während gleichgerichtete eine Perspektivenverstärkung bewirken dürften.

2. Perspektiven sind grundsätzlich immer zukunftsorientiert; sie können sich aus der Vergangenheit heraus entwickeln. Als Alternativen erweisen sie sich deshalb oft, weil sie gegenüber Bestehendem/Traditionellem besser und vorteilhafter erscheinen. So hat die Gesamthochschulidee lange Zeit als die bessere Alternative gegolten gegenüber der traditionellen Universität oder der aus den Ingenieur- und Wirtschaftsfachhochschulen hervorgegangenen Fachhochschule. Da Perspektiven Gestaltungstendenzen alternativer Zukünfte implizieren, sind sie verhandlungsfähig und damit modifizierbar. Konkurrenz zwischen verschiedenartigen Perspektiven und die damit einhergehenden Aushandlungsprozesse stärken bestimmte Perspektiven, versenken andere in 'Perspektivlosigkeit'.

3. Jede Perspektive zeichnet sich durch eine Fristigkeitsaussage aus: Bezieht sich die Zukunftsaussage einer Bildungsinstitution auf die nächsten fünf Jahre, stellt sie eine Übergangsregelung dar, ist sie bis zum Jahr 2000 oder etwa gar unbefristet angelegt? Für den Auszubildenden einer Lehre stellt sich die Frage so: Bietet sich nach Abschluß der Ausbildung eine Übernahmechance im Betrieb oder ein Arbeitsplatz bei einem anderen Arbeitgeber oder wird gar ein Berufswechsel nötig? Und der Berufsschullehrer fragt danach, ob er an seiner Schule verbleiben kann oder versetzt wird.

4. Jede Perspektive läßt sich nach folgenden drei Aspekten charakterisieren: erstens nach der zeitlichen Reichweite (Prognosefrist), zweitens nach der Zahl ihrer Detailaussagen (Detallierungsgrad, Informationsgehalt) und drittens nach ihrem Wahrscheinlichkeitsgrad. Zwischen diesen Charakteristiken bestehen substitutive Beziehungen dergestalt: Je weiter eine Perspektive in die Zukunft reicht oder je detaillierter und genauer ihre Aussage sein soll, desto geringer ist die Wahrscheinlichkeit des Eintreffens. Oder anders ausgedrückt: Desto weniger wird man sich auf ihre Aussagen verlassen können. Umgekehrt: Je mehr eine sehr hohe Eintreffenswahrscheinlichkeit angestrebt wird (so daß beispielsweise der Autor der Prognosen hohe Wetten auf ihre Gültigkeit eingehen würde), desto eher wird man sich auf eine ganz nahe Zukunft und nur wenige, eher vage Aussagen oder Aussagen mit Vorbehalten beschränken müssen. Dieser logisch formalisierbare Zusammenhang ist zwar für Bildungsprognosen aufgestellt worden, gilt aber auch für Bildungsperspektiven. Er beschreibt die Grenzen, die bei der Verwendung von Prognosen und Perspektiven als Entscheidungsgrundlage von Bedeutung sind.

5. Im Gegensatz von Bildungsprognosen, die - zumindest in der Vergangenheit - der Quantifizierbarkeit verpflichtet waren, sind Perspektiven aufgrund ihrer Bedingungen, ihrer vielfältigen Beeinflußbarkeit und ihrer zahlreichen Trägerschaft eher auf qualitative Aussagen mit relativ hoher Eintreffenswahrscheinlichkeit, dafür aber durch Ungenauigkeit ausgelegt.

6. Individualisierungstendenzen kollektiver Perspektiven sind zwar weit verbreitet, aber methodisch bedenklich. Aus dem rapiden Ausbau des Hochschulwesens und der sie legitimierenden Projektionen haben viele für sich persönliche Bildungs-, Berufs- und Arbeitsmarktperspektiven abgeleitet, ohne zu bedenken, daß eine solche kollektive Prognose nur Sinn macht, wenn sie mit einer individuellen Eignungsprognose in Beziehung gesetzt wird.

7. Perspektiven werden nur zu solchen, wenn Entwicklungstendenzen, Utopien, alternative Zukünfte von einem entsprechenden politischen 'drive' (z. B. Findung von Mehrheiten, Unterstützung durch die Öffentlichkeit und Medien, durch politische Überzeugungsarbeit, durch tragfähige Ideologien, durch entsprechende Machtausstattung etc.) gestützt werden. So sind die Perspektiven einzelner Teile des Bildungswesens nicht nur vor dem Hintergrund historischer Entwicklungen zu sehen, sondern auch vor dem Hintergrund jeweiliger Bildungspolitik von Parteien, Parlamenten, Regierungen, Ministerien usw.

Als Fazit ergibt sich, daß Perspektiven im allgemeinen und Perspektiven für das Bildungswesen im besonderen komplex sind, sich auf Ideologien gründen, Handlungsorientierungen liefern, sich einer Verbreitung bei bestimmten Bevölkerungsgruppen erfreuen und vor allem mit Macht- und Herrschaftspotential ausgestattet sind. Perspektiven sind Aushandlungsprozessen unterworfen, sie sind verhandlungsfähig, sie sind modifizierbar, sie können verstärkt, aber auch ausrangiert werden.

V. Zusammenfassung und Ausblick

Thomas Ellwein*

Folgerungen für das staatliche Handeln

Das 'Forum Zukunft' hat mit dem Thema 'Zukunft und staatliche Verantwortung' begonnen. Heute hat diese Verantwortung immer wieder eine Rolle gespielt, auch wenn das meist indirekt der Fall war. Verantwortung übernimmt bekanntlich, wer Antworten gibt und damit die Unsicherheit dessen, der fragt, etwas vermindert. Niklas Luhmann würde in diesem Zusammenhang von Komplexitätsreduktion sprechen; wer sie betreibt, übernimmt selbstverständlich Verantwortung. Willy Brandt würde sagen, der Verantwortliche müsse zeigen, 'wo es längs geht'. Altmodisch hätten wir die Verantwortung auf Führung bezogen.

Verantwortung übernimmt, wer antwortet. Antworten kann nur geben, wer vorher die richtigen Fragen stellt, sich im Sinne des Programms des Zukunftswissens versichert, und dann die Entscheidungssituation klärt. In ihr gibt es nur selten eine einzige Entscheidungsmöglichkeit. Deshalb schließt die Situationsklärung die Klärung der Optionsmöglichkeiten und der dabei zu verwendenden Optimierungskriterien ein. Das klingt immmer einfacher als es ist, weil wir vor der Schwierigkeit stehen, zwischen dem, was wir wissen, und dem, was wir nur vermuten können, unterscheiden zu müssen. Vor allem stehen wir vor der weiteren Schwierigkeit, das, was wir rational klären können, und das, was wir wollen, nicht miteinander zu vermischen. Es fiel mir heute manchmal schwer, hier die Grenze zwischen dem Gewollten und dem, was als Zukunft gesehen wird, noch zu erkennen. Endlich die größte Schwierigkeit: Wir müssen klären, welches 'wir' eigentlich das Geschäft betreibt, wer für wen redet, welche Akteure auf dem Spielfeld tätig und welches ihre Adressaten sind.

Daß in solchem Verständnis nahezu alles, was heute verhandelt worden ist, strittig sein muß, kam mir etwas zu kurz. Die 'ganze' Gesellschaft war hier nicht präsent, konnte es natürlich auch nicht sein. Es kamen nur Vertreter einzelner Richtungen zu Wort, ohne daß man über die anderen Richtungen informiert wurde. Die politische Führung - ich verwende diesen Begriff hier lieber als 'Staat', weil er deutlicher das Wechselspiel der verschiedenen Mehrheiten und Minderheiten einbezieht - muß aber zuletzt fast immer richtungsbedingt entscheiden, für welche Zukunft oder für welche Zukünfte mit der aktuellen Entscheidung optiert wird. Eine Option erfolgt im übrigen unvermeidlich und auch dann, wenn man sich nicht ausdrücklich auf die Zukunft bezieht oder

* Tonbandabschrift

ganz der Aktualität verhaftet bleibt. Eine falsche Straßenplanung hat ebenso eine zukünftige Wirkung wie eine richtige und was richtig und falsch ist oder war, erweist sich oft erst sehr viel später.

Alle Politik hat es mit Zukunft zu tun: Was uns beschäftigt und quält, ist die Frage, ob sie sich dessen bewußt ist und in welchem Umfange sie überhaupt in der Lage ist, sich die Optionsmöglichkeiten zu vergegenwärtigen und autonom zu optieren. Die Grenzen dessen, was Politik kann, haben wir jedenfalls in der jüngeren Zeit immer genauer zu sehen gelernt. Wir sind heute viel skeptischer als vor 20 Jahren. Joachim Jens Hesse hat damit seine Begrüßung eingeleitet. Das politische System, so heißt es, könne allenfalls Steuerungsimpulse in Konkurrenz mit anderen Impulsgebern in die gesellschaftliche Entwicklung einbringen, sei aber keinesfalls imstande, klar die Richtung zu bestimmen. Und die Grenzen dieser Macht ergeben sich keineswegs nur deshalb, weil es konkurrierende Mächte gibt, die in mancher Hinsicht dann stärker sind. Sie ergeben sich entscheidend auch - und damit sind wir beim Thema - aus den Wissenslücken und - damit eng verbunden - der erkennbaren Schwäche, Ziele zu formulieren, zu klären, was 'wir' denn eigentlich wollen. Diese Zielschwäche ist auch heute, meine ich, deutlich geworden. Schließlich muß man wohl auch von einer weit verbreiteten Schwäche reden, die unvermeidbare Unsicherheit zu ertragen und sie als Wesensmerkmal einer sich wandelnden Gesellschaft hinzunehmen. Angesichts dieser unvermeidlichen Unsicherheit ist es intellektuell wie politisch nicht erlaubt, in Scheingewißheiten zu fliehen. Zu ihnen gehören manche der sogenannten Werte. Wird heute so oft die Unglaubwürdigkeit der Politik beschworen, dann beruht nach meiner Erfahrung ein großer Teil dieser Unglaubwürdigkeit auf dem Mangel an Fähigkeit, sich selbst und anderen einzugestehen, daß man sehr vieles nicht weiß und deshalb vieles auch nur vorläufig und eventuell fehlerbehaftet entscheiden kann. Dafür ist um Verständnis zu werben. Es müßte selbstverständlicher sein, daß in unserer Gesellschaft der Irrtum zur Normalität gehört und Politik nicht eine schon komische Allwissenheit suggerieren darf.

Lassen Sie mich vor diesem nur knapp umrissenen Hintergrund nun kurz auf den Ablauf des Tages eingehen. Den Beginn machte Christoph Zöpel. Er führte zwei Sichtweisen ein, die dann auch später eine größere Rolle gespielt haben und auf die ich kritisch hinweisen möchte. Die eine bezog sich auf den Staat, von dem hier überwiegend so geredet worden ist, als ob es ihn real gebe. Wir sind uns aber doch wohl alle darüber im Klaren, daß es ihn nicht real gibt, daß er eine rechtliche Fiktion, ein (notwendiges) Konstrukt ist. 'Der Staat muß' dieses oder jenes tun, hieß es häufiger. Der Staat ist aber als Gesprächspartner so nicht vorhanden. Das Konstrukt Staat enthebt uns nicht der

Notwendigkeit, sehr präzise zu klären, an welchen Adressaten wir uns z. B. mit der Forderung nach einer zukunftsorientierten Politik wenden und wem gegenüber Aufklärung betrieben wird. Mit der zweiten Sichtweise wurde die Schule oder das ganze Bildungswesen in den Prozeß des gesellschaftlichen Wandels einbezogen - und zwar häufig als Akteur. Das hat mich in seiner Selbstverständlichkeit etwas überrascht. Natürlich kann man unter bestimmten Bedingungen eine Gesellschaft durch das Bildungswesen umzugestalten versuchen - Atatürk steht dafür als ein Beispiel. Ob aber solche Bedingungen in einer parlamentarischen Demokratie gegeben sind, muß zumindest gefragt werden. Nur Per Dalin ist deutlicher darauf eingegangen, daß das Bildungswesen bisher, soweit wir das historisch und international vergleichend überschauen können, in aller Regel nicht intentional der Veränderung oder gar Revolutionierung der Gesellschaft, sondern der Tradition gedient hat. Die Bildner tradieren, pflegen die Traditio. Früher geschah das ausdrücklicher, indem aus den Büchern der Klassiker vorgelesen und derart feststehende Wahrheit weitergegeben wurde. Später hat sich die Rolle der Schule mit der zunehmenden Unsicherheit hinsichtlich dessen, was man tradieren soll, zwar verändert, aber doch weithin nicht so, daß nun Schule oder Schulpolitik setzen, was zu vermitteln ist. Tatsächlich ereignet sich ein verschlungener Prozeß, in dem es neben vielem anderen immer auch die gesellschaftliche Einbindung des Lehrers zu sehen gilt.

Der Vormittag war der Bestandsaufnahme und den erkennbaren Entwicklungen gewidmet. Burkart Lutz überraschte uns mit dem Hinweis, daß das Bildungswesen der Bundesrepublik in extremer Weise die Ungleichheit in dieser Gesellschaft perpetuiere und damit eine Möglichkeit verhindere, die in der Arbeitswelt gegeben sei. Diese Möglichkeit hat er mit seinem zweiten Szenario umrissen, ohne - um mit Manfred Kaiser zu sprechen - uns über den Status seiner Ausführungen zu unterrichten. War es also eine Prognose oder eine Zusammenfassung heutiger Erfahrungen, daß es zunehmend zu Flexibilisierungsmöglichkeiten im Arbeitsleben kommen und dies sich mit einem partiellen Abbau von Hierarchie verbinden werde? Und: Welche Konsequenzen sind daraus zu ziehen, welche Handlungsanleitungen - und an wen gerichtet - sind daraus zu folgern? Nehmen wir einmal an, die geschilderten Veränderungen in der Arbeitswelt beruhen - umfassend betrachtet - doch mehr auf Hoffnung und die Probleme von zusätzlicher Qualifikation wie auch von neuen Formen der Dequalifikation, von denen nachmittags Hermann Schmidt und Winfried Schlaffke gesprochen haben, bleiben bestehen: Welche Handlungsanleitungen ergeben sich dann? Damit wird wie durch eine Lupe die Schwierigkeit deutlich, eine an einer möglichen Zukunft orientierte Handlungsanleitung zu konzipieren, ein hierzulande weithin politisch determiniertes Handlungsfeld, eben die Schule, eng an eine Vorstellung zu knüpfen. Chancengleichheit und Freiheit ließen sich so in letzter Konsequenz - natürlich nicht bei Burkart Lutz, dessen Thema das ja gar nicht war - instrumentalisieren in dem Sinne, daß sich aus einer künftigen arbeitsweltlichen Entwicklung heute Ziele für die Schulerziehung ergeben müßten oder doch könnten. Das stößt dann auf den naheliegenden Einwand, daß ein solcher Bezug schon fehlerhaft sein könnte, wenn es bei einer größeren Vielfalt in der Arbeitswelt bliebe - und damit bei ganz unterschiedlichen Anforderungen. Wir können aber auch noch rasch einen gedanklichen Schritt weiter gehen und sind dann bei der Schule, die sich nicht an strittigen Entwicklungen, sondern am Menschen orientiert, dem es zu helfen gilt, 'seine' Bildung zu finden.

Im Vortrag von Elisabeth Beck-Gernsheim trat mit der Alternative 'naturwüchsige oder inszenierte Kindheit' das Problem Wissenschaft in den Vordergrund. Folgerungen für das staatliche Handeln wurden im Zusammenhang mit der Erörterung ethischer Probleme angedeutet. Man konnte aber auch den Eindruck gewinnen, als ob die Leistungsgesellschaft übermächtig sei und von ihr ein unwiderstehlicher Druck auf die Familien ausginge, sich der Möglichkeiten der Genmanipulation zu bedienen, wenn damit leistungsfähigerer Nachwuchs sichergestellt werden könne. Auf der anderen Seite werden Probleme des Wertewandels diskutiert, finden sich in der Umfrage, die Hans-Günter Rolff präsentiert hat, Hinweise auf ein anderes Denken. Ich sehe einen gewissen Widerspruch darin, daß wir eher bereit sind, über fundamentale Veränderungen von Schule und Hochschule oder auch von Arbeitsbedingungen nachzudenken, dagegen hinsichtlich grundlegender Änderungen der Gesellschaft selbst uns nur sehr wenig vorstellen können - allem Gerede vom Wertewandel zum Trotz. Wenn sich aber die Gesellschaft so selbstdeterminiert darstellt, dann bleibt für Staat und Politik nur eine recht unbeholfene und schwache Rolle übrig. Man könnte allenfalls Ge- und Verbote erlassen, um Genmanipulation zu unterbinden, müßte aber von vornherein mit einem großen Vollzugsdefizit rechnen, weil schließlich ein vermeintliches Glück der Kinder auf dem Spiel steht, wenn man unterscheidet, ob man Risiken bei der Geburt naturergeben in Kauf nimmt oder sie mit Hilfe einer sich anbietenden Wissenschaft vermeidet. Ganz ähnlich konnte man wohl Jürgen Zinnecker verstehen. Er schilderte anschaulich, wie sich das Leben in der Phase des Jugendlichen entwickelt und wie wenig sich auf das, was davon etwa als unerwünscht gelten kann, steuernd Einfluß nehmen läßt. Umgekehrt war dann in der Diskussion von der Entstehung und Vereinbarung gesellschaftlicher Normen die Rede, nicht aber davon, daß es mehrere Normensysteme nebeneinander geben kann und daß uns ihre 'Vereinbarung' zum großen Problem geworden ist. Moses tritt nicht mehr mit den Tafeln aus dem Gebüsch hervor; die Selbsterhaltung der Gesellschaft führt nicht mehr ganz von selbst zu entsprechenden Normen.

Am Nachmittag ging es um Perspektiven und Handlungsmöglichkeiten. Ich war sehr beeindruckt von der Analyse, die Per Dalin vorgetragen hat. Die Schule erscheint in ihr aus einem sie prägenden sozialen Umfeld herausgenommen. Damit kann die Traditio, die Weitergabe von Gewußtem und Gesolltem, nicht mehr funktionieren. Als Gründe wurden Veränderungen im Elternhaus, eine neue und ganz andere Rolle der Kirche, der Einfluß der Medien und ähnliches mehr genannt. Die Konsequenzen daraus erschienen mir dann im Blick auf Handlungsnotwendigkeiten und -möglichkeiten allerdings widersprüchlich. Per Dalin hat uns sechs Hauptaufgaben der Schule genannt. Zunächst waren dies Forderungen eines Pädagogen; Erziehungswissenschaft stellt sie auf. Im zweiten Szenario - die Schule als Gesellschaft - bleibt es bei einem überwiegend von Staat und Politik definierten und getragenen Bildungssystem, das selbstverständlich in der Realität nicht gegen die Gesellschaft abgeschottet, nicht wirklich eigene Gesellschaft sein kann. Per Dalin setzte selbst mehr auf die anderen Szenarien, welche in größerem Maße Marktelemente in das Bildungsangebot einbeziehen. In unserem Lande darf man so etwas selbstverständlich denken. Aber es fehlen für eine etwaige Realisierung auf länger absehbare Zeit alle sozialen, ökonomischen und politischen Voraussetzungen. Man müßte mithin im Blick auf die eigenen Verhältnisse fragen, ob sich aus der Gegenüberstellung von Szenarien und Realität Erkenntnisse ergeben. Markt hat aber im guten Falle etwas mit Konkurrenz zu tun; konkurrenzähnliche Verhältnisse innerhalb des staatlichen Bildungssystems sind wiederum zwar denkbar, lassen sich aber nur sehr eingeschränkt realisieren. Was bleibt für die Politik übrig?

In ganz anderer Weise ging es bei Herrn von Weizsäcker um Hochschulpolitik, um ihr Scheitern und um das heute und morgen Notwendige. Hochschullehrer, diejenigen, welche institutionelle Vorkehrungen treffen oder vorhandene Institutionen, wie etwa die DFG, verwalten, konnten sich angesprochen fühlen. Der aufklärerische Impuls war unüberhörbar. Wer letztendlich Adressat sein sollte, wurde allerdings zumindest mir nicht klar. Bedauerlich fand ich, daß wir das Problem Humboldt nicht ausdiskutieren konnten. Hier ist immer als erstes zu klären, über was eigentlich gesprochen wird: Über die Ideen Humboldts, über seinen Begriff von allgemeiner Bildung und sein Axiom, daß Wissenschaft bilde, oder über eine Universität, die sich im ganzen 19. Jahrhundert auf Humboldt berufen hat, ihm aber im entscheidenden Kern nicht gefolgt ist? Die drei traditionellen Fakultäten waren berufsbildende Fakultäten und sie waren es im 19. Jahrhundert immer weniger (Theologen, Juristen) oder mehr (Mediziner) ausschließlich. Für die Bildung um ihrer selbst willen blieb in ihnen zwar Zeit, aber die Professionalisierung wurde doch vorangetrieben. Das ist das eine. Das andere ist das Scheitern

Humboldts. Sein Rücktritt als preußischer Minister ist schließlich auch exemplarisch dafür, was politisch geht und was nicht. Ähnlich kann man auch die jüngere Bildungspolitik in der Bundesrepublik sehen. Wir haben hierzulande Schulpolitik in großem Stil betrieben. Es gab Prognosen dafür, harte Kämpfe um die zugrunde zu legenden Ziele, Mehrheitsentscheidungen, Gesprächsprozesse und Erfolg und Scheitern. Man kann sehr nüchtern zusammenfassen, was sich da abgespielt hat und welche Erklärungsgründe es für die Entwicklung gibt. In der Hochschulpolitik ist das weitaus schwieriger, weil sich die Hochschulen besser gegen den Vorwurf, dieses oder jenes sei gescheitert, wehren oder ihn doch von sich ablenken können. Wer selbst an der Urteilsbildung beteiligt ist, kommt in ihr meist nicht so schlecht weg. Man kann deshalb Picht und die Kultusminister anklagen, welche erreicht haben, daß es so viel mehr Studenten gibt, ohne daß sich das gesellschaftliche Bewußtsein gewandelt, die Universität auf diesen Ansturm sich eingerichtet und der Staat sich bereit erklärt hat, wie früher dem Großteil der Absolventen einen Arbeitsplatz zu verschaffen. Dennoch entzieht sich die deutsche Hochschulpolitik nicht der Analyse. Es hat auch hier Prognosen, Berechnungen oder Denkschriften in großer Zahl gegeben; Planungs- und Gründungsgremien sind aktiv geworden; zwischen den Bundesländern ist es zu einigen Differenzierungen gekommen, so daß man Vergleiche anstellen kann, und insgesamt lassen sich sehr wohl die Möglichkeiten der Politik reflektieren, strukturell etwas zu ändern oder aber zu scheitern. Institutionell hat der Gesetzgeber einen langen Arm und finanziell ist Politik fast übermächtig, wenn sie allein Schulen und Hochschulen unterhält. Das ist aber nur die eine Seite. Auf der anderen muß man unentbehrliche Autonomieelemente sehen, den oft erfolgreichen Widerstand gegen die Gesamtschule bedenken, den Spezialisierungdruck während des Studiums würdigen und vieles andere mehr.

Auch und gerade Bildungspolitik eignet sich als Exempel, wenn man über Grenzen der Politik nachdenkt, was man tunlichst sollte, bevor man Handlungsempfehlungen formuliert. Im Berufsbildungssektor haben wir deutlich gehört, wie 'man' hier erfolgreich war, weil man die Politik sehr weitgehend ausgeklammert und Vereinbarungen zwischen den Trägern gesellschaftlicher Macht getroffen hat. Der Staat, so betonte Hermann Schmidt, hätte das so überhaupt nicht oder doch keinesfalls in so kurzer Frist erreichen können. Der schwache Staat zeigt sich hier in der Vertretung durch zwei Bundesministerien, denen gut organisierte gesellschaftliche Kräfte gegenüberstehen, die zwar in der Öffentlichkeit große Kämpfe ausfechten, aber prinzipiell verhandlungsfähig und imstande sind, sehr schnell zu Lösungen zu gelangen, an denen alle Beteiligten interessiert sind. Die Frage nach den Interessen, die es darüber hinaus noch zu berücksichtigen gilt, stellt sich zwangsläufig. Sie stellt sich noch dringlicher vielleicht angesichts der Vorstellungen von

Winfried Schlaffke. Er ging in seiner Aufzählung an siebenter Stelle darauf ein, daß neben dem Nützlichen auch Orientierungswissen anzubieten sei und man sich dabei auch nach den gesellschaftlichen Notwendigkeiten zu richten hätte. Im Kern aber trat uns Weiterbildung unter ökonomischem Aspekt entgegen, als ein Bereich, in dem es sich zu investieren lohnt. Hans Preiss hat das Gegenbild dazu entworfen und das Recht auf Weiterbildung proklamiert, verbunden mit einem umfangreichen Forderungskatalog, der so nur vom Staat zu gewährleisten wäre, und verbunden mit der Klage, daß der Staat sich in dieser Hinsicht dem Widerstand gesellschaftlicher Mächte gebeugt habe (Stichwort: Bildungsurlaub).

Dieser Überblick sollte nicht mißverstanden werden. Es geht mir nicht um nachgetragene Diskussionsbeiträge oder prinzipielle Kritik. Ich versuche, meinem Auftrag zu entsprechen und im ersten Zugriff zusammenzufassen, welche Folgerungen für das staatliche Handeln sich aus dem heute Vorgetragenen ergeben. Dazu muß ich die besonderen Schwierigkeiten der Politik ins Spiel bringen, die nie einfach auf Erkenntnisse reagieren kann, sondern dabei ihren eigenen Bedingungen gehorchen muß. Zu ihnen gehört z. B. die politische Unterscheidung zwischen dem, wozu man Konsens benötigt, und dem, was sich per Mehrheitsentscheid durchsetzen läßt. Diese Unterscheidung kann nicht bloß im Blick auf den je konkreten Entscheidungsbereich getroffen werden; man muß auch weitere Zusammenhänge berücksichtigen. Zur politischen Kultur in diesem Land gehört z. B., daß den Sozialpartnern eine weitreichende Tarifautonomie zugewachsen ist. Wieweit sie reicht, muß von den Sozialpartnern ausgelotet werden. Das bedeutet in Zusammenhang mit dem Bildungsurlaub, daß ein entsprechender Mehrheitsentscheid etwas mit jener Autonomie zu tun hat und deshalb erst geklärt werden muß, ob wirklich von beiden Sozialpartnern ein Eingriff in die Autonomie gewollt wird, dessen Folgen zunächst unübersehbar sind.

Schon an diesem Beispiel wird m. E. deutlich genug, warum ich gewisse Bedenken hege, im Blick auf das, was zukunftsorientiert als notwendig angesehen wird, einfach vom ‘Staat’ zu reden. Das gilt vordergründig, weil sehr oft zuerst gefragt werden muß, ob der Bund, die Länder oder die über 8 000 Gemeinden und Gemeindeverbände gemeint sind. Es gilt sodann, weil der ‘Staat’ über sehr verschiedene Instrumente verfügt. In Zusammenhang mit dem Bildungsurlaub wünscht man Gesetze. Daß es ein Gesetz gibt, heißt aber noch lange nicht, daß es auch wirklich vollzogen und befolgt wird. Dazu gehören weitere Instrumentarien, und wir wissen zum Teil aus bitterer Erfahrung, daß es an ihnen oft fehlt, so wie wir umgekehrt wissen, daß es eine der großen Leistungen unserer Verwaltung sein kann, bei aller Gesetzesbindung im Zweifel eine Auswahl zu treffen, das Opportunitätsprinzip sehr weitherzig zu verwenden und damit eben nicht sämtliche Gesetzesbestimmungen zu vollziehen.

In einem solchen Verständnis muß, meine ich, immer präzisiert werden, von wem man spricht und an wen man sich wendet, wenn vom Staat die Rede ist. Die entscheidende Frage lautet deshalb auch weniger, was dieser Staat kann, sondern was in den einzelnen Funktionsbereichen möglich ist - in der Gesetzgebung, in der Verwaltung usw., und ob diese Funktionsbereiche denn überhaupt so organisiert sind, daß sie das leisten können, was man von ihnen erwartet. Deshalb sollte sich eines der nächsten dieser Foren mit dem Zustand des Instrumentariums der Politik, mit der gefährlichen Verfestigung mancher Strukturen beschäftigen, auch um zu klären, an wen wir uns wenden. Wer die Verwaltung beschwört, darf sicher sein, daß sein Appell ungehört verhallt. Die Verwaltung, die 'hört', gibt es nicht, und einzelne aufmerksam hörende Beamte helfen kaum weiter. Deshalb gilt es, Verantwortung dingfest zu machen und sich an die Menschen zu wenden, die Verantwortung tragen. Aufklärung und moralischer Appell wollen vielleicht erreichen, daß Institutionen anders funktionieren als bisher. Sie erreichen aber nur etwas, indem sie Menschen erreichen und die Flucht in die Anonymität der Institution erschweren.

Was ich damit andeute, sei noch einmal kurz an der Schule im engeren Sinne exemplifiziert. Diese Schule ist bei uns Staatsanstalt; ihre Lehrer sind Beamte mit erheblichen Rechten, die sich z. B. gerichtlich gegen eine Versetzung in eine Stadt mit Lehrermangel wenden können, aber auch mit Dienstpflichten, die disziplinarrechtlich eingefordert werden können. Diese Schule gilt als 'verwaltete Schule'. Dennoch ist es der Schulpolitik in der Nachkriegszeit gelungen, einerseits die Schule quantitativ erheblich auszubauen und damit qualitativ zu verändern, andererseits den Lehrern einen erheblichen Freiheitsraum zu verschaffen. Unsere Richtlinien sind in der Regel eher Hilfen als Anweisungen. Ich weiß, daß dies viele Lehrer anders sehen (müssen), aber im historischen Vergleich sollte man dies wohl so sehen: Früher gab es vielleicht weniger Richtlinien, aber andere Verbindlichkeiten. Freiheit und Beamtenposition können in einem widersprüchlichen Verhältnis zueinander stehen. Viele Lehrer wollen den Widerspruch vermindern. Auf sie geht dann ein großer Teil der Erlasse zurück, die zur 'verwalteten Schule' gehören. Auch die Eltern fordern aber nicht selten solche Erlasse, wenn sie die Auseinandersetzung mit den Lehrern scheuen, die Schule als Anstalt verstehen und sich an den wenden, der diese Anstalt leitet. Insofern gibt es beides: Die Überregulierung und die Chance pädagogischer Verantwortung, und es kommt zunächst Eltern und Lehrern zu, die letztere zu stärken. Das kann aber nicht zu einer 'freien' Schule führen, die letztlich von Lehrern und Eltern bestimmt wird, solange die Schule eine öffentliche Einrichtung bleibt und alle Schulen miteinander vergleichbar sein sollen - was immer ja, widersprüchlich genug, auch gefordert wird. Andererseits bricht sich Schulpolitk an der Gesellschaft; die soziale Eingebundenheit des Lehrers wirkt sich auf seine Arbeit aus. Auch deshalb ist 'der Staat' als solcher schwach und als Adressat ungeeignet; wir haben es vielmehr ganz konkret mit Schulpolitikern, Schulverwaltungsbeamten, Lehrern und Eltern, vor allem aber zuletzt auch mit den Schülern, die aus dieser Gesellschaft hervorgehen, zu tun.

Und damit wird es schwierig: Aufklärung ist immer ein uferloses und oft ein entmutigendes Geschäft. Es muß aber das Miteinander von gesellschaftlicher Aufklärung, für die jeder in seinem Kreis etwas tun kann, und von Handeln mittels staatlicher Instrumentarien geben, damit etwas geschieht. Im Falle von Schule und Hochschule scheint mir dieses Miteinander nur in Ansätzen vorhanden. Deshalb bin ich eher skeptisch und meine, daß sich in absehbarer Zeit nicht sehr viel verändern wird.

Das wiederum wäre für mich dann politisch Veranlassung, Prioritäten zu bilden und das, was vordringlich verändert werden muß, was sich aber auch verändern läßt, in den Vordergrund zu stellen. Zu den Handlungsbedingungen der Politik gehört immer wieder auch die Begrenzung des Handlungsfeldes und die Fähigkeit, das Erreichbare und das Wünschenswerte sinnvoll aufeinander zu beziehen. Daß nicht alles durchsetzungsfähig ist, darf uns nicht entmutigen, wenigstens das anzustreben, was durchsetzungsfähig erscheint.

Joachim Jens Hesse

Forum Zukunft - eine Zwischenbilanz

> Mit der Großtechnik haben wir uns dem Spruch verschrieben, daß die Welt von morgen der von gestern nicht ähnlich sein wird. Damit muß das Vorwissen der Reichweite unserer Macht nachzukommen suchen und deren Nachteile der Kritik von den Fernwirkungen her unterwerfen.
> *Hans Jonas*

1. Auftrag und Stand

Das 'Forum Zukunft', 1986 mit einer Veranstaltung zum Thema 'Zukunft und staatliche Verantwortung' eröffnet, steht im Kontext der inzwischen zahlreichen Bemühungen, staatliches Handeln wieder zukunftsorientierter zu gestalten, das von Hans Jonas angemahnte Vorwissen zu erarbeiten und umzusetzen, es in die öffentliche Diskussion einfließen zu lassen. Während etwa das Bundeskanzleramt mit seiner Reihe 'Perspektiven und Orientierungen' darauf zielt, Entwicklungslinien aufzuzeigen und eine Reihe weiterer Initiativen der Erörterung künftiger Grenzentscheidungen dient, setzt das 'Forum Zukunft' dabei auf vergleichsweise konkrete Fragestellungen:

- Was wissen wir mit welcher Verläßlichkeit über die Zukunft der ökonomischen, sozialen und kulturellen Rahmenbedingungen für das staatliche Handeln?
- Welche Konsequenzen ergeben sich daraus für den Gestaltungsbedarf von Bund, Ländern und Gemeinden?
- Brauchen wir angesichts der erkennbaren Bevölkerungsentwicklung, des Vordringens neuer Technologien, der ökologischen Herausforderung und der beträchtlichen Veränderung von Werthaltungen und Einstellungen einen neuen - erweiterten - Begriff und ein neues Verständnis von Staat und Politik?
- Und schließlich: Wie organisieren wir in unübersichtlichen, in jedem Fall aber komplexen Entscheidungslagen Verständigungsprozesse zwischen Wissenschaft, Wirtschaft und Politik?

Zur Beantwortung dieser Fragen laden die Herausgeber - einer Anregung des Ministerpräsidenten des Landes Nordrhein-Westfalen folgend - Persönlichkeiten, die in Staat, Wissenschaft, Wirtschaft und Verbänden Verantwortung tragen, zu einer regelmäßig stattfindenden Aussprache ein. Das Forum versteht sich dabei als 'Aufforderung zum Dialog über die Möglichkeiten der ökonomischen, ökologischen und sozialen Erneuerung westlicher Industriestaaten und soll den Prozeß der gesellschaftlichen Verständigung darüber verstärken, welche Qualität des Lebens, Arbeitens, Wirtschaftens und Wohnens in Zukunft erforderlich, wünschenswert und erreichbar ist' (Hesse/Zöpel 1987a, S. 9).

Nach der Auftaktveranstaltung, die einer breit angelegten Diskussion über zukunftsorientierte Forschungen und deren Bedeutung für das künftige staatliche Handeln gewidmet war (Hesse/Zöpel, 1987a), folgte ein Forum zum Thema 'Neuorganisation der Zeit' (Hesse/Zöpel, 1987b) sowie die hier dokumentierte Veranstaltung mit dem Titel 'Zukunftswissen und Bildungsperspektiven'. Die noch für 1988 geplanten Foren stehen unter den Arbeitsthemen 'Technikgestaltung und Technikkontrolle' sowie 'Staat der Zukunft - Zukunft des Staates'.

Die folgende Zwischenbilanz unserer Bemühungen soll zu einem vergleichsweise frühen Zeitpunkt Auskunft darüber geben, ob Ansatz und Ertrag der bisher durchgeführten Veranstaltungen eine Fortsetzung rechtfertigen, ob die Untersuchungsschwerpunkte der gesellschaftlichen Entwicklung wie dem politischen Gestaltungsbedarf folgen, ob schließlich Handlungsperspektiven erkennbar sind, denen bereits heute nachzufolgen lohnt. Dabei tritt zur Diskussion einzelner Inhalte eine Einschätzung ihres 'Umfeldes', zur Kennzeichnung der großen Szenarios die Handlungsperspektive des Alltags, zum Verweis auf theoretische Begründungszusammenhänge der Blick auf Verhaltensweisen und Transferleistungen.

2. Der Hintergrund: Unsicherheiten

Die Erörterung von Zukunftsfragen zählt zu den wohl selbstverständlichen Aufgaben einer sich selbst erhaltenden Gesellschaft und der sie vertretenden Politik. Wenn gleichwohl zukunftsorientierter Diskussion derzeit eine eher ungewöhnliche Aufmerksamkeit zukommt, dann wohl aufgrund der Gleichzeitigkeit einer Reihe von Ereignissen, Entwicklungen und auf sie bezogenen Deutungsmustern, die die Routinen öffentlicher wie privater Problemwahrnehmung und Problemlösung erschweren. Folgt man einschlägigen

Publikationen, ist die öffentliche Diskussion in der Bundesrepublik heute durch eine gewisse 'Unübersichtlichkeit', beträchtliche 'Unsicherheiten' und nicht geringe, wenn auch meist nicht näher benannte 'Ängste' gekennzeichnet. Sucht man dies zu konkretisieren, wird häufig auf drei miteinander verbundene Aspekte verwiesen: eine latente oder gar manifeste 'Krise' industriegesellschaftlicher Rationalität und Modernität, eine beträchtliche Veränderung der Rahmenbedingungen gesellschaftlichen und politischen Handelns sowie schließlich auf sich wandelnde Werthaltungen und Verhaltensweisen weiter Kreise der Bevölkerung.

Die modernitäts- und fortschrittskritische Diskussion, die - auf freilich hochaggregierter Ebene - die Geisteswissenschaften durchzieht und die Natur- und Technikwissenschaften zu beeinflussen beginnt, geht davon aus, daß die Modernität der westlichen Industriegesellschaften in eine Krise geraten sei, wobei durch das inflationär gebrauchte Präfix des 'post' gar deren Ende suggeriert wird. Kann man dieser Argumentation in ihrer ursprünglichen Fassung etwa bei Jean-Francois Lyotard noch zumindest intellektuell folgen und zeigen sich im Bereich der Kunst, der Philosophie, der Literatur und - besonders sichtbar - auch der Architektur in der Tat irritierende Rückgriffe auf den Bestand der Klassik und der Vormoderne, so ist für unsere Fragestellung sicher mehr gewonnen, wenn wir die doch deutlich spekulative allgemeine Modernitätsdiskussion verlassen, gleichwohl aber eine gewisse Skepsis allzu forschen Modernisierungsvorstellungen gegenüber mitnehmen. So weist etwa Hermann Lübbe nicht zu unrecht darauf hin, daß Staat und gesellschaftliche Gruppen derzeit vor einer gewissen Orientierungsproblematik stehen, die er zum einen der sich noch immer steigernden Dynamik der Evolution unserer wissenschaftlich-technischen Zivilisation zuschreibt (die Halbwertszeit unserer wissenschaftlichen Erkenntnis sinkt, Lübbe spricht polemisch von 'progressiver Musealisierung'), die er zum zweiten mit dem der Evolutionsdynamik verbundenen Erfahrungs- und Traditionsverlust in Verbindung bringt, zum dritten schließlich mit jenen veränderten Einstellungs- und Reaktionsweisen, die (durchaus auch in Gefolge von Übersättigungsprozessen) uns in den vergangenen Jahren ausreichend beschäftigt haben. Die Zukunftsungewißheit nimmt solchen Positionen folgend zu, der Bedarf an Identität, an Vertrauen, an Sicherheit, aber auch an Selbstakzeptanz wächst, die Folgelasten industrieller Zivilisation werden zu einem Problem, sie bedürfen - so heißt es - erweiterter staatlich-institutioneller Aufmerksamkeit.

Der Verweis auf die veränderten Rahmenbedingungen stellt den zweiten, den gleichsam realanalytischen Aspekt der Diskussion dar. Hier wird abgestellt auf die Konsequenzen der demographischen Entwicklung, gilt dem strukturellen Wandel in Wirtschaft und Technik besondere Aufmerksamkeit, wird auf eine die Belastungsgrenzen erheblich überschreitende Umweltbeanspruchung verwiesen. Diese Stichworte verdeutlichen die Notwendigkeit konzeptioneller Neuorientierung, den Zwang zur Überprüfung des traditionellen Instrumentariums und erklären den Ruf nach Innovation, Flexibilität und institutioneller wie personeller Anpassungsfähigkeit. Dabei fällt allerdings auf, daß die Diskussion heute eher durch eine 'verunsicherte' und daher fragende Praxis als durch einen Wissenschaftsbereich geprägt erscheint, der entweder in ungebrochenem Fortschrittsoptimismus oder skeptisch-abwartender Haltung verharrt. So kann auch nicht verwundern, daß erkennbare Modernisierungsansätze sich sehr praxisnah auf zwei Bereiche konzentrieren: Zum einen auf den Versuch, die vorliegenden Strukturen von Staat und öffentlicher Verwaltung jenen Anforderungen anzupassen, die sich aus den skizzierten veränderten Rahmenbedingungen ergeben, zum anderen aber auch auf Ansätze - und diese gewinnen an Gewicht -, jenen Einbußen an institutioneller Glaubwürdigkeit, an Vertrauen, auch an Akzeptanz entgegenzuwirken, die im Gefolge vielfältiger Krisen, Skandale oder auch nur Fehlleistungen der vergangenen Jahre und Monate offenbar wurden und die politischen wie administrativen Institutionen der Bundesrepublik belasten oder doch zu belasten drohen. Schließlich wird der Modernisierung von Staat und Verwaltung aus Gründen vorliegender und jedermann scheinbar nachvollziehbarer Funktionsdefizite das Wort geredet, ein Modernisierungsbedarf also durchaus funktional begründet. Hier ist zu verweisen auf die Diskussionen etwa um aufgabenadäquate Organisationsstrukturen, eine zukunftsorientierte Programmentwicklung, eine verstärkte Berücksichtigung von Fragen des Verwaltungsvollzuges und auch auf Überlegungen, durch neue Aktivitäten im Bereich der Aus- und Weiterbildung die Qualifikation des Personals anzuheben. Darüber hinaus - und auf einer breiteren Argumentationsbasis aufbauend - werden den Schwächen zentralstaatlicher Steuerung Ansätze zu einer auch dezentralen Selbstorganisation gegenübergestellt, soll Rechts- und Verwaltungsvereinfachung weitergehenden Entstaatlichungsvorstellungen entgegenwirken, wird die Gesetzgebungspraxis durch Überlegungen zur Schaffung einer erweiterten 'Rechtskultur' befruchtet und sollen neue Führungsstrukturen jene Potentiale und Rationalitätsreserven erschließen, die man Staat und öffentlicher Verwaltung gemeinhin als unausgeschöpft unterstellt.

Der dritte Aspekt der Diskussion verweist schließlich auf jene 'Unsicherheiten', die sich mit den bereits angesprochenen veränderten Werthaltungen und Verhaltensweisen verbinden. Hier wird argumentiert, daß wir aufgrund einer zunehmenden Ablehnung von Pflicht- und Akzeptanzwerten in Zukunft mit einer noch verstärkten Hinwendung zu Kategorien wie denen der Selbstentfaltung, der Selbstverwirklichung und der Emanzipation zu rechnen haben werden. Die Bereitschaft, sich fremdbestimmen zu lassen und sich Bindungen wie Autoritäten zu unterwerfen, nimmt den meisten Untersuchungen zufolge ab; davon betroffen sind Parteien, Verbände, staatliche Institutionen, aber auch private Beziehungen. Der Wunsch nach Geborgenheit, Orientierungs- und Zukunftssicherheit, das Verlangen, diffuse Ängste genommen zu bekommen, dringt dabei immer stärker auch in die praktische Politik - als Akzeptanzproblem, als Mißtrauen gegenüber Institutionen, als Zurückhaltung bei technologischen Entwicklungen. Daher wird es zunehmend auch Aufgabe staatlicher wie kommunaler Politiken sein, die Akzeptanz für Maßnahmen zu gewinnen. Dies verlangt eine offensichtlich engere Kooperation mit Betroffenen, konstruktive Auseinandersetzungen mit Beteiligten und schließlich die Fähigkeit, die jeweiligen Konsequenzen einzelner Maßnahmen aufzuzeigen und beurteilbar zu machen.

Insgesamt zeigt sich also, daß modernitätskritische Positionen, veränderte Rahmenbedingungen und nicht unbeträchtliche Verhaltensänderungen Anlaß geben, die zukünftige Entwicklung von Staat und Gesellschaft einer wieder umfassenderen Diskussion zu unterziehen. Sie sollte weder von blindem Fortschrittsoptimismus noch von modischer Zivilisationskritik geprägt sein und müßte an die Stelle spekulativer Zukunftsentwürfe verantwortbare Handlungswege setzen.

3. Die großen Szenarien: Technologische Innovationen versus 'Risikogesellschaft'

Die gegenwärtige Diskussion ist allerdings noch immer durch zwei eher konträre, kaum miteinander verbundene Positionen geprägt: die eher optimistische Variante einer auf den Potentialen technologischer Entwicklung aufbauenden 'neuen Welt' und eine eher skeptische Position, die unter der Bezeichnung 'Risikogesellschaft' in den vergangenen Jahren auf sich aufmerksam machte.

Für die optimistische Variante gilt dabei die Einschätzung, daß kein früheres Jahrhundert so bestrebt war, die Zukunft zu erforschen, wie das unsere. Doch geht es den Protagonisten dieser Position zufolge nicht um 'Futurologie'. Dieser Begriff erweckt vielmehr den Eindruck, als sei die Zukunft etwas Vorgegebenes, das wissenschaftlich analysiert werden könne. In Wahrheit gebe es vielmehr eine Vielfalt möglicher Zukünfte. 'Auf den Ingenieur und Manager, die eigentlichen Träger des industriellen Zeitalters, fällt die Führungsaufgabe zu, den Mut zur Technologie als materielle Grundlage und wesentliche schöpferische Komponente zu verteidigen. Im Zuge der permanenten industriellen Revolution erringen wir Neuland auf breiter Front' (Süddeutsche Zeitung vom 20. Oktober 1987 aus Anlaß des 200. Geburtstages Joseph von Fraunhofers). Materiell wird dabei etwa auf die Bedeutung des Lasers als Universalwerkzeug, auf die Supraleitung, auf die neuen Werkstoffe und anderes mehr verwiesen, Innovationen, die weite Bereiche der industriellen Produktion, aber auch etablierte Wissenschaftszweige revolutionieren werden. 'Eine Zukunft ohne Erfindergeist ist dabei kaum vorstellbar. Wirtschaftlich notwendige Innovationen setzen auch Innovationsfähigkeit voraus. Diese Fähigkeit hängt aber allein von der Fähigkeit und Bereitschaft unserer Erfinder und Naturwissenschaftler ab, auch in Zukunft Höchstleistungen zu erbringen. Technische Kreativität ist in unserem Lande der einzige und nahezu unbegrenzt verfügbare natürliche Rohstoff'. Deshalb sei es auch notwendig, die prophetische Tradition apodiktischer Vorhersagen hinter uns zu lassen und statt dessen auf ein Klima zu setzen, das die technisch-kreativen Kräfte einer Gesellschaft fördert (ebd.).

Diesem Bild einer intelligenten, auf das technische know how und die Innovationsfähigkeit abstellenden Gesellschaft steht ein anderes 'Szenario' gegenüber, das auf die Grenzen solcher Visionen verweist. Sie liegen im Modell selbst: Je mehr die intelligente Gesellschaft den intelligenten Individuen erlaubt, ihre Leistungen zu entfalten, um so schneller veralten die Leistungsfähigkeiten, die vordem bedeutsam waren. Weil Qualifikationen sich im Prozeß ihrer Steigerung selbst entwerten und weil nicht alle Personen im Gleichschritt ihre Qualifikationen weiter steigern können, ergibt sich das Paradoxon einer Qualifikationsvernichtung durch Qualifikationssteigerung - mit dem Ergebnis einer neuen Art von Ungleichheit. Als ungeplantes und - wie es scheint - schlecht geratenes Kind von Wohlstandsgesellschaft und intelligenter Gesellschaft wächst daher eine 'Risikogesellschaft' heran. In ihr verkörpern sich die Schattenseiten einer immer weiter gesteigerten Wohlstands- und Wissensproduktion, die in die Illusion unaufhörlicher Machbarkeit und Steuerbarkeit gesellschaftlicher Prozesse führt. Auf die Grenzen solcher Steuerungsprozesse wird dabei seit geraumer Zeit verwiesen: die Überbevölkerung der Erde, den Raubbau an der Natur, die Zerstörung ökologischer Gleichgewichte, die Gefahr atomarer Selbstvernichtung und die spezifischen Gefahren der Gen- und Großtechnologie, insbesondere der Kernkraft- und Chemieindustrie. Die breite Popularität, die der Begriff der 'Risikogesellschaft' dabei erlangt hat, beruht auf dem in allen sozialen Schichten geteilten modernen Lebensgefühl, daß die heutigen Risiken sich in Ausmaß und Art von denen unterscheiden, die die Menschheit schon immer gekannt hat. Die neuen Risiken sind global in ihrer Bedrohung, sie sind ein Produkt des industriellen und wissenschaftlichen Fortschritts, sie setzen oft irreversible Schädigungen frei und können lange Zeit unbemerkt bleiben, bis sie in der öffentlichen Diskussion dramatisiert oder verharmlost werden. Die Risikogesellschaft ist demnach eine Gesellschaft, in der Gefahren nicht mehr dumpf oder schicksalhaft hingenommen werden, sondern im sozialen Konflikt zwischen Risikointeressenten, Risikobetroffenen und -experten bewußt gemacht werden (Beck 1986, in der interessanten Analyse von Hondrich 1988).

So in sich schlüssig und faszinierend die beiden Szenarien sein mögen, so offensichtlich sind auch die mit ihnen verbundenen Gefahren: Sich selbst verabsolutierend, erhöhen sie gesellschaftliche Unsicherheit wie latente Polarisierung, erschweren sie die notwendige Konkretisierung in den und für die Alltagswelten, bleiben Vermittlungsmöglichkeiten undiskutiert. Zum 'großen Szenario' müßte daher die 'kleine Welt' treten, jene konkrete Zuspitzung, die aufgrund der mit ihr verbundenen und dann auch wahrnehmbaren Betroffenheit den Handlungsbedarf erkennen läßt.

4. Zukunft im Alltag

Nun ist eine solche Forderung natürlich schneller formuliert als eingelöst. Immerhin, die Diskussion ist eröffnet: So tritt zur technologischen Innovation die Forderung ihrer 'Sozialverträglichkeit', werden ökonomische Entwicklungsziele durch ökologische Sicherungsaufgaben ergänzt, bemüht man sich um die Anerkennung der 'Folgenabschätzung' als politische Aufgabe, suchen Ethikkommissionen primär technisch-instrumentellem Denken entgegenzuwirken und begrenzt schließlich das Kriterium der Solidarität eine den Egoismus streifende persönliche Selbstentfaltung. Die Umsetzung solcher Kategorien auch in den Alltag staatlichen (wie privaten) Handelns wird dabei entscheidend dafür sein, ob und in welche Richtung eine Modernisierung der Industriegesellschaft sich entwickeln wird. Dabei ist offensichtlich, daß zur konzeptionellen Umorientierung die verstärkte Berücksichtigung auch institutioneller, prozessualer und kognitiv-situativer Elemente treten müßte. So ist eine stärker an ökologischen Kriterien ausgerichtete Politik sicher nicht über eine 'bewußtere' Politikformulierung allein zu gewährleisten, die am Vollzug Beteiligten und von ihm Betroffenen stellen vielmehr entscheidende Gruppierungen bei der Realisierung von Entwicklungszielen dar.

Als entsprechend differenziert erweist sich die Situation bei jenen Anregungen, die sich scheinbar sehr pragmatisch auf eine Modernisierung von Staat und Verwaltung richten. Folgt man hier den einschlägigen Empfehlungen, geht es künftig um vorausschauende, nicht reaktive Gestaltung, antizipierendes Denken, dynamische und flexible Verhaltensweisen, kommunikative und gesellschaftliche Kompetenz, die Fähigkeit zur technischen wie nichttechnischen Interaktion, eine erhöhte Sensibilität gegenüber ablaufenden Veränderungsprozessen und vieles andere mehr. Gebündelt werden solche Vorstellungen meist in der Forderung nach größtmöglicher Flexibilität der Organisation und des Personals, nach umfassender Innovationsorientierung des Verwaltungshandelns und schließlich nach einer generellen Erhöhung von Managementkapazitäten. Doch so sinnvoll solche Anregungen zunächst auch erscheinen mögen, weil sie auf spezifische Defizite des staatlichen Handelns abstellen, so problematisch erscheint ihre Umsetzung im Alltag staatlicher und kommunaler Politik. Zwar ist etwa die Forderung nach organisatorischer Flexibilität angesichts einer sich im Zeitablauf dynamisch verändernden Umwelt sicher nachzuvollziehen, jedoch bleibt hier bereits der sachlogische Verweis auf notwendige Akzeptanzprozesse, auf das auch in diesem Bereich nicht untypische Mißverhältnis von Programmatik und Vollzug, auf das im übrigen ja nicht immer negative, weil häufig durchaus stabilisierende Beharrungsvermögen von Institutionen. Zudem erscheint das meist flächendeckende Verständnis von 'neuen Organisationsstrukturen' problematisch - der Verweis auf so unterschiedliche und deshalb auch so unterschiedlich zu handhabende Aufgabenbereiche wie den des Umweltschutzes auf der einen und den der Rechtspolitik auf der anderen Seite verdeutlicht die Bedenken.

Ähnliches gilt auch für die nahezu inflationär formulierten Innovationsforderungen. Zwar ist richtig, daß etwa die traditionellen Kategorien der Ablauforganisation zunehmend durch kommunikative, koordinative und kooperative Funktionen ergänzt werden. Die Zahl der am Verwaltungshandeln horizontal wie vertikal Beteiligten sowie die zunehmende Schwierigkeit, die Adressaten des staatlichen Handelns treffsicher zu erreichen, läßt in der Tat klassische Kommunikationsprozesse überdenken, führt zu verstärkten Außenorientierungen der Verwaltung, zu sogenannten 'vor Ort'-Kampagnen, wobei davon ausgegangen wird, daß die Mitwirkung Beteiligter und Betroffener eben kaum mehr autoritativ erzwungen, sondern häufig nur noch eingeworben werden kann. Allerdings sind Erkenntnisse dieser Art für staatliche Institutionen nicht ohne weiteres nachzuvollziehen, weil die Unbestimmtheit des Innovationsbegriffes, die Universalität und Ubiquität des Innovationsanspruches und schließlich auch die hierin angelegte nicht unbeträchtliche Veränderung von Staatsfunktionen zu berücksichtigen sein dürften.

Und schließlich sollte auch die angeregte Erhöhung von Managementkapazitäten nicht ungeprüft übernommen werden. Zwar wird zurecht darauf abgestellt, daß vielfältige Steuerungs-, Akzeptanz- und Effizienzprobleme der vergangenen Jahre Hinweise dafür liefern, daß die klassischen Formen staatlicher Intervention etwa über die Zuweisung von Kompetenzen und Ressourcen sowie über die Erbringung und Gewährleistung traditioneller Dienstleistungen wie öffentlicher Infrastrukturen an Bedeutung verloren haben. Allerdings kann dies nicht bedeuten, die in einigen Politikfeldern oder auch in anderen Handlungskontexten (wie etwa der Privatwirtschaft) gemachten Erfahrungen gleichsam umstandslos auf andere Bereiche zu übertragen, zudem das Managementverständnis in einer Weise zu erweitern, daß Verwaltungsführung gleichsam nur noch auf das 'Management von Innovationen' und die Gewährleistung von Programmpolitiken gerichtet ist. Hier besteht ein wenig die Gefahr, das Management komplexer Probleme mit der inhaltlichen Lösung konkreter Verteilungsfragen zu verwechseln und dabei einer um ihre eigene Bedeutung besorgten Modernisierungsdiskussion aufzusitzen, letztlich Form und Verfahren mit dem Stil und vor allem den Inhalten des Staats- und Verwaltungshandelns gleichzusetzen.

Die Erörterung zukunftsorientierten staatlichen Handelns sollte sich daher prinzipiell der Aufgabe stellen, angebotene Lösungsmodelle auch und gerade auf ihre Umsetzung hin zu überprüfen. So sinnvoll die Erstellung von Szenarien und die Beschwörung spezifischer gesellschaftlicher Grundhaltungen dabei sein mag, so problematisch werden diese dann, wenn sie ungeprüft auf Handlungsspielräume verweisen, Machbarkeiten also unterstellen, die nach aller Erfahrung so nicht gegeben sind oder doch zumindest beträchtlicher Vorleistungen bedürfen. Das Mitdenken des 'Alltages' sollte deshalb selbstverständlich werden.

5. Von der Zeit und ihrer Verwendung

Unter den solcherart vorbereiteten Gegenstandsbereichen unserer Verhandlungen kam der Zeit und ihrer künftigen Verwendung von Anfang an erhebliches Interesse zu. Ausgangspunkt der Überlegungen war dabei die Tatsache, daß wir in einer nicht vollbeschäftigten und in ihrer Zeitverwendung unsicheren Gesellschaft leben, die westlichen Industriestaaten in dieser Situation vor eine historisch neuartige Herausforderung gestellt sind. So eröffnet sich aufgrund der technischen Entwicklung und des durch sie erreichten Wohlstandsniveaus heute die Chance, daß Gesellschaften ohne Not entscheiden können, ob und wie Ungleichgewichte und Ungleichverteilungen bei der Verfügung über Erwerbs- und erwerbsfreie Zeiten durch eine sozialverantwortliche Organisation der Zeit ausgeglichen werden sollten. Damit wird die Zeit zu einem Politikfeld der Zukunft. Wie groß dessen Gestaltungsspielräume sind und unter welchen Voraussetzungen sie gesellschaftlich sinnvoll genutzt werden können, war daher auch erkenntnisleitende Fragestellung unseres Forums zur 'Neuorganisation der Zeit'.

Auftretende Knappheiten, damit verbundene Verteilungsprobleme und schließlich die wachsende Erkenntnis, die Konsequenzen des eigenen Tuns in finanzieller, technischer, ökologischer und sozialer Hinsicht nicht mehr ausreichend überblicken und legitimieren zu können, haben hier ein Umdenken befördert. Die Zeit, die Form ihrer Verwendung, ihr individueller wie kollektiver Einsatz auch zur Erhaltung des Gemeinwesens stehen zur Diskussion. Es treffen sich dabei das Bewußtsein von 'Endlichkeiten' im Gefolge von Tschernobyl und Sandoz, die Erkenntnis, den Aufgaben etwa der sozialen Sicherung nicht länger nur auf der Basis wohlfeiler Absichtserklärungen oder durch Überwälzung auf künftige Generationen gerecht werden zu können, und schließlich die Gewißheit, rechts- und sozialstaatlichen Gefährdungen mit längerfristigen, d. h. über die Tagesaktualität und Wahlperioden hinausgehenden Konzeptionen begegnen zu müssen. Dabei gründet sich der Ruf nach einer 'Zeitpolitik' weniger auf den Wunsch, den staatlichen Steuerungsanspruch auszuweiten, als vielmehr auf die Erkenntnis, daß Ungleichgewichte in der Zeitverteilung wie Zeitverwendung zu ökonomischen und sozialen Verwerfungen führen können, die ein zukunftsorientiertes politisches Handeln zu berücksichtigen hat. Dies schließt Diskussionen über Arbeitszeitverkürzungen, Flexibilisierungsprozesse und die Potentiale des 'informellen Sektors' ebenso ein wie Erörterungen zur Verwendung der erwerbsfreien Zeit.

Auch hier allerdings stellt sich die Aufgabe, den politischen Gestaltungsbedarf sehr konkret zu benennen, die problematische Entwicklung der gesellschaftlichen Zeitverwendung ausreichend kenntlich zu machen. Dabei bleibt es dem Einzelnen natürlich überlassen, welche Zeit er in seine Bildung investiert, welchen Stellenwert er der Erwerbstätigkeit zumißt, wie und wofür er die erwerbsfreie Lebenszeit einsetzt. Diese Zeitsouveränität des Individuums ist allerdings eingebettet in den Kreis jener vielfältigen Institutionen und Organisationen, die - im Zuge der sozialstaatlichen Entwicklung zum Teil erst geschaffen, um die Risiken und Gefahren ungleicher wie mißbräuchlicher Zeitverwendung einzugrenzen - die Zeitsouveränität zugleich bewahren und beschränken: sie bewahren durch die Gewährleistung jener Freiräume, ohne die freiheitliche Zeitverwendung nicht existent wäre, sie beschränken aufgrund der Ausgleichs- und Solidaritätsprinzipien einer freiheitlichen Gesellschaft. Der Staat bleibt dabei über den Gesetzgebungsprozeß Gewährleister jener Rahmenbedingungen, ohne die individuelle Zeitpräferenzen und kollektive Vereinbarungen nicht um- und durchsetzbar wären, hat zum anderen aber auch zunehmend die Aufgabe, den Prozeß der Verständigung darüber zu ermöglichen, wie individuelle und gesellschaftliche Zeitverwendung künftig miteinander zu vereinbaren sind, ob Knappheiten und Ungleichverteilungen des Eingriffs bedürfen, wer schließlich über Gestaltungsmacht verfügen sollte, um Zeitsouveränitäten im Interesse des Gemeinwesens einzuschränken.

6. Aufwachsen - Lernen - sich Bilden: Kultur als Residuum?

Die in dem vorliegenden Band dokumentierte Veranstaltung des Forums zielte dann erneut auf einen Querschnittsbereich von Zukunftsverantwortung. Unter dem Titel 'Zukunftswissen und Bildungsperspektiven' ging es dabei im wesentlichen um jene Bedingungen, unter denen die jetzt aufwachsende Generation Zukunft erleben wird. Doch wie bereiten wir diese Generation auf jene Zeit vor, in der sie selbst Verantwortung zu übernehmen hat? Über welches Zukunftswissen verfügen wir, in welche Zeit reicht es hinein, und welche Perspektiven einer gesellschaftlichen Qualifikation für die Zukunft ergeben sich daraus? Welche Bedürfnisse und Lebensentwürfe können sich entwickeln und welche objektiven Bedingungen findet die heute heranwachsende Generation vor? Wie gestalten sich die künftigen Lebens- und Beziehungsformen in und neben den Familien, und was bedeutet dies für die Entwicklungsbedingungen von Kindern und Jugendlichen? Welche Qualifikationen brauchen wir dafür und welche können wir tatsächlich erzeugen? Sind Schule, Hochschule, Berufsausbildung und Weiterbildung auf die zukünftigen Herausforderungen vorbereitet?

Die Beantwortung dieser Fragen führte uns dabei über den 'engen' Bereich der institutionellen Bildungspolitik hinaus und ließ Fragen der kulturellen Entwicklung der Gesellschaft in den Vordergrund treten. Die zum Teil sehr skeptischen Ausführungen über die Bedingungen des künftigen Aufwachsens und die in ihnen angelegten Manipulationsmöglichkeiten erbrachten dabei eine eher als kulturpolitische Perspektive zu bezeichnende Sichtweise, die der Ausgangssituation auch angemessen erscheint. So konzentriert sich die kulturpolitische Diskussion unserer Tage im wesentlichen ja auf jene Bereiche, die im Zentrum der sogenannten 'Hochkultur' stehen. Gemeint sind kulturelle Infrastrukturen, die, wie etwa Theater, Museen und Bibliotheken, derzeit mit beträchtlicher Aufmerksamkeit rechnen dürfen. Da der Umschlag des traditionellen Museumsbaus in eine Bestandsaufnahme zeitgenössischer Architektur, die Renaissance historisierender Großausstellungen und ambitionierte

Theater- wie Musikwochen dabei Zeugnis eines wieder intensiver werdenden kulturellen Interesses weiter Kreise der Bürgerschaft und der ihnen verbundenen politischen Institutionen sind, bleibt das Interesse der Kulturpolitik meist auf die dem entsprechenden staatlichen Handlungsformen beschränkt. Dies geht nicht nur zu Lasten der eher 'kleinen' Kultur, die durch dezentrale, stadtteil-, ja nachbarschaftsbezogene Aktivitäten gekennzeichnet ist und in vielfältigen auch 'alternativen' Formen des kulturellen Angebotes ihren Ausdruck findet und identitätsstiftend wirken könnte, sondern auch und gerade zu Lasten jener für die kulturelle Entwicklung einer Gesellschaft zentralen Bereiche, die im Vorfeld oder neben den 'klassischen' Kultur- und Bildungseinrichtungen angesiedelt sind und beträchtlichen Einfluß auf das ausüben, was heute in der pauschalen Kennzeichnung einer 'Sinnkrise' zusammengefaßt wird.

Hier hat das Forum insofern wichtige Anstöße erbracht, als es zu einem wieder ganzheitlicheren Blick auf die Situation des Aufwachsens, Lernens, sich Bildens und letztlich bewußt Lebens aufforderte. Allerdings sollte bedacht werden, daß man den Staat mit daraus abzuleitenden Politiken auch leicht überfordern könnte. So ist sicher richtig, daß die Gefährdungen gentechnischer Manipulation, die Zwänge einer ausschließlich erfolgsorientierten Erziehung und die Nachteile einseitiger Qualifikation der Steuerung, ja des Eingriffs bedürfen und entsprechende Entwicklungsprozesse durch staatlich induzierte Bildungs- und Kulturinitiativen aufzufangen oder abzumildern sind. Nur: Steht man bei zu undifferenzierter Forderung nicht erneut in der Gefahr, den Staat zu einer gleichsam omnipotenten Steuerungsinstitution zu erklären, die für alle Lebenslagen Auffangpositionen erarbeitet, die entsprechenden Institutionen schafft und zu entsprechender Mitwirkung motiviert? Bleibt der Bildungs- und Kulturauftrag hier nicht gleichsam institutionell fixiert, damit Verhaltensmuster, Reaktionsweisen und Präferenzen vernachlässigend, deren 'Ausleben' erst Kultur schafft, Bildung ermöglicht?

Deshalb sei daran erinnert, daß ja auch die staatliche Rolle und Funktion in einer nicht unbeträchtlichen Umorientierung steht. So wird eben zunehmend deutlich, daß der Staat häufig nicht mehr autoritativ regelnd, steuernd also im klassischen Sinne agieren kann, seine Rahmenplanungen, Ge- und Verbote sowie die klassischen Muster der Kompetenzzuweisung und Ressourcenverteilung vielmehr zunehmend in Frage gestellt werden. Hier scheint ein eher 'kooperativer Staat' gefordert, der Leitlinien und Optionen aufzuzeigen sucht, der für seine Maßnahmen wirbt, vermittelnd, koordinativ und kommunikativ tätig wird. So werden Dialogfähigkeit und Akzeptanz zu Schlüsselworten der Diskussion, treten Fragen nach der Verantwortung, nach ethisch-moralischen Kategorien, nach Glaubhaftigkeit und Glaubwürdigkeit in den Vordergrund. Nicht das 'Mehr', sondern das 'Besser' gewinnt an Bedeutung, wobei der Prozeß des Umdenkens nur schrittweise und tastend vorangeht. Dies gilt auch und gerade für den Bereich der Bildung und der kulturellen Entwicklung, zumal der Kompetenzvorbehalt gegenüber staatlichen Institutionen hier noch in wesentlich stärkerem Maße Platz greift als bei anderen Lebensbereichen.

7. Technikentwicklung, Markt und Politik

Der technischen Entwicklung, Thema des im Juni dieses Jahres folgenden Forums, kommt bei einer Diskussion um die Zukunft der westlichen Industriegesellschaften eine wohl unstreitig zentrale Bedeutung zu. Sie ist entscheidend für Erhalt wie Ausbau der weltwirtschaftlichen Wettbewerbsfähigkeit von Produkten und Verfahren, die durch sie bewirkten Innovationen beeinflussen Realeinkommen, Konsumgüterausstattung, Arbeitsbedingungen, Gesundheit und Lebenserwartung, die sie prägende Selbststeuerung ist Chance und Gefahr zugleich.

Blickt man dabei auf die gegenwärtige technologiepolitische Diskussion, sind Verhärtungen und Einseitigkeiten unverkennbar. Technikgläubigkeit steht neben modernitätskritischer Verweigerung, Fortschrittsideologien werden durch verstärkte Technikkritik relativiert, die Polarisierung nimmt zu.

Die Steuerungsfunktion des Staates wird in diesem Zusammenhang auf sehr unterschiedlichen Ebenen definiert. Im Rahmen direkter Forschungsförderung, wenn der Staat Produkte und Dienstleistungen nachfragt, die er für sich selbst braucht oder die er aus übergeordneten Gründen der langfristigen Daseinsvorsorge für unverzichtbar erachtet, als indirekte Politik zur Förderung der unternehmerischen Eigeninitiative, schließlich beim Aufbau von Institutionen der Technikkontrolle. Dabei bleibt freilich offen, wie jene Grenzbereiche zu bestimmen sind, jenseits derer Staat und Politik von der Förderung zur Kontrolle überzugehen haben, das Risiko technologischer Entwicklung den Bedarf an Innovation überschreitet, ökologische und soziale Gesichtspunkte staatliches Handeln erfordern.

Mit der Götterdämmerung technikwissenschaftlicher Beratung (etwa im Gefolge der umweltpolitischen Katastrophen der vergangenen Jahre) wird auch zunehmend gefragt, wer denn darüber wachen sollte, daß der technische Fortschritt sich nicht in sein Gegenteil verkehrt. Ist etwa die Forschung innovativ genug, um isolierte Betrachtungsweisen und die Grenzen der jeweiligen Wissenschaftsdisziplinen zu überwinden und Sachzusammenhänge zu erkennen? Ist sie lernfähig genug, implizit eingehende gesellschaftliche Wertentscheidungen als solche wahrzunehmen? Ist sie befähigt, Rückmeldungen über Gefährdungen und Risiken auch als Herausforderung zu verstehen? Ist sie in der Lage, ihren Teil dazu beizutragen, daß Entscheidungen so lange wie möglich revidierbar gehalten werden - mit der Chance, sie zurückzunehmen, wenn erst später erkannte Nebenwirkungen auftreten? Ist sie selbstkritisch genug, um zuzugeben, daß sie mit dafür verantwortlich ist, daß Sachzwänge entstehen?

In diesen, das Forum bereits mehrfach prägenden Fragen ist der Zweifel angelegt, die gemeinsame Verantwortung von Wissenschaft und Politik beschworen. Nur: Reicht es dann aus, 'Technologiefolgen-Abschätzung' zu fordern, 'Parallelforschung' zu institutionalisieren? Wer so argumentiert, ist meist ohne Bezug zur Praxis: zu schnell der technische Fortschritt, zu groß das Kompetenzgefälle zwischen den Beteiligten, zu traditionell der Ansatz, um mehr als ex-post-Reaktionen zuzulassen. Auch ist ja zu berücksichtigen, daß Technologiefolgen-Abschätzungen nie besser sein können als das eingesetzte Instrumentarium. Und hier muß überraschen, mit welcher Umstandslosigkeit bereits in den 70er Jahren als wenig praktikabel oder doch zumindest als wenig aussagekräftig eingeschätzte Methoden wiederbelebt werden und/oder auf Bündelungseffekte gesetzt wird. Bleiben schon Szenarien fragwürdig, weil sie meist Zustandsszenarien und keine Verlaufsszenarien sind, d. h. auf künftige Zustände, nicht aber auf den Weg dorthin verweisen, weil sie primär von den Möglichkeiten, die sich aus Technik, Bevölkerungsentwicklung, Wertewandel und Umweltschutz ergeben, ausgehen, nicht hingegen die Kosten des Strukturwandels einbeziehen, weil sie unpolitisch im Sinne struktureller Handlungszwänge argumentieren, politische Gestaltungsmöglichkeiten also kaum berücksichtigen und weil sie schließlich aus Gründen der Komplexitätsreduktion meist doch eher sektoral vorgehen und einzelne Problem- und Handlungsfelder arbeitsteilig abhandeln, die Beziehungen zwischen diesen Feldern damit aber weitgehend vernachlässigen, so gilt dies erst recht für anspruchsvollere, 'wissenschaftlichere' Vorgehensweisen. Mannigfache Zurechnungsprobleme, Kausalitätsfragen unterschiedlichster Provenienz und schließlich simple Prognoseschwierigkeiten sprechen auch hier dafür, daß Technologiefolgen-Abschätzung letztlich nicht mehr sein kann als ein die politischen Entscheidungen begleitender kommunikativer Prozeß auf unterschiedlichen Ebenen. Immerhin: Dies ist nicht wenig. Unsere Überlegungen zur 'software' staatlichen Handelns (Hesse, in: Hesse/Zöpel 1987a) haben darauf verwiesen, daß der Weg zur Übereinkunft bedeutsamer sein kann als die Übereinkunft selbst. Hier auf wechselseitige Lernprozesse zu setzen, mag hilfreich sein.

Was also bleibt? Wir werden versuchen, die sich aus Technikbewertung und Technikgestaltung ergebenden Zukunftschancen an einzelnen Beispielen (etwa der Bio- und Gentechnologie und den Möglichkeiten der künstlichen Intelligenz) zu verdeutlichen. Dabei könnte sich erweisen, daß Fragen der Ausbildung, der gemeinsamen Verantwortung und der ethisch-moralischen Kategorien bedeutsamer sind als vergleichsweise hilflose Versuche, der technischen Entwicklung mit quasi-wissenschaftlichen Methoden begegnen zu wollen. Nicht die Polarisierung zwischen Fortschrittsadepten und Zivilisationskritikern wird uns helfen, vielmehr der Versuch, technische Optionen offenzuhalten, Sachzwänge zu reduzieren und selbstproduzierte Risiken einzuschränken. Und hier ergeben sich erweiterte Aufgaben für das staatliche Handeln: Transparenz zu sichern, den Forschungspluralismus zu gewährleisten, schließlich jene Kommunikation, Kooperation und Koordination zu ermöglichen, auf die gemeinschaftliches Handeln angewiesen ist. Die Verfolgung dieser Aufgaben bleibt vordringlich, zumal sie sicherstellen, daß prozeßorientiert agiert, d. h. auf die Entwicklungsphasen selbst eingewirkt werden kann.

8. Staat der Zukunft - Zukunft des Staates

Die bereits mehrfach angesprochene und im Zentrum der Forums-Reihe stehende Rolle und Funktion des Staates könnte sich dabei im Verlauf der kommenden Jahre noch beträchtlich verändern. Dies ergibt sich zum einen aus den eingangs aufgezeigten Unsicherheiten, die natürlich auch für Staat und Politik gelten und von ihren sensiblen Vertretern als Hinwendung zum 'fragenden Staat' beschrieben werden, zum anderen aus objektiv veränderten Funktionsbedingungen für das staatliche Handeln, die prozessuale wie inhaltliche Umorientierungen nahelegen.

Die Unsicherheit 'des Staates' und seiner Vertreter geht dabei im wesentlichen auf die bereits aufgezeigten Entwicklungsprozesse und die damit verbundenen Steuerungsprobleme zurück. Die veränderten Rahmenbedingungen zwingen zur Überprüfung von Routinen, quantitativ-regulative werden durch qualitativ-kooperative Steuerungsformen ergänzt, großtechnische und längerfristig wirksame Entscheidungen bedürfen der Absicherung, die das Zusammenwirken und die Mitverantwortung der großen gesellschaftlichen Gruppen einschließt. Dabei sucht der Staat eine qualitativ neue Kommunikation auch mit der Wissenschaft, während die Wissenschaft sich nur sehr vorsichtig auf eine Mitverantwortung Zukunftsfragen gegenüber einläßt. Immerhin war die Jahresversammlung der Westdeutschen Rektorenkonferenz 1988 sicher nicht zufällig dem Verhältnis von Wissenschaft und Politik gewidmet und stellte WRK-Präsident Seidel nicht grundlos die Frage, ob aus dem Privileg der Wissenschaftsfreiheit 'nicht auch die Verpflichtung folgt, sich der großen politischen Zeitfragen rechtzeitig und unabhängig anzunehmen'. Es gehe darum zu klären, wie die Wissenschaft einer Politik im Dienste der Menschen nützen kann, ohne in beliebige politische Dienstbarkeit zu verfallen. Die Wissenschaft sei heute aus der unschuldig-folgenlosen Funktion des bloßen Beschreibens und Erklärens hinausgetreten in die Sphäre des Gestaltens und Veränderns. In diesem Sinne sei sie auch 'ein zutiefst gesellschaftsveränderndes Politikum geworden'.

Diese Einschätzung verweist auf unscharf gewordene Trennlinien, auf wechselseitige Abhängigkeiten, auf konvergierende Verantwortungsbereiche. Dabei geht es heute aber anders als etwa zu Beginn der 70er Jahre nicht mehr nur um jene Planungs- und Gestaltungsbedarfe staatlicher wie kommunaler Institutionen und auch nicht um jene Aufarbeitung von Rationalitätsdefiziten, die als Vollzugs- oder Wirkungsforschung zu Beginn der 80er Jahre im Vordergrund des Interesses standen; die heutigen Aufgaben im Randbereich von Wissenschaft und Politik sind komplexer geworden. Zur klassischen Forschungsförderung und zur institutionellen Bestandsgarantie tritt die Aufgabe der Zukunftssicherung und insbesondere die Frage nach den Chancen und Risiken technischer Neuerungen. Zwar setzt die staatliche Forschungsförderung hier auch weiter auf Transferprozesse und sucht über Anreizsysteme Innovationen auszulösen, zugleich aber sieht sich der Staat trotz unabweisbaren Bedarfs vor immer größere Schwierigkeiten gestellt, technischen und wissenschaftlichen Sachverstand verfügbar zu machen, um schwierige und komplexe Zukunftsfragen adäquat bewältigen zu können. Hier fehlt es an vertrauensvoller, auf Dauer gestellter Kommunikation, wird die Kluft zwischen wissenschaftlich-technischer Innovation auf der einen und staatlich-institutioneller Reaktionsfähigkeit auf der anderen Seite immer tiefer. Wechselseitige Vorurteile, als notwendig begriffene Distanzierungen, aber auch falsche Erwartungshaltungen führen dabei zu Ausgrenzungsprozessen, die der längerfristigen Entwicklung des Gemeinwesens kaum dienen dürften.

Hinzu kommt, daß das sich allmählich weiter verändernde Verhältnis von Staat und Gesellschaft beträchtliche Konsequenzen auch für das staatliche Handeln im engeren Sinne hat. Dabei ist den aufgezeigten Entwicklungstendenzen gemeinsam, daß sie ein zunehmend flexibles und kommunikatives

Staatshandeln nahelegen, das Ordnungs- und Verfahrensregelungen durch kooperative, mediale oder auch reflexive Formen des Handelns und der Steuerung zu ergänzen sucht. Flexiblen Reaktionsmusters des Staates kommt dabei angesichts offensichtlicher Akzeptanz-, Effizienz- und Legitimationseinbußen beträchtliche, wenn auch gelegentlich vielleicht nur symbolische Bedeutung zu. Zwar dürfte unstrittig sein, daß staatliches Handeln auch künftig durch die ihm zur Verfügung stehenden rechtlichen und finanziellen Ressourcen sowie durch eine wie auch immer zu definierende Managementaufgabe geprägt sein wird, doch stellt diese vergleichsweise statische und eher systematisierende Sichtweise nur auf einen und hier eher formalen Aspekt der Problematik ab. Die materielle Bedeutung heutigen staatlichen Handelns dürfte darüber hinausgehen, läßt zur Frage der technisch-instrumentellen Ausgestaltung öffentlicher Aktivität prozedurale Aspekte, inhaltliche Verteilungsentscheidungen und eben Fragen nach der Motivation und Kooperation der Beteiligten sowie nach der Akzeptanz der Betroffenen hinzutreten. Diese Erweiterung der instrumentellen Dimension staalichen Handelns hat dabei vergleichsweise weitreichende Konsequenzen: Zur rechts- und sozialstaatlichen Sicherung treten flexible Formen der öffentlichen Leistungserbringung. Sie signalisieren zumindest in Einzelbereichen den Weg vom hoheitlichen zum kooperativen Staat, von der zentralstaatlichen Weisung zur dezentralen Koordination, von der regulativen Steuerung zur partnerschaftlichen Übereinkunft, von der Normsetzung zur Überzeugung. Die in diesen Tendenzen angelegte, erweiterte Sichtweise staatlichen Handelns geht davon aus, daß der Staat künftig immer weniger alleiniger Problemlöser sein wird, er in einer zunehmend arbeitsteilig vernetzten Umwelt vielmehr auf die Kooperation anderer Handlungsträger im öffentlichen wie privaten Bereich angewiesen ist, auf Bündelungs- und synergetische Prozesse gesetzt werden muß. Dabei sind andere, neue Handlungsformen und Handlungsmodi von Bedeutung, die problembezogen ausgebaut werden müssen, da eine Generallösung meist weder erkennbar noch sinnvoll ist. Im Ergebnis können so durchaus widersprüchliche Lösungen entstehen, weil die unterschiedlichen Problemlösungsansätze nicht in ein umfassendes Handlungskonzept einzubeziehen sind. Es geht daher häufig nur darum, befriedigende Lösungen zu erzielen, deren Folgekosten (Mittelkonflikte, Koordinationsdefizite) im Rahmen des Gegebenen minimiert werden. Dabei kommen dem Staat erhebliche Moderatorenfunktionen zu.

Der 'arbeitende Staat' (Lorenz von Stein) rückt somit in das Zentrum unserer Überlegungen um eine realitätsbezogene Analyse künftigen staatlichen Handelns. Historisch gewachsen, in seiner Organisationsform äußerst fragmentiert und in seinen Handlungsmustern zunehmend kooperativ stellt sich der Staat, das politisch-administrative System, dabei nicht mehr als gleichsam 'abgehobene Instanz', als autoritativ-regelnde Institution dar, vielmehr als ein polyzentrischer Akteur, der über Organisations-, Kommunikations- und Vermittlungstätigkeiten seine Führungsfunktionen wahrzunehmen sucht. Sie in Zweifel zu ziehen, das 'Absterben' des Staates, seine 'Entzauberung' zu diagnostizieren, dürfte in diesem Zusammenhang ebenso unrealistisch sein wie der Ruf nach einem 'starken' Staat, der von einer im politischen System der Bundesrepublik nicht mehr gegebenen und wohl auch nicht mehr gewollten institutionellen Homogenität und Steuerungskraft ausgeht. Die erkennbaren Veränderungen staatlichen Handelns stellen dabei keine gleichsam partielle Selbstaufgabe des Staates dar, es handelt sich vielmehr um Reaktionsformen, die als angemessene Verhaltensweise gegenüber einer sich turbulent verändernden Umwelt interpretiert werden können. Institutionspolitiken sollten sich künftig hierauf einstellen, die 'Modernisierung' von Staat und Verwaltung gewinnt ihren konkreten Gehalt.

Literatur

Beck, U., Risikogesellschaft, Auf dem Weg in eine andere Moderne. Frankfurt a. M. 1986

Ellwein, Th./Hesse, J. J., Das Regierungssystem der Bundesrepublik Deutschland, 6. Aufl., Opladen 1987

Hesse, J. J./Zöpel, Chr. (Hrsg.), Zukunft und staatliche Verantwortung, Forum Zukunft Bd. 1, Baden-Baden 1987 (a)

Hesse, J. J./Zöpel, Chr. (Hrsg.), Neuorganisation der Zeit, Forum Zukunft Bd. 2, Baden-Baden 1987 (b)

Hondrich, K. O., Zukunftsvisionen für die Industriegesellschaft, Frankfurter Allgemeine Zeitung vom 30. April 1988

Jonas, H., Das Prinzip der Verantwortung. Entwurf einer Ethik für die technische Zivilisation. Frankfurt a. M. 1984

Jonas, H., Philosophische Betrachtungen zur Technik, Vortrag im Rahmen des Daimler-Benz-Seminars 1985

Koselleck, R., Vergangene Zukunft. Zur Semantik geschichtlicher Zeiten. Frankfurt a. M. 1979

Lübbe, H., Modernität als Herausforderung: Kulturelle und politische Orientierungsprozesse im Westen, in: Ideen unserer Zeit, hrsg. vom Schweizerischen Institut für Auslandsforschung, Bd. 16, Zürich 1987, S. 27 - 53

Perspektiven und Orientierungen, Schriftenreihe des Bundeskanzleramtes, Bd. 1 - 4, München 1987 ff.

VI. Anhang

Empirische Informationen zu Schule, beruflicher Bildung, Hochschule und Weiterbildung

1. Einführung*

Die folgenden Tabellen sollen die Diskussion um die gegenwärtige Situation und die Zukunft von Wissen und Bildung mit empirischen Informationen überblicksartig ergänzen. Es ist üblich geworden, das Bildungswesen in vier Bereiche einzuteilen, auch 'Säulen' genannt. Deshalb werden Daten zu den vier Bildungsbereichen Schule, berufliche Bildung, Hochschule und Weiterbildung präsentiert.

Die Tabellen 1 bis 8 informieren über den Schulbereich, beginnend mit einer Auskunft, wie sich Schülerzahlen und Lehrerbedarf vermutlich entwickeln werden (Tab. 1). Es zeigt sich deutlich, daß ein fortschreitender Stellenabbau für eine optimale Lehrerversorgung im Jahre 2000 überaus problematisch sein wird. Die Tabellen 2 und 3 informieren zum einen über die finanzielle Situation in den einzelnen Bundesländern (Tab. 2) und darüber, wieviel insgesamt für Bildung ausgegeben wird (Tab. 3). Aus Tabelle 4 wird dann ersichtlich, wie groß der Ausgabenanteil speziell für Schulen ist. Des weiteren werden Informationen über die Zusammensetzung der Schüler nach Schulform und sozialer Herkunft vorgestellt (Tab. 5) und einige Ergebnisse der Repräsentativbefragung des Instituts für Schulentwicklungsforschung (IFS) der Universität Dortmund, das die bundesdeutsche Bevölkerung kontinuierlich zu Fragen von Schule und Bildung befragt, wiedergegeben (Tab. 6 - 8).

Die Tabellen 9 bis 13 betreffen die berufliche Bildung. Tabelle 9 zeigt die Angebots-Nachfrage-Relation, errechnet nach Anzahl der angebotenen Stellen je 100 Ausbildungsnachfrager, aufgeteilt nach Bundesländern. Ein Vergleich der Daten von 1986 zu 1987 zeigt, daß die Zahl der Arbeitsamtsbezirke mit ausgeglichener Angebots-Nachfrage-Relation gestiegen ist und entsprechend weniger Angebotsdefizite vorhanden sind. Einen Überblick zur Versorgung von Jugendlichen mit Arbeitsplätzen im Jahre 1986 und 1987 gibt Tabelle 10. Aus der darauf folgenden Tabelle 11 wird ersichtlich, wie die schulische Vorbildung der Jugendlichen aussieht. Der Anteil von Jugendlichen mit einem mittleren Schulabschluß hat sich kaum verändert, der Anteil der Auszubildenden mit Hochschul- oder Fachhochschulreife hat jedoch deutlich zugenommen. Wie die Situation von jungen Frauen in der Berufsbildung rein quantitativ zu beurteilen ist, darüber informieren die Tabellen 12 und 13.

Zum Hochschulbereich erweist sich die Datenlage als insgesamt unbefriedigender. Tabelle 14 gibt einen Einblick, wieviele und welche Art von Hochschulen in den einzelnen Bundesländern existieren.

* Zusammengestellt und bearbeitet von Dr. Peter Zimmermann, Institut für Schulentwicklungsforschung (IFS) der Universität Dortmund

Für die Bildungsentwicklung noch interessanter ist vermutlich, welchen Sozialschichten die Studierenden angehören und wie hoch der Anteil der weiblichen Studenten ist. Hierzu sind Daten in den Tabellen 15 bis 17 enthalten. Der Zeitvergleich in Tabelle 15 zeigt, daß der Anteil der Arbeiterkinder, die studieren, von 1979 bis 1985 relativ konstant geblieben ist, der Anteil der Angestelltenkinder gesunken ist und die Bildungsbeteiligung von Beamtenkindern schwankt (31 % 1984 und 37 % 1982). Aus Tabelle 16 kann anschließend entnommen werden, wie sich die beruflichen Positionen der Eltern im einzelnen verteilen. Die Tabelle 17 verdeutlicht, daß sich seit 1981 der Frauenanteil an der Gesamtheit der Studierenden nicht mehr wesentlich verändert hat und sich relativ konstant auf etwa 40 % beläuft.

Der Weiterbildung kommt in den nächsten Jahren vermutlich eine wachsende Bedeutung zu. Die Entwicklungen in diesem Bereich sind nicht leicht zu dokumentieren, zu vielfältig sind die Themen, Formen und Träger der Veranstaltungen. Aus Tabelle 18 wird ersichtlich, wie groß die Anteile einzelner Träger an Maßnahmen zur allgemeinen und politischen Weiterbildung sind. Die Bezugsgröße ist jeweils die zuletzt besuchte Veranstaltung eines Teilnehmers. Die Tabelle 19 zeigt, wieviele Teilnehmer es 1983 und 1985 an Maßnahmen zur beruflichen Weiterbildung gab. Tabelle 20 dokumentiert die Gesamtteilnahme nach ausgewählten Merkmalen. Welche Gebiete von den Teilnehmern in Weiterbildungsveranstaltungen gewählt wurden, ist aus der Tabelle 21 ersichtlich und etwas detaillierter aus Tabelle 22, während sich Tabelle 23 speziell auf den Bereich des Fernunterrrichts erstreckt. Die Tabellen 24 und 25 schlüsseln abschließend die Weiterbildungsveranstaltungen der vier großen Träger, der Industrie- und Handelskammern, der Volkshochschulen sowie der katholischen und evangelischen Erwachsenenbildung, auf.

2. Schule

Tab. 1

Entwicklung der Schülerzahlen, der Lehrerbestände und des Lehrerbedarfs (in Vollzeitlehrerstellen - in Tausend)

		1990	1995	2000	S/L-Ist-werte 84/85
	Schüler	2461	2596	2568	
P	Lehrerbestand[2])/-bedarf[3])	97/120	86/126	70/125	
	S/L-Relation	25,4	30,2	36,7	20,5
	Schüler	3303	3492	3678	
S I	Lehrerbestand[2])/-bedarf[3])	215/194	186/205	152/216	
	S/L-Relation	15,4	18,8	24,2	17,0
	Schüler	1125	1038	1090	
S II	Lehrerbestand[2])/-bedarf[3])	100/85	87/79	70/83	
VZ[1])	S/L-Relation	11,3	11,9	15,6	13,2
	Schüler	1263	1056	1105	
S II	Lehrerbestand[2])/-bedarf[3])	33/32	28/26	22/28	
TZ	S/L-Relation	38,3	37,7	50,2	51,4
	Schüler	258	273	279	
SO	Lehrerbestand[2])/-bedarf[3])	33/36	31/38	25/39	
	S/L-Relation	7,8	8,8	11,1	7,1[4])
	Schüler	8410	8455	8720	
	Lehrerbestand[2])/-bedarf[3])	480/467	418/474	339/491	
	S/L-Relation	17,5	20,2	25,7	–

1) einschließlich Fachschulen, Abendschulen, Berufsvorbereitungs- und -grundbildungsjahr
2) in Vollzeitlehrerfällen
3) Lehrerbedarf bei Aufrechterhaltung der Schüler/Lehrer-Relation von 1984/85 bzw. von 1 : 40 im S II-Teilzeit-Bereich
4) alle Sonderschulformen

Quelle: Rolff/Klemm/Tillmann: Jahrbuch der Schulentwicklung, Bd. 4, Weinheim 1986, S. 68

Tab. 2

Daten zur Finanzsituation im Ländervergleich (1985)

Land	Einwohner in 1000	BIP in Mio. DM	BIP in DM/ Einwohner	Ausgaben in Mio. DM	Ausgaben in DM/ Einwohner	Verschuldung in DM/Einwohner	Realsteueraufbringungskraft in DM/ Einwohner
BW	9271,4	290148	31295	53932	5817	4449	734
BA	10973,7	324966	29613	59725	5443	3299	620
B	1860,1	69688	37465	20306	10917	4693	718
HB	659,9	26289	39838	5272	7989	15159	712
HH	1579,9	86617	54824	12155	7694	8819	1024
HE	5529,4	182927	33083	32458	5870	6079	676
NS	7196,9	180975	25146	38820	5394	5927	510
NW	16674,1	490190	29398	92505	5548	6635	601
RP	3615,0	96339	26650	19922	5511	6293	571
SA	1045,9	27816	26595	6425	6143	9216	376
SH	2614,2	63954	24464	13377	5117	6009	460

Quelle:
Böttcher/Budde/Klemm: Schulentwicklung im Ländervergleich: Föderalismus, Nord-Süd-Gefälle und Schulentwicklung. In: Rolff/Klemm/Pfeiffer/Rösner: Jahrbuch der Schulentwicklung, Bd. 5, Weinheim 1988

Tab. 3

Bildungsausgaben (insgesamt) im Ländervergleich (1985)

Land	Bildungsausgaben			
	in Mio. DM	in % des BIP	in % des Haushalts	in DM/ Einwohner
BW	12 859	4,4	23,8	1 387
BA	14 965	4,6	25,1	1 364
BE	4 381	6,3	21,6	2 355
BR	1 001	3,8	19,0	1 517
HA	2 917	3,4	24,0	1 846
HE	7 851	4,3	24,2	1 420
NS	9 996	5,5	25,7	1 389
NW	23 065	4,7	24,9	1 383
RP	4 483	4,7	22,5	1 240
SA	1 401	5,0	21,8	1 339
SH	3 364	5,3	25,1	1 287
BG		4,7		1 414

Quelle:
Böttcher/Budde/Klemm: Schulentwicklung im Ländervergleich: Föderalismus, Nord-Süd-Gefälle und Schulentwicklung. In: Rolff/Klemm/Pfeiffer/Rösner: Jahrbuch der Schulentwicklung, Bd. 5, Weinheim 1988

Tab. 4

Schulausgaben (von den Bildungsausgaben) im Ländervergleich (1985)

Land	Schulausgaben						Hochschulausgaben
	in Mio. DM	in % des BIP	in % des Haushalts	in DM/ Einwohner	in DM/ Schüler	in DM/Angehöriger der Gruppe 6 - unter 19	in DM/ Einwohner
BW	7 005	2,4	13,0	756	4 570	4 838	367
BA	9 043	2,8	15,1	824	5 370	5 389	318
BE	1 732	2,5	8,5	931	6 590	7 498	989
BR	625	2,4	11,9	947	5 390	6 793	289
HA	1 506	1,7	12,4	953	6 070	7 763	622
HE	4 224	2,3	13,0	764	4 930	5 196	395
NS	6 351	3,5	16,4	882	5 140	5 456	316
NW	13 641	2,8	14,7	818	5 000	5 398	350
RP	2 848	3,0	14,3	788	5 070	5 141	264
SA	799	2,9	12,4	764	5 030	5 291	438
SH	2 064	3,2	15,4	790	4 800	5 046	310

Quelle:
Böttcher/Budde/Klemm: Schulentwicklung im Ländervergleich: Föderalismus, Nord-Süd-Gefälle und Schulentwicklung. In: Rolff/Klemm/Pfeiffer/Rösner: Jahrbuch der Schulentwicklung, Bd. 5, Weinheim 1988

Tab. 5

Zusammensetzung der Schüler im Alter von 13 und 14 Jahren nach Schulformen und nach sozialer Herkunft (in Prozent)

soziale Herkunft	Beamte(r)			Angestellte(r)			Arbeiter(in)			Sonstige(r)		
Schulform	1972	1982	1985	1972	1982	1985	1972	1982	1985	1972	1982	1985
Hauptsch.	4,0	3,9	3,9	12,9	15,4	15,5	60,1	56,4	52,9	23,0	24,3	27,7
Realsch.	9,6	8,9	8,8	26,4	32,0	29,1	40,5	37,6	38,7	23,5	21,5	23,4
Gym.	19,2	18,6	18,4	38,5	44,1	42,3	15,4	16,2	17,1	26,9	21,1	22,2
insgesamt	8,1	9,2	9,2	20,5	27,9	26,5	47,4	40,2	38,9	24,0	22,7	25,4

Quelle:
Klemm/Rolff: Der heimliche Umbau der Sekundarschule, in: Rolff/Klemm/Pfeiffer/Rösner: Jahrbuch der Schulentwicklung, Bd. 5, Weinheim 1988

Tab. 6

'Welchen endgültigen Schulabschluß sollte Ihr Kind Ihren Wünschen nach erreichen?'

	Hauptschulabschluß[1]) %	Realschulabschluß/ Mittlere Reife %	Abitur/Hochschulreife %	Summe %	absolut
Schülereltern 1979	31	32	37	100	1143
Schülereltern 1981	17	38	45	100	890
Schülereltern 1983	13	36	51	100	765
Schülereltern 1985	11	35	54	100	726
Schülereltern 1987	11	37	52	100	735

[1]) In der Befragung von 1979 konnten die Antwortvorgaben 'Hauptschulabschluß' und 'Lehre' gewählt werden. Von den in der Tabelle zusammengefaßten 31 % entfallen 18 % auf die Kategorie 'Lehre'.

Quelle:
IFS-Umfrage 1987, Rolff / Klemm / Pfeiffer / Rösner: Jahrbuch der Schulentwicklung, Bd. 5, Weinheim 1988

Tab. 7

'Welcher Schulabschluß ist Ihrer Meinung nach die beste Voraussetzung, um später einen Arbeitsplatz zu bekommen?'

	Abitur %	Realschulabschluß %	Hauptschulabschluß %	Summe %	absolut
Repräsentativstichprobe	57(58;51)	36(34;39)	7(8;10)	100	1841
Schülereltern	52(53;51)	42(39;41)	6(8; 7)	100	1012
Nichtschülereltern	59(60;51)	34(32;37)	7(8;12)	100	1332
nach Stellung im Beruf:					
Selbständiger	50(57;48)	43(36;47)	7(7; 5)	100	127
Angestellter	61(61;59)	36(34;34)	3(5; 7)	100	743
Beamter	60(63;60)	30(35;36)	10(2; 4)	100	144
Arbeiter	49(48;41)	38(37;41)	13(15;18)	100	502

Angaben in Klammern: Ergebnisse der IFS-Umfrage 1985; 1983

Quelle:
IFS-Umfrage 1987, Rolff / Klemm / Pfeiffer / Rösner: Jahrbuch der Schulentwicklung, Bd. 5, Weinheim 1988

Tab. 8

Nehmen Sie einmal an, Sie dürften die staatlichen Finanzen neu verteilen: Für welche Bereiche der Politik würden Sie mehr Geld zur Verfügung stellen?

Nennen Sie bitte bis zu drei Bereiche. (Nennungen in %)

	Repräsentativstichprobe	nach Stellung im Beruf				nach ausgew. Altersgruppen			Mitgliedschaft Gewerkschaft	
		Arbeiter	Angestellte	Beamte	Selbständige	18 - 25	36 - 45	56 - 65	ja	nein
Schaffung von Arbeitsplätzen	67(60)	77(63)	65(60)	71(50)	63(62)	62(73)	70(46)	71(65)	72	65
Soziale Sicherung	52(50)	62(55)	49(49)	50(40)	52(49)	39(46)	47(39)	56(61)	60	50
Umweltschutz	55(47)	45(41)	59(49)	54(56)	51(39)	64(74)	61(34)	45(47)	57	54
Gesundheitswesen	41(37)	47(44)	45(35)	26(23)	42(38)	30(34)	35(22)	47(44)	37	42
Bildung	24(16)	18(13)	24(16)	29(23)	23(20)	26(15)	31(13)	20(16)	20	24
Forschung	20(19)	14(15)	22(18)	28(23)	20(28)	25(24)	19(20)	21(16)	17	20
Entwicklungshilfe	9(8)	7(4)	9(8)	7(13)	6(3)	22(17)	7(6)	5(3)	6	10
Busse und Bahnen	4(3)	3(2)	3(2)	9(6)	4(1)	5(2)	5( )	3(3)	8	4
Kultur	6(3)	3(1)	5(3)	10(4)	2(1)	8(5)	6(2)	5(1)	4	6
Polizei	7(3)	8(3)	6(2)	10(4)	10(3)	2(2)	5(2)	10(5)	7	7
Straßenbau	3(2)	3(3)	3(1)	1(2)	6(4)	2(3)	4(2)	3(2)	3	3
Bundeswehr	2(2)	2(2)	1(2)	1(1)	4(3)	3(2)	1(1)	2(3)	1	2
N=	1861	509	753	149	123	300	303	260	317	1528

Angaben in Klammern: Ergebnisse der IFS-Umfrage 1985

Quelle: IFS-Umfrage 1987, Rolff / Klemm / Pfeiffer / Rösner:Jahrbuch der Schulentwicklung Bd. 5, Weinheim 1988

3. Berufliche Bildung

Tab. 9

Zahl der Arbeitsamtsbezirke nach Angebots-Nachfrage-Relation[1]) und Ländern 1986 und 1987 (Arbeitsamtsbezirke mit angebotenen betrieblichen Ausbildungsplätzen je 100 Nachfrager)

Land	Arbeitsamtsbezirke mit... angebotenen betrieblichen Ausbildungsplätze je 100 Nachfrager											
	90,9 und weniger		91,0 bis 93,9		94,0 bis 96,9		97,0 bis 99,9		100,0 bis 102,9		103,0 und mehr	
	1986	1987	1986	1987	1986	1987	1986	1987	1986	1987	1986	1987
Schleswig-Holstein	–	–	–	–	–	–	3	1	4	4	–	2
Hamburg	–	–	1	–	–	1	–	–	–	–	–	–
Niedersachsen	10	2	8	3	2	11	–	1	–	3	–	–
Bremen	2	2	–	–	–	–	–	–	–	–	–	–
Nordrhein-Westfalen	8	1	9	5	13	12	3	10	–	4	–	1
Hessen	–	–	–	–	4	–	3	5	6	4	–	4
Rheinland-Pfalz	–	–	1	–	2	–	4	2	4	5	–	4
Baden-Württemberg	–	–	–	–	–	1	4	1	8	2	12	20
Bayern	–	–	–	–	1	–	3	–	5	1	18	26
Saarland	–	–	–	–	1	–	2	1	–	2	–	–
Berlin (West)	–	–	–	–	–	–	1	1	–	–	–	–
Bundesgebiet	**20**	**5**	**19**	**8**	**23**	**25**	**23**	**22**	**27**	**25**	**30**	**57**

Vgl. Berufsbildungsbericht 1987, Übersicht 37, Seite 60

Quelle: Der Bundesminister für Bildung und Wissenschaft: Berufsbildungsbericht 1988

[1]) Anzahl der angebotenen betrieblichen Ausbildungsplätze je 100 Nachfrager

Tab. 10

Versorgung der Jugendlichen mit Ausbildungsplätzen 1986 und 1987 nach Ländern (jeweils zum 30. September)

Land	Jahr	Ausbildungsplatzangebot	Ausbildungsplatznachfrage	Angebots-Nachfrage-Relation
		Anzahl		
Schleswig-Holstein	1986	30217	30238	99,9
	1987	29500	28967	101,8
Hamburg	1986	17934	19506	91,9
	1987	17600	18240	96,5
Niedersachsen [1])	1986	81020	89096	90,9
	1987	78873	83212	94,8
Bremen [2])	1986	11194	12491	89,6
	1987	10368	11559	89,7
Nordrhein-Westfalen	1986	197039	210643	93,5
	1987	187086	193527	96,7
Hessen	1986	61642	62389	98,8
	1987	59502	58179	102,3
Rheinland-Pfalz	1986	41796	42161	99,1
	1987	40530	39446	102,7
Baden-Württemberg	1986	112132	107740	104,1
	1987	109006	101804	107,1
Bayern	1986	133798	127020	105,3
	1987	131141	117878	111,3
Saarland	1986	12143	12404	97,9
	1987	11484	11400	100,7
Berlin (West)	1986	16965	17292	98,1
	1987	15226	15443	98,6
Bundesgebiet	**1986**	**715880**	**730980**	**97,9**
	1987	**690316**	**679655**	**101,6**

Vgl. Berufsbildungsbericht 1987, Übersicht 4, Seite 33

Quelle:
Der Bundesminister für Bildung und Wissenschaft: Berufsbildungsbericht 1988

[1]) Ohne die Gebiete, die zu den bremischen Arbeitsamtsbezirken gehören

[2]) Einschließlich der niedersächsischen Gebiete, die zu den bremischen Arbeitsamtsbezirken gehören

Tab. 11

Schulische Vorbildung der Auszubildenden nach Ausbildungsbereichen am 31. Dezember 1985 und 1986 in Prozent

Ausbildungs-bereich	Auszubildende nach schulischer bzw. beruflicher Vorbildung[1])													
	Ohne Hauptschul-abschluß		Mit Hauptschul-abschluß		Realschul- oder ver-gleichbarer Abschluß		Hochschul-/ Fachhoch-schulreife		Schulisches Berufsgrund-bildungs-jahr		Berufs-fachschule		Berufs-vorbereitungs-jahr	
	1985	1986	1985	1986	1985	1986	1985	1986	1985	1986	1985	1986	1985	1986
Industrie und Handel	1,2	1,1	29,3	28,3	36,4	36,5	16,1	17,4	3,8	3,8	12,6	12,3	0,6	0,6
Handwerk[2])	3,8	3,9	51,7	52,5	20,6	20,0	5,3	5,2	9,5	9,0	7,7	7,7	1,4	1,7
Landwirtschaft	1,7	1,7	32,2	27,0	25,8	25,4	15,2	14,3	20,1	25,9	4,7	5,4	0,2	0,4
Öffentlicher Dienst	0,1	0,1	11,4	11,0	55,1	54,5	14,2	15,6	13,1	11,3	6,0	7,6	0,1	—
Freie Berufe	0,2	0,1	10,0	10,2	62,1	60,9	16,3	17,1	0,5	0,6	10,6	10,8	0,3	0,2
Hauswirt-schaft[3])	5,2	6,8	41,6	37,2	11,1	14,2	1,8	1,2	13,9	13,5	23,3	22,3	3,1	4,8
Seeschiff-fahrt[2])	3,7	6,3	50,3	45,7	26,9	27,3	19,1	17,9	—	2,7	—	—	—	—
Zum Vergleich: Schulabgänger nach schulischer bzw. beruflicher Vorbildung	5,5	5,3	24,2	23,0	26,2	26,5	20,1	20,9	6,6	6,5	14,4	15,0	3,0	2,9
Alle Bereiche	**2,1**	**2,1**	**35,9**	**35,2**	**32,6**	**32,5**	**11,9**	**12,7**	**6,6**	**6,5**	**10,1**	**10,1**	**0,8**	**0,9**

Vgl. Berufsbildungsbericht 1987, Übersicht 22, Seite 49

[1]) Jeder Auszubildende ist nur einmal aufgeführt, wobei der entweder nach dem zuletzt erreichten Schulabschluß oder nach der zuletzt besuchten Schule zugeordnet worden ist. Prozentuierung ohne Einbeziehung der Kategorie „ohne Angabe".

[2]) Berechnet auf Grund von Angaben der Neuabschlüsse.

[3]) Hauswirtschaft im städtischen Bereich.

Quelle: Der Bundesminister für Bildung und Wissenschaft: Berufsbildungsbericht 1988

Tab. 12

Anteil der weiblichen Auszubildenden an allen Auszubildenden nach Ausbildungsbereichen 1981 bis 1986 (jeweils am 31. Dezember) in Prozent

Jahr	Weibliche Auszubildende im Ausbildungsbereich					
	Industrie und Handel	Handwerk	Landwirtschaft	öffentlicher Dienst	Freie Berufe	Sonstige [1])
1981	43,4	22,5	27,0	44,0	95,8	88,1
1982	42,7	23,2	30,5	46,4	95,9	90,8
1983	42,5	23,8	31,4	47,5	95,6	90,7
1984	43,0	24,7	31,0	47,7	95,7	90,7
1985	43,5	25,6	31,4	47,4	95,7	90,5
1986	43,6	26,7	31,9	47,7	95,6	91,2

Quelle: Der Bundesminister für Bildung und Wissenschaft: Berufsbildungsbericht 1988

1 Hauswirtschaft, Seeschiffahrt

Tab. 13

Auszubildende in den fünf, zehn, und fünfzehn am stärksten besetzten Ausbildungsberufen nach Geschlecht 1980, 1982 bis 1986 (jeweils am 31. Dezember) in Prozent

Jahr	Auszubildende in den... am stärksten besetzten Berufen					
	Männlich			Weiblich		
	Fünf	Zehn	Fünfzehn	Fünf	Zehn	Fünfzehn
1980	26,2	40,4	50,8	40,3	60,7	71,7
1982	25,3	39,2	49,7	37,0	57,8	69,6
1983	24,7	38,5	49,2	36,6	56,8	68,7
1984	24,1	38,0	48,9	36,2	56,6	68,3
1985	23,7	37,2	48,2	36,0	56,1	67,9
1986	23,6	36,9	47,8	35,6	55,6	67,5

Quelle: Der Bundesminister für Bildungs und Wissenschaft: Berufsbildungsbericht 1988

Tab. 14
Hochschulen nach Hochschulart und Ländern

Land	Wintersemester	Hochschulen[1]) Insgesamt	davon Gesamthochschulen	Universitäten	Eigenständige Pädagogische Hochschulen	Theologische Hochschulen	Kunsthochschulen	Fachhochschulen ohne verw.-interne FH.	Verwaltungsinterne Fachhochschulen
BW	1975	56	–	9	10	–	7	28	2
	1986	61	–	9	8	1	7	30	6
BA	1975	28	4	7	–	2	5	10	–
	1986	32	–	11	–	3	5	12	1
HE	1975	22	1	4	–	4	3	10	–
	1986	24	1	4	–	3	3	9	4
NS	1975	21	–	8	1	–	2	10	–
	1986	24	–	10	–	–	2	11	1
NW	1975	39	6	9	3	3	4	14	–
	1986	46	6	10	–	6	4	16	4
RP	1975	8	–	3	1	1	–	3	–
	1986	14	–	6	–	2	–	3	3
SA	1975	5	–	1	1	–	1	2	–
	1986	5	–	1	–	–	1	2	1
SH	1975	9	–	2	2	–	1	4	–
	1986	12	–	3	2	–	1	5	1
BE	1975	11	–	2	1	1	1	5	1
	1986	10	–	2	–	1	1	5	1
BR	1975	7	–	1	–	–	–	6	–
	1986	5	–	1	–	–	–	3	1
HA	1975	7	–	3	–	–	2	2	–
	1986	9	–	4	–	–	2	2	1
BG	1975	213	11	49	19	11	26	94	3
	1980	229	9	55	13	11	26	95	20
	1981	234	9	55	13	12	26	96	23
	1982	234	9	56	13	12	26	94	24
	1983	238	9	57	13	15	26	94	24
	1984	238	9	58	11	15	26	95	24
	1985	241	8	59	11	15	26	98	24
	1986	242	7	61	10	16	26	98	24

[1]) Eine Darstellung nach einzelnen Hochschulorten ist in Kapitel 10 „Regionale Gliederung" enthalten

Quelle: Der Bundesminister für Bildung und Wissenschaft: Grund- und Strukturdaten 1987/88, Bonn, Dezember 1987, S. 128

Tab. 15

Die Beteiligung der sozialen Schichten an Studiengängen von wissenschaftlichen Hochschulen

berufliche Stellung des Familienvorstandes	**Studienjahr**						
	1979	**1980**	**1981**	**1982**	**1983**	**1984**	**1985*)**
(Spalte)	1	2	3	4	5	6	7
Arbeiter	4	4	4	5	5	4	4
Angestellter	24	22	24	25	24	22	19
Beamter	35	33	36	37	34	31	33
Selbständiger	**)	**)	**)	21	20	19	18
insgesamt	13	13	14	15	15	14	13

*) Die Daten für 1985 sind Schätzwerte, da die amtliche Hochschulstatistik für 1985 noch keine endgültigen Studienanfängerdaten – differenziert nach der beruflichen Stellung des Vaters – veröffentlicht hat. Die Sommersemesterzahlen sind auf der Basis der Sommersemester der Vorjahre hochgerechnet worden, während für das Wintersemester 1985/86 Daten aus dem HIS-Studienanfängerprojekt WS 1985/86 zur Verfügung standen.

**) Da Noll die Bildungsbeteiligung von Selbständigenkindern nicht berechnet hat und eigene Berechnungen erst ab 1982 vorgenommen wurden, liegen für die Jahre 1979 – 1981 keine Daten vor.

Quelle: Bundesminister für Bildung und Wissenschaft: Das soziale Bild der Studentenschaft in der Bundesrepublik, Bonn 1986, S. 103

Tab. 16
Berufliche Stellung der Eltern im einzelnen (in %)

		wissH		FH		insgesamt	
berufliche Stellung		Mutter	Vater	Mutter	Vater	Mutter	Vater
(Spalte)		1	2	3	4	5	6
Arbeiter:							
– Facharbeiter(in)/unselbständige(r)	1982	4	9	7	16	5	10
Handwerker(in)	1985	3	9	5	16	3	10
– ungelernte(r), angelernte(r)	1982	9	5	15	8	10	6
Arbeiter(in)	1985	5	4	9	7	6	5
– Meister(in), Polier(in)	1982	–	2	1	3	–	2
	1985	–	2	–	3	–	2
Angestellte:							
– Angestellte(r) in gehobener Position							
(z.B. Wiss. Mitarbeiter(in), Abtei-	1982	3	19	2	15	3	18
lungsleiter(in), Prokurist(in) usw.)	1985	3	20	2	17	3	19
– Angestellte(r) mit qualifizierter							
Tätigkeit in mittlerer Position (z.B.							
Sachbearbeiter(in), Buchhalter(in)	1982	20	13	17	14	20	14
technische(r) Zeichner(in) usw.)	1985	18	14	14	14	17	14
– Angestellte(r) mit ausführender Tä-							
tigkeit (z.B. Stenotypist(in), Ver-	1982	21	3	19	3	21	3
käufer(in) usw.)	1985	17	2	16	3	16	2
– Industrie- oder Werkmeister(in)	1982	–	2	–	3	–	3
im Angestelltenverhältnis	1985	–	2	–	3	–	2
Beamte:							
– Beamte(r) des höheren Dienstes							
(vom Regierungsrat, Studienrat	1982	1	8	–	3	1	7
aufwärts)	1985	2	12	–	4	2	10
– Beamte(r) des gehobenen Dienstes							
(z.B. Inspektor(in), Oberinspek-	1982	3	11	1	7	3	11
to(in), Amtmann, Amtsrat)	1985	2	9	1	6	2	8
– Beamte(r) des einfachen und mitt-							
leren Dienstes (z.B. Schaffner(in),	1982	1	5	1	4	1	5
Amtshilfe, Sekretär(in) usw.	1985	1	4	1	4	1	4

Forts. Tab. 16

berufliche Stellung		wissH Mutter	wissH Vater	FH Mutter	FH Vater	insgesamt Mutter	insgesamt Vater
(Spalte)		1	2	3	4	5	6
Selbständige/Freie Berufe:							
– größere Selbständige (z.B. Unternehmer(in) mit großem Betrieb bzw. hohem Einkommen, freiberuflich Tätige mit hohem Einkommen)	1982	1	3	–	2	1	3
	1985	–	3	–	2	–	3
– mittlere Selbständige (z.B. Einzelhändler(in) mit großem Geschäft, Hauptvertreter(in), größere(r) Landwirt(in), freiberuflich Tätige mit mittlerem Einkommen)	1982	3	10	2	8	2	10
	1985	2	9	2	8	2	9
– kleinere Selbständige (z.B. Einzelhändler(in) mit kleinem Geschäft Handwerker(in), kleine(r) Landwirt(in), freiberuflich Tätige mit geringem Einkommen)	1982	4	8	4	10	4	8
	1985	4	8	3	9	4	8
Sonstige:							
nie berufstätig gewesen/Hausfrau	1982	26	–	28	–	26	–
	1985	36	–	41	–	37	–
keine Angabe	1982	3	2	4	3	3	2
	1985	7	4	7	4	7	4
insgesamt %	1982	100	100	100	100	100	100
	1985	100	100	100	100	100	100
abs.	1982	18 777	18 777	3 868	3 868	22 726	22 726
	1985	14 998	15 000	4 114	4 114	19 138	19 140

Quelle: Bundesminister für Bildung und Wissenschaft: Das soziale Bild der Studentenschaft in der Bundesrepublik, Bonn 1986, S. 104

Tab. 17
Anteil weiblicher Studenten an wissenschaftlichen Hochschulen und Fachhochschulen 1972 - 1985 (in %)

Jahr	**wissenschaftl. Hochschulen**	**Fachhochschulen**	**Hochschulen insgesamt**
(Spalte)	1	2	3
1972	32,9	18,1	30,6
1973	34,2	21,5	32,2
1974	35,7	23,1	33,7
1975	36,2	23,4	34,1
1976	36,0	23,7	33,9
1977	36,8	25,2	34,8
1978	37,5	27,1	35,7
1979	38,0	28,9	36,4
1980	38,6	30,3	37,1
1981	39,8	30,8	38,1
1982	40,5	30,8	38,6
1983	40,5	30,0	38,3
1984	40,5	30,0	38,1
1985	40,7	29,6	38,2

Quelle: Bundesminister für Bildung und Wissenschaft: Das soziale Bild der Studentenschaft in der Bundesrepublik, Bonn 1986, S. 89

5. Weiterbildung

Tab. 18

Träger der allgemeinen und politischen Weiterbildung 1985

Basis: Angaben von Deutschen im Alter von 19 bis unter 65 Jahren über den in den letzten fünf Jahren zuletzt besuchten Lehrgang/Kurs zur beruflichen Weiterbildung

Arbeitgeber, Betrieb	14%
Volkshochschule	27%
Kammer	2%
Berufsgenossenschaft	1%
Gewerkschaft, Bildungswerk der Gewerkschaft	3%
Berufsverband, sonstiger Verband	7%
Kirchliche Stelle	6%
Partei	1%
Hochschule	4%
Akademie, wissenschaftliche Gesellschaft, wissenschaftl. Institut	4%
Fernlehrinstitut, Fernuni, Funk- oder Telekolleg	1%
Privates Institut, private Schule	10%
Wohlfahrtsverband	4%
Behörde	1%
Verein	4%
Sonstiges	5%
Keine Angabe	5%
	99%

Quelle: Infratest Sozialforschung: Berichtssystem Weiterbildungsverhalten 1985, München 1987, S. 61

Tab. 19

Teilnehmer seit 1983 an Maßnahmen zur beruflichen Weiterbildung 1985

Merkmale	Erwerbspersonen 1985[1]						
	Insgesamt		darunter mit Teilnahme seit 1983				
	Insgesamt	Weiblich	Insgesamt	Weiblich	Insgesamt	Männlich	Weiblich
	Tausend				Prozent[2]		
	Alter von ... bis unter ... Jahre						
15–20	2219	998	184	87	8,3	8,0	8,7
20–25	3942	1830	483	223	12,3	12,3	12,2
25–30	3485	1471	593	210	17,0	19,0	14,3
30–35	3265	1271	541	151	16,6	19,5	11,9
35–40	3036	1159	439	121	14,5	16,9	10,5
40–45	3345	1276	388	108	11,6	13,6	8,4
45–50	3763	1360	306	77	8,1	9,5	5,7
50–55	2748	955	163	40	5,9	6,8	4,2
55–	3209	1114	138	31	4,3	5,1	2,8
Insgesamt	29012	11433	3235	1048	11,1	12,4	9,2
	Allgemeiner Bildungsabschluß						
Hauptschule	18321	6746	1254	314	6,8	8,1	4,7
Realschule	6317	3175	980	405	15,5	18,3	12,7
Fachhochschulreife, Allgemeine- und fachgebundene Hochschulreife	4162	1417	997	328	23,9	24,4	23,1
	Art der beruflichen Weiterbildung						
Am Arbeitsplatz	1231	371	1231	371	38,1	39,3	35,4
Bei einer Kammer	236	67	236	67	7,3	7,7	6,4
In besonderen Fortbildungs-Umschulungsstätten	1003	336	1003	336	31,0	30,5	32,1
An einer berufsbildenden Schule/Hochschule	311	111	311	111	9,6	9,1	10,6
Durch Fernunterricht	41	11	41	11	1,3	1,4	1,1
Auf andere Art	413	151	413	151	12,8	12,0	14,4
Insgesamt	3235	1048	3235	1048	100,0	100,0	100,0
	Dauer der beruflichen Weiterbildung						
Unter 1 Monat	1442	460	1442	460	44,6	44,9	43,9
1 bis unter 6 Monate	638	188	638	188	19,7	20,6	18,0
6 bis unter 12 Monate	257	94	257	94	8,0	7,5	9,0
1 bis unter 2 Jahre	244	85	244	85	7,5	7,3	8,1
2 Jahre und mehr	247	77	247	77	7,6	7,8	7,4
zur Zeit noch andauernd	407	144	407	144	12,6	12,1	13,7
Insgesamt	3235	1048	3235	1048	100,0	100,0	100,0

[1]) Ergebnis des Mikrozensus; [2]) In Prozent der Erwerbspersonen

Quelle: Der Bundesminister für Bildung und Wissenschaft: Grund- und Strukturdaten 1987/88, Bonn, Dezember 1987, S. 236

Tab. 20

Gesamtteilnahmequoten bei Berufstätigen nach ausgewählten Merkmalen 1979, 1982 und 1985

	Gesamtteilnahmequote im letzten Jahr		
	1979	1982	1985
Berufstätigkeit und Geschlecht			
Berufstätige Männer	27%	33%	29%
Berufstätige Frauen	25%	34%	27%
Berufliche Stellung			
Arbeiter	15%	17%	11%
Angestellte	31%	39%	34%
Beamte	45%	50%	47%
Selbständige	21%	32%	26%
Berufliche Qualifikation			
Keine Berufsausbildung	14%	13%	8%
Lehre/Berufsfachschule	25%	30%	24%
Meister-/and.Fachschule	32%	39%	42%
Hochschule	47%	61%	52%
Betriebsgröße			
1- 99 Beschäftigte	20%	29%	21%
100-999 Beschäftigte	22%	31%	22%
1.000 Beschäftigte u.m.	29%	32%	38%

Quelle: Infratest Sozialforschung: Berichtssystem Weiterbildungsverhalten 1985, München 1987, S. 18

Tab. 21

Teilnahme an verschiedenen Gebieten der allgemeinen und politischen Weiterbildung 1985

Basis: Angaben von Deutschen zwischen 19 und 65 Jahren

Themengebiet	Anteil der Deutschen zwischen 19 und 65 Jahren, die dazu Kurse, Lehrgänge oder Vorträge besucht haben (Teilnahmequote) im letzten Jahr	in den letzten 5 Jahren	überhaupt schon einmal
Fragen der Gesundheit und der gesundheitsgerechten Lebensführung	2%	4%	8%
Versicherungs- Renten-, Steuer- und sonstige Rechtsfragen	2%	3%	6%
Haushaltsführung	0%	1%	2%
Kindererziehung und Hilfe f.d.Schule	1%	2%	4%
Persönliche/familiäre Probleme	1%	1%	2%
Sprachkenntnisse	4%	7%	11%
Praktische Kenntnisse	2%	6%	13%
Wissen über Naturwissenschaften und Technik	2%	3%	4%
Kenntnisse und Anregungen für aktive Freizeitgestaltung	3%	4%	6%
Wissen auf Gebieten wie Kunst, Literatur, Religion, Geschichte oder Länderkunde	1%	3%	4%
Kenntnisse für die Ausübung von Sportarten *)	4%	6%	9%
Teilnahme zu mind. einem der genannten Gebiete = Teilnahmequote an allgemeiner Weiterbildung	11%	20%	35%
Rechte und Pflichten des Staatsbürgers und Wissen über die Politik Teilnahmequote an politischer Weiterbildung	2%	3%	5%

*) Die Beteiligung an Maßnahmen zum Themenbereich "Ausübung von Sportarten" ging nicht mit in die "Teilnahmequote an allgemeiner Weiterbildung" ein.

Quelle: Infratest Sozialforschung: Berichtssystem Weiterbildungsverhalten 1985, München 1987, S. 59

Tab. 22

Weiterbildungsmaßnahme nach Weiterbildungsbereichen in Prozent der Bevölkerung im Alter von 19 bis unter 65 Jahren

Weiterbildungsbereiche	Teilnahme an Weiterbildung im letzten Jahr[1])		
	1979 (in %)	1982 (in %)	1985 (in %)
Berufliche Weiterbildung insgesamt	**10**	**12**	**12**
und zwar:			
Lehrgänge/Kurse zur Umschulung auf einen anderen Beruf	1	1	1
Lehrgänge/Kurse für den beruflichen Aufstieg (z. B. Meister, Techniker, Betriebswirt)	2	2	2
Besondere Lehrgänge/Kurse im Betrieb zur Einarbeitung in eine neue Arbeit	3	4	3
Sonstige Lehrgänge/Kurse im Beruf	6	8	8
Allgemeine Weiterbildung insgesamt	**12**	**14**	**11**
und zwar Besuch von Kursen, Lehrgängen oder Vorträgen zu den Themenschwerpunkten:			
Fragen der Gesundheit und der gesundheitsgerechten Lebensführung	3	3	2
Versicherungs-, Renten-, Steuer- und sonstige Rechtsfragen	2	2	2
Wie man einen Haushalt führt	1	0	0
Wie man Kinder versorgt und erzieht oder ihnen in der Schule hilft	1	1	1
Wie man mit persönlichen oder familiären Problemen fertig wird	1	1	1
Sprachkenntnisse	3	4	4
Praktische Kenntnisse, die man manchmal braucht, z. B. erste Hilfe, Reparaturen im Haus, am Auto usw.	3	3	2
Naturwissenschaften und Technik	2	1	2
Wie man aktiv seine Freizeit gestalten kann, z. B. Basteln, ein Musikinstrument spielen, Tierhaltung, Gartenpflege und andere Hobbys	2	3	3
Wissen auf Gebieten, wie z. B. Kunst, Literatur, Religion, Geschichte oder Länderkunde	2	2	1
Politische Weiterbildung			
Besuch von Kursen, Lehrgängen oder Vorträgen zum Themenbereich: Rechte und Pflichten des Staatsbürgers, Wissen über Politik	**2**	**2**	**2**
An mindestens einem der genannten Bereiche (berufliche, allgemeine und politische Weiterbildung teilgenommen	**18**	**22**	**19**
Wiederaufgenommene Ausbildung	**2**	**4**	**3**
Sonstige Weiterbildung	3	5	5
Gesamtteilnahmequote	**23**	**29**	**25**

[1]) Die Teilnahmequoten werden im Berichtssystem Weiterbildungsverhalten für drei Zeiträume ermittelt: 'In den letzten 12 Monaten', 'in den letzten fünf Jahren' und 'ohne zeitliche Begrenzung'. Da sich Veränderungen der Weiterbildungsbeteiligung am deutlichsten anhand der kurzfristigen Quote erkennen lassen, wird beim Vergleich der 12-Monats-Zeitraum zugrunde gelegt. 'Im letzten Jahr' bedeutet dabei in den letzten 12 Monaten vor der Befragung.
Die Teilnahmequote der längeren Zeiträume schließt stets die Teilnahme der kürzeren Zeiträume mit ein. Jeder Teilnehmer wird bei den einzelnen Themenbereichen (z. B. 'Fragen der Gesundheit und der gesundheitsgerechten Lebensführung') unabhängig von der Zahl seiner Teilnamefälle nur einmal erfaßt; aufgrund von Mehrfachteilnahme in verschiedenen Themenbereichen kann die Summe der Nennungen größer sein als die Teilnahmequote für den einzelnen Weiterbildungsbereich (z. B. allgemeine Weiterbildung) und die Gesamtteilnahmequote.

Quelle: Infratest Sozialforschung: Berichtssystem Weiterbildungsverhalten 1985, München 1987, S. 7

Tab. 23

Teilnehmer an Fernunterrichtslehrgängen nach Themenbereichen

Themenbereich	Jahr	Teilnehmer[1])		darunter von Lehrgängen die auf eine öffentlich/rechtliche oder staatliche Prüfung vorbereiten
		Anzahl	Prozent	Anzahl
Sozialwissenschaften				
(Zeitgeschehen, Politik, Zeitgeschichte,	1984	689	0,8	–
Geschichte, Soziologie, Recht)	1985	4017 [2])	4,5	3505
	1986	2134	2,4	1711
Erziehungs- und Schulfragen				
(Pädagogik, Psychologie, Gruppendynamik/	1984	1502	1,8	483
Verhaltenstraining, Eltern- und Familienbildung)	1985	2167	2,4	481
	1986	1424	1,6	505
Geisteswissenschaften				
(Philosophie, Theologie, Religion, Weltanschauung,	1984	2382	2,9	–
Literatur, Kunst/Kunstgeschichte,	1985	3107	3,5	–
Musik, Massenmedien, Länder-	1986	2600	2,9	–
und Heimatkunde)				
Sprachen	1984	12639	15,2	831
	1985	12084	13,6	976
	1986	11269	12,5	186
Wirtschaft und Kaufmännische Praxis	1984	29007	34,9	3795
	1985	27857	31,4	3089
	1986	32487	36,0	3719
Mathematik, Naturwissenschaften, Technik	1984	9865	11,9	772
	1985	10545	11,9	1506
	1986	11662	12,9	1447
Freizeit, Gesundheit, Haushaltsführung				
(Kreatives Gestalten, Freizeitaktivitäten,	1984	11550	13,9	–
Gesundheit, Gymnastik, Körperpflege,	1985	13805	15,6	
Haushaltsführung)	1986	9612	10,7	–
Schulische und sonstige Lehrgänge				
(Hauptschulabschluß, Realschulabschluß, Abitur,	1984	15385	18,5	13829
Lehrgänge für Betriebswirte und Techniker)	1985	15008	16,9	13043
	1986	19067	21,1	15232
Insgesamt	1984	83019	100,0	19710
	1985	88590	100,0	22600
	1986	90255	100,0	22800

[1]) Erfaßt wurden rd. 90 Prozent aller Teilnehmer an Fernlehrgängen
[2]) Steigerung gegenüber dem Vorjahr durch Erweiterung des Teilnehmerkreises

Quelle: Der Bundesminister für Bildung und Wissenschaft: Grund- und Strukturdaten 1987/88, S. 242

Tab. 24
Weiterbildungsveranstaltungen der Industrie- und Handelskammern nach Beruf bzw. Fachrichtung und Lehrgangsart

Beruf/ Fachrichtung	Lehrgänge	Unterrichtsstunden	Teilnehmer	
	1986			1985
	Kaufmännische Lehrgänge			
Fachkaufleute zusammen	265	55130	7067	6840
davon				
Außenwirtschaft	17	3049	338	453
Bilanzbuchhalter	150	29661	4497	4251
Einkauf/Materialwirtschaft	26	4066	445	468
Kostenrechner	3	751	46	165
Organisator	6	2721	403	151
Personalfachkaufmann	41	9089	800	873
Marketing	19	5183	479	479
Vorratswirtschaft	3	610	59	–
Fachwirte zusammen	208	41861	4378	4153
davon				
Bankfachwirt	18	3723	505	496
Handelsfachwirt	64	12291	1216	1161
Industriefachwirt	90	17628	1773	1848
Verkehrsfachwirt	23	5562	488	330
Versicherungsfachwirt	8	1601	283	301
Grundstücks- und Wohnungswirtschaft	3	494	61	17
Leasing	1	212	30	–
Verlag	1	350	22	–
Fachkräfte für Datenverarbeitung	29	4319	752	262
Fremdsprachliche Fachkräfte	24	3886	487	419
Schreibtechnik	188	8062	3528	3657
Sekretärin	75	13607	1601	1320
Wirtschaftsassistent	12	2754	58	–
Pharmarefernt	10	7580	204	–
Sonstige Lehrgänge	25	3132	536	2055
Insgesamt	767	140331	18611	18706
	Gewerblich-technische Lehrgänge			
Industriemeister zusammen	600	167220	16908	16189
davon				
Bau (auch Polier)	–	–	–	128
Chemie	50	11401	1444	985
Druck	33	8305	795	936
Elektrotechnik	116	34187	2796	4299
Gießerei- und Hüttentechnik	22	4832	523	452
Glas	3	1726	61	40
Keramik	2	540	38	36
Kunststoffverarbeitung	15	5169	421	209
Kunststoff u. Kautschuk	1	270	14	–
Metall	339	95529	10320	8775
Lack	3	873	60	–
Optik	1	836	12	–
Textil	6	961	193	–
Sonstige	9	2591	231	329
Sonstige Meister zusammen	57	24741	823	571
davon				
Küchenmeister	24	11085	478	358

Forts. Tab. 24

Beruf/ Fachrichtung	Lehrgänge	Unterrichtsstunden	Teilnehmer	
	1986			1985
	noch: gewerblich/technische Lehrgänge			
Hotelmeister	8	3842	42	70
Restaurantmeister	14	5937	77	15
Kraftverkehrsmeister	8	3383	158	128
Sonstige Fachmeister	3	494	68	–
Techniker zusammen	23	14844	613	561
davon				
Bautechnik	1	480	14	21
Elektrotechnik	4	1920	142	131
Energietechnik	2	2400	18	–
Maschinenbau	14	7644	397	388
Nachrichtentechnik	2	2400	42	–
Sonstige Lehrgänge zusammen	9	2531	195	658
davon				
Teilkonstrukteur	2	928	36	9
Baumaschinenführer	–	–	–	32
Industrie-Elektroniker	2	82	60	31
Vorarbeiter	3	466	62	60
Werkschutzfachkraft	1	107	24	66
Umweltschutzassistent	1	948	13	–
Sonstige	17	14791	360	460
Insgesamt	706	224127	18899	17979
	Lehrgänge zur Ausbilderförderung			
Insgesamt	538	40619	18001	11578
davon				
Ausbildereignungsverordnung	396	39102	9946	9994
Fortbildung der Ausbilder[1])	142	1517	3055	1584
	Lehrgänge der Kaufmännischen Anpassungsbildung			
Insgesamt	5139	119102	98913	87138
davon				
Kurzfristige Seminare	2821	19280	58505	51449
Längerfristige Seminare[2])	1721	34780	28238	26279
Lehrgänge[3])	597	65042	12170	9410
	Lehrgänge der gewerblich-technischen Anpassungsbildung			
Insgesamt	1550	145134	24669	20135
davon				
Kurzfristige Seminare	185	1114	5509	4785
Längerfristige Seminare[2])	343	10196	4429	4583
Lehrgänge[3])	1022	133824	14731	10767
	Fachvorträge			
Insgesamt	1505	7331	44078	52332
	Sonstige Seminare			
Insgesamt	323	2756	9747	–
	Alle Lehrgänge			
Insgesamt	10528	579400	227914	207868

[1]) Ohne Ausbilder-Arbeitskreise; [2]) Von 9 bis unter 50 Unterrichtsstunden;
[3]) 50 und mehr Unterrichtsstunden

Quelle: Der Bundesminister für Bildung und Wissenschaft: Grund- und Strukturdaten 1987/88, S. 238/239

Tab. 25

Veranstaltungen der Evangelischen und Katholischen Erwachsenenbildung sowie der Volkshochschulen nach Themenbereichen

Jahr/ Themenbereich	Evangelische Erwachsenenbildung[1]			Katholische Erwachsenenbildung[2]			Veranstaltungen der Volkshochschulen[3]		
	V	U	T	V	U	T	V	U	T
	Insgesamt in Tausend								
1977	36	677	1699	74	1482	5145	288	7892	6844
1978	64	970	2600	84	1888	5636	322	8982	7306
1979	91	740	2799	92	1864	6311	353	8946	7704
1980	113	888	3398	98	2332	6761	379	9668	7979
1981	117	974	3350	102	2246	6497	387	9954	8297
1982	117	995	3425	122	2093	6281	379	9815	7712
1983	116	1035	3509	131	2195	6470	387	9964	7699
1984	115	1048	3282	139	2256	6620	407	10559	8182
1985	115	1063	3201	•	•	•	417	10920	7920
1986	•	•	•	•	•	•	441	11721	8376
	Themenbereiche in Prozent								
Sozialwissenschaften									
Zeitgeschehen etc.	12,3	11,2	14,0	9,8	6,6	10,0	2,2	1,0	3,3
Soziologie etc.	2,1	2,3	1,9	2,2	2,1	1,8	1,7	0,9	2,5
Erziehungs- u. Schulfragen	19,4	22,6	16,1	16,9	15,4	14,5	3,7	2,7	3,9
Geisteswissenschaften									
Philosophie, Theologie	23,0	15,3	25,4	24,4	14,4	27,5	0,5	0,3	0,7
Literatur, Kunst	18,2	12,1	24,3	20,0	13,1	28,6	9,4	2,1	18,7
Sprachen	0,5	0,9	0,5	1,2	4,3	0,5	26,1	31,2	18,8
Wirtschaft und Kaufmännische Praxis	0,4	0,4	0,4	1,2	2,0	0,9	5,8	9,7	4,9
Mathematik, Naturwissenschaften, Technik	1,2	1,0	1,2	1,7	1,2	1,7	6,7	6,5	7,1
Freizeit, Gesundheit, Haushaltsführung									
Kreatives Gestalten	9,4	13,6	6,5	7,0	8,8	4,4	16,9	13,6	12,4
Gesundheit	12,1	17,0	8,6	14,2	22,7	9,2	21,6	15,9	18,6
Schulische Lehrgänge									
Schulabschluß	0,0	1,0	0,0	0,3	6,6	0,1	0,9	9,6	0,8
Sonstiges	1,4	2,5	1,1	1,2	2,8	0,8	4,5[4]	6,5[4]	8,3[4]

V = Veranstaltungen; U = Unterrichtsstunden; T = Teilnehmerfälle

[1]) Erfaßte Mindestzahlen (kein flächendeckendes Ergebnis); Themenbereiche 1985

[2]) Themenbereiche 1984 ohne Nordrhein-Westfalen

[3]) Themenbereiche 1986

[4]) Einschließlich Studienfahrten und Studienreisen

Quelle: Der Bundesminister für Bildung und Wissenschaft: Grund- und Strukturdaten 1987/88, S. 237

Autorenverzeichnis

Alemann, Ulrich von, Prof. Dr.
Fernuniversität Gesamthochschule Hagen
Feithstraße 140
5800 Hagen 1

Battis, Ulrich, Prof. Dr.
Fernuniversität Gesamthochschule Hagen
Feithstraße 140
5800 Hagen 1

Beck-Gernsheim, Elisabeth, Prof. Dr.
Universität Gießen
Karl-Glöckner-Straße 21
6300 Gießen

Dalin, Per, Dr.
International Management Training
of Educational Change (IMTEC)
Dynekilgatan 10
0569 Oslo, Norwegen

Ellwein, Thomas, Prof. Dr.
Universität Konstanz
Postfach 5560
7750 Konstanz

Hesse, Joachim Jens, Prof. Dr.
Hochschule für Verwaltungswissenschaften
Freiherr-vom-Stein-Straße 2
6720 Speyer

Kaiser, Manfred, Dr.
Institut für Arbeitsmarkt- und Berufsforschung
(IAB) der Bundesanstalt für Arbeit (BA)
Regensburger Straße 104
8500 Nürnberg

Klauder, Wolfgang, Dr.
Institut für Arbeitsmarkt- und Berufsforschung
(IAB) der Bundesanstalt für Arbeit (BA)
Regensburger Straße 104
8500 Nürnberg

Kreibich, Rolf, Dr.
Institut für Zukunftsstudien und Technologiebewertung
Stauffenbergstraße 11 - 13
1000 Berlin 30

Lutz, Burkart, Prof. Dr.
Institut für Sozialwissenschaftliche Forschung
Jacob-Klar-Straße 9
8000 München 13

Mackensen, Rainer, Prof. Dr.
Technische Universität Berlin
Dovestraße 1
1000 Berlin 10

Meyer-Dohm, Peter, Prof. Dr.
Volkswagen AG
3180 Wolfsburg

Nevermann, Knut, Dr.
Landesinstitut für Schule und Weiterbildung
Paradieser Weg 64
4770 Soest

Preiss, Hans
Hauptverwaltung der IG Metall
Wilhelm-Leuschner-Straße 79/85
6000 Frankfurt/M. 11

Rolff, Hans-Günter, Prof. Dr.
Universität Dortmund
Rheinlanddamm 199
4600 Dortmund 1

Schlaffke, Winfried, Prof. Dr.
Institut der deutschen Wirtschaft
Gustav-Heinemann-Ufer 84 - 88
5000 Köln 51

Schmidt, Hermann, Dr.
Bundesinstitut für Berufsbildung
Friesdorferstraße 151/153
5300 Bonn 2

Schuchardt, Wilgart, Dr.
Institut für Landes- und Stadtentwicklungsforschung
des Landes Nordrhein-Westfalen
Königswall 38 - 40
4600 Dortmund 1

Weizsäcker, Ernst-Ulrich von, Prof. Dr.
Institut für Europäische Umweltpolitik
Aloys-Schule-Straße 6
5300 Bonn

Zinnecker, Jürgen, Prof. Dr.
Universität Gesamthochschule Siegen
Adolf-Reichwein-Straße
5900 Siegen

Zöpel, Christoph, Dr.
Minister für Stadtentwicklung, Wohnen und Verkehr
des Landes Nordrhein-Westfalen
Breite Straße 31
4000 Düsseldorf

Joachim Jens Hesse/Christoph Zöpel

Neuorganisation der Zeit

Der vorliegende Band dokumentiert die Ergebnisse des zweiten »Zukunftsforums«, das am 01.07.1987 in Düsseldorf dem Thema »Neuorganisation der Zeit« gewidmet war. Bei dieser Themenstellung wird zunächst davon ausgegangen, daß wir in einer nicht vollbeschäftigten und in ihrer Zeitverwendung unsicheren Gesellschaft leben. Die westlichen Industriestaaten sind in dieser Situation vor eine historisch neuartige Herausforderung gestellt. Aufgrund der technischen Entwicklung und des durch sie erreichten Wohlstandsniveaus eröffnet sich die historische Chance, daß Gesellschaften ohne Not entscheiden können, ob und wie Ungleichgewichte und Ungleichverteilungen bei der Verfügung über Erwerbs - und erwerbsfreie Zeiten durch eine soziale Organisation der Zeit ausgeglichen werden sollen. Damit wird die Zeit zu einem Politikfeld der Zukunft.
Nach einer kurzen Darstellung der unterschiedlichen Zugänge zu einem Politikfeld »Zeit« und »Zeitverwendung« folgt eine Darstellung erkennbarer Entwicklungen im Bereich der Zeitverwendung. Unter einer Rubrik »Handlungsmöglichkeiten« werden dann die Positionen zur künftigen Neuorganisation der betrieblichen Zeitverwendung formuliert. Eine noch weitgehend undiskutierte Perspektive wird unter dem Titel »Requalifizierung von Zeit« vorgestellt. Hier geht es um einen theoriegeleiteten Ansatz, daß gesellschaftliche Medium »Zeit« dem bislang dominanten Generalindikator »Geld« gegenüber aufzuwerten. Abgerundet wird der Band durch den Abdruck von Diskussionsbeiträgen, einem vorläufigen Fazit und durch einen Anhang, der empirischen Informationen zur gesellschatlichen Organisation der Zeitverwendung zur Verfügung stellt.

1988, 273 S., Salesta brosch., 18,- DM, ISBN 3-7890-1512-1
(Forum Zukunft, Band 2)